UNDERSTANDING OF HUMAN PSYCHOLOGY

인간심리의 이해

조하나 · 권태균 · 김윤영 · 김효정 · 박서아 공역

메디컬포럼
MEDICAL FORUM

PSYCHOLOGY FOR NURSING AND HEALTHCARE PROFESSIONALS

by Sue Barker

The original English language work has been published by:
SAGE Publications Ltd, London

UNDERSTANDING OF HUMAN PSYCHOLOGY

인간심리의 이해

2020년 8월 20일 인쇄
2020년 8월 25일 발행

저　　자 Sue Barker
역　　자 조하나 권태균 김윤영 김효정 박서아
발 행 인 하재용
기　　획 권승하
마 케 팅 이규환
디 자 인 정희선
발 행 처 메디컬포럼
등록 제 396-2019-000108 호
주소 (10881)경기 파주시 문발로 141 파주출판단지 M빌딩 401-2호
전화 (031) 8035-5776　팩스 (070) 7664-5776
mdforum@mdforum.co.kr

* 파본은 교환해 드립니다.
* 인지는 역자와의 합의하에 생략합니다.

ISBN 979-11-91038-04-0 93180
정가 23,000원

역자 서문

'공감(共感)'은 '남의 감정 및 의견 주장 따위에 대해 자기도 그렇다 느끼는 기분'으로 정의된다. '공감'이 배제된 의학적 지식만을 통한 '돌봄(看)'은 신체 기능의 회복에는 집중할 수 있겠지만 대상자의 정신적 측면은 고려되지 않았으므로 절반의 돌봄이라 표현할 수 있다. '공감'이 함께하는 '돌봄'은 보건의료 전문가들에게 '인간적 돌봄'의 과정이며, 이를 위해서는 심리학을 바탕으로 하는 정신간호 지식과 이를 적용할 수 있는 수준 높은 역량이 필요하다. 즉 대상자와 치료적 관계를 형성하며, 그들의 회복을 앞당기기 위한 장 · 단기 목표를 이루기 위한 체계적인 교육과 사례 지식의 공유(共有) 및 오류를 수정(修正)할 수 있는 기준과 외부기관의 역할과 책임이 필요하다.

이에 이 책에서는 이러한 내용을 심리학적 지견을 통해 더 포괄적인 범위의 '돌봄'과 자기인식의 필요성, 타인을 이해하는 방법에 대해 여러 분야에서 다년간 활동한 저자들의 경험을 바탕으로 well-being과 공감적 진료를 어떻게 진행하였는지 그 진행과정과 사례(事例)를 이야기하고 있다.

이 책은 간호사의 공감적 진료의 중요성을 강조하고 인간 중심의 접근법과 돌봄전문가로서 갖추어야 할 자질 치료적 관계의 핵심요소를 제시한 "Psychology for Nursing – Healthcare Professionals"의 번역서로, 주요 내용으로는 간호학에서 유용한 심리학 이론과 생의 주기에 따른 다양한 발달이론, 그리고 공감적 진료와 인간 중심 접근법, 치료적 관계 등 간호사로서 갖추어야 할 심리학적 지식 등이 있고, 심리학의 주요 이론과 발전 과정 및 철학을 기초로 공감적 진료에 대한 현대의 문제점을 논하며, 이론과 실무를 병합하여 심리학을 활용한 접근에 대해 상세히 설명하고 있어 간호학생이 간호사로서 자질을 갖추는 데 매우 유용할 것이라 생각한다.

끝으로 저술에 참여하여 도움을 주신 교수님들과 편집위원분들께 깊은 감사를 드린다.

Theo Stickley
노팅힐 대학교(University of Nottingham)

이 책의 구성

이 책의 소개

이 책의 각 장은 공감적 진료(compassionate care)를 뒷받침하는 주제 분야를 다룬다. 공감적 진료를 하려면 그 사람의 심리와 사회적 · 구조적 세계에 대한 이해가 필요하다. 이 책에서는 공감적 진료와 이를 제공하는 사람들이 지배적인 문화, 즉 문화적 헤게모니에 젖어 있다고 본다. 현대의 헤게모니에서는 공감적 진료를 하도록 요구하고 있지만, 항상 필요한 자원을 제공하지는 않는다. 따라서 여기서는 안녕감(well-being)과 공감적 진료를 어떻게 유지할 수 있는지 그 방법을 탐구한다.

이 책의 구조

이 책은 우선 인간을 이해하는 주요 심리학적 방법을 소개한다.

- CHAPTER 1장에서는 심리학의 정의와 그 주요 이론적 범주에 대해 살펴보고, 심리학자들이 어떻게 지식을 발전시키고 기법을 연구하는지 알아본다.
- CHAPTER 2장에서는 심리학의 이론적 범주와 그 철학적 기초를 이용해, 전 생애에 걸친 인간의 발달에 대해 살펴본다.
- CHAPTER 3장에서는 공감적 진료가 필요한 이유로 볼 수 있는 고통의 본질에 대해 알아본다.
- CHAPTER 4장에서는 공감적 진료란 무엇이고 왜 필요한지, 공감적 진료에 대해 자세히 논한다.
- CHAPTER 5장에서는 공감적 진료의 철학적 기원과 이 영역에서 조사되고 있는 현대의 문제들과 함께, 인간 중심의 접근법을 탐구해 공감적 진료 현상에 대해 자세히 살펴본다.
- CHAPTER 6장에서는 공감적 진료 제공자와 심리학적 이론이 우리 자신과 타인을 이해하는 데 어떤 도움을 줄 수 있는지 알아본다.
- CHAPTER 7장에서는 돌봄을 제공하는 데 이용할 수 있는 치료 도구를 분석해 본다.

- *CHAPTER* 8장에서는 돌봄자(caregivers)에게 필요한 기술을 뒷받침하는 심리학적 이론을 설명한다.
- *CHAPTER* 9장에서는 공감적 진료가 개인에게 어떤 영향을 미치고, 안녕감을 어떻게 유지시킬 수 있는지 파악한다.
- *CHAPTER* 10장에서는 공감적 진료의 이해와 제공의 중요함을 인식하여, 이미 이 책에서 강조한 철학과 심리학적 이론 및 연구를 살펴보고, 이를 어떻게 지속할 수 있는지 살펴본다.

학습 특징

이 책은 다양한 특징으로 학습을 지원한다. 본문에서는 특정 주제의 주된 심리학적 이론을 살펴보고 사례연구를 통해 더 자세히 설명하여 이러한 이론을 실제 돌봄과 어떻게 관련지을 수 있는지 학습한다. 사례연구는 돌봄 실습생, 비전문 돌봄 제공자, 보건 및 사회복지 학자의 경험을 바탕으로 한다. 어떤 장에서는 상자 안에 해당 이론을 자세히 설명하여 돌봄과 이론 사이의 관계를 서술하는 데 어려움이 없도록 이해를 높이고자 했다.

학습 활동은 이러한 이론을 확실히 이해하도록 돕는다. 일부 학습 활동에서는, 특히 돌봄을 하거나 돌봄을 받은 자신의 경험을 성찰해 보도록 한다. 이러한 성찰은 개인적인 부분이므로 정답을 제시하지는 않는다. 어떤 질문은 개념, 이론 또는 이론 적용에 대해 비판적으로 사고해 보도록 한다. 이런 질문에는 관련 장의 마지막에 답을 요약해 제시한다.

모든 학습 활동은 해당 내용을 읽고, 이 활동이 여러분의 돌봄 활동에 어떤 도움이 될지 잠시 생각할 시간을 갖게 한다. 각 장의 마지막에는 해당 주제에 대해 더 자세히 알아볼 수 있도록 관련 웹사이트를 표시한다. 이 웹사이트 중 일부는 심리학에 관한 것이지만, 대부분 이해한 내용의 적용방법과 예시 및 동영상 링크를 제공한다.

차례

CHAPTER_7 치료적 관계

CHAPTER_8 정서지능

CHAPTER_9 감정 노동

CHAPTER_10 공감적 진료 문화 유지하기

1
CHAPTER

심리학적 이론 소개

나는 경험하고 느낀다. 그러므로 나는 인간이다.
나는 당신의 고통을 알고 당신의 고통을 느낀다.
그러므로 나는 공감한다.
나는 당신의 고통을 감지하고 우리는 당신의 고통을 나눈다.
그러므로 나는 공감한다.
당신이 고통스러우면 나도 고통스럽고, 당신이 편안하면 나도 편안하다. 그러므로 우리는 인정이 있다.
함께 있어 우리는 정을 느낀다!

학습 목표

이 장에서는 심리학의 다섯 가지 관점을 소개하고, 이러한 관점에 따라 사람들이 생각하고, 느끼고, 타인 및 환경과 상호작용하는 방법이 어떻게 다른지 살펴본다. 이러한 관점은 다음 장에서 돌봄 전문가(care practitioners)가 경험한 공감적 진료를 심리학적 관점에서 이해하여 공감적 진료의 질을 높이는 토대가 된다. 따라서 이 장의 학습 목표는 다음과 같다.

- 심리학의 다섯 가지 관점을 설명한다.
- 심리학에 사용된 다양한 연구 방법을 알아본다.
- 심리학의 역할을 인식해 돌봄을 이해하고 분석한다.

학습 활동 1.1 비판적 사고

심리학을 이해하면 왜 돌봄 기술을 발전시키는 데 유용할 수 있는지 잠시 생각해 본다.

들어가면서

이 장에서는 우선 다섯 가지 주요 심리학적 관점을 살펴보고, 각 관점이 돌봄 행위를 어떻게 설명할 수 있는지 알아본다. 이들 관점은 이 책 전반에 걸쳐 언급될 것이다. 여기서는 심리학의 정의와 인간, 특히 인간이 생각하고, 느끼고, 행동하고, 타인과 상호작용하는 방법과 이유, 그리고 이것이 개인 간에 어떻게 다른지 이해하는 데 사용된 연구 방법을 소개한다. 연구 방법은 간결하게 설명하여 심리학에서 어떤 연구 방법을 주로 사용하는지 파악할 것이다.

개념을 알아보려면 정의가 필요하다. 그러므로 초기 정의를 알아볼 필요가 있다. 저자는 이전의 심리학을 다음과 같이 정의했다.

심리학은 인간의 건강을 포함해 모든 삶의 영역에서 개별적으로 그리고 집단적으로 행동하고, 생각하고, 느끼는 방식을 이해하고자 하는 것이다. 심리학자들은 행동을 예측할 뿐 아니라 행동을 변화시켜 안녕감과 삶의 질을 향상시키고자 한다(Barker, 2007:2).

이는 가장 간단하지만 실용적 정의로 사용될 수 있다. 다른 많은 저자도 자신만의 정의를 만들었지만 최근까지 그 정의는 다음과 같이 모두 매우 비슷하다.

심리학은 행동과 정신 과정에 관한 연구이다. 행동은 말하기, 얼굴 표정, 움직임과 같이 겉으로 보이는 모든 외현적 행위와 반응을 말한다. 정신 과정은 생각하기, 느끼기, 기억하기와 같이 내현적이고 은밀한 모든 마음의 활동을 말한다(Ciccarelli 및 Myer, 2006: 4).

가장 최근의 정의는 행동에 초점을 맞추고 초기의 정의를 확장하여 더 광범위한 현상적 경험을 포함시켰다.

행동과 정신 경험의 특성, 기능, 현상에 관한 연구. 이 단어의 어원은 단순히 마음(mind)의 연구라는 것을 의미하지만, 현대의 많은 심리학은 마음보다 행동에 초점을 맞추고 있으며, 심리학의 어떤 측면은 마음과 거의 관련이 없다(Colman, 2015: 724).

과거 계몽운동(Enlightenment)과 과학적 심리학의 발전을 통해 인간의 본질을 탐구하는 철학에서, 이제는 철학의 요소를 포함하는 심리학으로 변화했다. 저자는 심리학(인간에 대한 이해)과 철학(지혜의 사랑)이 항상 밀접하게 관련되어 있다고 생각한다. 그리고 이런 관점을 더욱 수용하고 있다.

심리학에는 인간을 이해하려는 다양한 방법이 있다. 이는 돌봄 전문가가 공감적 진료를 하는 데 도움이 될 수 있다. 이런 방법 중 하나를 관점(perspectives)이라고 한다. 이러한 관점은 지속적으로 변화했으며, 현재 가장 일반적으로 사용되는 관점은 다음과 같다.

- 생물 심리학적 관점(biological)
- 정신역동적 관점(psychodynamic)
- 행동주의적 관점(behavioural)
- 인지적 관점(cognitive)
- 인본주의적 관점(humanistic)

이러한 각 관점은 인간과 인간의 행동을 서로 다르게 설명하고, 다른 이론을 제시한다. 그리고 심리학을 이해하고, 이러한 심리학적 이해를 발전시키고(연구), 실제 돌봄에 적용하는 데 영향을 준다.

생물 심리학

생물 심리학자(biopsychologists)는 보통 환원주의(reductionism)라는 비난을 받는다. 즉, 인간을 체현된 전체(embodied whole)로 이해하려 하기보다, 인간과 인간의 행동을 이해하기 위해 인간의 개별적인 생물학적 요소를 연구하므로 인간을 이해하는 데에는 한계가 있다.

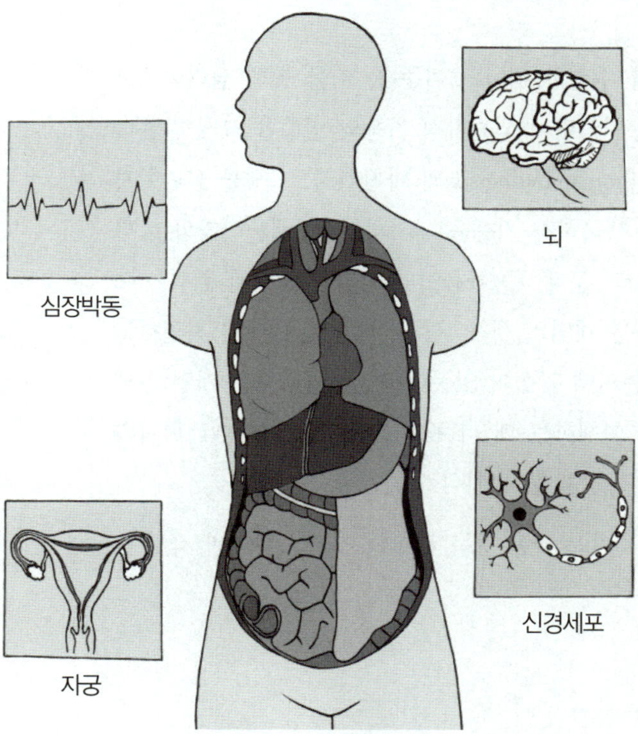

그림 1.1 분리된 신체 감각

인간의 행동을 신경계와 내분비계의 화학적 반응과 같은 해부학적 또는 생리학적 변화를 통해 설명한다.

대부분의 돌봄 전문가는 생물학적 기능이나 행동에 미치는 생리학적 영향을 이해해야 한다. 생리학적으로 초래된 행동에 대응하지 못하면, 대상자가 사망에 이를 수도 있다. 예를 들면, 가슴을 움켜쥐고 일어서거나 걷거나 말하려 애쓰는 사람은 심장마비(심근경색)일 수 있으므로 긴급한 도움이 필요할 수 있다.

사/례/연/구 미리암 워커 - **간호학과 학생**

나는 평가병동에 방금 입원한 A환자의 상태를 살펴보라는 지시를 받았다. A환자 곁에는 남편이 함께 있었다. A환자는 혼란스럽고 불안한 듯 보였고, 집에 가고 싶다고 말했으며, 남편은 많이 걱정하고 있었다. 남편은 지난 몇 주 동안 아내의 집중력, 주의력, 기억력이 갑자기 나빠졌다고 했다. A환자도 고통스러운 듯 가끔 신음소리를 냈다. 상태를 모니터하는 중 A환자의 맥박이 조금 빨라지고, 체온과 혈압도 상승했으며, 호흡도 빨라졌다. 노부부는 무엇이 잘못된 것인지 설명하지 못했지만 TV에서 본 것처럼 A환자가 치매가 아닌지 걱정했다. 치매의 징후일 수 있어 우려되었지만 몇 가지 질문과 검사를 받아야 확실히 판단할 수 있다고 설명했다. 남편은 여전히 염려스러운 표정이었고, A환자는 질문을 받을 때마다 더 혼란스러워 했다.

이때 나는 잠시 질문을 멈추고, 테이블 반대편이 아닌 A환자 옆으로 가서 앉았다. 평가 질문지를 남편에게 건네고, 가능한 한 최선을 다해 작성해 달라고 요청했다. 남편은 만족한 표정으로 기꺼이 질문지를 작성하기 시작했다.

나는 A환자의 손을 잡고 지금 무엇을 하고 싶은지 물어보았다. A환자는 잠시 생각하더니 배를 움켜잡기 시작했다. "배가 아프세요?"라고 말하고 배에 손을 댔다. "화장실에 가고 싶어요?"라고 묻자 못 가겠다고 답했다. 나는 A환자에게 변비가 있냐고 물었고, 부부는 그럴 수도 있다고 대답했다. 부부 모두 의사의 검진을 받아 보고 싶어 했다.

검진을 마친 후 변비가 확인되었고, A환자는 관장을 받고 빨리 회복되었다. A환자의 불안감은 완화되었고, 정신 기능도 천천히 정상으로 회복되었다. A환자는 2주 분량의 완화제를 처방받았고, 식이요법, 운동, 기타 약물치료에 대한 설명을 들었다.

미리앙 워커의 이 사례는 공감적 진료를 수행한 예를 보여준다. 이를 통해 심리학적으로 주요한 정신적 과정인 주의력, 집중력, 기억력이 생물학적 기능의 영향을 크게 받는다는 것을 명확히 알 수 있다. 인간생물학자(human biologists)와 마찬가지로, 생물 심리학자(biopsychologist)는 어떤 행동을 초래하는 생물학적 기능을 파악하지만, 생물학자와는 다른 점에 주목한다. 생물 심리학자는 심리학적 문제, 즉 마음이나 정신과 관련된 문제를 이해하고자 한다. 다시 말해, 생물 심리학자는 개인의 생각, 감정, 행동을 어떻게 지원하고 영향을 주어 각기 다른 차이를 만들어 내는지에 관심이 있는 반면, 생물학자는 개인의 생물학적 장치의 구조와 기능을 설명하거나 이해하는 데 더 관심을 둔다. 생물 심리학자와 생물학자 모두 경험적 · 실증적 · 과학적 접근법을 통해 지식을 얻는다.

위 내용에 따르면 생물 심리학자와 생물학자는 다음 항목에 대한 연구를 하지만 각기 다른 시각으로 시간적인 유추를 사용해 접근한다.

유전자

- 해부학적 차이
- 전 생애에 걸친 발달

• 생물학적 체계
◎ 신경계
◎ 내분비계

생물 심리학자는 신경계, 내분비계, 해부학적 또는 유전자 구조를 바탕으로 개인 간의 차이를 설명한다. 생물심리학자가 인간의 행동을 이해하는 과정에는 다음 요인이 영향을 줄 수 있다.

• 발달과 성숙
• 감염
• 돌연변이
• 영양
• 질환
• 외상
• 환경적 요인

이러한 요인들은 인간의 발달이 신체적 성숙과 성장의 연속선상에 있다는 것을 말하며, 이는 내분비계와 신경계의 영향을 받는 것을 의미한다. 인간의 행동방식은 장애, 또는 질환이 없는 경우, 발달의 성숙 단계, 유전자 구성, 호르몬 상태, 신경 성숙 정도로 설명할 수 있다(Barker, 2007). 이 모두는 영양, 자극, 질병으로부터 보호와 같은 환경적 요인의 영향을 받을 것이다.

유전자

인체의 각 세포에는 핵이 있다. 그리고 핵에는 보통 23쌍의 염색체가 있다. 염색체에는 인간의 유전자 코드가 있고, DNA로 구성된다. 유전자 코드는 그 사람의 유전자형, 즉 머리카락 색과 성장 후 예상되는 키 등을 담고 있다. 그 사람에 대해 겉으로 드러나는 것은 표현형이고, 환경의 영향을 받는 것은 유전자형이다. 다시 말해, 유전 인자에 의해 생물 내부적으로 결정되는 숨겨진 형질이 바로 유전자형이며, 그것이 외부로 드러나는 것이 표현형이다.

신경계

인간의 신경계는 중추신경계(CNS)와 말초신경계 등 두 개의 주요 부분으로 구성된다. 중추신경계는 뇌와 척수로, 몸의 한가운데 있는 '중심적인' 것이다. 말초신경계는 중추신경계를 둘러싸거나 신체의 가장 외측에 있는 많은 신경을 말한다.

말초신경계는 다음 세 부분으로 이루어진다.

- 뇌신경(CN)
- 척수신경(SN)
- 자율신경계(ANS)

세 가지 모두(CN, SN, ANS) 감각의 정보를 중추신경계로 보내고, 중추신경계의 명령을 받아 이를 다시 신체의 다른 부위에 보낸다. 뇌신경은 뇌와 연결되어 있고, 척수신경은 척수와 연결되어 있으며, 자율신경계는 주로 장기를 통제한다.

자율신경계는 다음 세 요소로 분류된다.

- 교감신경계
- 부교감신경계
- 신경계

교감신경계는 신체가 행동하도록 준비하는 반면, 부교감신경계는 신체가 쉬도록 준비한다. 장신경계는 소화기 계통을 조절하고, 부교감신경계와 교감신경계 모두의 영향을 받는다.

내분비계

내분비계는 호르몬을 신체로 분비하는 샘(glands)이 모여 있는 기관이다. 주요 내분비샘은 표 1.1에서 설명한다.

생물 심리학자는 행동을 이해하기 위해 이러한 각 영역이 인간의 행동에 어떻게 영향을 미치는지 연구한다. 신경계와 내분비계가 서로 소통한다는 이론은 이를 뒷받침해 주는 과학적 근거가 있다. 이러한 소통은 신경계와 내분비계에서 생성된 화학물질을 통해 이루어진다. 신경전달물질(신경계)은 신경이 샘에 침투해 호르몬을(내분비계) 생성시키고, 이 호르몬은 체내에서 순환하여 신경의 화학적 환경을 변화시킨다.

표 1.1 내분비샘과 그 주된 효과

내분비샘	주된 효과
솔방울샘	계절적 변화와 사춘기 조절
시상하부	시상하부에서 분비된 호르몬 조절
뇌하수체	성장과 발육을 촉진시키는 많은 호르몬 생성
갑상선	신진대사와 혈액 항상성에 관여
부신	신진대사와 체모를 조절, 혈당 유지
췌장	당 대사 관여
생식샘	성징과 행동의 발달 및 유지 촉진

출처: Barker (2007: 6).

생물 심리학자는 경험적 · 실증적 · 과학적 접근법으로 개인의 행동을 이해하고자 한다. 또한 신경계와 내분비계가 발달해 유전자 암호화를 하거나(유전형) 유전자 암호화를 하지 않으면서(표현형), 성숙의 순서에 따라 인간이 어떻게 발달하고 행동이 어떻게 변하는지 설명한다. 미리암 워커의 사례를 통해 돌봄 전문가가 적절한 돌봄을 위해 행동과 행동 변화를 생물학적 관점에서 이해하는 것이 얼마나 중요한지 알 수 있다. 다른 관점도 간호 시 얼마나 중요한지 살펴볼 것이다.

학습 활동

1.2 성찰

환자를 돌볼 때 그 환자들이 슬픈 표정을 짓거나, 집중하지 못하거나, 자신을 추스르지 못하거나, 불안해한 적이 있는지 생각해 본다. 이것은 심리학적 '증상'이다. 성찰해 보았을 때, 환자에게 이러한 증상을 일으킬 만한 신체적 건강상의 문제가 있었는가?

정신역동적 심리학

들어가면서

이 심리학적 관점은 지그문트 프로이트(Sigmund Freud)가 발전시킨 이론과 관련이 있으며, 프로이트의 마음에 대한 역학 이론은 그 이후 다른 이들이 수정 및 발전시켰다. 이 분야의 이론가에는 멜라니 클라인(Melanie Klein)과 안나 프로이트(Anna Freud), 알프레드 아들러(Alfred Adler), 에릭 에릭슨(Erik Erikson), 칼 구스타프 융(Carl Gustav Jung)(프로이트의 제자들이지만 일부는 신프로이트파로 여겨진다.) 등이 있다.

프로이트는 1856년에 태어나 1939년까지 생존했고, 그의 연구는 심리학과 서양의 사회적 사고 모두에 중요한 부분이 되었다. 그는 에드문드 후설(Edmund Husserl)과 같이 브렌타노 학교(Brentano School)를 다녔고, 두 사람 모두 마음에 정신 에너지(psychic energy)가 있다고 생각했다. 프로이트는 의학을 공부했고 특히 신경학에 관심이 많았으며, 추후 임상의학 과정을 통해 의사가 되어 환자를 진료했다. 얼마간 정신의학도 공부했고, 개인적으로 정신증 환자들을 진료했다. 프로이트는 여러 분야를 공부하며, 개인적 고난을 겪고 다양한 환자도 관찰하면서 마음 이론(theory of the mind)을 개발했다.

프로이트 이론의 핵심은 인간이 행동을 하게 하는 내적 또는 무의식적 갈등에 관한 것이다. 그리고 이러한 갈등(욕구와 사고) 중 일부는 자유 연상(free association), 꿈 분석(dream interpretation), 전이(transference)와 같은 치료 기법을 통해 알 수 있다. 오늘날에는 지식이 과학적으로 발전하는 데 반해, 프로이트는 내성법(introspection)과 환자 관찰을 사용했지만, 프로이트의 정신역동적 이론은 일상의 사고와 세상을 이해하는 한 방식이 되었다.

프로이트는 마음의 구조(structure of the mind)를 개발했다. 이 마음의 구조는 모든 정신역동적 이론가가 일반적으로 인정한다. 마음은 세 가지로 구성된다(그림 1.2 참조).

- 원초아(Id)
- 자아(Ego)
- 초자아(Superego)

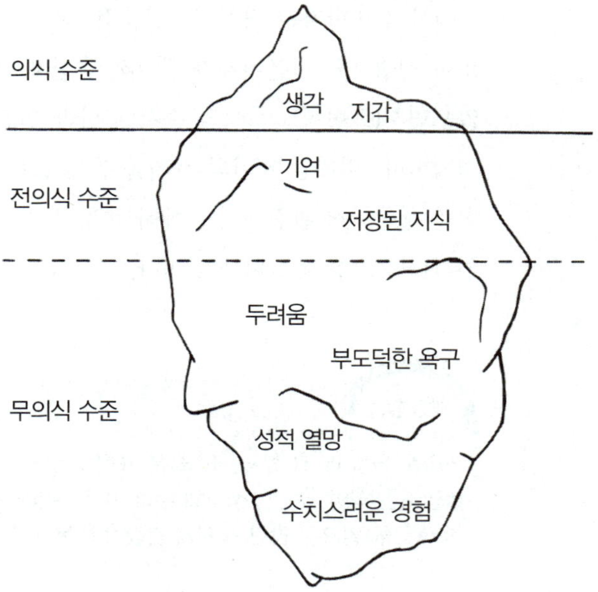

그림 1.2 빙산으로 표현한 정신역동적 마음

원초아(Id)

원초아는 태어날 때부터 존재하는 성격(personality)이나 마음(mind)이다. 원초아는 마음의 무의식(unconscious) 구조에 가장 큰 부분을 차지한다. 그리고 인간은 성적 본능과 공격적 본능을 지니며, 순간의 만족을 추구한다. 때로 '심적 에너지(psychic energy)'라고도 부른다.

자아(Ego)

자아는 의식(conscious) 구조에서 가장 큰 부분을 차지하고, 전의식(preconscious) 구조의 최소 절반을 차지하는 성격이나 마음이다. 자아는 어린 시절에 발달하고, 원초아의 욕구와 사회적 제약 사이에서 균형을 맞추는 기능을 수행하며, 초아자에 의해 내면화된다.

초자아(Superego)

초자아는 보통 인간의 양심으로 불리고, 약 5세 정도에 발달한다. 초자아는 죄책감과 자부심을 이용해 자아가 사회적 통념을 준수하도록 설득한다. 초자아의 일부는 의식적이지만, 전의식과 무의식에서도 존재한다.

프로이트의 이론은 마음의 구조와 성격이 형성되는 발달 과정에 대해서도 설명한다. 프로이트는 아이가 원초아를 지니고 태어나지만, 심리성적 발달단계(psychosexual developmental stages)를 통해 자아와 초자아를 발달시킨다고 생각했다. 그리고 유아기의 경험이 성장 후 성격에 영향을 미친다고 주장했다(발달에 관한 이론은 제2장을 참조).

프로이트는 모든 행동에 의미가 있다고 보았다. 그 어떤 행동도 우연한 것이 아니다. 의식적으로 의도하지 않았는데도 겉으로 나타난 모든 행동은 무의식에서 뚫고 나온 의식이라고 본다. 이를 일반적으로 "프로이트의 말실수(무의식적으로 본심을 드러내는 실수,

Freudian slips)"라고 부른다. 프로이트의 말실수 또는 착행증(parapraxes: 무의식적인 과실, 실언, 깜박 잊기 등)은 서양 사회에서는 일상어로 사용된다. 이러한 프로이트의 말실수는 일반적으로 성적 의미를 함축하고 있다. 예를 들면, 자신이 간호하고 있는 남성 환자에게 여성 간병인이 컵을 건넸을 때, 남성 환자가 "가슴(breast)··· 아니 차(tea)···를 주셔서 감사합니다."라고 반응했다면 그 남성 환자는 "맛있는 차(the best cup of tea)를 주셔서 감사합니다."라고 말하려고 했지만, 여성 간병인의 가슴에 자극을 받아 "맛있는 차(best of cup)" 대신 "가슴(breast)"이라는 단어가 튀어나온 것이다.

학습 활동

1.3 성찰

본인이나 누군가가, 의도와는 다른 말로 당황스러운 상황이 있었는지 생각해 본다.
성적으로 해석할 수 있는 실언이었는가?
왜 그런 말을 하게 되었는지 알 수 있는가?

프로이트는 마음을 원초아의 욕구와 초자아의 사회적 제약이 끊임없이 갈등하는 역동적 구조라고 설명한다. 자아는 이러한 갈등 일부를 해결하는 역할을 하고, 내적인 평형(equilibrium)을 이루기 위해 심리적 방어기제(mental defence mechanism)를 이용한다. 심리적 방어기제는 불안이나 문제를 해결하지 않지만, 그 사람이 이러한 불안과 문제를 달르게 인지해 자신의 행동을 관리하도록 한다.

심리적 방어기제의 수는 합의된 것이 없다. 어떤 이들은 9가지가 있다고 주장하는 반면, 어떤 이들은 35가지가 있다고 한다. 그럼에도 불구하고 그 특징은 어느 정도 일치한다.

심리적 방어기제는

- 무의식적이고 본능적이며 역동적이다.
- 적응적이거나, 병적일 수 있다.
- 본능, 추동, 감정을 관리한다(Stewart, 2005).

표 1.2에서는 심리적 방어기제의 몇 가지 예를 제시해 간호 시 어떤 방식으로 나타나는지 설명한다.

표 1.2 프로이트의 심리적 방어기제

방어 기제	설명	예시
억압 (repression)	의식에서 받아들이기 곤란한 기억/감정/욕구가 의식으로 나오지 못하고, 무의식 속에 머물도록 눌러 두는 것	간호하는 환자 중 한 명에게 성적으로 이끌렸지만, 이러한 욕구가 의식으로 나오지 못하도록 한다. 과거의 고통스러운 경험을 기억하지 못하는 경우

방어 기제	설명	예시
전치 (displace-ment)	실제 누군가에게 느꼈던 감정을, 관련 없는 다른 대상에게 옮겨 표출하는 것	간호하는 환자 중 한 명이 여러분이 싫어하는 사람의 이름으로 자꾸 불렀을 때, 이름을 다시 알려 주는 대신 집에 가서 배우자에게 소리를 지른다.
부정 (denial)	현실의 부정적인 어떤 측면을 인식 또는 인지하지 못하거나 받아들이기를 거부하는 것	곧 죽음을 앞둔 환자의 가족이 그 사실을 부인하는 경우
합리화(ratio-nalization)	용납하기 힘든 어떤 행동에 대해 그럴듯한 이유를 찾는 것	환자에게 정신적으로 많은 지지를 해 주었지만, 그만큼 지지를 받지 못했다는 불만을 듣는다. 여러분은 화가 나지만, 그 사람이 아파서 그럴 것이라고 생각한다.
반동형성 (reaction formation)	스스로 수용하기 어려운(무의식의) 감정/생각과 반대되는 것을 의식적으로 느끼거나 생각하는 것	여러분이 간호하는 환자의 가족이 너무 싫어서, 오히려 과도하게 배려하거나 정중하게 대하는 경우이다.
승화 (sublimation)	받아들일 수 없는 욕구나 충동을, 건전하고 건설적인 방법으로 다루는 전략	한 노인 환자에게 병원 예약시간을 꼭 지키라고 계속 요청했다. 근무 교대 후, 스트레스 해소를 위해 운동하러 간다.
동일시 (identification)	다른 사람을 자신의 성격으로 통합/내성화하여 자신의 일부로 만드는 것. 모방과는 다르며 자아, 초자아의 형성과 성장에 중요한 역할	부모나 형제 등 주요인물의 태도와 행동을 닮는 것
투사 (projection)	자신이 용납할 수 없는 감정/특징을 타인의 탓으로 돌리는 과정. 가장 미숙하고 병적인 방어기제	환자 중 한 명을 이해할 수 없다. 그와 잘 지내지 못하는 이유는, 내 성격 때문이 아니라 그의 성격 때문이라고 생각한다.
퇴행 (regression)	심한 좌절을 경험하고 난 후, 초기 발달단계의 행동적 특성으로 돌아가는 것	동생이 태어나자, 그동안 잘하던 말을 갑자기 못하게 되는 경우
격리 (isolation)	고통스러운 기억과 관련된 감정을 의식으로부터 분리하는 것	환자가 스스로 목숨을 끊었는데, 아무런 감정 없이 마치 글을 읽듯이 그 이야기를 한다.

출처: Barker 개정본(2007: 11).

미리암 워커의 사례연구에서, 미리암은 공감적 진료를 위해 여러 심리적 방어기제를 사용할 수 있음을 알 수 있다. 미리암은 환자의 상태를 제대로 작성할 수 없어 느끼는 짜증을 억누를 수 있고, 크로스랜드 부부와 동일시하여 불안감에 공감할 수 있다.

요약

프로이트는 마음이나 성격 및 그 발달에 대한 정신역동적 이론을 제시하며, 마음속 여러 가지 감정으로 인한 지속적인 내적 갈등을 관리하기 위해 사용하는 (심리적 방어) 기제를 설명했다. 그리고 의학에서의 이분법을 넘어서, 후설(Husserl)과 같이 마음은 구현되는 것일 뿐만 아니라 자체 에너지를 지닌 분명한 의식이라고 생각했다. 이러한 관점은 돌봄 전문가로 하여금 돌보는 환자와 자신을 다르게 이해할 수 있게 해 준다. 이 내용은 추후 더 자세히 살펴볼 것이다.

행동주의 심리학

들어가면서

행동주의자는 과학적 (실험적) 방법을 이용하여, 인간의 행동과 행동 변화를 이해한다. 대부분의 이론은 동물 실험과 모델을 통해 발전되었다. 그리고 성격을 포함한 인간의 모든 행동(모든 개인적 차이)은 학습된다고 주장한다. 이러한 행동과 행동의 변화는 많은 과정을 통해 일어나고, 이는 습관화(habituation)라고 불리는 기초적인 단계부터 사회 학습 이론(social learning theory)이라고 불리는 더 복잡한 학습에 이르기까지, 학습의 구성요소가 되었다.

습관화

습관화(habituation)는 학습 단계에서 가장 낮은 형태의 학습으로 볼 수 있다. 습관화는 유기체가 자극의 존재에 "익숙해지는" 과정이고, 말미잘과 같은 가장 단순한 동물에서 확인할 수 있다. 다른 학습 유형과 마찬가지로, 습관화 대신 민감도(sensitivity)가 발생할 수 있다. 예를 들면, 어떤 사람이 방 안에 앉아 있고 시계가 째깍거린다(그림 1.3). 잠시 후 이 사람은 이 시계 소리에 "익숙해"지고 습관화되어 더 이상 시계가 있다는 사실조차 인식하지 못한다. 반면 어떤 사람은 습관화되지 않고 시계 소리를 더 의식하게 된다. 시계 소리에 더 민감해지는 것이다.

그림 1.3 시계

고전적 조건형성

고전적 조건형성(classical conditioning)은 연합을 통한 학습이다. 한 가지 자극에 다른 자극을 함께 가하면 결국 같은 효과를 낸다는 것이다. 이런 유형의 학습을 보통 유기체의 반사 반응을 훈련하는 반사 학습(reflexive learning)이라고 본다. 가장 유명한 실험은 파블로프의 연구이다.

이반 파블로프(Ivan Pavlov, 1849–1936)는 개의 소화기 계통을 연구했다. 파블로프는 개에게 음식과 다른 자극을 함께 연합시켜 타액을 분비하도록 훈련시킬 수 있다는 것을 알아냈다. 타액 분비는 음식에 대한 반사 반응이다. 벨 소리가 울리면 이 반사 반응(reflective response)을 보이도록 조건을 형성했다. 이 이론은 추후 사람에게 적용되었다. 그 결과 한 가지 자극을 다른 자극과 짝을 지으면 사람에게서도 반사 반응이 발생할 수 있었다. 이를 학습의 자극-반응 이론(stimulus-response theory)이라고도 부른다.

이 이론은 보건의료와 사회복지에 많이 적용된다. 예를 들면, 치매를 앓는 노인에게 초기 학습부터 어떤 일련의 의식과 잠자리에 드는 행동을 연관시켰다. 그리고 간호 환경에서 잠옷으로 갈아입고, 조명을 끄고, 커튼을 닫도록 하자(자극), 잠자리에 들 시간이 되었다고 느끼고 잠이 든다(반응).

조작적 조건형성

어떤 행동을 했을 때 보상이나 처벌을 통해 학습할 수도 있다. 이를 조작적 조건형성(operant conditioning)이라고 한다. 이 방법은 학교에서, 동물을 훈련할 때, 사회에서 일반적으로 널리 사용된다. 예를 들면, 아이가 '착한' 행동을 하면 이를 더욱 독려하기 위해 아이의 차트에 별 스티커를 붙여 준다(보상). 반대로 '나쁜' 행동을 하면 이런 행동을 다시 하지 못하도록 별 스티커를 떼어 낸다(처벌).

이런 학습 유형은 처음에 에드워드 손다이크(Edward Thorndike, 1874~1949)가 개발했고, 버러스 프레더릭 스키너(Burrhus Frederic Skinner, 1904~1990)가 연구를 확장시켰다. 스키너는 파블로프와 같이 동물을 대상으로 경험적 연구를 수행했다. 이후 연구에서는 사람도 고전적 조건형성과 조작적 조건형성에 반응한다는 것을 밝혀냈다. 물론 습관화와 마찬가지로 어떤 사람은 예상치 못한 방식으로 반응했다.

사회 학습 이론

'사회 학습 이론(social learning theory)'은 이전 학습 유형에 기초한 또 다른 학습 형태로, 더 복잡하고 더 높은 학습 단계에 속한다. 이 이론은 학습에 인지 요소를 포함시켰다. 이 이론은 이전에 정립된 조건형성 학습 방법을 수용하며, 사람은 다른 사람의 행동을 관찰하고 모방하여 학습하기도 한다고 제안했다. 또한 다른 동물도 이런 학습을 한다는 것이 밝혀졌다.

앨버트 반두라(Albert Bandura)와 동료 연구자들은 많은 실험을 통해, 이 사회 학습 이론을 개발했다. 여러 실험 결과, 인간은 개인적 보상 없이도 관찰 학습이나 대리 학습이 가능하다는 것을 보여 주었다. 이러한 학습이 이루어지려면 학습할 다른 대상이 있는 적절한 환경이 필요하다. 이 사람을 보통 롤 모델이라고 부른다. 환경적 상황에서 학습이 가능하도록 영향을 주는 다섯 가지 인지적 구성요소는 다음과 같다.

- 주의력

- 기억력
- 기억의 시연과 구성
- 모방
- 동기부여

학습 활동

1.4 비판적 사고

존중하고, 연관 짓고 싶고, 비슷해지고 싶은 사람을 떠올려 본다. 이런 사람은 어떤 행동을 하는가? 왜 비슷해지고 싶은가?

효과적인 롤 모델

효과적인 롤 모델이 되려면, 다음과 같은 몇 가지 특징이 있어야 한다.

- 롤 모델은 보상을 받는 것으로 보인다.
- 롤 모델은 관찰자가 모방할 수 있을 만큼 비슷하다.
- 롤 모델은 행동을 하는 사회적 환경에서 평판이 좋고 존중을 받는다.

미리암 워커의 사례연구로 돌아오면, 이 관점은 미리암이 어떤 방식으로 행동할지에 대해 학습한 것을 알 수 있다. 학생인 미리암은 의사소통 기술을 배웠고, 환자를 진료하는 멘토(롤 모델)를 관찰했을 것이다. 그리고 멘토로부터 필요한 능력을 전수받고, 스스로 크로스랜드 부부와 대화함으로써 자신감을 보여 주며 보상을 받았을 것이다(조작적 조건형성). 미리암은 환자인 아내의 행동을 관찰하여 자신의 질문이 환자를 불안하게 만들었고, 적절히 대답하지 못했다는 것을 깨달았다. 또한 남편(롤 모델)의 행동을 관찰하여 아내의 불안을 어떻게 덜어 주는지를 배웠다. 미리암은 이것을 '모방'했고, 검사를 할 수 있었다(사회/대리 학습).

행동 심리학자의 이론은 건강과 안녕감에 대한 치료 방법에 초점을 맞추었고, 이 내용은 제7장에서 자세히 살펴볼 것이다.

요약

행동주의자가 파악한 학습 유형에는 네 가지가 있다. 물론 사회 학습 이론은 인지적 요소를 통합시키면서 시작한다. 이러한 각 이론은 돌봄 전문가의 개인적 발전뿐 아니라, 환자의 안녕감을 발전시키는 데 밀접한 관련이 있다. 이 네 가지 학습 유형을 지지하는 사람들은,모든 행동이 학습된다고 생각한다.

이 네 가지 학습 유형은 다음과 같다.

- 습관화: 사람은 자신의 환경적 요소에 '익숙해지거나' 수용할 수 있다는 것을 인정
- 고전적 조건형성: 고통과 같은 반사를 연합하는 훈련
- 조작적 조건형성: 어떤 행동을 하자 좋은 일이 생기면, 그 사람은 그 행동을 반복할 것이다.
- 사회 학습 이론: 돌봄 전문가는 타인을 관찰하고 모방하여 학습한다.

인지 심리학

들어가면서

인지적 관점은 행동주의가 발전된 것으로 볼 수 있다. 왜냐하면 과거의 이론가들은 행동 심리학을 공부했기 때문이다. 이들은 행동은 학습되고 어떤 상황이든 자극과 반응이 있다고 생각한다. 이는 경험적 · 과학적 접근법을 토대로 한다(제5장 참조). 인지 심리학자들은 인간이 생각을 어떻게 처리하고 구조화하는지 알아내기 위해 실험을 했다. 인지 심리학자는 모든 인간이 주어진 자극에 똑같이 반응하지 않는다고 생각하기 때문에 자극과 반응 사이에 무슨 일이 일어나는지 알고 싶어 한다. 개괄적으로 말해, 이것은 인지(cognition), 즉 의식적인 정신적 처리과정이나 생각이다. 프로이트와 심리역동학적 이론가와 달리 인지적 이론가는 무의식적 마음에 관심이 없다.

마음의 기능과 뇌와의 정확한 연관성은 신체의 다른 장기와의 연관성과 마찬가지로 명확하게 밝혀지지 않아 심리학자는 정보가 어디에 어떻게 저장되고 어떻게 처리되는지 알기 힘들다. 하지만 생물심리학과 신경심리학 분야의 기술과 연구가 발전하면서 이해도도 높아지고 있다. 인지 심리학자는 생물학적 모델이 부족해 비유를 사용하는 경향이 있다. 예를 들면, 뇌는 컴퓨터와 같이 정보를 처리하는 기관이라고 비유한다. 컴퓨터는 문제 풀이를 시작할 때마다 논리적 시스템을 거친다. 어떤 인지 심리학자는 인간도 마찬가지라고 생각해서 뇌를 하드웨어에 비유하고 마음을 소프트웨어에 비유한다.

인지적 관점의 발전에 영향을 미치는 주된 분야는 다음과 같다.

- 정보 이론
- 인공지능(AI)
- 언어학
- 신경과학(Barker, 2007: 16)

정보 처리 방법

'정보 처리 방법'은 일반적으로 인지 심리학에서 인간이 생각하는 방식을 이해하는 데 주로 사용되는 예시이다. 생각은 논리적이고 구조적인 과정으로 진행된다. 인지 심리학자

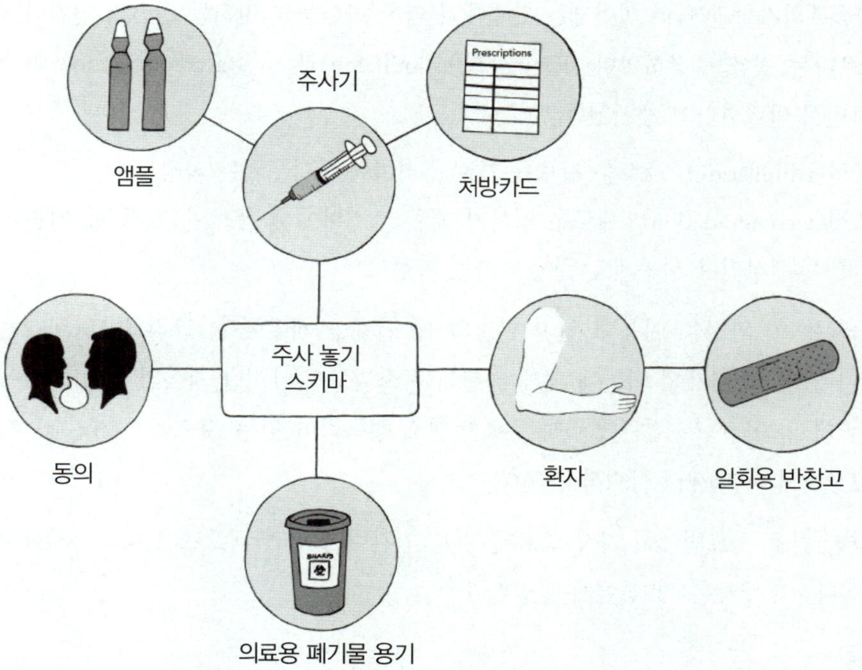

그림 1.4 '주사 놓기' 스키마

는 다음과 같은 방법으로 이 과정과 구조를 매핑하고자 했다.

- 처리 규칙을 설정(정보의 수집, 보관, 작업 및 조직화된 사용 방법)
- 정보 보관 시설(기억)
- 정보를 조작하는 중앙처리장치(정보가 작업되는 곳)

스키마 이론

'스키마 이론(Schema theory)'이란 인간이 정보를 보관하고 원활하게 검색할 수 있는 방법(기억)에 관한 인지 이론이다. 새로운 정보는 기존 기억에 부착되거나 그 일부로 흡수된다. 스키마(schema)는 어떤 주제/영역/사물에 관한 정보의 모음으로, 고정된 구성요소(fixed components)뿐만 아니라 유연한 구성요소(flexible components)로 이루어진다. 스키마는 서로 밀접한 관련이 있을 수 있어서 한 스키마에 대해 생각하면 다른 스키마에서 정보로 기억될 수 있다. 예를 들어, '주사 놓기'라는 스키마는 오른손잡이 기술, 주사기, 주사바늘, 주사액, 처방 등을 포함할 수 있으며, 의료용 폐기물 용기, 손씻기와 같은 기술을 포함하는 건강과 안전에 관한 스키마로 이어질 수 있다(그림 1.4 참조).

인지 발달 이론

장 피아제(Jean Piaget, 1896~1980)는 인지 발달(cognitive development) 이론을 만들었

다. 행동주의자들과 달리 피아제는 연령대가 다른 아이들의 인지는 성인의 인지와 질적으로 다르다는 것을 주장하였다. 또한 동화(assimilation)와 조절(accommodation)의 과정을 반복하면서 발달한다고 제시했다.

- 동화(assimilation): 새로운 정보를 기존 스키마에 통합시키는 과정
- 조절(accommodation): 새로운 정보가 기존 스키마에 통합될 수 없을 때 기존의 스키마를 수정하거나 새롭게 만들어 나가는 과정

피아제는 이 과정을 이용해 인지 발달의 네 단계를 개발했다. 그리고 1단계에는 하위 6단계가 있다. 피아제의 이론에 대해 비판의 목소리도 많았지만 지식의 발달과 마음을 이해하는 데 과학적으로 접근했기 때문에 현재도 설득력이 있는 것으로 여겨진다. 이 이론은 제2장에서 더 자세히 살펴볼 것이다.

다양한 간호 치료법에서 가장 중요한 것은 인간이 어떤 방식으로 생각하는지를 이해하는 것이다. 이 내용은 제7장에서 설명한다.

요약

인지 심리학자들은 특히 인간의 인지 과정과 구조에 관심을 갖고, 인간이 생각하는 방식에 대해 많은 이론을 제시한다. 구체적으로 인간의 소통 능력, 주의력, 기억력 등에 대해 연구한다. 정보 처리 방법은 가장 일반적인 인지 과정 접근법인 반면, 스키마 이론은 정보의 보관 방법에 관해 가장 널리 인정된 이론이다. 인지 심리학에서는 건강과 사회적 행동을 포함해 인간이 자신의 행동을 어떻게 결정하는지에 대해 설명한다. 임상적 치료법은 인지 심리학에서 발달했고, 제7장에서 자세히 살펴볼 것이다.

인본주의 심리학

들어가면서

인본주의 운동은 행동주의자들이 주장한 기계적 · 실증적 접근법과 정신역동 심리학자들이 주목한 갈등과 고통의 대안으로, 1950년대 즈음에 시작되었다. 이들은 학습(행동주의)이 중요하다는 것은 인정했지만, 타고난 잠재력과 무의식의 과정(정신역동학)이 중요하다고 생각했다. 인본주의 심리학자는 현상학(phenomenology)에 뿌리를 둔 실존 철학(existential philosophy)을 지지했고, 실증주의(positivism)와 합리주의(rationalism)에 반대했다. 그리고 인간을 이해하려면 직접 의식되는 것이 무엇인가에 초점을 맞추기보다 그 사람의 존재를 인정하거나 또는 온전히 관찰할 수 있는 것에 초점을 맞추었다. 그리고 인간은 일상적으로 합리적이고 체계적인 방식이 아닌 자신의 주관적인 경험을 토대로 결정한다고 주장한다. 이렇듯 인간은 세상에서 서로 다른 경험을 하므로, 개인은 각기 고유하다

고 믿는다(Barker, 2007).

인본주의 심리학자는 철학의 영향을 받았지만, 인간을 이해하기 위한 여러 개별 이론을 개발했다. 이론에도 차이가 있고 이론 개발 시 중점을 둔 부분도 다르지만 모두 관심사가 비슷하다. 바로 낙관적인 점이다. 인간은 자신만의 고유한 잠재력을 지닌 개별적인 "전인적 존재(whole being)"라고 생각했다. 또한 심리학 이론에 정신적 요소를 포함시켜 측정되거나 명시될 수 있는 것보다 경험에 무언가가 더 있다고 보았다. 그래서 psyche를 마음(mind)과 정신(spirit)으로 받아들였다. 인본주의자들은 모든 인간이 잠재력을 발휘할 수 있도록 자기 실현(self-actualization)을 향해 나아간다고 생각했다. 모든 인간은 자신의 고유한 잠재력을 발휘할 수 있지만 때로 불리한 환경 때문에 이 과정이 힘들어지기도 한다고 믿었다(Rogers, 1961).

이를 중심으로 인본주의 심리학에는 다음과 같은 공통의 주제가 있다.

- 개인적 성장, 잠재력, 책임, 자기주도
- 평생 학습
- 완전한 정서적 기능
- 기쁨과 놀이의 올바른 이해
- 영성(spirituality)과 변성의식상태(altered states of consciousness)의 수용(Stewart, 2005)

매슬로

아브라함 매슬로(Abraham Maslow, 1908~1970)는 일반적으로 최초의 인본주의 심리학자로 간주되는데, 1954년 욕구위계이론(hierarchy of needs)을 개발했다. 그리고 모든 인간이 자신의 개인적 욕구를 달성하려는 경향이 있다고 생각하여 이러한 욕구를 피라미드 모양의 단계로 나누었다(Maslow, 1954) (그림 1.5).

매슬로의 욕구위계는 자기 실현을 위해 욕구를 달성하는 순서로 단계를 나누었다. 인간은 욕구위계의 하위 단계에서 상위 단계로 올라가기 위해 노력해야 하고, 이전 욕구가 충족되어야 다음 단계의 욕구가 생긴다고 보았다. 낮은 단계의 욕구를 실현하고자 하는 동기부여는 건강을 유지하고자 하는 결핍으로 인해 생기고(4~7단계), 높은 단계의 욕구를 실현하고자 하는 동기부여는 '성장 추동' 또는 '존재 추동'이라고 부른다(1~3단계). 성장 추동과 존재 추동 모두 개인이 자기 실현을 이루도록 유도하고, 이는 황홀한 순간이나 절정의 경험으로 나타날 수 있다.

- 자기 실현 욕구
- 심미적 욕구

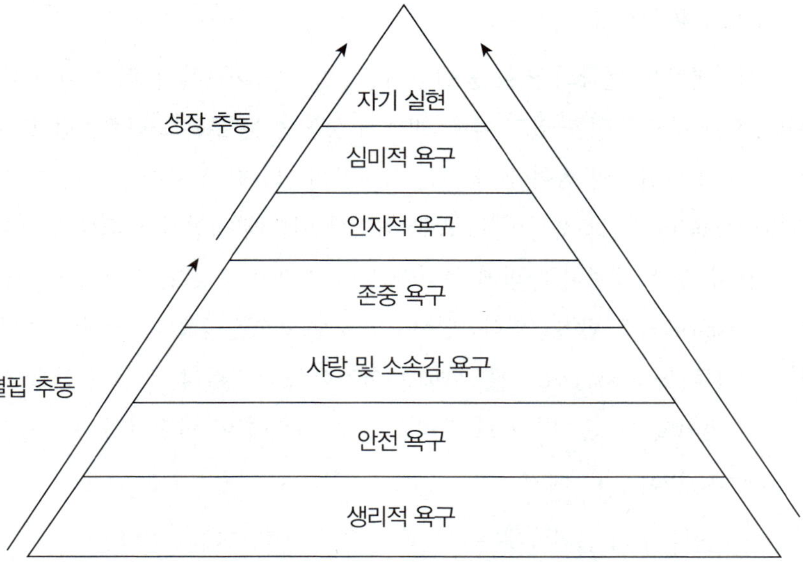

그림 1.5 매슬로의 욕구위계이론(1954)

- 인지 욕구
- 존중 욕구
- 사랑과 소속감 욕구
- 안전 욕구
- 생리적 욕구

로저스

칼 로저스(Carl Rogers, 1902~1987)는 인간 중심의 접근법을 개발했고, 보건 및 복지 전반에 걸쳐 지지를 받았다. 다른 인본주의자들과 마찬가지로, 로저스도 실존철학을 옹호했고 개인을 고유한 존재로 간주했다. 그리고 자기 실현을 위해 성장할 수 있는 올바른 환경이 갖춰진다면 모든 인간이 자신의 잠재력을 발휘할 수 있다고 주장했다.

로저스는 실제 자아와 이상적 자아를 결합시킨 자아개념(self-concept) 이론을 개발했다. 이 두 자아의 관점이 서로 거리가 있는 경우, 그 사람은 자기 불일치(incongruent)로 심리적 고통을 겪게 될 것이라고 주장했다. 이상적 자아와 실제 자아가 비슷한 사람이 되려면(일치하는 자아) 무조건적 긍정적 존중(unconditional positive regard)이 필요하다고 보았다. 더 나아가 로저스는 이런 경험이 없는 사람들을 위해 내담자 중심 치료(client-centered therapy)를 개발했다.

로저스는 효과적인 내담자 중심 치료에 몇 가지 요소가 필요하다고 주장했다.

- 상담자와 내담자는 심리적 접촉점이 있어야 한다.
- 내담자는 불일치한 상태에 있다.

- 상담자는 일치하는 자아 상태에 있다.
- 상담자는 내담자에게 공감하며 이해하고, 이를 통해 내담자와 소통하고자 한다.
- 상담자는 무조건적 긍정적 존중을 전달하고, 내담자에게 공감하며 이해하는 것이 중요하다.

제라드 이건(Gerard Egan)과 같은 다른 이론가들은 로저스의 치료법과 이론에 관한 저서를 토대로, 도움이 필요한 사람을 위한 치료적 상호작용과 개입 방법을 개발했다. 이 내용은 다른 장에서 더 자세히 다룰 예정이다. 이 책에서는 공감적 진료를 제공하려면 인간중심적이어야 한다고 보기 때문에, 이 이론은 제5장과 제7장에서 다시 언급할 것이다.

미리암 워커의 사례로 다시 돌아가 보면, 미리암은 인본주의적 접근법을 사용하고 있음을 분명하게 알 수 있다. 미리암은 크로스랜드 부부에게 긍정적 존중(positive regard)을 보였다. 이 부부는 불일치(incongruence) 상태에 있고, 미리암은 일치(congruence) 상태에 있다. 그러나 미리암은 환자인 아내가 치매일 수도 있다는 사실을 염려하면서 불일치(incongruence)의 순간을 보였다. 미리암은 남편에게 질문지를 작성할 수 있는 기회를 주고 서로(영성/변성의식상태) 이해하는 특별한 관계라는 것을 수용하게 함으로써 부부의 안녕감에 본인들이 책임을 갖도록 했다.

요약

인본주의적 관점은 다양한 이론을 모아 놓은 것이지만, 다음과 같이 근본적인 원칙은 비슷하다.

- 인간은 자기 실현을 하고자 한다. 인간은 잠재력을 발휘하고자 하는 욕망이 있다.
- 인간은 고유하다. 개인마다 다르다.
- 인간은 고유한 잠재력을 지니고 있다. 인간은 각기 다른 능력을 지니고 있고, 성취감도 개인마다 다르다.
- 인간은 긍정적 존중을 받아야 건강을 유지한다. 본질적 가치가 있다고 인정을 받는 것이 안녕감에 중요하다.

심리학의 연구 방법

들어가면서

심리학은 많은 연구 방법을 사용한다. 이 책에서는 서로 다른 철학적 접근법이 언급될 것이고, 이러한 철학적 접근법은 무엇이 신뢰할 수 있거나 유효한 지식으로 간주되는지 판단하는 데 영향을 준다. 대부분의 심리학자는 더 깊이 이해하고 지식을 얻기 위해, "지식은 감각이나 경험을 통해서만 얻을 수 있다."라는 경험적 접근법을 수용하는 경향이 있다. 경험적 지식은 일반적으로 가장 신뢰할 수 있는 것으로 간주되지만, 보통 과학적 과정을 통해 얻는 과학적 지식으로 여겨진다(제5장).

1978년에 바바라 카퍼(Barbara Carper)는 의료진에게 지식을 습득하는 네 가지 방법을 제시했고, 경험적 지식(empirical knowledge)을 유일한 방법으로 보았다. 나머지는 윤리적 앎(ethical knowing), 심미적 앎(aesthetic knowing), 인격적 앎(personal knowing)의 방법이다. 가장 최근에는 인간 중심의 공감적 진료 운동으로 인해, 직관적 앎(intuitive knowing)과 같은 다른 방법도 연구되고 있다. 경험적 지식이 가장 인정받고 있기 때문에 이 장에서 이를 우선적으로 다룰 것이다. 하지만 공감적 진료 제공자가 되는 방법을 알아내려면 다른 앎(knowing)의 방법도 중요하므로 이러한 다른 방법도 살펴볼 것이다.

경험적 연구

경험적 연구는 정성적(qualitative) 연구와 정량적(quantitative) 연구, 두 가지로 분류된다. 그러나 어떤 이들은 무엇을 '경험했는가'라는 부분보다 무엇을 '깨닫는가'에 초점을 맞추어 정성적 연구를 인정하지 않는다. 때로는 정성적 방법을 윤리적 · 인격적 · 심미적 앎의 방법을 원활하게 하는 방법으로 인정지만 정치적으로는 덜 중요하게 여겨진다. 대부분의 심리학자는 지식을 탐구하는 데 과학적 방법을 이용하지만, 다양한 출처의 연구 방법을 사용하기도 한다. 정량적 심리학자는 과학적 방법(생물학, 물리학, 화학)을 고수하는 경향이 있지만, 정량적 심리학자는 철학적 방법(현상학, 사회학(근거이론), 인류학(민족지학), 문학(서술))을 이용한다. 21세기에 들어서는 심리학에서 정성적 연구가 인정받고 있다. 현재 영국심리학회(British Psychological Society)에는 이러한 정성적 연구만을 다루는 부서도 있다.

정량적 연구

정량적 연구는 특정한 방법으로 행동의 요소나 행동 변화를 측정하는 것이다. 자료를 수집해 집계하거나 측정할 수 있다. 대부분의 심리학 연구는 이 방법으로 수행하고 이 방법이 아직도 정치적으로 가장 큰 가치를 지닌다. 정량적 방법에는 실험, 조사, 관찰 등이 있고, 문자 자료를 숫자 자료로 전환하는 포커스 그룹, 일지작성, 면담도 여기에 포함될 수 있다. 이는 매우 체계적이고 전통적인 과학적 연구 방법이다. 이러한 연구는 보통 생물 심리학자, 행동 심리학자, 인지 심리학자들이 수행한다.

실험 및 유사실험 방법

이러한 정량적 방법은 실증주의자들이 사용하고, 자연과학에서는 정확한 검사가 가능한 유효한 것으로 인정한다. 정량적 방법은 과학적 절차를 이용하고(제5장 참조), 그 결과는 정해진 과학적 구조를 이용해 작성한다. 그리고 질문 및 가설과 관련된 변수를 제외한 모든 불필요한 변수를 제거한다. 실험 설계 방법은 다양하지만 가장 선호하는 방법은 무작위배정 대조군 실험(RCT)이다. 이를 통해 확보한 자료는 보통 숫자로 전환하여 통계분석을 통해 이해한다.

조사/설문 연구

이 방법은 태도와 기타 사회적 문제를 알아보기 위해 광범위하게 사용된다. 생물 심리학자나 인지 심리학자, 거대 인구집단의 행동에 대해 알고 싶어 하는 모든 심리학자는 이 방법을 사용할 수 있다. 이 방법은 다수의 인원에게서 적은 정보를 얻을 수 있다. 실험적 방법과 마찬가지로, 수집한 데이터는 보통 숫자로 전환하여 통계분석을 통해 이해한다.

관찰 연구

이 방법은 보통 행동주의자가 선행사건, 행동, 결과를 관찰하여 자극-반응 상황을 평가하기 위해 사용한다. 행동의 변화를 관찰할 수 있는 생물 심리학자와 인지 심리학자도 이 방법을 사용한다. 인지 발달 이론을 개발한 피아제(제2장 참조)는 실험과 함께 관찰 연구를 통해 자신의 이론을 발전시켰다. 관찰 연구 설계의 데이터도 역시 숫자로 전환해 통계적으로 분석하지만, 이 기법은 소수의 인원에도 사용할 수 있다.

정성적 연구

어떤 심리학자는 정성적 연구를 경험적으로 인정하지 않지만, 일부 심리학자는 과학적 방법을 이용해 연구 질문의 조작 변수와 가설을 교환한다. 그러나 이러한 정성적 연구는 생태학적 타당성을 유지하고 실제 세계의 풍부한 경험을 담기 위해 서술형 데이터를 추구한다. 정성적 연구는 행동을 측정하거나 계산하고자 하지 않으며, 보통 자기보고 일지, 성찰, 면담, 포커스 그룹을 통한 데이터 수집이 있다. 그리고 정성적 연구는 매우 다채로운 것으로 간주되고, 인간의 경험을 이해하고자 하며, 인본주의 관점과 정신역학적 관점에 더욱 적합하다.

서술

심리학의 지식과 이해를 발전시키는 서술 방법은 문학적 · 역사적 · 사회적 영역에서 발전해 온 것으로 간주될 수 있다. 그러나 서술은 너무 단순하다. 구조주의(structuralism), 후기 구조주의(post-structuralism), 포스트모던 철학(postmodern philosophy)과 함께, 인간 중심의 접근법과 인간의 정신역학적 관점을 추구하는 인본주의자 운동도 중요하다(제5장 참조). 이 방법은 구체적인 경험에 대한 이야기를 알고자 한다. 하지만 서술은 다양한 특성으로 발전했고 종류도 다양하므로 포괄적 용어로 간주될 수 있다. 일반적으로 이러한 다양한 유형의 서술 연구는 언어의 구조와 형태(구문), 이야기의 내용이나 장르에 초점을 맞춘다. 다양한 관점을 가진 심리학자들은 주로 한 가지 유형을 사용한다. 예를 들면, 인지 심리학자는 이야기의 형태와 구조에 더 관심을 갖는 반면, 인본주의자들은 내용에 더 관심을 갖고, 정신역동 심리학자는 이야기의 장르에 더 관심을 갖는다.

서술(narrative) 연구는 이야기를 수집하고 그 이야기를 분석하여 그 사람이나 집단을 이해하는 것이다.

현상학

현상학과 실존철학은 인본주의 심리학 발전에 중요한 영향을 미쳤다(제5장 참조). 철학자 후설은 현상학(phenomenology)의 창시자로 인정받는다. 후설은 주어진 현상의 중요한 경험을 찾고자 했다. 아메데오 지오르지(Amedeo Giorgi)는 에드문드 후설과 모리스 메를로-퐁티(Maurice Merleau-Ponty)의 이론을 공부한 후 심리학적 현상학을 개발함으로써 심리학 연구자가 고유한 특성을 유지한 현상을 탐구할 방법을 제공했다. 현상학적 연구는 보통 장시간의 심도 있는 개별 면담을 통해 수행하지만, 개인이 어떤 현상에 대한 경험을 서술한 설명을 읽고 연구하기도 한다. 연구자는 생활 세계의 경험을 묘사하고 이를 분석하여 자유변경(imaginative variation)을 이용한 현상 설명을 위해 에포케(epoche, 판단의 보류) 상태를 유지하는 것이 중요하다. 보통 연구 결과는 개별적 차이점이나 구성요소와 함께 일반적 구조의 현상으로 표시된다. 현상학 연구방법은 정신역학적 관점의 심리학자를 포함하여 인본주의 심리학자와 심리치료사가 주로 사용한다.

민족지학

이 방법은 인류학에서 유래되었으며, 문화적 · 사회적 집단을 설명하고 해석하는 데 사용한다. 민족지학(ethnography)은 문화적 집단, 즉 문화 공유 집단을 설명하고 해석하는 데 중점을 둔다. 민족지학자는 학습된 행동 패턴, 관습, 생활 방식을 탐구한다. 연구자는 문화에 관여하고 직접 경험한다. 즉, 참여하는 관찰자이다. 민족지학자는 현장을 기록하고, 그 문화의 다른 사람들을 면담한다. 또한 유물, 즉 문화가 생성해 낸 물체를 이용할 수도 있다. 그리고 이 데이터를 분석 및 해석하여 문화적 주제를 도출하고 문화를 묘사한다. 이러한 연구 방법은 행동적 관점이든 인본주의 관점이든 정신역학적 관점이든 사회 심리학자가 관심을 갖는다.

근거이론

근거이론(grounded theory)은 사회학 학문 분야에서 발전했다. 이 명칭이 암시하듯, 근거이론 연구방법의 목적은 어떤 특정한 상황에 대해 근거가 있는 증거에서 특별한 상황의 이론을 개발하는 것이다. 데이터는 보통 그 상황이나 분야에 있는 사람들을 면담하여 수집한다. 면담마다 분석하고, 이전에 이해한 바를 토대로 다음 면담을 진행한다. 이를 지속적인 비교방법(constant comparative method)이라 부른다. 그리고 연구자는 중심 현상과 여기에 영향을 미치는 사회적 · 역사적 · 경제적 상태를 나타내는 이론이나 스토리라인을 제시한다. 이 연구방법은 각기 다른 상황을 탐구하는 심리학적 관점에서 사용할 수 있다.

심리학자는 이러한 모든 유형의 연구방법을 사용한다. 그리고 어떤 연구방법을 선택하는가는 조정하고자 하는 관점과 인간의 어떤 점을 이해하고자 하는가에 따라 다르다. 심리학자의 관점, 이론, 연구는 공감적 진료에 대한 이해와, 무엇이 공감적 진료인지 그리고 돌봄 관계(caring relationships)에서 공감적 진료를 어떻게 발전시키고 유지할지를 탐구할 때 사용한다.

요약

제1장에서는 심리학의 정의로 시작하여, 심리학이 어떻게 구성되고 분류되는지(관점)와 심리학자들이 현재 지식을 어떻게 발전시켰는지(연구) 살펴보았다.

추가연구

영국심리학회(British Psychological Society) 웹사이트에서는 심리학자의 다양한 역할에 대해 설명한다. 그리고 심리학자가 되고자 하는 사람들을 위한 지침뿐 아니라, 관련 소식, 이벤트, 발행물도 소개한다. www.bps.or.uk/ 참조

정답

학습 활동 1.1 비판적 사고

심리학을 이해하면 왜 돌봄 기술을 발전시키는 데 유용할 수 있는지 잠시 생각해 본다.

몇 가지 유용한 방법을 생각해 보았을 것이다.

- 돌보고 있는 사람, 동료, 소속 기관 또는 회사, 강사, 본인을 이해하는 데 도움이 된다.
- 돌보고 있는 사람을 도울 방법을 찾아내고, 치료법을 이해하고, 타인을 지지하고, 상호작용하는 방법을 파악하는 데 도움이 된다.

학습 활동 1.3 비판적 사고

존중하고, 연관 짓고 싶고, 비슷해지고 싶은 사람을 생각해 본다. 이런 사람은 어떤 행동을 하는가? 왜 비슷해지고 싶은가?

- 음식을 거부하는 환자에게 음식을 먹도록 하거나, 말하게 하고, 걷도록 하고, 마시게 할 수 있다.
- 미소로 답례를 받거나, 기술적 또는 복잡한 업무를 수행할 수 있다.
- 일반적으로 롤 모델은 행동을 보여 주고, 우리가 원하는 행동을 하여 보상을 받는다. 또한 모방할 수 있을 것 같은 행동을 보여 주어야 한다. 모방할 수 없다고 느끼면(자기 효능감) 시도하지 않는다.

References

- Barker, S. (2007) Vital Notes for Nurses: Psychology. Oxford: Blackwell.
- British Psychological Society (BPS) (2015) Psychology. Available at: www.bps.org.uk/ (accessed April 2015).
- Carper, B.A. (1978) 'Fundamental patterns of knowing in nursing', Advances in Nursing Science, 1 (1): 13–24.
- Ciccarelli, S.K. and Myer, G.E. (2006) Psychology. Upper Saddle River, NJ: Pearson Prentice Hall.
- Colman, A.M. (2015) A Dictionary of Psychology, 4th edn. Oxford: Oxford University Press.
- Maslow, A. (1954) Motivation and Personality. New York: Harper and Row.
- Rogers, C.R. (1961) A Therapist's View of Psychotherapy: On Becoming a Person. London: Constable.
- Stewart, W. (2005) An A–Z of Counselling Theory and Practice. Cheltenham: Nelson Thornes.

2

CHAPTER

전 생애적 발달

이제 나와 함께 인생의 길을 떠나자.
아직 더 많은 경험을 해야 하지만
인생의 다양한 모습을 탐구해야 하겠지만
이제 변화하고 나와 함께 성장해 가자.

학습 목표

모든 돌봄 전문가가 공감적 진료를 수행하기 위해서는 전 생애적 발달(lifespan development)을 심리학적으로 이해하는 것이 중요하다. 이는 돌봄에 필요한 각 요건 충족을 통해 인간이 성장하고 변화하는 배경을 알 수 있게 한다. 이 장의 학습 목표는 다음과 같다.

- 다양한 발달 이론과 그 심리학적 토대에 관해 논한다.
- 발달 이론에 대한 지식이 공감적 진료가 필요한 사람에 대해 더욱 잘 이해하고 어떤 도움을 주는지 알아본다.

학습 활동

2.1 비판적 사고

개인의 발달에 영향을 미치는 것은 무엇일까? 우리는 원래 이렇게 태어난 것이라고 생각하는가, 아니면 환경이 우리를 만든 것이라고 생각하는가? 즉, 유전(nature)인가, 환경(nurture)에 의한 것인가?

들어가면서

이 장에서는 발달을 과학적으로 이해하는 철학적 배경을 설명하고, 심리학적 발달 이론에 대해서도 살펴본다. 피아제, 프로이트, 에릭 에릭슨, 존 보울비의 이론과 같은 단계별 심리학적 발달 이론이 돌봄 실습에 어떤 영향을 미치는지에 대해 초점을 맞출 것이다.

발달 이론

다양한 학문에 많은 발달 이론이 존재한다. 심리학과 함께 철학적 사고는 이러한 모든 이론이 발생하는 출발점이 되어 왔다(표 2.1).

중세 시대에는 인간이 하나님에 의해 미리 만들어졌고, 전 생애에 걸쳐 성장한 것이라고 생각했다. 정자 안에 매우 작은 생명체, 즉 호문쿨르스(homunculus, 소인)가 있어 여성의 자궁으로 삽입되면 그 안에서 자란 후 태어난다고 추측했다. 이러한 철학은 전성론(preformationism)이라고 알려져 있지만, 모두 이렇게 생각한다는 것은 지나치게 단순화한 것이다. 왜냐하면 16세기 잉글랜드의 왕 헨리 8세는 아내가 후계자 아들을 낳지 못한다고 비난했기 때문이다. 이는 여성이 아이의 성별을 결정하는 데 일부 관여한다고 생각했던것이다.

17세기에는 계몽주의 시대(Age of Enlightenment)나 이성 시대(Age of Reason)를 통해 철학적 변화가 있었다. 이 시대에는 철학자들이 왕이나 성직자와 같은 권력자를 지식의 원천으로 인정하기를 거부했다.

표 2.1 유명한 철학자

이론	철학자	이론가	심리학 이론가	후대 심리학 이론가
계몽주의/ 경험주의자	로크 (1632–1704)	파블로프 (1849–1936)	스키너 (1905–1990)	반두라 (1925–)
낭만주의자	흄 (1711–1776)	왓슨 (1878–1968)	베르너 (1890–1964)	피아제 (1896–1980)
낭만주의자	루소(1712–78)	게젤 (1880–1961)	보울비 (1907–1990)	에인즈워스 (1913–1999)

이론	철학자	이론가	심리학 이론가	후대 심리학 이론가
느낌/추동	다윈 (1809–1882)	로렌즈 (1903–1989)	융 (1875–1961)	에릭슨 (1902–1994)
낭만주의자	브렌타노 (1838–1917)	프로이트 (1856–1939)	매슬로우 (1908–1970)	로저스 (1902–1987)
현상학자/ 실존주의자	키에르케고르 (1813–1855), 브렌타노 (1838–1917)	후설 (1859–1938), 하이데거 (1844–1900)		

지식은 이성과 분석을 통해 습득하는 것이고, 인간이 개별적 존재라는 것은 정설로 여겨졌다. 이는 당시 철학자인 존 로크(John Locke, 1632~1704)는 행동이나 학습 운동에 영향을 주었다. 이와 관련한 주요 이론가는 파블로프, 왓슨, 스키너, 반두라가 있고, 모든 인간은 로크가 만든 용어인 백지상태(tabula rasa)로 시작하여 자신이 속한 환경을 통해 학습하며, 이는 현재의 모습이 된다고 믿었다.

이후, 계몽주의 시대의 낭만 자연주의자(Romantic Naturalist)인 장 자크 루소(Jean-Jacques Rouseau, 1712~1778)는 발달 이론에 중대한 영향을 미쳤다. 낭만주의자라고 여겨진 철학자들은 자연의 덕(virtues of nature)과 생물학적 힘을 찬미했다. 루소는 낭만주의 운동에 불을 지폈고, 발달(development) 분야에 심리학적으로 접근했다. 그는 계몽주의 시대 사람으로, 권위주의적인 앎의 방법을 거부하고 이성과 분석을 통한 앎을 인정하고자 했다. 외부나 환경에 초점을 맞추는 행동주의자들과 달리 루소는 내적으로 생긴 변화에 관심을 두었으며, 아이는 성인과 다르다고 생각했다. 아이들은 그들만의 방법으로 생각하고, 느끼고, 행동하고, 자연의 계획대로 성장한다고 믿었다.

루소는 아동 발달 단계를 1단계 영아기(생후~2세), 2단계 유아기(2~12세), 3단계 소아기(12~15세), 4단계 청소년기(사춘기의 시작)의 4단계로 규정했다. 이를 성숙 이론(maturational theory)이라 부르고, 게젤, 베르너, 피아제와 같은 많은 이론가가 이 이론을 따랐으며, 찰스 다윈, 콘라드 로렌츠, 보울비의 진화론도 루소의 영향을 받았다고 볼 수 있다.

아널드 게젤(Arnold Gesell, 1880~1961)의 성숙 이론은 인간이 자연의 계획에 따라 발달한다는 루소의 신념을 따른 것이다. 게젤은 발달에 영향을 미치는 주된 두 가지 요인이 있다고 주장한다. 즉, 인간은 환경과 유전자의 산물이며, 발달 순서는 정해져 있지만 발달 속도가 다를 수 있다는 주장을 했다. 그리고 발달을 연구하는 사람은 모두 패턴과 양적인

(quantitative) 측면도 고려해야 한다고 했다. 또한 동시대의 다른 루소 추종자인 하인즈 베르너(Heinz Werner, 1890~1964)도 패턴의 중요성을 강조했다. 이러한 베르너의 성숙 발달 이론은 전체론적(organismic)이고 상대적(comparative)이다.

베르너는 발달을 계통발생적 원리(orthogenetic principle)로 보았다. 여기에서 ortho는 '방향'을 의미한다. 따라서 유전자(genetic)가 발달의 방향(ortho)을 제공한다는 원리이다. 이는 내부의 계획에 따라 발달이 진행된다는 생물학적 원리이다. 베르너의 이론은 인간을 본질적으로 성장하고 발달하는 경향이 있는 통합된 전체로 간주한다는 점에서 전체론적(organismic)이다. 또한 베르너의 이론은 서로 다른 문화의 사람들로 구성된 집단간의 발달을 비교할 수 있다고 주장하기 때문에 상대적(comparative)인 면도 있으며, 어떤 문화이든 발달의 결과는 비슷하다고 주장했다.

게젤과 마찬가지로, 베르너는 게슈탈트 철학(gestalt philosophy)에서 정립된 것과 같은 패턴에 관심이 있었다. 그는 지각, 인지, 언어 패턴을 탐구하여 계통발생적 원리를 수용했고, 분화(differentiation)와 위계적 통합(hierarchic integration)이 계속되면서 발달이 이루어진다고 생각했다. 분화는 인간의 일부가 자신의 기능과 프로세스에 뚜렷해지는 것이다. 예를 들면, 뇌가 발달할 때 시각정보를 처리하는 시각피질과 같은 특정한 임무를 수행하는 구조가 발달한다. 분화로 인해 구조가 분리되고, 그 과정에서 기능을 더욱 정밀하게 연마하고, 이를 위계적 관리에 따라 통합된 전신(whole body)에 포함시키면, 위계적 통합이 발생한다. 그 예로 아기가 자신의 손과 팔의 움직임을 보고 있다. 그 손과 팔은 분화되었고, 아기는 허공에 팔을 흔들고 손을 움켜쥔다. 그러면 손과 팔은 위계적으로 통합되어 아기의 뇌가 더욱 정밀하게 손과 팔의 움직임을 제어하며 아기의 목적을 수행할 수 있도록 한다(그림 2.1).

그림 2.1 팔을 움직이는 아기

심리학의 발달 이론에 영향을 준 다른 포스트계몽주의 철학자로는 브렌타노, 키에르케고르, 후설, 하이데거 등이 있다. 제5장에서 더 자세히 설명하는 브렌타노는 정신역동적 발달 이론뿐 아니라 인간을 인본주의적으로 이해하는 데 중대한 영향을 미쳤다. 프로이트는 철학자 후설과 마찬가지로 브렌타노의 철학학교 학생이었다. 그러나 마음에 정신 에너지(psychic energy)가 있다는 사실은 모두 수용하지만, 서로 상당히 다른 이론을 발전시켰다. 그래서 후설의 이론은 철학적이고, 프로이트의 이론은 심리학적이라고 여겨진다.

하이데거(Heidegger)는 후설의 제자였고, 후설이 세상을 떠난 후 그의 교수 자리를 이어받았다. 그는 후설처럼 현상학자였지만, 실존주의 운동의 창시자인 키에르케고르(Kierkegaard)의 주장도 수용했다. 실존주의는 인본주의 운동과 로저스의 내담자 중심 치료와 같은 심리학적 · 인본주의적 이론에서 인정한 기본적인 철학적 접근법이다.

분명한 점은 모든 심리학적 발달 이론이 철학적 사고에 기인한다는 것이다. 다음 장에서는 다른 심리학적 발달 이론에 대해 알아볼 것이다.

발달 심리학

발달 심리학(developmental psychology)은 인간이 어떻게 변화하고, 어떻게 일정 기간 동안 동일하게 유지되는지에 초점을 맞춘 심리학 분야이다. 발달 심리학자들은 발달이 체계적(systematic)이고, 적응적(adaptive)이며, 정성적(qualitatively)이고 정량적(quantitatively)으로 발생한다고 주장한다(Barker 2007). 각 심리학적 관점은 전 생애 동안 인간이 어떻게 발달하고 변하는지에 대해 다른 방식으로 이해한다. 따라서 각 심리학적 관점을 차례대로 살펴볼 것이다.

생물 심리학자

생물 심리학자는 수정 전부터 시작되는 생물학적 변화를 기초로 한 발달의 성숙 이론을 인정한다. 자궁의 조기 세포 분할부터 출생까지, 그리고 유아기, 사춘기, 출산, 폐경, 노후, 사망에 이르기까지, 발달에 대해 자세히 설명하는 생물학적 표현은 많다. 생물 심리학

사/례/연/구

메건과 몰리 존스

메건은 몰리를 돌보는 엄마이다. 난산으로 인해 메건은 엄청난 충격을 받았다. 몰리는 출생 시 아프가 점수가 4점이었고, 5분까지 7점이었다. 몰리는 한 살 때까지 예상대로 발달하는 것처럼 보였다. 엄마에게 반응했고, 잘 웃고, 소리도 냈다. 메건과 몰리는 매우 친밀했고, 행복한 관계로 보였다. 메건은 몰리가 10개월 때까지 홀로 앉아 있지 못해도 걱정하지 않았다. 왜냐하면, 발달 속도가 조금 다를 뿐이라는 진단을 받았기 때문이다. 몰리가 2살이 되어도 몇 단어 이상 말을 하지 못했고, 걷지도 못했다. 그러자 의료진은 걱정하기 시작했다. 몰리는 뇌 MRI 검사를 받았고, 그 결과 몰리의 뇌 무게가 성인 뇌의 70% 정도에 불과하고, 소뇌도 상당히 작다는 것을 알게 되었다. 몰리는 잘 웃는 행복한 아기였고, 유모차에 앉아 있으면 누구도 정상아와 다르다고 생각하지 못했다. 몰리는 동생만큼 잘할 수 없어도 실망하지 않았고, 동생을 보며 즐거워했다. 메건은 몰리가 걱정됐지만, 몰리는 자신과 가족 모두에게 큰 행복을 가져다주었다고 생각했다.

자는 이러한 생물학적 변화 때문에 생애 전반에 발생하는 성숙의 변화를 수용하고, 인간의 감정, 행동, 타인과의 상호작용에 어떻게 영향을 미치는지에 대해 관심이 깊다.

생물 심리학자는 뇌와 신경계에 집중하는 경향이 있고, 창발성(emergent properties: 새롭게 밝혀내는 성질), 즉 개별 장기나 구조를 연구할 때 예측할 수 없는 것을 찾는 경향이 있다. 또 다른 관심 영역은 손상이 발생하여 예상된 방식으로 기능할 수 없게 되는 경우이다. 즉, 생물학적 구조와 기능적 변화의 연관성을 탐구한다.

아래 메건과 몰리 사례연구에서 알 수 있듯이, 몰리의 뇌의 생물학적 구조는 예상대로 발달하지 않았지만, 이 때문에 가족과 나눌 수 있는 사랑과 애정의 크기가 줄어들지는 않았다. 생물 심리학자는 뇌 손상에도 불구하고 어떻게 몰리가 여전히 심리적 · 개인적으로, 그리고 타인과 사회에서 적절한 역할을 수행 할 수 있었는지에 관심을 가질 것이다.

행동주의자

행동주의자 운동은 로크와 흄(Hume)의 경험적 철학에 근거했다. 이들은 파블로프, 왓슨, 스키너의 연구에 영향을 미쳤다. 이들은 의식하는 것만이 실제나 진실로 간주될 수 있다고 주장했다. 그리고 아이가 태어나면 '백지상태'로, 학습할 수는 있지만 자신이나 타인

사/례/연/구 자넷 로우-**어린이집 보모**

나를 찾아온 한 학부모는 3살짜리 아들의 행동에 대해 매우 고민하고 있었다. 이 엄마는 아들이 거실에서 자고 있는 동생을 뾰족한 연필로 찌른다고 걱정했다. 아무래도 아들이 질투를 하여 동생을 괴롭히는 것 같다고 생각했다. 나는 학부모에게 얼마나 고민될지 이해한다고 말하고, 그 행동에 다른 이유가 있을지도 모른다고 답했다. 그리고 아이가 왜 그런 행동을 하는지 확인하기 위해 아들이 그런 행동을 할 때마다 ABC 관찰기록을 작성하기로 했다. 엄마는 평소보다 더 주의 깊게 아이를 관찰하여 자세하게 기록했다. 아이는 동생이 유모차를 타고 있을 때 덮개와 시트 사이를 통해 연필로 동생을 찔렀다. 보통 거실에서 동생이 낮잠을 자고 있을 때 그런 행동을 했다. 엄마가 그 자리를 벗어나자마자 그 행동을 하는 것이 아니라 대개 5분 후에 그러한 행동을 했다. 엄마는 그 장면을 발견하면 목소리를 높여 나쁜 행동이라며 꾸짖었고 아이는 울었다.

학부모에게 동생이 자고 있을 때 방에서 무엇을 했는지 일지에 기록하라고 요청했다. 학부모는 5~10분마다 '유모차'에 다가가 동생을 바라보고, 얼굴을 부드럽게 쓰다듬곤 했다.

나는 학부모에게 아들의 행동에 대해 다른 설명을 할 필요가 없었다. 학부모는 아들의 행동이 자신만의 방식으로 엄마를 모방한 것이라는 점을 알 수 있었다. 그 이후 동생에게 과격하게 질투하는 아들을 동생과 떼어 놓는 대신 동생이 낮잠을 자도록 바닥에 누비이불을 깔고 뉘였다. 그랬더니 아들이 몇 분 후에 동생에게 다가가 부드럽게 얼굴을 쓰다듬었다. 그러면 엄마는 아들에게 다가가 착한 오빠라고 말하며 안아 주었다.

에 대해 아는 것은 아무것도 없다고 생각했다. 아이는 성장하면서 자신이 누구이고, 어떻게 행동해야 하는지 환경을 통해 학습한다. 행동주의자는 인간과 다른 동물의 생득적 기술에는 차이가 없다고 보고, 동물 모델을 인간의 경험에 적용한다.

행동주의자는 전 생애에 걸쳐 인간은 보상이 가장 큰 방식으로 행동하기 위해 같은 방법을 이용하며 발달한다고 믿는다. 이러한 학습 방법은 제1장에서 설명했듯이 습관화, 고전적 조건형성, 조작적 조건형성, 대리/사회 학습 등이 있다. 행동주의자는 어떤 식으로든 오직 감각을 통해 평가하고, 관찰 또는 측정할 수 있는 것만이 유효하다고 생각하며 행동을 측정하고 관찰하기 때문에 다른 발달 유형에는 관심이 없었다. 이는 인간의 발달을 제한적으로 보는 것 같지만 이를 통해 매우 유용하고 다양한 치료적 접근법이 도출되었다. 이 내용은 제7장에서 자세히 살펴볼 것이다.

자넷의 사례연구를 보면, 아이는 엄마를 보면서 어떻게 행동하는지 이해하며 발달하고 있었다. 아이는 너무 작아서 엄마의 모든 행동을 따라 할 수 없지만 연필을 사용해 동생을 건드릴 수 있다는 것을 알았다. 동생이 깨어 울면, 엄마가 방으로 돌아와 동생을 '돌보자' 이 행동은 더욱 강화되었다.

아이가 행동을 선택할 때에는 내부에서 많은 과정이 일어날 수 있지만, 행동주의자에 따르면 외현적 행동만 인식할 수 있기 때문에 아이와 엄마는 그 순간에 이것이 무슨 행동인지 판단할 수 없었을 것이다. 아이가 동생의 얼굴을 쓰다듬었을 때 엄마의 행동은 아이에게 보상이 될 수 있고, 아이는 조작적 조건형성을 통해 이를 "좋은" 보상이 주어지는 행동 방식으로 학습했을 것이다.

자넷의 사례연구에서, 인간은 생득적 학습 능력을 이용해 발달한다는 행동주의자의 관점을 명확하게 확인할 수 있다.

발달에 대한 정신역동적 접근법

제1장에서 설명했듯이, 프로이트는 정신역동적 관점(psychodynamic perspective)의 창시자였고, 계몽주의, 경험론, 브렌타노의 철학적 접근법의 영향을 받았다. 또한, 프로이트의 심리성적 발달 이론(psychosexual developmental theory)은 루소의 성숙 이론과 유사한 점이 많다. 프로이트는 그 당시 의학 교육을 받았고 신체 발달을 생물학적으로 이해했기 때문에 이러한 관점은 놀라운 것이 아니다. 의학에서는 계몽주의, 경험론, 낭만주의의 철학적 토대 없이 인간을 이해할 수 없었을 것이다.

그러나 프로이트는 브렌타노의 학교에서 잠시 교육받을 때 인간에게는 생물학적 구조와 프로세스보다 더 많은 것이 있다고 배웠다. 후설과 함께 인간에게 추가적인 정신 에너지가 있다고 주장했다. 처음에 이를 개인의 성욕(libido) 또는 생명력이라고 불렀고, 후에 에로스(Eros)와 타나토스(Thanatos)의 힘, 즉 각각 삶의 추동과 죽음의 추동이라고 설명했다. 이러한 생명력은 인간에게 에너지를 부여하여 성숙의 과정을 통해 자신이 된다. 즉, 완전한 자아개념을 갖게 된다. 그의 성격 모델은 제1장에 설명되어 있다. 이는 무의식 부분(가장 큰 부분으로, 대부분 정체성뿐 아니라 초자아와 자아로 구성됨), 전의식 부분(두 번째 큰 부분으로, 주로 자아로 구성됨), 의식 부분(가장 작은 부분, 자아와 초자아로 구성됨)으로 이루어져 있다.

여기에서는 프로이트의 성숙의 과정(maturational process)에 대해 살펴볼 것이다. 프로이트는 아이가 심리성적 발달 5단계를 거친다고 주장했고, 각 시기는 루소가 제시한 아동 발달 단계와 비슷하게 보일 수 있다. 또한 성욕에 의해 생긴 세상과의 상호작용을 통해 유아와 아동 자신 및 타인과의 관계가 어떻게 변하는지에 초점을 맞추었다.

프로이트가 말한 심리성적 발달 5단계(psychosexual stages)는 다음과 같다.

- 구강기(0~2세)
- 항문기(2~4세)
- 남근기(4세부터 중기 아동기)
- 잠재기(중기 아동기)
- 성기기(청소년부터 성인)

각 단계는 적절한 성숙 시기에 완료되어야 하고, 아이가 각 단계에서 과도한 자극을 받거나 충분히 자극받지 못하면 그 단계에 고착되어 성인의 성격을 제한할 수 있다고 주장했다. 또한 성인이 스트레스를 받으면 그 이전의 단계로 되돌아가거나(퇴행) 그 단계와 연관된 성격 유형이 지속될 수 있다.

구강기(0~2세)

영아를 관찰하면, 이 시기에는 모든 초점이 입에 맞춰져 있음을 알 수 있다. 영아는 주로 먹을 것을 찾고, 세상을 탐구하며, 입으로 자극을 받는다. 새로운 물체를 입으로 탐구한다. 따라서 성인이 이 단계에 고착되어 있거나 퇴행하면 입과 관련된 행동을 보이는 경향이 있다. 즉, 폭식을 하거나, 다이어트를 하거나, 식탐이 많거나, 과음하거나, 흡연을 할 수 있다. 여기에는 두 개의 하위 단계가 있다.

- 구강 성욕(oral eroticism): 주된 행동은 빨고 먹는 것이다. 구강 성욕이 있는 사람은 활발하지만, 의존적이고 애정이 결핍되어 있다.
- 구강 가학증(oral sadism): 주된 행동은 물고 씹는 것이다. 구강 가학증이 있는 사람은

냉소와 잔인함을 보인다(Barker, 2007: 34).

항문기(2~4세)

학교에 들어가기 전, 2세에서 5세 사이의 평균 아동은 배변 훈련 기간을 거친다(그림 2.2). 이 시기의 초기에는 자율성이 발달하여 보통 '미운 두 살'이라고 부른다. 이러한 자율성은 아이가 언제 소변이나 대변을 볼지 선택함으로써 자신의 몸을 어느 정도 통제할 수 있다고 인식하는 것과 관련이 있다. 또한 아이는 배설을 통제할 수 있는 자신뿐 아니라 타인의 능력에 매료될 수도 있다. 항문기에는 다음의 두 가지 하위 단계나 성격 유형이 있다.

그림 2.2 유아용 변기에 앉은 아기

- 항문애 성격(anal-retentive): 이 하위 단계는 배설물을 지키고자 하는 열망이 있다. 이 단계로 퇴행하거나 고착된 사람은 과도하게 단정하고 깨끗하고 꼼꼼하며 강박적인 경향이 있다.
- 항문 배설 성격(anal-expulsive): 이 하위 단계는 기분 변화가 심하고 빈정대고 날카롭고, 보통 공격적이다. 항문애 성격과 항문 배설 성격은 반대로 정의되지만 상황에 따라 이 두 하위 단계를 이동할 수 있다(Barker, 2007: 35).

남근기(4세부터 중기 아동기)

프로이트는 이 단계가 아이의 발달에 중요하다고 보고, 이 단계를 많이 탐구하고 저술하기도 했다. 이 단계에는 아이가 오이디푸스 콤플렉스(oedipus complex) 또는 여성의 경우 엘렉트라 콤플렉스(electra complex)로 고심하는 시기이다. 아이는 성적 정체성을 인식하기 시작하고, 부모와의 관계를 통해 미래 성적 관계의 기초를 다진다. 이 시기에 성적 정체성이 확립되지 않으면, 그 아이는 동성 파트너에게 끌릴 수 있다고 주장한다. 이 단계로 퇴행하거나 이 단계에 고착된 사람은 자신에게 과도하게 사로잡혀 자아도취적 성향을 띠게 된다. 또한 허영심이 많고 오만하며 비현실적인 자신감뿐 아니라 자기도취를 보인다.

학습 활동 2.2 성찰

프로이트의 이론에 따르면, 오이디푸스 콤플렉스와 엘렉트라 콤플렉스를 잘 통과하면, 소녀는 자신의 아버지와 비슷한 남자에게 더 매력을 느끼고, 소년은 자신의 어머니와 비슷한 여성에게 더 매력을 느낀다고 한다. 본인이 성적으로 매력을 느낀 사람들을 생각해 본다. 프로이트의 이론대로 마음이 끌리는가?

잠재기(중기 아동기)

프로이트의 심리성적 발달 이론에 따르면, 이 시기는 조용한 발달 시기이다. 이 발달 단계에 고착되어 있거나 퇴행한 사람들은 성적 순화와 성적 욕망 퇴행을 보인다(심리적 방어 기제, 자세한 내용은 제1장 참조).

성기기(청소년부터 성인)

이 시기는 마지막 심리성적 발달 단계로, 이 시기의 초기 단계에 고착되지 않은 사람은 정상적인 성인의 성(adult sexuality)과 프로이트가 정의한 완전한 자아개념을 확립한다(즉, 전통적인 성 역할과 이성애 성향).

에릭슨의 심리사회적 발달 이론

에릭 에릭슨(Erik Erikson, 1902~1994)은 정신역동적 이론가이다. 에릭슨은 프로이트가 개발한 마음의 구조를 인정했지만, 발달은 평생 계속된다고 주장했다. 이러한 주장은 인류학적 연구에 기초한다. 에릭슨은 생명의 시작부터 생애 마지막까지 8단계를 거친다고 주장했다(표 2.2). 이들 단계는 음극과 양극으로, 극과 극의 상반된 모습을 보인다. 각 단계는 위기(crisis), 즉 변화의 시기로 설명한다. 각 단계를 성공적으로 통과하려면 극단적 양극 사이에서 균형을 이루며 발달해야 한다. 균형을 이룬 사람은 미덕(virtue)이나 자아의 힘(ego strength)을 얻을 수 있다. 에릭슨은 이들 단계가 다시 나타날 수 있지만, 발달 중인 사람에게는 문제가 될 수 있다고 보았다.

1단계: 신뢰감 vs. 불신감

1단계는 아이가 태어난 후 12~18개월까지 지속된다. 이 시기에 아이는 세계가 좋고 안전한 곳이라는 인식이 발달한다. 이 이론에서는 신뢰와 불신의 균형이 중요하다고 제안한다. 아이가 세상의 모든 사람과 모든 것을 완전히 신뢰하면 위험에 빠질 수 있지만, 세상을 전혀 신뢰하지 못하면 계속 두려움에 살아갈 것이다. 따라서 안전하다고 느끼는 동시에 이 세상에는 위험도 있다는 것을 인식해야 한다.

이 균형을 이루면 자아의 힘 또는 희망(Hope)의 미덕을 얻을 수 있다.

표 2.2 에릭슨의 심리사회적 발달 이론

단계	극성	연령	미덕/자아 강도
1	신뢰감 vs. 불신감	0세부터 12~18개월	희망
2	자율성 vs. 수치심	12~18개월부터 3세	의지
3	주도성 vs. 죄책감	3세부터 6세	목적
4	근면성 vs. 열등감	6세부터 사춘기	능력
5	자아정체성 vs. 정체성 혼란	청소년기부터 청년기	신의
6	친밀감 vs. 고립감	성인 초기	사랑
7	생산성 vs. 침체성	중년기	돌봄
8	자아통합감 vs. 절망감	노년기	지혜

2단계: 자율성 vs. 수치심

2단계는 12~18개월부터 3세까지의 아이로, 독립성과 함께 수치심과 의심이라는 위기를 겪는다. 아이는 자신의 문화의 언어를 배우고, 배변 통제와 같은 기술을 발달시킨다. 이 시기에는 자신의 몸을 통제하기 시작하고, 자신의 행동에 다소 책임감을 느끼기 시작한다. 아이가 이를 잘 해내면 자율성을 얻을 수 있지만, 그렇지 못하면 수치심을 느낄 수 있다. 아이가 자율성을 추구하게 되면서 성인과 갈등이 생긴다. 그래서 이 시기를 "미운 두 살"이라고 부르기도 한다. 또한 균형이 필요하므로 아이는 자율성이 발달하면서 수치심이 동반되는 책임감도 발달한다.

이 균형을 이루면 의지(Will)의 미덕을 얻을 수 있다.

3단계: 주도성 vs. 죄책감

이 단계는 이전 단계와 비슷하게 3~6세의 아이가 많은 새로운 경험을 하고, 주도성을 이용해 자율성과 자존감을 발달시킨다. 아이는 상대적 욕구를 갖는다. 즉, 새로운 것을 달성하고 경쟁하고자 하는 욕구(주도성을 이용)가 있지만, 타인, 특히 가족으로부터 인정받고 싶은 욕구도 있다(이는 죄책감으로 이어질 수 있다). 이러한 욕구를 균형 있게 발달시키면 사회적 테두리 안에서 원하는 것을 성취할 수 있다.

이 균형을 이루면 목적(Purpose)의 미덕을 얻을 수 있다.

4단계: 근면성/능력 vs. 열등감

이 단계의 연령은 이전 단계보다 정확하게 정해지지는 않았다. 왜냐하면 사춘기의 시작이 영양, 감염률, 문화 간 차이에 따라 다를 수 있기 때문이다(Pierce and Hardy, 2012). 서구 사회의 경우 1970년대에는 소녀의 사춘기가 대략 13세에 시작된다고 보았지만, 사춘기 연령은 낮아지고 있어 현재 미국의 소녀 약 30%가 8세에 사춘기가 시작된다(Biro et al., 2010).

이 단계는 약 6세에 시작되고 사춘기에 완료된다. 이 시기는 문화의 학습 기술(근면성)이나 무능력의 감정(열등감)을 느끼는 시기이다. 자신이 능력이 있고 근면하다고 평가하는 아이는 자신감이 높아질 수 있다. 이전 위기와 마찬가지로 아이는 균형 있는 발달을 통해 과도한 자신감을 갖지 않고 사회적 관계를 유지하며, 능력도 인정할 수 있어야 한다.

이 균형을 이루면 능력(Skill)의 미덕을 얻을 수 있다.

5단계: 자아정체성 vs. 정체성/역할 혼란

이 단계는 '청소년기'라 부르고, 사춘기부터 청년기에 해당한다. 이 시기에 청소년은 자신이 누구이고, 이 사회에서 자신의 역할이 무엇인지 탐구한다. 에릭슨에 따르면, 이러한 자존감이 생기면 다음 단계에 친밀감이 발달할 수 있고, 미래에 대한 계획을 세우고, 진로와 같은 목표에 정진하며, 위험한 행동을 자제한다. 그러나 여성의 경우 5단계와 6단계가 바뀔 수 있다고 한다. 여성은 타인과의 친밀한 관계를 통해 자존감을 얻을 수 있다.

이를 달성하면 신의(Fidelity)의 미덕 또는 자아의 힘을 얻을 수 있다.

6단계: 친밀감 vs. 고립감

6단계는 성인 초기 중 하나로, 이 시기에는 타인에게 헌신하고, 고립감을 피하기 위해 매우 친밀한 관계를 발전시킨다. 이 단계에 청년은 자존감을 고수하는 동시에 다른 사람의 일부가 되려고 한다(그림 2.3). 그래서 타인에 대한 의무감과 책임감이 발달한다. 이 단계를 성공적으로 거치면 자신을 잘 알게 되고, 확실한 자아개념을 지니면서 사랑도 발전시킬 수 있다. 그렇지 못한 경우에는 고립감과 자기도취에 빠질 수 있다.

이를 달성하면 사랑(Love)의 미덕 또는 자아의 힘을 얻을 수 있다.

그림 2.3 사랑에 빠진 여성

7단계: 생산성 vs. 침체성

중년에는 보통 '중년의 위기'라고 하는 위기를 겪는다. 7단계의 성숙한 성인은 자신의 가족과 주변 공동체와 다음 세대를 발전시키고 인도하는 데 주력한다. 이들은 무언가 의미 있는 것을 성취하고 있다고 느껴야 하고, 이러한 감정은 타인의 안녕감도 향상시킨다. 그렇지 못한 경우 침체성을 느끼고 자신만의 욕구에 사로잡힌다.

이를 달성하면 돌봄(Care)의 미덕 또는 자아의 힘을 얻을 수 있다.

8단계: 자아통합감 vs. 절망감

노년의 단계는 사춘기와 마찬가지로, 에릭슨이 1960년대와 1970년대에 자신의 이론을 개발했던 당시와 매우 다르다. 1960년대에는 영국 남성의 예상 수명은 68세였고, 여성은 73세였다(Willets et al., 2004). 현재는 영국 남성과 여성의 평균 기대수명이 각각 약 79세와 83세로 높아졌다(ONS, 2014). 에릭슨은 노년기의 노인이 자신의 삶을 인정하고, 죽음을 필연적인 것으로 받아들여야 한다고 주장했다. 즉, 세상은 바라는 대로 되지 않을 수 있다는 것을 인정하고, 지금까지 이루어 낸 것을 받아들여야 한다. 인간으로서 개인적 불완전함을 받아들이고, 현재의 자신을 축하하는 것이다. 또한 부모를 포함한 타인의 불완전함도 받아들인다. 그렇지 못하면 다시 돌아갈 수 없고 잘 해내지 못한 과거의 일을 개선할 수 없다는 것에 절망을 느낀다(Barker, 2007).

이 위기를 성공적으로 거치면 지혜(Wisdom)의 미덕 또는 힘을 얻을 수 있다.

에릭슨의 이론은 특히 사춘기와 노년기 사이의 간격이 커지면서 '구시대적'으로 여겨질 수 있지만, 이 이론은 전 생애적 발달 접근법을 최초로 제시하였으며 아직도 배울 점이 많다. 이 이론은 사회복지 및 보건의료 실무자가 노인을 축소되고 고착되는 시기의 연령으로 보기보다 여전히 발달 욕구(developmental needs)가 있는 연령으로 보도록 했다. 이를 통해 사회적인 여가활동 관계를 제한하고, 신체적 건강 욕구에 초점을 맞추게 된다.

정신역동적 관점에서 생애 초기에 초점을 맞춘 또 다른 발달 이론은 보울비의 애착 이론(theory of attachment)이다. 에릭슨의 심리사회적 발달 이론은 사고의 발달과 청소년, 중년, 노년기 연구에 영향을 미친 것으로 볼 수 있지만, 보울비의 연구와 이론은 어린이를 위해 사회복지와 보건의료를 제공하는 데 중요한 역할을 했다.

존 보울비의 애착 이론

존 보울비(John Bowlby, 1907~1990)는 아동 정신과의사로 근무하며, 자신의 정신분석

요법 교육을 이용해 진찰했다. 의과대학에서 정신질환에 관한 초기 교육을 받은 대부분의 정신과의사는 심리학적 치료를 계속 발전시킬 기회가 있다. 보울비는 정신건강에 문제가 있고 공격적인 행동을 하는 젊은 사람들을 치료하면서 애착(attachment)에 대해 관심을 갖게 되었다. 보울비는 동물의 행동을 연구하는 생태학자인 콘라드 로렌츠(Konrad Lorenz)의 연구를 탐구했다. 로렌츠는 유대감(bonding)과 각인(imprinting)을 주로 연구했다. 로렌츠는 특히 거위를 대상으로 한 연구로 유명하다. 어떤 동물은 어미와 유대감을 느끼거나 각인하는 중요한 시기가 있다고 한다. 거위를 실험한 결과, 새끼 거위는 각인하는 결정적 시기가 있다는 것을 알아냈다. 실험에서 새끼 거위는 이 시기에 어미가 아닌 다른 무생물을 어미로 각인했다.

로렌츠와 같은 생태학자들은 동물 연구를 통해 애착을 조기 각인 또는 유대감으로 정의했지만, 보울비의 연구는 인간의 애착을 정의하는 이론이 되었다. 1950년부터 1988년 사이에 보울비는 애착의 개념을 개발해 정의했다. 보울비는 애착을 엄마와 아기 사이에 서로 만족감과 기쁨을 느끼는 긴밀하고 따뜻하고 계속적인 관계로 정의했다(Bowlby, 1951).

보울비는 임상적 실무 및 연구와 함께 로렌츠와 프로이트의 저술을 연구하여, 6개월경부터 3세 사이 영아의 경우, 애착을 형성하는 데 결정적 시기가 있다고 제안했다(루소 이론의 1단계와 프로이트 및 에릭슨 이론의 1단계 및 2단계 일부). 보울비는 이 시기의 영아에게는 엄마나 엄마를 대신하는 한 사람의 지속적인 사랑과 돌봄이 필요하다고 주장했다. 이 시기에 상당 기간 분리되어 있으면 아이의 정서적 · 사회적 발달에 심각한 부정적 영향을 미친다고 보았다.

그림 2.4 장화를 따르는 거위들

보울비(1951)는 영양섭취가 신체 건강에 중요하듯이, 엄마와의 애착이 아기의 정신 건강에 중요하다고 주장했다. 그리고 아기의 엄마에 대한 애착이 추후 다른 애착과는 질적으로 다르다는 일인지향(monotropy) 이론을 제안했는데, 이러한 애착이 형성되지 않은 아이는 정성결여자(affectionless psychopaths: 심적 기능이 결여되어 있는 사이코패스)가 될 수 있다고 분명히 밝혔다.

더 나아가 이러한 어린 시절의 애착 결여가 장기적으로 어떤 영향을 줄 수 있는지 보여주는 모델을 개발하여 내적 작동 모델(internal working model)이라고 명명했다(그림 2.5 참조).

보울비는 어린 시기의 경험을 통해 세상과 관계에 대해 신념과 기대를 형성한다고 주장했다. 엄마의 지속적인 사랑을 받은 아이는 사람이 신뢰할 만하고, 개인적으로도 사람을

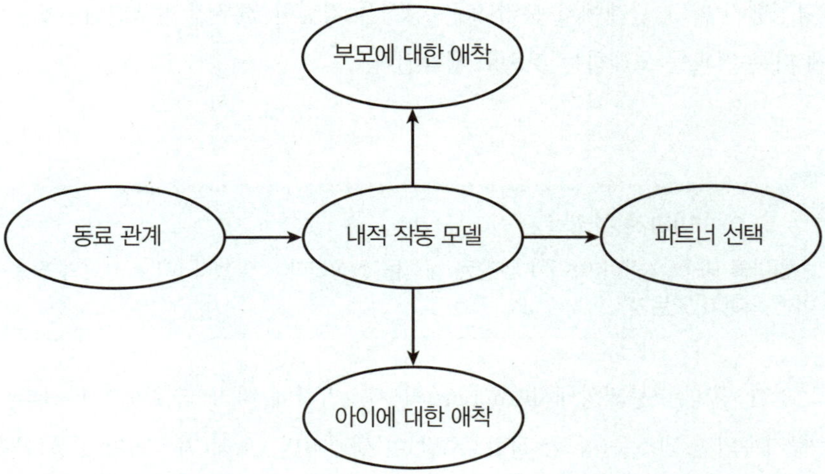

그림 2.5 보울비의 내적 작동 모델

사랑할 가치가 있고, 돌봐야 한다는 신념이 생길 것이다. 이는 에릭슨의 생각과 비슷하다. 그러나 에릭슨은 아기와 엄마 사이의 관계를 통해 신뢰가 발달한다고 생각하지는 않았다. 보울비는 이렇듯 어린 시절의 엄마와의 관계가 향후 대인관계의 패턴을 형성한다고 보았다. 엄마와 매우 긴밀한 신뢰를 형성한 아이는 세상은 따뜻할 것이라고 기대하게 되어 자아가 강해지고, 자기 실현을 이룰 수 있게 된다.

메리 에인스워스(Mary Ainsworth)는 보울비의 제자로, 애착에 대한 연구를 발전시켰다. 연구 조교인 바바라 비티히(Barbara Wittig)와 함께 영아가 엄마에 대한 애착이 있는지를 평가하는 기법을 개발했다(Ainsworth and Wittig, 1969). 이 기법은 낯선 상황(strange situation)이라고도 한다. 두 사람은 이 기법을 이용하여 다음 3가지 애착 유형을 도출했다(Ainsworth et al., 1976).

- A 유형: 불안-회피성
- B 유형: 안정 애착
- C 유형: 불안-저항성

이러한 여러 유형의 애착은 보울비의 내적 작동 모델에서 예측한 것과 마찬가지로 어린 시절의 행동뿐 아니라 성인이 되었을 때의 행동에도 영향을 미치는 것으로 나타났다.

보울비는 아이가 엄마와 애착이 제대로 형성되지 않았을 때 발생하는 문제를 박탈(deprivation)이라는 용어를 사용해 설명했다. 이는 추후에 박탈(deprivation)과 결핍(privation)으로 나뉘었다. 결핍은 예를 들어 보호시설에서 돌봄을 받는 아이처럼 아이가 애착을 형성할 기회가 없는 경우를 말한다. 박탈은 결핍보다 덜 심각한 상태이고, 아이가 애착을 형성했지만 그 관계에서 분리 또는 상실을 경험한 경우에 발생한다. 이 두 용어는 아이에게 다른 결과를 초래하는 것으로 생각된다.

학습 활동 2.3 **비판적 사고**

보울비는 엄마들 중 60%만이 아이와 안정된 애착을 형성한다고 말했다. 이는 사회와 돌봄 전문가들에게 어떤 의미가 있는가?

박탈로 인한 영향은 붕괴상태(disruption)의 지속기간에 따라 다르게 나타난다. 붕괴상태가 짧게 지속되면 괴로움(항의, 절망, 초탈)이 생기지만, 오래 지속되면 고통(공격성, 매달리기, 초탈 또는 육체적 건강 문제)이 생긴다. 결핍은 더 심각하고 더 장기간 지속되어 발달 문제로 이어질 수 있다. 보울비의 용어를 인용하면, '정성결여자'가 될 수 있다. 이 장의 초입에 설명했듯이 보울비의 연구는 추후 연구에 영향을 주었고, 보건의료 및 사회복지 서비스 발전에 이용되었다.

그 결과, 1967년부터 1973년까지 제임스(James)와 조이스 로버트슨(Joyce Robertson)이 수행한 하나의 중요한 연구로 이어졌다. 이 연구에서 촬영한 여러 편의 짧은 흑백 무성영화는 아이들의 돌봄에 놀라운 영향을 미쳤다. 이 영화는 엄마를 박탈당한 아이가 정서에 어떤 영향을 받는지 보여 주었다. 이 영화로 인해 병원에서 아이를 부모와 분리시키지 않고 함께 있게 했고, 지역사회의 지원 서비스도 더욱 활발해졌다.

정신역동적 발달 이론에서는 심리적으로 건강한 어린 시절뿐 아니라 심리적으로 안정된 성인기를 위해서라도 심리적 발달의 중요단계, 특히 어린 시절의 중요단계를 잘 거치는 것이 중요하다고 강조한다.

발달에 대한 인지적 접근법

순수한 자극 반응 메커니즘은 인간의 행동을 예측하기에 적절하지 않다고 인식되면서, 행동주의에서 인지적 관점이 발달했다. 행동주의와는 다르지만 정신역동적 관점과 마찬가지로 인지적 관점은 단계별 발달 이론을 제시한다. 피아제와 같이 발달에 관심 있는 인지적 이론가들은 학습, 기억력, 추론, 사고, 언어와 같은 정신적 능력의 변화에 주목한다.

피아제의 인지 발달 이론

1930년대에 피아제는 루소의 철학과 낭만주의자들을 따라, 어린이가 단지 지식이 적은 것이라기보다 성인과 질적으로 다른 방식으로 생각한다고 주장했다. 피아제의 이론에서는 네 개의 명확한 위계적 단계를 통해, 생득적 능력(낭만주의)이 환경적 상황(경험주의)과 상호작용하여 인지 발달이 진행된다고 밝혔다. 피아제의 이론은 베르너의 발달 이론과 매우 유사하며, 스키마(schemas)의 인지적 개념을 이용하는 성숙 이론이다.

스키마 이론

스키마는 지적 행동의 필수적 구성요소라고 설명한다. 스키마는 과거의 경험을 체계화하고, 새로운 경험을 이해하는 메커니즘을 제공하는 정신 구조이다. 피아제에 따르면, 평형을 이루기 위해 동화(assimilation)와 조절(accommodation)의 과정을 통하여 스키마나 지식이 발달한다(그림 1.4 참조).

동화

동화(assimilation)는 특정한 것(예: 개, 승마, 사랑)과 관련된 여러 생각, 기억, 경험과 같은 기존 스키마에 새로운 정보를 결합하는 것이다.

예를 들면, 치매 환자에 대한 스키마가 있을 수 있다. 치매 환자는 나이가 많고, 말을 잘 하지 못하고, 옷을 혼자 입지 못하며, 자신이나 가족에 대해 기억하지 못한다는 스키마이다. 아버지가 치매인 친구 집에 갔는데, "우리 딸의 친구구나."라고 말하며 말끔한 옷차림을 한 친구의 아버지가 미소로 환대한다. 그렇다면 이 모습은 치매를 앓는 사람에 대한 기존의 스키마에 "부합하지" 않기 때문에 친구가 잘못된 정보를 주었는지 또는 이 사람이 친구의 아버지가 아닌지 혼란스러울 수 있다. 이러한 인지적 부조화를 경험했기 때문에 혼동하지 않고 다시 평형(equilibrium)이나 항상성(homeostasis)을 이루도록 스키마를 적응시켜야 한다.

학습 활동 2.4 **비판적 사고**

스키마 이론에서는 인지적 부조화로 인해 어떤 사람/사건/물체 등에 대한 스키마나 고정관념을 재편성하게 된다고 주장한다. 이런 인지적 부조화는 어떻게 경험할 수 있나?

조절

새로운 정보를 기존 스키마에 동화시킬 수 없으면 조절(accommodation)을 한다. 조절은 오래된 스키마를 변화시키거나 새로운 스키마를 발달시키는 것이다. 새로운 정보를 포함시키려면 기존의 스키마가 변화되거나 새로운 스키마를 발달시킨다.

치매를 앓는 친구 아버지를 만난 경우로 돌아가 보자. 친구 아버지가 자리로 안내하고, 친구가 방금 가게에 갔는데 곧 돌아올 것이라고 말한다. 그리고 방금 커피를 마시려 했다며 커피를 함께 마시겠냐고 물었을 때 좋다고 대답한다. 친구 아버지는 능숙하게 라떼 커피를 만들어 컵에 따르고, 접시에 우유, 설탕, 비스킷을 함께 대접해 준다. 이때, 친구 아버지는 왜 딸이 가게에 갔는지 그 이야기를 재미있게 해 준다.

이 경우, 이 경험을 이전의 스키마에 통합시키지 못하면 인지적 부조화는 더욱 심화된다. 다시 인지적 평형을 이루기 위해 치매 환자에 대한 새로운 스키마를 발달시킨다.

앞서 언급했듯이, 루소와 함께 피아제는 영아와 유아는 성인과 질적으로 다른 방식으로 생각한다고 주장했고, 단계별 발달 이론을 제시했다. 피아제는 아이가 성인의 패턴으로 사고를 진행하려면, 동화와 조절 과정을 통한 네 가지 발달 단계를 거친다고 주장했다(표 2.3).

표 2.3 피아제의 인지적 발단 단계

단계	연령그룹	획득능력
감각운동기 (sensorimotor stage)	0~2세	대상 영속성
전조작기 (preoprational stage)	2~7세	상징적 표현, 분류, 인과관계, 숫자 개념
구체적 조작기 (concrete operations)	7~11세	보존, 순서화, 상상과 현실을 구별
형식적 조작기 (formal operations)	11세 이상	가설연역적 추론

피아제의 인지 발달 4단계

감각운동기: 0~2세

이 단계는 신생아가 완전히 의존적인 상태에서 독립적으로 움직이고, 사회적 상호작용을 하는 과정이다. 인지적으로, 아기는 신체적 스키마가 발달해 신체의 움직임을 제어하고, 대상 영속성(object performance)을 이해한다. 이 단계의 하위 단계에 대한 자세한 설명은 표 2.4를 참조한다.

표 2.4 피아제의 감각운동기 하위 단계

하위 단계	연령	기술
1. 반사 운동기	0~1개월	활동이나 사용하는 신체적 스키마가 반사적이다. 빨기와 같은 생득적 반응을 연마한다.
2. 일차 순환 반응기	1~4개월	엄지손가락을 입에 넣고 빠는 행동과 같이, 행동이 보상을 받으면 우연히 일어나는 행동들을 반복한다. 대상 영속성은 이해하지 못한다.
3. 이차 순환 반응기	4~8개월	새로운 장난감을 받으면 빠는 것과 같이, 구축된 스키마를 사용해 새로운 물체를 탐구한다.
4. 이차 도식 협응기	8~12개월	이전에 배운 스키마를 조절하고, 목적을 달성하기 위해 배운 행동을 이용할 수 있다. (예) 장난감을 손에 넣기 위해 방해되는 물건들을 밀어낸다. 이 단계에서 대상 영속성을 이해한다.
5. 삼차 순환 반응기	12~18개월	시행착오 전략을 이용해 목적을 달성하고 물체를 실험한다. (예) 유모차에서 떨어뜨리고 찾는다.
6. 내적 표상기	18~24개월	상징적 행동이 나타나기 시작하고, 소리나 행동을 이용해 없는 물체를 표현할 수 있다. (예) 비행기 소리를 내고 행동을 한다. 문제를 해결하는 기미를 보이고, 대상 영속성을 이해한다.

출처: Davey 수정(2004: 301).

전조작기: 2~7세

이 단계에는 아이가 이전 단계와는 질적으로 다른 방식으로 생각하지만, 여전히 인지 능력에는 많은 한계가 있다(표 2.5 참조).

표 2.5 전조작기 획득능력과 한계점

획득능력	한계점
표상 체계를 사용한다(즉, 단어).	중심화–분산시키지 못함. 한 번에 한 가지 요소에만 집중할 수 있다.
인과관계를 이해한다(왜 그 일이 일어났는지).	보존–개수, 길이, 액체, 물질, 무게, 면적: 현재 환경이 변화해도 그대로일 것이라는 점을 인식하지 못한다.
분류 능력(예, 모든 갈색 모음)	모습을 실제와 구별하지 못한다.
숫자 개념 이해 • 일대일 대응 원리(하나의 항목에 하나의 숫자를 대입한다.) • 일정한 순서 원리(숫자는 항상 1, 2, 3으로 센다.) • 순서 무관 원리(어디에서 시작하든 중요하지 않고, 해당 항목에 같은 숫자를 대입한다.) • 기수성 원리(숫자를 세면 마지막 숫자를 말한다.) • 추상성 원리(많은 것에 숫자를 셀 수 있다.)	비가역성–행동이 두 방식으로 진행될 수 있다는 것을 이해하지 못한다. 전환적 추론–존재하지 않는 원인을 떠올린다. 자기중심성–모두 자신처럼 생각한다고 가정한다. 애니미즘(물활론적 사고)–무생물에 생명을 부여한다.

사/례/연/구 **조산사 애내 데이비스**

나는 집에서 아이를 낳으려는 산모를 찾았다. 다섯 살의 딸 메이시가 검사하는 것을 지켜보고 있었다. 잠시 후 메이시가 나에게 물었다. "매일 오실 거에요?" 나는 5일만 더 올 것이라고 설명하며 달력의 5일을 가리켰다. 아이는 내가 보여 준 첫 번째 날에서 시작해 즐겁게 날짜를 셌다(일정한 순서 원리를 보임). 그리고 마지막 날에서 다시 시작해 날짜를 셌다. 두 번 모두 결론은 내가 5일간 올 것이라는 점이다(순서 무관 원리). 그리고 메이시는 물었다. "아줌마가 여기 와 있으면 아줌마의 엄마는 슬플까요?"(자기중심성). 나는 매일 한 시간만 와 있고, 다시 집에 돌아갈 것이라고 답했다. 그러자 메이시는 혼란스러운 표정으로 말했다. "어떻게 집에 다시 돌아갈 수 있어요?"(비가역성). 그래서 나는 내 차로 집에 돌아갈 것이라고 말하고, 메이시에게 창문 밖의 내 차를 보여 주었다. 그러자 메이시는 내 차가 슬퍼할 것이므로 자신과 계속 같이 있을 수 없겠지만(애니미즘 및 전환적 추론), 5일 후에 다시 돌아올 것이라고 이해한 듯 신이 나서 소리 질렀다.

다음 단계에서는 아이가 이 단계의 한계점을 극복하게 된다.

구체적 조작기: 7~11세

구체적 조작기에 도달하면 다음과 같이, 전조작기에는 불가능했던 생각도 할 수 있다.

- 보존 개념 – 물체의 외형이 변해도 양, 부피, 숫자 등은 변하지 않음을 알게 된다.
- 분류 – 유목화(위계에 따른 분류: 한 물체가 둘 이상의 범주로 분류될 수 있다.)
- 순서화 – (예)가장 어두운 색상에서 가장 밝은 색상으로 정리
- 상상과 현실을 구분
- 인과관계를 이해 – 한 가지 일이 발생할 때마다 이로 인해 또 다른 일이 발생한다.

형식적 조작기: 11세 이상

이 단계에서는 성인의 사고 과정이 발달하여, 창의적이고 추론적인 사고가 가능하다. 그리고 가설연역적 추론(머리 속에서 단계별로 작업을 수행)을 할 수 있고, 아이디어나 명제를 조작할 수 있다. 그러나 많은 아이가 이 단계의 인지 능력을 달성하지 못한다.

인본주의적 관점의 발달

인본주의적 관점은 프로이트의 경험적 관점과 낭만주의에 대응하여 발전했다. 인본주의자들은 이러한 철학자와 심리학적 이론들을 많이 수용했지만 인간을 정확하게 표현하기에는 어떤 중요한 요소가 부족하다고 생각했다. 인본주의 이론가들은 이전의 심리학적 이론과 경험주의, 낭만주의, 현상학, 실존주의와 같은 철학에 기반을 둔다.

이전 장에서 언급했듯이, 인본주의 심리학에는 세 가지 공통된 주제가 있다.

- 개인적 성장, 잠재력, 책임, 자기주도
- 평생 학습
- 완전한 정서적 기능
- 기쁨과 놀이의 올바른 이해
- 영성(spirituality)과 변성의식상태(altered states of consciousness)의 수용(Stewart, 2013: 230)

생물 심리학자, 정신역동 심리학자 또는 인지 심리학자와 달리, 인본주의 심리학자는 단계별 발달 이론을 주장하지 않는다. 그러나 인간이 자신의 잠재력을 발휘하기 위해 환경적으로 필요한 조건이 있다고 생각한다. 이는 행동주의자들과 비슷할 수 있다. 또한 프로이트와 정신역동적 이론가들이 말한 생득적 에너지나 동기부여 원동력이 있다고 생각한다.

사람, 즉 인간은 인생의 과정 중 어떤 시점에 자신의 잠재력을 발휘하거나 자기 실현을 할 수 있다. 그러나 인간은 발달하고 성장하면서 고유한 잠재력도 함께 성장할 것이다. 따

사/례/연/구 데이지 딜론-**정신과 간호사**

나는 인격장애 진단을 받은 많은 젊은 여성을 돌보아 왔다. 그중 한 사람이 가장 기억에 남는데, 그 이유는 입원 환자를 돌보다가 커뮤니티 시설로 이직했을 때, 샤론이라는 여성이 함께 이동했기 때문이다. 샤론은 정말 힘든 상태여서 나를 '따라온' 것이 달갑지는 않아 보였지만, 시간이 지나면서 우리는 점점 친해졌다. 입원했을 때 샤론은 직원이 어렵게 생각하는 모든 행동을 다 했다. 샤론은 어떤 직원을 무척 좋아했다. 나는 아니었다. 그리고 어떤 직원을 몹시 괴롭혔다. 우리가 친해졌다고 생각할 즈음에 샤론은 자해를 했다. 모두 샤론이 시설에서 나가길 원했고, 어떤 이는 그것이 샤론에게도 좋을 것이라 말했으며, 어떤 이들은 샤론이 단지 영악한 사람이라 도와줄 가치가 없다고 말하기도 했다.

나는 이 커뮤니티 시설에서 샤론을 돌보기 시작하면서 모든 것이 바뀌었다. 샤론을 잘 알게 되었고, 삶이 얼마나 힘들었는지도 알게 되었다. 샤론의 어린 시절은 암울했다. 엄마의 학대를 받았고, 학교에서도 괴롭힘을 당했으며, 첫 직장에서 강간을 당했다.

어느 누구도 이런 환경을 감당하기는 힘들었을 것이다. 샤론은 항상 금요일 오후 5시에 심각한 자해를 '선택해' 시도했다. 그러나 샤론과 나는 인내했고, 샤론이 노력하고 있고 감정을 다스리고 싶어한다는 생각이 들기 시작했다. 나는 나의 감정과 좌절감을 조절하기 시작했고, 샤론을 최대한 돌봐 주었다. 그렇다고 샤론이 요구하는 모든 것을 해 준 것은 아니다. 경계선을 분명히 그었고, 나도 안녕감이 필요했다.

샤론에게는 긴 기간이었고(우리가 처음 만난 후 10년), 나는 짧은 기간 동안 작은 역할만 했다. 내가 다른 일을 맡으면, 나와 비슷한 태도를 지닌 다른 사람들이 샤론을 돌보았다. 나는 샤론이 환자 시절부터 지금까지 성장하는 것을 보아 왔다. 샤론은 지금 잘 지내고 있다. 직장도 다니고, 집도 사고, 친구도 생겼다. 작고 귀여운 차도 운전한다. 나는 내가 샤론에게 미친 영향보다 샤론이 나의 인생에 미친 영향이 더 크다고 생각한다. 샤론에게 너무 고맙다.

라서 지속적으로 발달하고 변화할 여지가 많다. 개인적 성장을 계속 이루고, 감정이 완전하게 기능하며, 기쁨을 올바르게 이해하고, 영성을 수용하려면, 자신의 잠재력을 발휘하고 자기 실현을 위해 계속 노력해야 한다.

이는 인정받고 존중받는 환경에서(로저스) 성장과 결핍 욕구(매슬로)를 충족했을 때 가능하다. 이런 사람은 항상 성장 상태(state of becoming)에 있고(Stewart, 2013), 긍정적 평가를 받으면 다른 사람을 긍정적으로 대할 수 있다.

인본주의적 관점은 그 성격이 발달적 · 치료적 · 이론적 측면 중 어느 측면인지에 상관없이 돌봄 전문가에게 자신의 환자와 그들의 인간성에 대해 완전히 이해할 수 있는 기회를 준다. 데이지 딜론의 사례연구는 이 장의 모든 발달 이론을 이용해 살펴볼 수 있다. 왜 샤론이 현재 이런 상황에 처했고, 어떻게 이 상황을 "감당해야" 하는지 또는 "감당할 수" 있는지 이해할 수 있다. 이 내용은 제7장에서 살펴볼 것이다.

생물 심리학자

생물 심리학자는 샤론이 화학적 불균형 또는 호르몬이나 유전적 문제가 있다고 주장할 수 있다.

정신역동 심리학자

프로이트는 샤론의 어린 시절 경험에 비추어 볼 때, 발달 단계의 어느 한 시기에 고착되었고, 이에 대처하기 위해 심리적 방어 기제를 사용하고 있다고 주장할지도 모른다.

에릭슨과 보울비

에릭슨은 샤론이 발달의 1단계 과업을 완료하지 못해 세상에 대한 불신이 생겼고, 다른 위기도 극복하지 못하는 문제가 생겼다고 주장할 수 있다.

보울비는 샤론이 안정 애착을 형성하지 못해 성인이 되어 정신 건강에 문제가 생겼다고 보고, 그녀가 자신의 아이를 적절히 돌보지 못할 것이라고 예측할 것이다.

행동주의자

행동주의자는 샤론의 문제적 행동이 어린 시절 학습되어 성인기에 강화되었기 때문이라고 주장할 것이다. 샤론은 자해로 어려움을 감당하는 방법을 배웠고, 타인과 건강한 관계를 형성하는 방법을 배우지 못했다. 이는 효과적인 롤 모델이 부족했거나(사회적 학습–반두라), 보상과 처벌이 적절히 제공되지 않았거나(조작적 조건형성–스키너), 통증 수용기 자극과 엔돌핀 분비가 연합되었기(고전적 조건형성–파블로프) 때문일 수 있다.

인지 심리학자

학습과 연관되어 있을 수 있지만, 피아제의 이론을 고려하면 샤론의 환경은 샤론이 성숙의 중요단계에 도달할 충분한 기회를 주지 못했다. 샤론은 구체적 조작기를 달성하지 못했다.

인본주의 심리학자

샤론은 욕구가 충족되지 않았고 긍정적 평가가 부족했기 때문에 잠재력을 발휘할 수 없었다. 이로 인해 자존감이 낮았고, 불안과 우울감을 겪었으며, 자신을 사랑할 수 없었듯이 타인과 좋은 관계를 형성할 수 없었다.

요약

이 장에서는 심리학적 발달 이론, 특히 경험주의자(행동주의, 인지주의, 생물학주의)와 낭만주의자(정신역동학, 인본주의)를 뒷받침하는 것으로 간주되는 철학적 관점을 살펴보았다. 프로이트, 에릭슨, 보울비, 피아제의 단계별 발달 이론도 살펴보았고, 행동주의, 정신생물학, 인본주의도 개략적으로 알아보았다. 이 내용은 데이지 딜론의 사례연구를 이용하여 종합적으로 요약했다.

추가연구

Simply Psychology라는 웹사이트에서는 유전/환경(nature/nurture) 논쟁과 심리학의 다른 문제를 쉽고 자세하게 설명한다. 발달 심리학 섹션에서는 발달 이론을 실제 사례로 볼 수 있도록 시청각 기록을 소개한다. www.simplypsychology.org/ 참조

정답

학습 활동 2.1 비판적 사고

개인의 발달에 영향을 미치는 것은 무엇일까? 우리는 원래 이렇게 태어난 것이라고 생각하는가, 아니면 환경이 우리를 만든 것이라고 생각하는가? 즉, 유전(nature)인가, 환경(nurture)에 의한 것인가?

- 그 답은 다음과 같을 것이다.
- 생물학적: 유전자, 호르몬, 영양, 운동, 수면, 신체 접촉
- 사회학적: 가족 수입, 학대, 주거지, 교육, 보건 서비스
- 심리학적: 애착, 편안함, 자극, 대인관계
- 정신적: 부모의 신념, 종교적 규칙, 놀이를 즐길 기회, 공개된 장소에 접근

학습 활동 2.3 비판적 사고

보울비는 엄마들 중 60%만이 아이와 안정된 애착을 형성한다고 말했다. 이는 사회와 돌봄 전문가에게 어떤 의미가 있는가?

- 어린이의 40%가 사회적으로 일탈된 행동을 하거나 정신질환을 겪게 될 위험이 있다면, 보호시설(교도소/병원)에 수용하거나 사회적 또는 보건의료 서비스를 제공해 많은 비용이 소요될 수 있다. 성인이 되어 치료나 구금해야 할 상황을 줄이려면 안전한 돌봄 서비스를 제공하거나 부모가 자녀와 오래 함께할 수 있도록 하는 등 사회가 이들이 어릴 때 개입할지 결정할 수 있다. 또한 부모를 교육해 양육 기술을 높이고 모니터 할지 결정할 수도 있다. 이 모든 것은 영국 내 각기 다른 수준에서 제공되는 것으로 볼 수 있다. 돌봄 전문가로서 우리는 행동 문제를 겪고 있는 부모와 아이, 어린이와 성인과 협력해야 한다.

학습 활동 2.4 비판적 사고

스키마 이론에서는 인지적 부조화로 인해 어떤 사람/사건/물체 등에 대한 스키마나 고정관념을 재편성하게 된다고 주장한다. 이런 인지적 부조화는 어떻게 경험할 수 있는가?

- 인지적 부조화는 심리적 불편함으로 묘사되고, 의사결정 시 자신감 부족이나 기억력, 주의력 또는 집중력 저하와 같이 스트레스 반응으로 경험할 수 있다. 이 부조화는 승화, 합리화 또는 투사와 같은 심리적 방어기제를 사용해 줄일 수 있지만, 결국 해결하여 항상성을 다시 회복해야 할 것이다.

References

- Ainsworth, M. and Wittig, B.A. (1969) 'Attachment and exploratory behaviour of one–year–olds in a strange situation', in B.M. Foss (ed.), Determinants of Infant Behaviour, Vol. 4. London: Methuen, pp. 111 – 36.
- Ainsworth, M.D.S., Blehar, M.C., Waters, E. and Wall, S. (1978) Patterns of Attachment: A Psychological Study of the Strange Situation. Hillsdale, NJ: Lawrence Erlbaum.
- Barker, S. (2007) Vital Notes for Nurses: Psychology. Oxford: Blackwell.
- Biro, F.M., Galvez, M.P. and Greenspan, L.C. (2010) 'Pubertal assessment method and baseline characteristics in a mixed longitudinal study of girls', Paediatrics. Published online, 9 August. Available at: www.ncbi.nlm.nih.gov/pubmed/20696727
- Bowlby, J. (1951) 'Maternal care and mental health', Bulletin of the World Health Organization, 3: 355 – 534.
- Davey, G. (2004) Complete Psychology. Oxford: Hodder and Stoughton.
- Office for National Statistics (ONS) (2014) Life Expectancy Tables. Available at: http://ons.gov. uk/ons/rel/lifetables/national–life–tables/2010——2012/stb–uk–2010–2012.html (accessed June 2015).
- Pierce, M. and Hardy, R. (2012) 'Commentary: The decreasing age of puberty – as much a psychosocial as a biological problem?', International Journal of Epidemiology, 41 (1): 300 – 2.
- Stewart, W. (2013) An A – Z of Counselling Theory and Practice, 5th edn. Cheltenham: Nelson Thornes.
- Willets, R.C., Gallop, A.P., Leandro, P.A., Lu, J.L.C., Macdonald, A.S., Miller, K.A., Richards, S.J., Robjohns, N., Ryan, J.P. and Waters, H.R. (2004) 'Longevity in the 21st century', British Actuarial Journal, 10: 685 – 832.

3

CHAPTER

고통의 이해

고통… 충분하다.
고통받는 모든 이들이 충분하기를
나의 힘이 도움이 되기를
나의 손길이 위안이 되기를
나의 말이 감싸 안기를
나의 존재가 평화가 되기를
고통받는 모든 이들이 충분하기를
고통…. 충분하다.

학습 목표

이 장에서는 특히 고통(suffering)을 중심으로 건강과 질병에 관한 심리학적 이론을 살펴본다. 여기서 논하는 이론과 연구는 보건 및 사회복지 전문가들이 성과 향상을 위해 자신이 경험한 공감적 진료에 대한 심리학적 이해를 탐구하는 데 토대가 될 것이다. 이 장의 학습 목표는 다음과 같다.

- 건강과 질병에 관한 심리학적 이론을 설명한다.
- 고통이 무엇을 의미하고, 어떻게 경험하는지 논한다.
- 카퍼의 심미적 · 인격적 · 윤리적 · 경험적 앎의 방법이 직관적 지식과 함께 고통을 이해하는 데 어떤 도움을 줄 수 있는지 알아본다.

학습 활동 **3.1 성찰**

자신에게 건강은 어떤 의미인지 잠시 생각해 본다.

- 육체적으로 또는 정신적으로 아프지 않은 것과 관련이 있는가?
- 어떤 감정을 느끼는가와 관련이 있는가?
- 어떤 일을 할 수 있는가와 관련이 있는가?

건강

영어 단어 'health(건강)'는 '흠 없음, 완전한, 건전한 또는 괜찮은'을 의미하는 고대 영어(1150년경 이전의 영어) 단어 hale에서 유래한다. hale은 '온전한, 다치지 않은, 좋은 징조'를 의미하는 인도유럽조어 kailo에서 유래한다. 'Holy'도 어원이 같고 중세 수도자들이 정신과 육체를 모두 돌보아 건강을 강화하면서 과거에는 'health'와 'holy'가 매우 밀접한 관련이 있는 것으로 보았다. 이러한 연관성은 현재 샤먼이 정신적 안내자이자 의학적 치유자 역할을 하는 일부 문화에서도 찾아볼 수 있다. 제1장 심리학의 정의를 다시 생각해 보면, 영성(spirituality)과 비슷한 관련이 있어 psyche가 마음(mind)과 정신(spirit)을 의미한다. 따라서 심리학적 이론과 건강 이론에 이러한 건강이나 psyche의 요소가 좀처럼 포함되지 않는다는 것은 흥미로운 일이다.

다른 많은 용어와 마찬가지로 'health'는 각기 다른 시기에 서로 다른 집단에 의해 다른 방식으로 해석될 수 있다. 즉, 용어를 정의하는 데 문화적 요소가 적용된다. 이러한 이유로 용어를 정확하게 정의하는 것은 어렵다. 건강 심리학자들은 보통 건강의 생물심리학적 모델이라는 것을 사용한다. 이는 질병과 증상이 육체적·사회적·심리적 요인에 의해 결정된다고 보는 방식이다. 이 모델은 건강에 대한 현재 대부분의 정의에서 볼 수 있다.

아마도 가장 유명한 것은 세계보건기구(WHO)의 정의일 것이다: '건강이란 단순히 질병이 없거나 허약하지 않은 것이 아니라 육체적·정신적·사회적으로 완전히 좋은 상태를 말한다'(WHO, 1948: 100). 이 정의는 1948년 이후 변하지 않았지만, WHO와 다른 여러 단체에서 건강에 대해 많은 설명을 추가로 덧붙였다. 저명한 의학 학술지 란셋에, WHO의 정의에 이의를 제기하는 논문이 발표되었다. 이 논문에서는 건강이 '육체적·정신적·사회적으로 완전히 좋은 상태'가 아니라고 주장한다. 그리고 질병을 분자적·개별적·사회적 수준에서 새롭게 이해하여 이 정의를 바꿔야 한다고 강조한다.

1986년 오타와 헌장(Ottawa Charter for Health Promotion)을 발표할 때에도 WHO의 정의가 계속 인정되었지만, WHO는 '건강은 삶의 목적이 아닌 일상생활을 위한 자원. 육체적 능력뿐 아니라 사회적·개인적 자원을 강조하는 긍정적 개념이다(WHO, 1986).'라고 건강을 새롭게 설명했다.

2011년에 영국 정부는 '글로벌 건강결과 기본틀(Global Health Outcomes Framework)'과 '건강한 마음 없이 건강은 없다(No Health Without Mental Health).'와 같은 건강에 관한 많은 범정부 전략을 도출했다. 그리고 2014년에 글로벌 건강 전략(Global Health Strategy)이 업데이트되었다(영국 공공보건청, 2014). 이 새로운 전략은 건강의 정의가 전 세계적인 의미에 문제가 있다는 것을 인정하고 2008년에 도출한 정의를 받아들였다.

글로벌 건강(global health)은 그 결정요인이 영토의 경계를 피해 가거나, 약화시키거나, 의식하지 못해 국내 기관을 통해 각 국가별로 해결할 수 있는 능력 밖의 건강 문제를 말한다. 글로벌 건강은 특정 국가들 문제보다 지구에 사는 모든 인간에 초점을 맞춘다. 그리고 국가의 경계를 초월한 문제, 사안, 우려에 의해 건강이 결정된다고 본다(영국 공공보건청, 2014: 7).

이 정의에서는 영성의 타당성을 인정하지 않지만, WHO와 영국 정부 모두 건강 심리학자가 간략하게 설명한 건강의 생물심리학적 모델을 인정하는 설명을 한다. 건강 심리학자는 심리학을 공부한 후 건강에 중점을 두고 연구하는 사람들이다. 건강 심리학자는 '심리학적 방법을 적용해 건강, 질병, 보건의료와 관련된 행동을 연구'한다(NHS Careers, 2015). 또한 각기 다른 이론적 관점(인지적, 발달적, 사회적 관점)을 통합해 건강의 현상과 건강 증진 방법을 이해한다. 심리학에서는 인간을 과학적으로 이해하고자 하므로, 건강 심리학자의 접근법은 경험적 방법이다. 건강 심리학자는 지역사회나 상호작용이 건강에 미치는 영향과 함께 개인의 건강 행동과 그러한 행동의 이유를 탐구한다(Morrison and Bennett, 2012).

건강 심리학자는 생물심리학적 모델을 이용해 개인적·사회적 집단과 사회에서 무엇이 건강에 영향을 미치는지 이해하고자 한다. 1961년, 건강 심리학자 바우만(Bauman)은 일반인이 건강을 무엇이라고 생각하는지 조사했다. 그리고 그 응답을 토대로 건강을 세 범주로 나누었다.

- 일반적인 안녕감
- 질병의 증상이 없음
- 체력이 튼튼한 사람이 할 수 있는 것들

이는 느낌, 증상의 양상, 수행능력과 관련이 있다.

학습 활동 **3.2 성찰**

앞서 건강이 자신에게 어떤 의미인지 생각해 보았다. 자신이 생각한 정의가 이 세 범주 중 하나, 둘 또는 세 가지 모두에 속하는가? 아니면 또 다른 의미가 있는가?

그러나 개인이 건강을 설명하는 방법은 자신의 현재 건강 상태에 따라 다르다. 그래서 대규모 연구(Blaxter, 1990)를 통해 건강에 대한 사회의 관점을 알아보았고, 다음과 같은 결과를 얻었다.

- 아프지 않은 것으로서 건강
- 비축물로서 건강
- 행동으로서 건강
- 튼튼한 체력이나 활력으로서 건강
- 안녕감으로서 건강
- 기능으로서 건강

건강은 나이나 수명으로 판단하고, 시간뿐 아니라 학습, 경험, 성숙도에 따라 변한다. 건강 심리학자는 '안녕감(well-being)'을 주관적 평가나 개인의 감정이라 말하는 반면, '건강'이라는 용어는 일종의 객관적 평가로 나타내 이해를 돕고 있다.

안녕감

현대 사회는 건강 그 자체보다 안녕감(well-being)에 더 중점을 두고 있고, 사회와 보건의료 부문 모두 안녕감을 포함시켜 정의하며, 안녕감을 위한 노력을 독려하고 있다. 사회보호서비스개발연구소(Social Care Institute of Excellence, SCIE)(2005)는 안녕감을 '우리가 삶의 경험을 통해 느끼는 감정을 주관적으로 평가한 것'이라고 보았고, 영국 보건부(2007: 99)는 다음과 같이 정의했다.

안녕감은 건강하고, 행복하고, 만족스럽고, 편안하고, 자신의 삶의 질에 흡족해하는 주관적 상태이다. 여기에 육체적, 물질적, 사회적, 감정적('행복감') 발달과 활동 측면이 포함된다.

사회의 최연소 계층과 최고령 계층의 안녕감이 가장 높지만 육체적으로 건강하지 않은 노인의 비율도 가장 높으므로 안녕감은 육체적 건강과 연관성이 없는 것처럼 보인다(Barker, 2013).

심리학의 인본주의적 관점은 로저스와 매슬로의 저서를 통해 안녕감에 대해 광범위하게 탐구했다(Barker, 2007). 인류학과 현상학적 사고의 발전과 함께 인본주의 운동이 더욱 진전되면서 톰 키트우드(Tom Kitwood, 1997)의 치매 환자에 대한 인간 중심의 돌봄(person-centered care)과 토드레스 등(Todres et al., 2009)의 돌봄의 인간화(humanization of care)가 발전했다.

키트우드와 브레딘(Kitwood and Bredin, 1992: 281-2)은 안녕감의 상태를 다음과 같은 것을 할 수 있는 경우로 인식한다.

- 자신의 욕망이나 의지를 주장
- 사회적 접촉을 시도
- 사회적 민감성을 경험
- 수용을 경험
- 창의적이며, 자신을 표현
- 도움을 제공
- 다양한 감정을 표현
- 애정이 담긴 따뜻함을 경험
- 자기존중감을 경험
- 유머를 표현
- 기쁨을 표현
- 여유를 경험

돌봄에서는 악의적 사회 심리(malignant social psychology)는 없고 긍정적 상호작용(positive person work)이 있는 문화를 통해 이러한 안녕감을 얻게 된다. 안녕감에 도움이 되는 환경을 조성하는 방법은 많다. 예를 들면, 인간적 접근법(Todres et al., 2009)과 인간 중심의 돌봄이나 긍정적 상호작용(Kitwood, 1997)이 여기에 속한다. 키트우드는 지배적 문화를 바꾸기는 어렵지만, 인간 중심의 돌봄을 통해 안녕감을 얻게 하려면 치매 돌봄 문화가 변해야 한다고 주장한다(Kitwood, 1997). 토드레스 등(2009)도 문화를 바꾸어 돌봄 서비스의 안녕감을 높여야 한다고 주장한다.

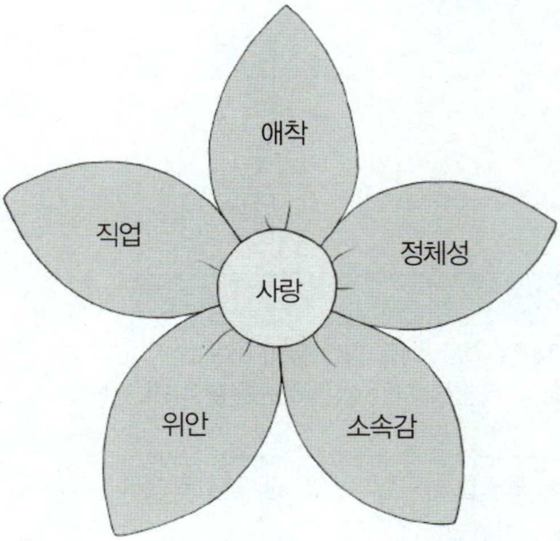

그림 3.1 욕구의 꽃

키트우드(1997)는 인간이 안녕감을 얻는 데 필요한 심리적 요건이 있다고 한다. 바로 애착, 직업, 정체성, 소속감, 위안, 그리고 매우 중요한 사랑의 욕구이다. 그리고 꽃 그림으로 이러한 욕구를 시각적으로 표현했다(그림 3.1 참조).

이러한 욕구는 분명 매슬로가 정립한 욕구와 관련이 있지만, 발달에 대한 낭만주의 이론 및 정신역동적 이론과도 일맥상통한다. 낭만주의 및 정신역동적 이론가들도 인간이 완전해지고, 개인적으로 고결해지며, 확실한 자아개념을 갖추려면 애착, 소속감, 기술(직업), 사랑이 발달해야 한다고 주장한다. 키트우드는 특히 해당 문화에서 타인과의 관계를 통해 개인에게 부여되는 '인격'이 필요하다고 주장한다. 인격이 없으면 비인격화가 되거나, 토드레스 등(2009)의 용어 표현으로 '비인간적'이 된다.

따라서 로저스와 매슬로와 같은 인본주의자와 프로이트, 에릭슨, 보울비와 같은 정신역동학자는 인간에게 개인내적 · 대인관계적 · 개인외적 요소를 지닌 전체론적 안녕감이 필요하다고 본다. 마찬가지로 키트우드의 인간 중심의 돌봄과 토드레스의 돌봄의 인간화와 같이 안녕감과 관련된 최근 이론에서도 이러한 주장을 한다(이 부분은 제5장에서 자세히 설명한다).

질병 또는 불행감

키트우드가 말하는 불행감(ill-being)은 안녕감(well-being)의 반대말로, 악의적 사회 심리 문화에서 발생해 인간을 의존적이고 자기비하적으로 만들어 자존감을 낮추고, 불안과 우울감을 유발할 수 있다. 따라서 불행감은 인격이 결여된 것으로, 안녕감을 얻지 못하게(도록)방해한다. 돌봄 상황에서는 불행감이 악의적 사회 심리의 문화에서 나타난다.

학습 활동 3.3 **성찰**

불행감이 어떤 의미인지 잠시 생각해 본다.

악의적 사회 심리가 무엇인지 표 3.1에 설명하였다.

표 3.1 키트우드의 17개 악의적 요소(1997)

악의적 요소	정의 및 예시
배반	그 사람에게 당신이 원하는 바를 따르도록 조종하는 경우. 예를 들어 물이 마시고 싶다고 말하는데, 당신은 "나랑 같이 가면 줄게요."라고 말했지만 실제로는 욕실로 데려간다.
권한 박탈	그 사람의 지배 능력을 줄이는 경우. 예를 들어 포크를 사용할 수 있지만 숟가락만 주는 것
아이 취급	성인을 작은 아이처럼 대하는 경우. ㅍ 점심을 차려 주며 "여기 있어요. 잘 먹어야 착하죠. 흘리지 말아요."라고 말한다.
위협	문으로 걸어가 이렇게 말하는 상황. "문 밖으로 나갈 생각도 하지 마세요." 또는 "신발과 코트를 숨겨 버릴 거에요."
규정하기	예를 들어 시끄럽게 주의를 끄는 사람에 대해 방문자에게 "아, 치매라서 그래."라고 설명한다.

악의적 요소	정의 및 예시
낙인 찍기	예를 들어 특정한 영역에서 일하는 것에 대해 다른 사람에게 말할 때, "아, 거기에서 일하고 싶지 않아? 그곳 사람들 모두 치매환자 같은가 보구나."
앞지르기	그 사람이 감당하기에 너무 빠른 속도로 일하는 경우. 예를 들어 너무 빨리 설명해 이해하기 힘든 경우
무효화	예를 들어 어떤 사람이 "다른 사람들이 행복하지 않다."라고 말하는데, "아니 그렇지 않아요. 이렇게 날씨가 좋은데 너무 행복하죠."라고 말한다.
추방	메모를 읽고 있는데 그 사람이 다가오자 그 사람을 휴게실로 데리고 간 후 문을 닫아 버리고 나오는 경우
물건 취급	물건인 것처럼 취급하는 경우. 예를 들어 휠체어에 앉아 있는데 갑자기 설명도 없이 다른 곳으로 끌고 간다.
무시	두 명의 돌봄자가 그 사람이 없는 것처럼 반대편에서 서로 얘기를 한다.
부담	하고 싶지 않은 일을 하도록 하는 경우. 예를 들어 보고 싶지 않은데 방에 TV를 켜는 경우
보류	물 한 잔만 달라고 말했는데 무시되는 경우
비난	상황을 바꿀 수 없을 때 그 사람을 무시하는 경우. 예를 들어 다른 사람을 위해 옆에 물을 놓아두었는데 자신의 것으로 생각하고 마신다.
방해	그 사람이 과거의 어떤 것을 연상하고 있을 때, 끼어 들어 주제를 바꿔버리는 경우
조롱	돌봄자가 그 사람이 하는 행동을 보고 비웃거나 모욕적인 말을 하는 경우
폄하	그 사람에게 부정적인 말을 하는 경우. 예를 들어 "오늘 진짜 힘들게 하네."와 같이 자존감을 떨어뜨릴 수 있는 말

불행감은 심리학적 또는 정서적 경험으로 볼 수 있고, 정서적 고통이 생길 수 있다. 그리고 안녕감과 마찬가지로 건강이나 질병보다 더 주관적으로 여겨질 수 있다.

질병은 개인이 정상적이거나 올바르지 않다고 느끼거나 무엇인가 잘못되었다고 느끼는 것을 말하고, 질환은 의사가 '올바르지 않다.'라고 분류하는 것이라고 할 수 있다. 질병에 대한 정의는 불행감보다 더 객관적이라고 여긴다. 질병은 몸과 마음에 영향을 주는 질환이 있거나 일정 기간 아픈 것이다. 건강 심리학자들은 질병에 대해 이전에 어떤 경험을 했고, 의학 지식을 어떻게 이해하고 있으며, 전문가인지 일반인인지에 따라 건강과 질병을 구별할 수 있다고 보았다. 질병의 원형(prototype)을 제시하는 질병의 '상식' 모델은 정체성(경험한 증상), 지각한 원인, 결과, 일정(얼마나 오래 지속될 것인가), 그 '질병'을 경험한 사람의 치유법과 유형에 근거한다. 이러한 질병의 개인적 원형은 건강과 관련된 행동으로 이어진다. 또한 사람들은 타인의 질병의 원형을 자신의 건강을 위한 행동에 지침으로 이용한다(Morrison and Bennett, 2012).

사/례/연/구

데이비드 스미스

데이비드는 64세의 농부로, 어릴 때부터 농장에서 아버지를 도와 일했고, 농사를 천직으로 생각하며 살았다. 데이비드는 거의 아프지 않았고, 심각한 건강 문제도 없었다. 신체적으로 튼튼하고, 힘도 세고, 키우는 소가 결핵에 감염되어 모든 소를 도축해야 하는 비극을 겪었지만, 긍정적인 사람이다. 그런 데이비드가 심하게 피로감을 느끼기 시작했고, 두통과 오한도 있었다. 바이러스 때문일 것이라고 생각하여 진통제를 먹고 일을 할 수 있었다. 그러나 소를 돌보는 것이 힘들어지자 소의 상태도 좋아지지 않았고, 데이비드와 소들 모두 장기적으로는 문제가 있었다. 데이비드는 며칠 진통제를 먹으면 건강을 회복할 것이라고 생각했다.

사/례/연/구

이소벨 존스

이소벨은 30세의 초등학교 교사로, 아이들 가르치는 것을 좋아했다. 부모님이 아이들을 입양했기 때문에 늘 많은 형제와 함께 자랐다. 어릴 때 이소벨이나 형제 중 누군가 몸이 좋지 않으면 엄마는 침대에 눕히거나 안락의자에 앉히고 담요를 덮어 주었다. 그리고 따뜻한 차를 마시게 하고, 부드럽게 머리를 쓰다듬어 주었다.

이소벨은 심한 피로감을 느끼기 시작했고, 두통과 오한도 있었다. 바이러스 때문일 것이라고 생각해 따뜻한 차를 마시고 침대에 누워 있으면 나을 것이라 생각했다. 그리고 자신의 귀 뒤쪽 머리카락을 계속 쓰다듬었다. 이소벨은 이 상태로 학교에 가면 아이들에게 바이러스를 옮길까 우려했고, 너무 피곤해 출근하기 힘들겠다고 생각했다. 그리고 며칠 쉬면 건강을 회복할 것이라고 생각했다.

데이비드와 이소벨의 사례연구를 보면, 개인적 질병의 원형은 비슷하지만, 행동은 달랐다. 이소벨은 어린 시절의 경험 때문에 자신을 스스로 돌보고 스스로를 안쓰럽게 생각했지만, 데이비드는 참아야 한다는 태도를 보였다. 두 사람 모두 곧 건강이 회복될 것이라고 믿고 병원에 가지 않았다. 두 사람이 생각한 대로 며칠 쉬면 몸이 극복할 수 있는 경미한 바이러스가 문제라면 두 사람의 행동은 문제가 되지 않는다. 그러나 두 사람이 경험한 증상이 더 심각한 상태였다면, 이소벨의 건강에 관한 행동은 질병을 더 진행시키지 않았겠지만 데이비드의 행동은 그 반대일 수 있다.

건강 심리학자들은 건강과 건강에 관한 행동을 이해하기 위해 심리학적 모델을 사용한다. 이를 통해 보건 및 사회복지 전문가가 건강상의 문제를 겪는 사람을 어떻게 돌보고 안녕감을 높이는지 알 수 있다.

건강 심리학이 학문으로 등장하면서, 이와 관련된 다른 다학제적 접근법도 발전해 왔다. 건강 심리학에서 많이 사용되는 방법 중 하나는 정신신경면역학이다.

정신신경면역학

인류는 신체의 여러 장기와 계통이 어떻게 상호작용하는지 수백 년 동안 탐구해 왔으며, 1975년 심리학자 아더(Ader)와 면역학자 코헨(Cohen)이 동물실험 결과를 토대로 정신신경면역학(psychoneuroimmunology)이란 용어를 만들었다. 정신신경면역학은 심리학, 신경학, 면역학의 상호작용을 연구하는 학문이다.

신경계는 신경전달물질의 형태로 화학적 신호를 보낸다. 그중 일부는 면역체계를 구성하는 장기로 가고, 그 결과 면역체계는 신경계에 영향을 주는 호르몬을 방출한다. 이러한 작용을 보여 주는 좋은 예가 스트레스 경험이다.

스트레스를 경험하면, 보통 처음에는 감각이 이를 지각하지만 과거의 기억이나 상상으로 스트레스를 지각할 수 있다. 이 지각은 심리적 과정으로 인식된다. 이렇게 스트레스를 심리적으로 지각하면 뇌 속에 시상하부를 활성화시켜 신경내분비세포가 코르티부신피질자극호르몬방출호르몬(CRH)을 방출한다. 이를 통해 뇌의 일부이자 면역체계의 일부이기도 한 뇌하수체가 활성화된다.

뇌하수체는 콩팥 위에 있는 부신(면역체계)을 활성화시키는 부신피질자극호르몬을 분비한다. 그리고 이 부신은 당류, 단백질, 지방의 대사를 높이는 코르티코스테로이드를 분비한다. 이러한 작용이 과도하게 오래 지속되면 당뇨와 같은 대사 질환을 초래할 수 있다. 코르티코스테로이드는 면역체계에서 대식세포, 보조 T 세포, 효과기 세포도 억제한다. 또한 부신은 아드레날린이라 불리는 신경전달물질을 방출한다.

아드레날린은 스트레스 요인을 처리하도록 몸을 준비시켜, 혈액이 주요 근육으로 우회

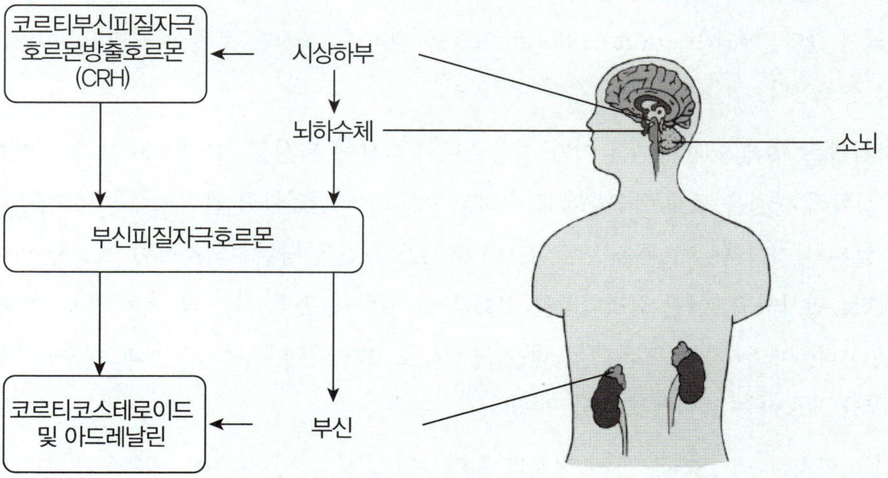

그림 3.2 시상하부–뇌하수체–부신 축(HPA 축)

하도록 하고 혈압을 높인다. 이러한 작용이 오랜 시간 지속되면 고혈압과 죽상경화증과 같은 심혈관계 문제를 초래할 수 있다. 또한 내·외부 사건에 대응해 행동에 변화도 생긴다. 이러한 상호작용 경로를 시상하부–뇌하수체–부신 축(HPA 축)이라고 한다(그림 3.2 참조).

이는 심리학, 신경학, 면역학 사이의 연관성을 보여 주는 한 시스템을 간단하게 설명한다. 그리고 돌봄 전문가가 돌봄 대상자를 인간 중심의 전인적 방법으로 인식해야 하는 이유를 이해하는 데 도움을 줄 수 있다.

다음 장에서는 불행감이나 질병의 결과로 여겨지는 고통에 대해 살펴본다. 마음을 포함해 신체의 모든 부분이 공생관계에 있다는 점을 감안하면, 불행감과 질병이 미치는 영향 및 그 개선방법을 탐구할 때 이 모든 부분에 대한 고려가 중요하다.

학습 활동

3.4 성찰

고통이란 무엇이라고 생각하는가? 어떤 경험을 해야 고통인지 알 수 있을까?

고통

고통에 대해서는 수 세기 동안 철학자와 신학자들이 탐구해 왔고, 인간의 경험과 관련된 모든 용어의 경우와 마찬가지로 지배적인 문화의 영향을 받았다. 종교적(불교, 힌두교, 기독교, 이슬람교), 철학적(에피쿠로스, 니체, 프랭클), 도덕적(Bentham, 1988), 윤리적(Parse, 2010) 관점뿐만 아니라, 심리학(특히 프로이트와 로저스)을 포함한 사회과학을 통해 탐구되어 왔다. 벤담(Bentham, 1988)은 고통을 지각 있는 모든 생물이 경험할 수 있는 상태라고 강조한다.

심리학자들은 19세기 후반부터 인간 현상으로서 고통에 관심을 가져왔다. 그리고 인간에 대한 철학적 관점을 토대로 고통을 탐구하고 이해하여 심리학적 관점으로 범주화할 수 있었다. 일부 심리학자는 고통을 프로이트나 로저스와 같은 낭만주의자들이 예상하는 내적 현상으로 인식하고, 어떤 심리학자는 고통을 점진적, 진화적, 적응적 특성이나 학습된 행동으로 본다. 이 두 가지 모두 그 사람을 보호하고, 트라우마, 부상 또는 괴로움에 대한 대처 전략을 제공하는 능력에 초점을 맞춘다.

생물 심리학자는 뇌 스캔을 통해 고통과 심리사회적 상호작용 사이의 연관성을 설명한다. 뇌 속 대상엽이 신체적 고통과 감정적 고통을 모두 겪을 때 전자적으로 활성화된다는 것을 감안하면, 신체적 기능과 심리적 기능 사이의 상호작용은 밀접하게 연관되어 있음을 알 수 있다. 정신신경면역학을 탐구할 때에도 알 수 있었지만 심리사회적 개입이나 상호작용을 이용해 고통을 줄이는 것이 합리적이라는 근거도 제시한다.

자신과 세상을 이해하는 인간의 방식에 많은 변화를 가져온 계몽주의는 고통을 이해하는 데도 영향을 주었다. 18세기부터 19세기까지 후기 계몽주의 시대에는 고통이 인생의 의미를 찾는 것이라는 프랭클(Frankl)의 주장과 같이, 고통에 대해 일반적으로 긍정적인 모델을 수용했다. 19세기와 20세기의 사회에는 의료화, 관료화, 세속주의가 발달했다. 건강과 마찬가지로 이 시기에는 고통을 정신적으로 이해하던 관점에서 의학적인 관점으로 이해하는 방식으로 점차 이동했다.

데이비스(Davies, 2011)는 기독교 모델, 낭만주의 모델, 프로이트 모델 등 19세기부터 20세기까지 고통에 대한 세 가지 긍정적 모델을 요약 설명했다. 기독교 모델에서는 정신과 고통이 상호작용한다고 보았다. 정신은 성령과의 친밀함을 통해 하나님을 경험하는 인간과 신의 연결 관계이다. 고통은 이 관계에 본질적인 부분이다. 인간은 죄가 많음을 인정하고 부족함이라는 고통을 받아야 하므로 하나님은 하나님의 자녀의 고통을 통해 이들을 구제할 수 있다. 인간은 고통을 겪은 후 더 나은 사람이 되고 신성함을 이룬다. 기독교인은 고통을 도덕적으로도 영적으로도 성숙하는 길로 본다. 이는 예수님이 '십자가를 지고 나를 따르라'고 제자들에게 한 외침에서 분명히 나타난다.

두 번째 긍정적 모델은 제2장에서 논한 낭만주의 운동이고, 세 번째 긍정적 모델은 프로이트의 모델이다. 우리는 프로이트가 낭만주의와 공통점이 매우 많다고 생각하지만, 데이비스는 다른 점이 있다고 보고 낭만주의 철학적 관점과 프로이트의 심리학적 관점을 서로 다른 모델로 나누었다.

낭만주의에서는 인간은 창조력이 자라는 깊은 자아뿐 아니라 이러한 창조력이 표면까지 올라와 표현되는 피상적 자아가 있다는 것을 인정했다. 그래서 낭만주의자들은 현대 사회의 관료주의와 산업화와 세속주의가 인간이 창의력을 표현하고 더 깊은 자아를 활용할 수 없도록 방해한다고 우려했다. 이와 관계없이 인간은 본성을 충분히 경험할 수 없거나 깊은 즐거움과 슬픔을 경험할 수 없다. 따라서 고통은 인간에게 본성의 파괴적 요소를 느끼도록 만들기 때문에 긍정적이고 필요한 것으로 여겨졌고, 지혜가 생기고 타인에게 감정이입도 가능해 공감이 발달한다고 보았다.

프로이트는 아마도 고통과 인간의 변화를 연결시킨 가장 영향력 있는 이론가일 것이다. 데이비스는 프로이트의 심리학적 이론을 세 번째 모델로 제시한다. 프로이트는 인간이 고통을 통해 자신의 동기를 알아차리지 못하는 상태에서 의식적으로 알아차리는 상태로 변화한다고 생각한다. 그리고 이러한 무의식적 동기가 그 사람의 진실성을 위협하는 것으로 보았다. 프로이트는 고통을 관찰할 수 있게 되면 그 사람은 회복의 길로 접어 든 것이라고 주장했다. 왜냐하면 그 사람의 실제 동기를 숨긴 심리적 방어 기제가 해체되고 있어 의식적으로 이해할 수 있게 되기 때문이다. 프로이트는 이러한 과정을 마취 없는 수술에 비유했다.

데이비스(2011)는 고통에 대한 프로이트의 관점에 긍정적인 성격이 있다고 보았지만, 에릭슨(Eriksson, 2014)은 프로이트의 이론에서 제시한 치료법인 정신분석(제7장에서 자세히 설명)이 고통을 통해 자유에 이르는 길을 제시하는 방법을 보여 준다. 에릭슨은 이를 심리적 또는 의학적 치유로 보지 않고 도덕적 치유로 보았다. 유해하고 비도덕적인 동기를 의식하게 함으로써 이러한 동기와 이에 대해 무의식에 사로잡히게 했던 심리적 방어 기제로부터 스스로 자유로워질 수 있다.

고통에 대해 탐구한 또 다른 심리학자는 칼 로저스이다. 로저스의 이론은 프로이트의 정신역학적 관점과 행동주의를 거부하지만, 일부는 수용하면서 발전되었다. 로저스는 행동주의자들이 주장하는 외적 또는 환경적 영향(무조건적 긍정적 존중에 대한 욕구)뿐만 아니라 내적 동기(고유한 잠재력) 모두를 인정했다. 현재 인간 중심의 돌봄으로 알려져 있고, 이 책에서도 계속 언급되고 있는 로저스의 내담자 중심 치료는 개인의 잠재력을 인식하고, 치료적 관계를 통해 그 잠재력이 발휘될 수 있는 개인 공간을 제공하도록 발전했다. 로저스는 고통을 부정적 경험으로 본다. 그리고 인간은 자기 인식과 무조건적 긍정적 존중을 통해 성장한다고 생각했다. 로저스가 말하는 유기체적 가치화과정(organismic valuing process, OVP)을 이용하여 타인이 기대하는 대로 되려고 한다면 인간은 고통을 겪는다. 그들은 자신의 잠재력을 향해 성장하지 않게 된다. – 매슬로우가 말하는 자기실현을 향해.

지난 30여년 동안 고통에 대한 이해는 대부분 긍정적 모델(고통에는 목적이 있다.)에서 부정적 모델(고통에는 목적이 없다.)로 급격히 변화했다. 이러한 변화는 고통을 심리학적 관점에서 보는 것일 수 있다. 프로이트의 이론에서는 고통을 긍정적인 것으로 보지만 로저스의 이론에서는 부정적인 것으로 본다. 데이비스(2011: 188)에 따르면 이것은 영성, 철학 또는 도덕이 아닌 의학으로 자리를 옮겨 '고통을 합리화'했기 때문이라고 한다. 이로 인해 의료 종사자들은 고통을 줄이거나 개선할 수 있을 것이라는 기대감이 생겼다(Milton, 2013).

현대의 문화에서 고통은 통증이나 괴로움을 겪는 것으로 여겨지고, 이는 'patient'의 어원, 즉 '고통을 받는다'와 관련이 있다. '고통을 받는다(to suffer)'는 라틴어 'sufferre' (ferre는 '참다' 또는 '견디다'의 의미)에서 유래한다. 하지만 우리 사회에는 여전히 고통이 긍정적인 역할을 하는 것으로 보는 이들이 있다. 예를 들면, 해리스(Harris, 2007)는 고통이라는 '선물'이 타인에 대한 공감을 높일 수 있다고 주장한다. 렌스펠트와 에릭슨(Rehnsfeldt and Eriksson, 2004)은 이러한 두 가지 관점을 하나로 모은 방법을 제시한다. 즉, 고통을 견딜 수 있는지 없는지의 여부에 따라 그 자체로 긍정성이나 부정성을 나타낸다고 한다. 참을 수 있는 고통이라면 개인적인 이해와 발달이 이루어질 수 있지만, 참을 수 없는 고통이라면 자아와 인생에 대해 이해하기보다 어둠만이 남는다.

고통은 보건의료 문헌에서 대화의 주제로 자주 등장한다. 특히 고통을 줄이는 것은 현재 보건의료 전문가들의 중요한 역할이다. 렌스펠트와 에릭슨(2004)은 환자를 돌보는 사람이 진정한 공감능력을 갖고 타인과의 경험을 공유하고, 참을 수 없는 고통을 견딜 수 있게 해준다고 주장한다. 이러한 돌봄의 관계를 통해 돌보는 자와 고통받는 자 모두 자신과 인생의 의미, 즉 존재론을 더 잘 이해할 수 있다.

학습 활동

3.5 성찰

앞서 고통이란 무엇인지 생각해 보았던 때로 돌아가 본다. 긍정적 요소가 포함되어 있는가 아니면 부정적 요소가 포함되어 있는가? 간호사의 역할은 고통을 줄이는 것이라고 생각하는가?

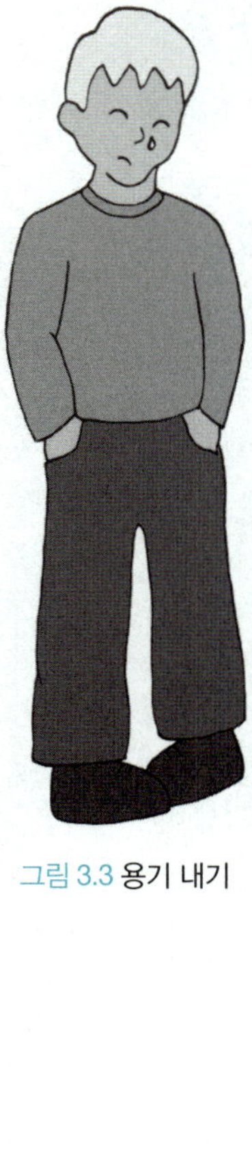

그림 3.3 용기 내기

간호사 제니스 모스(Janice Morse)와 동료 간호사들은 15년 이상 고통에 대해 연구해 왔다. 이들의 연구는 행동에 초점을 맞추고 경험에 의거한 연구라고 할 수 있지만 정성적 연구 패러다임을 사용하기도 한다. 모스 등(Morse et al., 1994)은 고통이 신체에 집중하게 만들고, 개인적 의미를 찾거나 타인과 상호작용하는 능력을 저해한다고 주장한다. 이는 에릭슨이 견딜 수 없는 고통이라고 말한 것과 같다. 그리고 고통에는 감정 분출과 고통 감내 등 두 가지 유형이 있다고 설명한다(Morse, 2000).

고통을 감내한다는 것은 대응할 감정을 닫아 버리는 것이고, 감정을 분출한다는 것은 감정을 표현하는 것이다. 고통을 감내하는 것은 고통으로부터 자신을 보호하는 것이고, 감정을 분출하는 것은 그 경험에 감정적으로 대응하는 것이다. 오늘날 돌봄자는 감정을 분출해 고통에 대응하는 것이 정상이라고 생각하는 경향이 있지만, 과거에는 어린이와 성인 모두 감정을 숨기고 '울거나' '비명을 지르지' 말라고 배웠다(그림 3.3).

모스와 동료 간호사들은 다른 연구에서(1994, 1995, 2000, 2001), 환자와 간호사들의 경험을 토대로 고통 이론(theory of suffering)을 발전시켰다. 이들은 신체에 초점을 맞춘 '고통'과 '불편감'이란 용어를 연결시킨다(Morse et al., 1994). 그러나 다른 연구자들은 불편감이 고통과 다른 것이고, 마음과 몸과 정신적 요소를 모두 담고 있다고 주장한다(Schuiling and Sampselle, 1999).

자신의 몸이 언제 좋거나 편안한지 인식하는 것은 한계가 있지만, 불편하거나 고통스러울 때에는 자신의 몸과 상태를 매우 잘 알아차릴 수 있다. 불편감에는 병이 든 몸, 말을 듣지 않는 몸, 속이는 몸, 취약한 몸, 침해당한 몸, 인내하는 몸, 배신하는 몸, 체념한 몸, 배신하는 마음 등 9가지 주제가 있다. 이는 극심한 통증이나 불편감, 외상으로 인한 부상이나 생명을 위협하는 질병을 경험한 환자를 면담해 정립했다(Morse et al., 1994).

사/례/연/구 **라우라, 캐롤, 피터**-1부

라우라는 최근 남자친구와 헤어지고 본가로 이사하여 어머니 캐롤과 아버지 피터와 함께 살게 되었다. 남동생은 아직 대학생이다. 라우라는 다행히 직장을 계속 다닐 수 있었지만 통근 거리가 너무 멀어졌다. 특히 하루 종일 일하고 먼 거리를 퇴근할 때 마음이 힘들고 눈물이 자주 났다. 라우라의 어머니도 일을 하지만 직장이 집에서 가까워 집안일과 요리를 모두 도맡아 한다. 라우라의 아버지는 최근 다발성 경화증으로 병가를 내어 쉬고 있고, 다리 통증과 시력 감퇴, 손과 팔 저림을 겪고 있다. 아버지는 집에 있는 것을 한심하게 느끼고, 자신이 이제 건강하니 나가서 일해야 한다고 늘 말했다. 그러나 아버지의 상사는 회사 복귀가 어려울 것으로 보고 있다.

라우라의 사례연구를 보면, 가족 구성원 세 명이 모두 고통을 겪고 있다. 모두 자신을 다스리는 방법으로 고통 견디기를 이용하고자 한다. 그러나 때로 라우라는 견딜 수 없어 감정을 분출하는 방법을 택한다. 아버지 피터는 병든 몸, 말을 듣지 않는 몸, 속이는 몸, 취약한 몸 등, 몇 가지 고통의 영역을 경험할 수 있다. 어머니 캐롤도 견디는 몸과 체념한 몸 측면에서 고통을 경험하고 있을 수 있고, 라우라의 경험은 배신하는 몸과 배신하는 마음을 겪을 수 있다.

모스와 동료 간호사들은 이렇게 고통을 이해한 후, 고통을 줄이고 고통을 견딜 수 있도록 효과적인 돌봄 대응 방법을 찾고자 했다. 고통을 불편감과 연관시키고, 위안을 돌봄 대응 방법으로 인식했다. 모스 등(1994)은 돌봄 전문가가 완전한 위안을 얻는 것은 불가능하지만, 위안으로 괴로움을 완화시키는 것이 주된 역할이라고 강조하고 있다.

위안

마음의 위안은 평화롭고, 안전하게 느끼고, 불안이나 걱정이 없는 상태를 말한다. 위안은 신체적으로 배고픔, 갈증, 졸음, 공기, 무병과 같은 욕구가 충족되는 것이며, 정신적으로 희망과 기대를 갖고, 통증을 초월하고, 신과 함께 있다고 느끼는 것이다(Barker, 2011). 위안의 욕구를 평가해 돌봄자가 위로해 줄 때에는 그 사람의 모든 측면을 고려해야 한다. 왜냐하면 그 사람의 모든 측면이 서로 연관되어 있기 때문이다(제4장과 제5장 참조).

모스와 간호사 동료들은 고통받는 이들에게 위안을 주려면 그들이 겪고 있는 고통의 유형에 따라 여러 방법이 필요하다고 주장한다. 고통 감내를 보이는 사람의 경우, 그 사람을 존중하고 고통을 감내하는 것을 옹호해 주는 전략을 통해 위안을 준다. 보통 이 단계에 사용하는 전략은 격려와 칭찬이다. 반면 고통을 겪고 있고 이 상황에 감정적으로 대응하는 사람의 경우, 손을 잡아 주고 안아 주고 간단한 신체적 접촉을 통해 몸짓으로 지지를 표현해 준다.

모스 등(1994)은 이것이 중요한 돌봄의 활동이 아니고, 돌봄을 행하는 방법이라고 강조한다. 그 사람"에게"가 아닌 그 사람을 "위해" 그리고 "함께"한다면, 온전한 상태의 회복에 이르도록 도울 수 있다.

사/례/연/구 **라우라, 캐롤, 피터**-2부

어머니 캐롤은 퇴근 후 식구들을 위해 저녁식사를 준비하기 시작했다. 피곤하고 다리가 아프지만 가족을 위해 해야 하는 일이라고 생각했다. 아버지 피터는 이층 방 침대에 누워 있었다. 아버지는 전날 밤에도 잠을 잘 자지 못했고, 다리의 통증을 견뎌 보려고 했다. 어머니는 아버지의 통증과 미래에 대한 걱정을 이해했고, 아버지가 하는 이야기를 경청하며, 불편함을 느낀다는 것을 알고 진통제와 따뜻한 물을 주며 위로하려 노력했다. 하지만 아버지는 노력해도 나아지지 않는다며 화를 냈다. 어머니는 아버지에게 사랑한다고 반복해 말하며, 자신이 그 상황이었으면 이렇게 잘 견디지 못했을 것이라고 격려했다. 어머니는 아버지 곁에 앉아 말을 들어주고 아버지가 다시 기운을 낼 때까지 계속 격려했다. 그리고 볼에 살짝 입맞춤을 해 주고 쉬게 했다.

라우라가 퇴근했을 때, 어머니 캐롤은 거의 식사 준비를 마쳤다. 라우라는 동료와 함께 점심 먹으러 나갔다가 커피숍에서 전 남자친구를 만났는데, 그 전 남자친구가 다가오더니 라우라를 무시한 채, 함께 있던 동료에게만 말을 건네 기분이 상했다. 그리고 목소리를 높이며 화내는 고객을 만나 힘든 하루였고, 교통체증 때문에 퇴근길도 더 길어졌다. 라우라는 부엌에 들어서며 울음을 터뜨렸다. 어머니 캐롤은 식사 준비를 멈추고, 아무 말없이 딸을 꼭 안아 주었다. 더 이상 흐느끼지 않을 때까지 안아 주었다.

어머니 캐롤은 개인적 고통과 가족을 위로해 주어야 한다는 마음으로 가족을 위해 식사를 준비했고, 식사 후 함께 앉아 TV를 볼 때, 딸 라우라와 남편 피터 사이에 앉아 편안함을 느꼈다.

또한 그 목적은 인간 중심의 돌봄이다. 신체적이든 정서적이든 통증을 없앨 수 없다고 예상되면, 돌봄자는 그 사람을 보호하고 북돋우고 옹호하여 위안을 줄 수 있다.

이 사례연구에서, 캐롤은 남편 피터와 딸 라우라를 돌보는 것처럼 보일 수 있다. 캐롤은 피터가 자신의 감정을 표현하고, 다시 정신을 차리고 고통을 견뎌 낼 수 있는 환경을 제공했고, 피터는 이를 더욱 편안하게 느꼈다. 캐롤은 피터와 라우라 모두가 견딜 수 없는 고통에서 견딜 수 있는 고통의 상태로 변화하도록 도운 것으로 볼 수 있다. 피터와 라우라가 견딜 수 있는 고통의 상태로 돌아왔을 때, 캐롤은 이들에게 존중을 표시했고 함께 위안을 느꼈다. 이 가족은 서로에게 공감하였다.

그림 3.4 머리, 손, 가슴

위안을 주는 방법은 여러 가지지만, 돌봄자는 온몸을 사용한다. 온몸을 사용한다는 것은 상대방과 함께 있어 주거나 연결되는 것이다. 돌봄자는 손, 눈, 목소리를 통해 '위로의 말, 눈 맞춤, 접촉'으로 연결한다(Morse, 2001: 52). 손, 눈, 목소리를 통해 친밀함, 이해, 통제, 기대를 높인다(그림 3.4 참조).

위안을 얻고 돌봄을 제공하는 데 필요한 기술에 관해서는 대부분 돌봄자가 공감을 해야 한다고 설명한다. 공감은 돌봄자가 상대방의 경험을 이해하고, 이러한 이해를 그 상대방에게 보여 줄 수 있는 것이다. 로저스와 같은 인본주의자에 따르면, 치료나 치료적 의사소통에는 네 가지 주된 조건이 있다고 한다. 바로 공감적 이해, 진솔성(일치성), 따뜻함, 무조건적 긍정적 존중이다. 그러나 일반적으로 돌봄자가 심리학적 방법을 택하는 것은 문제가 될 수 있다(Morse et al., 1992). 공감이란 개념을 무조건적으로 채택하고 이용하도록 압박하는 것은 돌봄자에게 너무 큰 부담이 될 수 있다. 이로 인해 돌봄 전문가는 건강이 나빠지거나 더 이상 돌보는 것을 거부할 수 있다(Morse et al., 1992). 라우라, 캐롤, 피터의 사례연구로 돌아가 보면, 캐롤은 너무 많은 부담을 안고 있으므로 라우라와 피터를 피하거나 자신의 건강이 악화될 수 있을 것으로 보인다.

공감을 통한 통찰력은 돌봄자가 타인의 고통을 체현하여 그 사람의 고통을 완화시켜야 한다는 책임감을 느낄 뿐 아니라 그들을 돌보면서 같은 고통을 경험하게 할 수 있다. 돌봄자와 돌봄 대상자의 긴밀하고 친밀한 관계에 있어, 이는 어느 정도 피할 수 없는 일이다. 그러나 이러한 경험을 의도적으로 추구한다면 고통받는 사람을 위로할 수도 없고, 돌봄자 자신도 힘들어질 수 있다. 이러한 감정이 개입되면 돌봄 능력이 감소하고 추가적인 감정노동이 발생하여(제9장에서 자세히 설명) 결국 번아웃으로 이어진다. 모스 등(1992)은 다른 돌봄에 관한 설명과 반대로 돌봄에 공감의 역할이 있을 수 있다고 제안한다.

공감은 고통받는 사람에 대한 돌봄자의 감정 표현이다. 공감이 고통받는 사람에게 정서적 부담을 주면 문제가 되겠지만, 경험하는 고통을 정당화하고 그 사람이 자신을 스스로 돌볼 수 있게 한다. 또한 적절한 시점에 진심으로 공감을 표현한다면 그 사람의 고통을 수용한다는 것을 보여 줄 수 있다(Morse et al., 1992).

그렇다면 돌봄 전문가는 고통에 어떤 방법으로 언제 접근해야 하는지 질문할 수 있다. 모스는 고통 감내와 감정 분출, 그리고 9가지 유형의 고통을 토대로 몇 가지 지침을 제시한다. 그러나 어떤 유형의 고통을 실제로 경험할 수 있는지 평가하기는 어렵다.

앎의 방법

바바라 카퍼(1978)는 경험적 · 인격적 · 윤리적 · 심미적 앎 등 간호에서 네 가지 앎의 패턴을 제시했다.

- 경험적 앎: 앞서 논했듯이, 과학적 방법으로 지식을 이해하는 방법이다.
- 인격적 앎: 자기인식이나 이해로 발달하는 지식, 이해, 태도를 말한다. 타인의 경험에 공감하여 얻는 자기 이해와 가장 밀접하게 연관된다. 이는 타인의 입장에서 상상해 특정 경험을 이해하여 습득할 수 있는 지식이다.
- 윤리적 앎: 윤리는 도덕과 밀접하게 연관되어 있다. 그러나 윤리적 기본틀은 보통 전문가 영역에서 발전하는 반면, 도덕은 보다 개인적인 영역이다. 윤리적 앎의 방법은 선택과 그 결과에 대해 질문하여 경험이나 상황을 탐구하고 이해하는 것이다. 윤리적 기준으로 결정사항을 살피고 최선의 선택인지 판단할 수 있다.
- 심미적 앎: 이 용어는 보통 예술과 미를 고려하는 것을 말할 때 사용하지만, 여기에서는 직관이라고 표시될 수 있는 것을 감지하거나 인지하는 것을 말한다.

고통이 무엇인지 그리고 고통에 어떻게 대응해야 하는지 분석하고 이해하려면 이러한 모든 앎의 방법이 도움이 될 수 있다. 경험적으로 볼 때, 많은 질문과 심리측정 테스트를 이용해 고통을 평가할 수 있다. 그 예로, 심리적 안녕감과 절망의 척도이자 비언어적 고통 지표를 고려하는 통증 평가 척도인 ESAS(Edmonton Symptom Assessment System)가 있다. 모든 사람이 일생의 어느 순간에 고통을 경험한다. 이러한 고통에 대한 지식과 기억이 있으면 돌봄 전문가가 타인에 대한 공감능력을 발달시키는 데 도움이 될 수 있다. 자기인식과 공감을 통해 인격적 앎의 능력이 성장하고, 돌봄 활동에도 도움이 된다(제6장과 제7장 참조).

고통에 대한 윤리적 또는 도덕적 앎은 반성을 통해 얻을 수 있고, 전문적인 돌봄 활동에 중요한 요소이다. 성찰적 모델을 통해 돌봄 전문가는 자신이 실무에 대해 제대로 이해하고 적용하고 있는지 질문해 볼 수 있다. 예를 들면, 자선, 해악 금지, 자율성, 정의성 등 생체의학의 윤리적 원칙과 같은 윤리적 기본틀을 적용할 수 있다. 너필드의 치매 돌봄의 윤리적 원칙과 전문가 행동강령, 영국심리학회(British Psychological Society), 간호조산위원회(Nursing Midwifery Council), 보건의료종사자협의회(Health and Care Professions Council), 종합사회복지협의회(General Social Care Council)에서 제시하는 다른 윤리적 기본틀도 있다.

심미적 앎의 방법은 전문적이지 않은 것으로 간주되는 경향이 있고, 일부 직종에서는 의료 종사자가 정부에서 위계적으로 범주화한 증거 기반의 진료(EBP)만을 사용해야 한다고 명시한다. 증거 기반의 진료는 경험적으로 지식을 습득하는 방법이지만, 카퍼는 심미적 앎의 방법도 필요하다고 주장한다. 예술적인지 아름다운지와 같이 어떤 '모습'인지에 근거해 돌보는 것은 소용이 없고, 돌봄 전문가들의 경우 더 깊은 심미성을 고려해야 유용하다. 우리는 개인으로서, 보통 '괜찮은 것 같은가?' 또는 '편안해 보이는가?' 또는 '괜찮아 보이는가' 등의 질문을 통해 어떤 것을 평가한다.

사/례/연/구

루시 토마스

루시는 내가 양로원에서 돌보던 93세 노인이다. 양로원은 훌륭했고, 돌봄 서비스와 직원들은 상을 받기도 했다. 루시는 얼마 정도 이 양로원에서 지냈다. 루시는 창 밖으로 지나가는 사람을 보는 걸 즐기는 조용한 사람이었다. 다른 그룹 활동에 참여해 즐기는 것은 좋아하지 않았지만, 가만히 앉아 지켜보는 것은 좋아했다. 루시는 개인적 돌봄이 다소 필요했지만, 이것도 문제가 되지는 않았다. 매일 찾아오는 가족도 있고, 삶의 질이 상당히 높아 보였다. 간호사가 약을 챙겨 주고 건강 확인도 해 주었고, 나에게 모두 마음에 든다고 말했다. 나는 루시의 방에 찾아가 주간 휴게실의 다른 사람들과 어울리겠냐고 물었다. 루시는 매일 아침 커피를 마시고, 뜨개질을 하며, 다른 사람들의 대화를 듣곤 했다. 이날 아침에도 루시는 늘 그렇듯 정중하게 미소를 지어 주었지만, 무언가 괜찮지 않다는 느낌이 들었다. 나는 루시에게 괜찮은지 물었고 그렇다고 답했지만, 느낌이 그렇지 않았다. 이유는 모르겠지만 루시를 주간 휴게실로 모시는 대신 옆에 앉아 함께 창문 밖을 바라보았다. 그때 루시는 내 손을 잡았다. 우리는 조용히 앉아 있었고, 몇 분 후 루시의 숨소리가 점차 잠잠해졌고, 눈을 감았다. 그리고 다시 눈을 뜨지 않았다.

루시 토마스의 사례연구는 보건의료와 사회복지의 모든 영역에서 많이 볼 수 있는 심미적 앎의 예라는 것을 알 수 있다. 돌봄 전문가는 그 원인을 알 수 없지만, 돌봄에 도움이 되는 무언가를 이해했다.

카퍼의 앎의 방법은 상황이나 경험을 더 깊이 탐구하고, 순전히 과학적이거나 경험적인 앎의 방법에서 벗어날 수 있는 체계를 제공한다. 카퍼는 이 연구로 성찰적 돌봄 활동을 발전시키고, 프로이트와 로저스가 심리학적 이해를 통해 주장했듯이 돌봄이 과학이 아닌 예술이라는 인식을 높였다. 또한 돌봄에 미학이나 직관을 사용하는 것에 대해 더욱 광범위하게 연구했다.

패트리샤 배너(Patricia Benner, 1984)는 자신의 『From Novice to Expert』라는 유명한 저서에서 전문 간호사는 환자를 돌볼 때 자신의 직관을 이용한다고 밝혔다. 그리고 경험이 많아지면서 자신이 알고 있는 돌봄에 대한 지식은 암묵적이 된다고(become tacit) 설명했다. 무의식적인 기술 부족(초보자)에서 의식적인 능숙함(전문가)으로 이동한다. 그리고 이를 '패터닝(patterning)'이라고 했다(Benner et al., 2010).

카퍼의 심미적 앎의 방법은 많은 저자가 다양한 용어('직관'(Morse et al., 1994; Davis–Floyd and Davis, 1996), '암묵적 앎과 지식'(Benner and Wrubel 1989), '체현된 지식'(Polkinghorne, 2004), '반성과 성찰 행동'(Johns, 1995, 2000, 2013), '정서지능'(Goleman, 1988))를 이용해 더욱 발전시켰다.

베너와 루벨(Benner and Wrubel, 1989)은 직관을 '방법을 아는' 방법이라고 설명했다. 즉, 암묵적 지식이거나 설명은 부족하지만 상황에 깊이 내재되어 있어 상관관계가 있는 지식으로 보았다. 힐딩슨과 해그스트럼(Hildingsson and Haggstrom, 1999)은 직관을 모스 등(1994)의 간호사가 했던 비슷한 방식으로 조산사가 임산부의 욕구를 파악하는 데 사용한 해석적 도구라고 했다. 존스(Johns, 2000)는 성찰(reflection)을 직관으로 인식되는 이러한 암묵적 앎이나 지식을 밝혀내는 과정이라고 주장했다.

직관적 앎의 방법은 다음과 같은 세 가지가 있다.

- 실무 경험에 기반한 직관: 돌봄 전문가가 경험을 통해 내적인 앎을 발전시키는 경우를 말하고, 베너가 자신의 전문 간호사에게 제안한 것일 수 있다.
- 영적 깨달음에 기반한 직관: 돌봄 전문가가 말이나 메시지를 받은 경우로, 영적 경험으로 설명되는 상상일 수 있다.
- 연결성에 기반한 직관: 돌봄 전문가가 그 사람에 대한 사적인 지식을 이용해 그 사람과 그 사람의 욕구와 예상되는 결과를 이해하는 것이다.

그러나 이 각각의 직관은 중복되거나 상호 연결되는 것으로 보일 수 있다(Olafsdottir, 2009). 연결성에 기반한 직관은 '관계를 만드는 인식'이거나 '조율하는 것'(Olafsdottir, 2009)으로, '관계적으로 이해하거나 알게 되는 방법'이다(Todres, 2008). 이는 실제 세계와 연관되고, 관계와 연결성과 연관되어 있는 앎의 방법이다. 이러한 직관을 통해 돌봄자와 돌봄 대상자는 생활의 일부로 긴밀한 관계를 형성한다.

요약

제3장에서는 건강, 질병, 불행감, 안녕감이 무엇인지 살펴보았다. 그 결과, 건강은 객관적으로 평가되고, 안녕감은 사람의 상태를 보다 주관적으로 평가하는 것을 알 수 있다. 그리고 고통이 무엇이고 어떻게 경험할 수 있는지에 대해 살펴보았다. 고통은 견디고 감정을 안으로 숨기는 것뿐 아니라 불편감이 밖으로 표시되는 신호이고, 감정을 분출하는 것 모두 고통에 해당한다. 위안은 고통에 대한 대응으로, 그 사람이 고통을 어떻게 감당하고 있는지에 따라 손, 눈, 목소리를 이용한 다양한 의사소통이 필요하다. 마지막으로, 직관을 포함해 돌봄자는 고통을 어떻게 이해하고, 고통을 경험하는 사람들에게 어떻게 공감할 수 있는지 알아보았다.

추가연구

캐임브리지대학교 웰빙연구소(Well-being Institute on the Cambridge University) 웹사이트에서 증거 기반의 다양한 내용과 자료를 확인할 수 있고, 정책과 자기계발에 대한 정보도 알 수 있다. 이 연구소에서 개최하는 행사에 대해서는 소식 섹션을 구독해 정보를 받아볼 수 있다. www.wellbeing.group.cam.acu.uk/ 참조

References

- Barker, S. (2007) Vital Notes for Nurses: Psychology. Oxford: Blackwell.
- Barker, S. (2011) Midwives' Emotional Care of Women Becoming Mothers. Newcastle upon Tyne: Cambridge Scholars Publishing.
- Barker, S. (2013) Nursing Care of Older People. London: Learning Matters/Sage.
- Bauman, B. (1961) 'Diversities in conceptions of health and fitness', Journal of Health and Human Behavior, 2: 39-46.
- Benner, P. (1984) From Novice to Expert: Excellence and Power in Clinical Nursing Practice. Menlo Park, CA: Addison-Wesley.
- Benner, P. and Wrubel, J. (1989) The Primacy of Caring: Stress and Coping in Health and Illness. Menlo Park, CA: Addison-Wesley.
- Benner, P., Stutphen, M., Leonard, V., Day, L. and Shulman, L. (2010) Educating Nurses: A Call for Radical Transformation. Chichester: Wiley and Sons
- Bentham, J. (1988) The Principles of Morals and Legislation. New York: Prometheus Books.
- Blaxter, M. (1990) Health and Lifestyles. London: Routledge.
- Carper, B.A. (1978) 'Fundamental patterns of knowing in nursing', Advances in Nursing Science, 1 (1): 13-24.
- Davies, J. (2011) 'Positive and negative models of suffering: An anthropology of our shifting cultural consciousness of emotional discontent', Anthropology of Consciousness, 22 (2): 188-200.
- Davis-Floyd, R. and Davis, E. (1996) 'Intuition as authoritative knowledge in midwifery and home births', Medical Anthropology Quarterly, 10 (2): 237-69.
- Department of Health (DH) (2007) Department of Health Commissioning Framework for Health and Wellbeing. Available at: www.rcpa.org.uk/MyFiles/Files/Mar07-DoHCommissioning Framework for Health and Wellbeing.pdf (accessed June 2015).
- Eriksson, J. (2014) 'Freud's psychoanalysis: A moral cure', International Journal of Psychoanalysis, 95: 663-75.

- Frankl, V. (1963) Man's Search for Meaning, 3rd edn. New York: Simon and Schuster.
- Goleman, D. (1998) Working with Emotional Intelligence. New York, NY: Bantum Books.
- Goleman, D. (2004) Emotional Intelligence and Working with Emotional Intelligence. London: Bloomsbury.
- Harris, I. (2007) 'The gift of suffering', in N.E. Johnston and A. Scholler-Jaquish (eds), Meaning in Suffering: Caring Practices in Health Professions. Madison, WI: University of Wisconsin Press, pp. 60-97.
- Hildingsson, I. and Häggström, T. (1999) 'Midwives' lived experiences of being supportive to prospective mothers/parents during pregnancy', Midwifery, 15: 82-91.
- Johns, C. (1995) 'Framing learning through reflection within Carper's fundamental ways of knowing in nursing', Journal of Advanced Nursing, 22 (2): 226–234
- Johns, C. (2000) Becoming a Reflective Practitioner. Oxford: Blackwell Science.
- Johns, C. (2013) Becoming a Reflective Practitioner, 4th edn. Oxford: Wiley-Blackwell.
- Johnston, E. (2013) 'Strengthening a praxis of suffering: Teaching-learning practices', Nursing Science Quarterly, 26 (3): 230-5.
- Kitwood, T. (1997) Dementia Reconsidered: The Person Comes First. Buckingham: Open University Press.
- Kitwood, T. and Bredin, K. (1992) 'Towards a theory of dementia care: Personhood and wellbeing', Ageing and Society, 12 (3): 269-87.
- The Lancet (2009) 'What is health? The ability to adapt', 373 (9666): 781. Available at: www.thelancet. com/journals/lancet/article/PIIS0140673609604566/fulltext?rss=yes (accessed June 2015).
- Milton, C.L. (2013) 'Suffering', Nursing Science Quarterly, 26 (3): 226-8.
- Morrison, V. and Bennett, P. (2012) Introduction to Health Psychology, 3rd edn. Harlow: Pearson.
- Morse, J.M. (2000) 'Responding to the cues of suffering', Health Care for Women International, 21: 1-9.
- Morse, J.M. (2001) 'Towards a praxis theory of suffering', Advances in Nursing Science, 24 (1):47-59.
- Morse, J.M., Bottorff, J., Anderson, G., O'Brien, B. and Solberg, S. (1992) 'Beyond empathy: Expanding expressions of caring', Journal of Advanced Nursing, 17: 809-21.
- Morse, J.M., Bottorff, J.L. and Hutchinson, S. (1994) 'The phenomenology of comfort', Journal of Advanced Nursing, 20: 189-95.
- Morse, J.M., Bottorff, J.L. and Hutchinson, S. (1995) 'The paradox of comfort', Nursing Research, 44 (1): 14-19.
- NHS Careers (2015) Health Psychologists. Available at: www.nhscareers.nhs.uk/explore-bycareer/ psychological-therapies/careers-in-psychological-therapies/psychologist/health-psychologist/ (accessed June 2015).
- Ólafsdóttir, Ó.Á. (2009) 'Inner knowing and emotions in the midwife-woman relationship', in B. Hunter and R. Deery (eds), Emotions in Midwifery and Reproduction. Basingstoke: Palgrave Macmillan, pp. 192-210.
- Parse, R.R. (2010) 'Human dignity: A humanbecoming ethical phenomenon', Nursing Science Quarterly, 22: 305-9.
- Polkinghorne, D.E. (2004) Practice and the Human Sciences: The Case for a Judgement-Based Practice of Care. New York: State University of New York, pp. 129-50.
- Public Health England (2014) Global Health Strategy 2014-2019. Available at: www.gov.uk/ government/uploads/system/uploads/attachment_data/file/354156/Global_Health_Strategy_ final_version_for_publication_12_09_14.pdf (accessed June 2015).

- Rehnsfeldt, A. and Eriksson, K. (2004) 'The progression of suffering implies alleviated suffering', Scandinavian Journal Caring Science, 18: 26472.
- Schuiling, K.D. and Sampselle, C.M. (1999) 'Comfort in labor and midwifery art', Image: Journal of Nursing Scholarship, 31 (1): 77–81.
- Schulz, R., Herbert, R.S., Dew, M.A., Brown, S.L., Scheier, M.F., Beach, S.R., Czaja, S.J., Martire, L.M., Coon, D., Langa, K.M., Gitlin, L.N., Stevens, S.B. and Nichols, L. (2007) 'Patient suffering and caregiver compassion: New opportunities for research, practice, and policy', Gerontology, 47 (1): 4–13.
- Social Care Institute of Excellence (SCIE) (2005) Independence, Wellbeing and Choice. Available at: www.scie.org.uk/publications/consultation/adultgreenpaper.pdf (accessed June 2015).
- Todres, L. (2008) 'Being with that: The relevance of embodied understanding for practice', Qualitative Health Research, 18 (11): 1566–73.
- Todres, L., Galvin, K.T. and Holloway, I. (2009) 'The humanization of healthcare: A value framework for qualitative research', International Journal of Qualitative Studies on Health and Wellbeing, 4 (2): 68–77.
- World Health Organization (WHO) (1948) 'Preamble to the Constitution of the World Health Organization as Adopted by the International Health Conference, New York, 19–22 June, 1946; Signed on 22 July 1946 by the Representatives of 61 States. (Official Records of the World Health Organization, No. 2, p. 100) and entered into force on 7 April 1948.
- WHO (1986) Ottawa Charter for Health Promotion. Available at: www.who.int/healthpromotion/conferences/previous/ottawa/en/ (accessed June 2015).

4 CHAPTER

공감적 진료

영국 국민건강보험(NHS)은 국민의 것이다. 인간의 기본적 욕구를 채워 주어야 할 때, 즉 돌봄과 공감이 가장 중요할 때 우리의 삶을 보듬어 준다.

영국 국민건강보험 헌법(보건부, 2015:2)

학습 목표

이 장에서는 공감적 진료의 개념과 오늘날 돌봄 활동에서 공감적 진료가 어떤 의미가 있는지 살펴볼 것이다. 그리고 심리학의 토대가 되는 철학을 바탕으로 보건 및 사회복지 전문가들이 경험한 공감적 진료의 개념을 이해해 볼 것이다. 따라서 이 장의 학습 목표는 다음과 같다.

- 공감적 진료, 돌봄 문화를 정의하고 설명한다.
- 돌봄의 배경과 오늘날 공감적 진료가 필요한 이유에 대해 알아본다.
- 공감적 진료를 뒷받침할 수 있는 돌봄 모델에 대해 살펴본다.

학습 활동

4.1 비판적 사고

공감적 진료를 받았거나 공감적 진료를 행한 경험을 생각해 본다. 그 공감적 진료는 어떤 형태였고, 어떤 느낌이었는지 적어 본다.

들어가면서

돌봄의 질, 특히 우리 사회에서 가장 취약한 계층에 대한 돌봄의 질의 수준에 대한 우려가 대두하고 있다. 공감적 진료(compassionate care)는 현재 우수한 품질의 돌봄 서비스의 개념이다. 이러한 정의는 문제가 있지만, 오늘날의 돌봄 모델과 전통적인 돌봄 모델 모두 돌봄 전문가들에게 도움이 될 수 있다. 이 장에서는 현대의 돌봄 상황을 살펴보고, 돌봄, 그중 공감적 진료란 무엇이고, 돌봄이 행해지는 문화에 대해서도 알아볼 것이다. 전통적인 돌봄 문화를 살펴보고 현대의 돌봄, 즉 공감적이고 인간다운 돌봄과 비교해 볼 것이다. 마지막으로, 이런 공감적 진료가 필요한 이유에 대한 근거를 개략적으로 제시할 것이다.

오늘날 공감적 진료가 필요한 이유

자원이 풍부한 다른 많은 국가처럼, 영국은 운 좋게도 필요할 때 모든 국민이 자유롭게 보건의료 서비스를 받을 수 있다. 1948년에 설립된 영국 국민건강보험(NHS)은 의학이 대부분의 질병에 기술적 해결책을 찾아 줄 것이라는 낙관론 속에서, 생체의학 돌봄 모델의 영향을 많이 받았다. 이는 오늘날 보건의료 분야와 많은 면에서 매우 다른 점이 있다. 우리는 몇몇 주요 질병을 성공적으로 치료 할 수 있었고 생명을 연장하기 위해 생명을 구하는 수술과 약물을 개발했다. 이는 초고령화시기를 사는 만성 및 여러 복합적인 질환을 가진 사람을 포함하여 대처해야 하는 사람의 수를 증가 시켰다(보건부, 2010).

NHS가 설립되었을 당시의 예상과 달리, 보건의료에 대한 필요성은 감소하지 않고 계속 증가했고, 돌봄 비용도 함께 증가했다(Alderwick et al., 2015). 비즈니스 모델의 영향으로 돌봄은 더욱 기술적이고 목표 지향적이 되었다. 그로 인해 다양한 민간 및 공공기관의 돌봄 제공업체가 등장했고, 비용을 줄이기 위해 관리에 대한 항목을 패키지화하였다. 한편, 1948년에는 의사가 "책임"을 지고, 환자가 수동적으로 의사의 지시를 따랐다면, 다른 의료 종사자들처럼 현재는 동등한 권리를 누리기 위한 명확한 법률을 가지고 소비자가 주도하는 사회에 살고 있다(평등법, 2010). 보건의료 서비스 소비자는 이제 효율적이지만 공감적인 진료뿐만 아니라 의료의 의사결정에 자신을 참여 시키는 지시과 실력을 갖춘 의료종사들을 기대한다.

서비스 사용자 운동

'서비스 사용자'와 '돌봄자'라는 용어는 지난 십여 년에 걸쳐 영국의 보건의료 및 사회복지 분야에서 보편화 되었다. SCIE(2015)에 따르면, 이들은 현재나 과거의 서비스 사용자일 뿐 아니라 서비스의 잠재적 사용자로 정의할 수 있다. 돌봄자는 어떠한 방식으로든 서비스 사용자들을 지원하는 것으로 확인된 사람들이다. 국민과 모든 인구 계층의 서비스 사용자를 NHS에 포괄적으로 가입시키는 것은 영국 정부 정책의 주요 강령이 되었다(보건부, 2008). 레이크만 등(Lakeman et al., 2007)에 따르면, 서비스 사용자의 사회적 운동은 취약 계층, 특히 정신질환이 있는 사람의 인권과 평등을 개선하기 위한 시도로 1960년에 시작됐으며, 대대적인 서비스 개혁과 더욱 인간적인 치료를 제공하였다고 쓰여 있다. 이 운동은 최근 몇 년간 대부분의 그룹이 포함되도록 확산되었다. 따라서 NHS는 서비스 개발 및 제공에 대해 서비스 사용자의 참여 지원 위한 전략을 수립하였다.

사람들은 자신의 건강과 보건의료에 더 많은 통제력과 영향력을 갖기를 원한다. 만약 그렇다면 여러 이유로 의료 서비스를 받기 힘들거나 자신의 의견이 잘 반영되지 않는다고 생각하는 사람에게는 더욱 중요하다. (보건부, 2008: 9)

서비스 사용자 운동은 근본적으로 현재 보건의료 및 사회복지 서비스(의 제공 형태)에 영향을 주었다. 그리고 NHS 전략(보건부, 2010)에서는 다음과 같은 공약을 했다. '환자와 국민들을 최우선으로 삼을 것', 이를 위한 몇 가지 중요한 약속을 했다.

- 함께 의사결정하기: 나에 대한 의사 결정 시 내가 참여한다.
- 환자가 정보에 접근하고 자신의 치료에 대해 선택할 수 있다.
- 환자가 돌봄자를 선택한다.
- 환자가 돌봄의 질에 따라 병원/부서를 평가할 수 있다.

이 시스템은 개인의 건강과 요구를 반영하고, 돌봄자를 지원하며, 강력한 파트너십을 독려하는 맞춤형 돌봄 서비스에 초점을 맞춘다.

지역과 국가 차원에서 환자와 국민의 집단적 목소리가 강화된다.

미디어 보도와 공식적인 조사

서비스 사용자 운동은 보건의료와 사회복지 분야의 인식을 높이는 데 성공한 것 같다. 그럼에도 불구하고, 불성실한 돌봄 서비스로 인해 많은 유명 언론 스캔들에 대한 공식적인 조사가 있었다. 그중 공통된 두 가지 주제는 명백하였다. 우선 내담자 그룹이 사회에서 가장 취약한 일부 계층인 것으로 보이며, 공감의 부족을 비롯해 안전하지 못하고 실력이 부족했다는 점이 강조되었다.

「무관심에 의한 사망(Death by Indifference)」이라는 제목의 보도(MENCAP, 2007)에서는 NHS 내에 학습장애인에 대한 제도적 차별이 있다고 지적했다. 일련의 실제 사례연구를 통해 돌봄의 접근성의 불평등, 신체적 건강의 불평등, 다양한 치료의 접근성의 부분에서 차별이 불필요한 사망 유발을 강조하였다. 그리고 기술뿐만 아니라 내담자 그룹과 돌봄자들이 무엇을 원하는지에 대한 보건의료 종사자들의 기술과 지식이 부족하다고 보도했다. MENCAP는 정부 대응이 늦었으며 부족했다고 주장했고, '학습장애인의 삶을 공평하게 중시하지 않았다.'라고 지적했다(MENCAP, 2013).

또한, 윈터본 뷰 병원(Winterbourne View Hospital)에 몰래 설치한 카메라를 통해 학습장애인을 돌볼 때 학대가 있었다는 사실이 밝혀지면서, 국민과 의료진 모두를 충격에 빠뜨렸다. 돌봄자가 취약한 내담자를 매우 비인간적으로 대했고, 가장 큰 문제는 이러한 행위가 그 문화 안에서는 '정상적인' 관행으로 보였다는 사실이다. 그 이후 열린 심각한 학대 사례 진상조사(Serious Case Review)(Flynn, 2012)에서 취약한 성인을 보호하기 위한 정책과 절차에 관한 권고안, 직원과 타인에 대한 '내부고발' 절차의 강화 필요성, 서비스의 질 검사와 의뢰 시스템의 검토 필요성 등을 제안했다.

비슷한 시기에 다른 취약 성인 그룹과 관련한 돌봄의 질이 우려를 낳았다. 영국의회 및 보건 서비스 옴부즈만(Parliamentary and Health Service Ombudsman)(2011)은 10명의 노인 돌봄 사건을 보도했다. 돌봄에 대한 불만이 높아지면서 이 언론사는 조사에 착수했고, NHS 돌봄 서비스를 받는 사람 중 불필요한 고통, 통증, 모욕을 겪어 건강이 더 악화되는 사례가 있었다는 사실이 밝혀졌다. 최악의 사례는 다음일 것이다.

> *조사 결과, 개인과 기관 모두 해당자의 인간성과 개성을 인식하지 못하였고, 세심함, 공감능력으로 대응하지 못하는 태도가 드러났다.(영국의회 및 보건 서비스 옴부즈만, 2011: 7).*

이 사례는 NHS와 의료진이 추구하는 가치 및 원칙과 현실 실무에는 분명한 차이가 있다는 것을 보여 주었다.

안타깝게도 비슷한 돌봄 문제가 2년 이상 지속된 미드 스태퍼드셔 NHS 재단 신탁(Mid Staffordshire NHS Foundation Trust)에 대한 공청회 결과에서 나타났다. 그 요약본(Francis, 2013)에 스태퍼드셔와 그 지방에서 운영되는 주된 병원에서 3년 동안 '만연'할 수 있었던 '끔찍한 돌봄 조건'이 나열되어 있었다. 그 병원의 문화는 형편없는 돌봄 서비스를 정상적인 관행처럼 만들었을 뿐 아니라, 내·외부 품질관리 절차에서도 우려의 원인을 나타내는 경고 신호를 밝혀내지 못했다. 실제로 환자의 친지들과 직원 내부고발자의 노력으로 결국 조사가 실시되었다. 그 보도 내용은 다음과 같다.

시스템 전체가 환자를 중대한 위험 요소로부터 보호하거나 어떤 병원에서도 절대적으로 허용되서는 안 될 비인간적 치료로부터 보호 등의 가장 근본적인 의무를 수행하지 못했다.

그리고 영국 보건부, 보건의료직 규제기관, 외부품질보증기관, 신탁 위원회와 통치기구, 의료교육기관, 임상 리더들과 개별 의료진을 비롯한 모든 수준을 대상으로 총 290의 개선 권고안을 제시했다.

그 결과는 유의미했으며 이는 차후에 논할 것이지만 이 장의 학습 목표에 맞게, 의료분야 종사자가 공감적이고 인간적으로 환자를 돌보지 못한 것에 대한 반성을 위해 그 유용함이 있다.

또 다른 공식적인 조사를 통해 퍼네스 종합병원 산부인과(Maternity Unit of Furness General Hospital)에서 발생한 비슷한 사건이 일어난 것이 밝혀졌다(Kirkup, 2015). 이 보고서에 따르면 이 산부인과 병동은 경영진뿐 아니라 팀원들도 업무를 제대로 수행하지 않았고, 실력도 기준 이하였으며, 규제와 품질 모니터링도 적절히 실시되지 않은 기간이 오랜 기간동안 지속된 것으로 드러났다. 이러한 위험한 문화로 인해 산모와 영아가 사망했고, 스태퍼드셔에서 발생한 사건처럼 환자와 관련된 문제는 무시되었으며, 외부 품질보증 메커니즘도 제대로 문제를 파악하거나 대응하지 못했다.

보건부 정책

이런 보도를 통해 분명히 알 수 있는 것은 돌봄 서비스는 전체적인 시스템 및 개인적 수준도 실패했으며, 특히 돌봄에 대한 공감이 부족했다는 점이다. '썩은 사과 하나가 한 바구니의 모든 사과를 썩게 할 수 있다.'라고 말하고 싶겠지만, 밝혀진 문제점의 범위를 감안하면 비공감적 진료가 일상이 되었다고 볼 수 있다. 다시 말해, 내가 올바르게 돌봄을 행하고 있더라도 다른 돌봄 대상자가 올바른 서비스를 받지 못하는 것을 무시했다면, 이는 공감능력이 있는 것이라 할 수 있을까? 이러한 보도에 대응해 문제점을 해결하기 위해 보건부가 움직였고, 한 달 후 그 대응책인 '환자 최우선 정책(Patients First and Foremost)'을 발표했다(보건부, 2013). 보건부 장관은 서문에서 다음과 같이 언급했다.

유해한 문화가 걷잡을 수 없이 퍼져 잔인함이 정상인 것처럼 되어 버리고, 문제를 제기하는 목소리를 내는 사람들이 피해자가 되었다(보건부, 2013: 5).

정부, 전문규제기관, 품질보증기관의 대표자들이 서명한 공통 계획서(Statement of Common Purpose)에서는 NHS 헌법에 명시된 NHS의 가치에 대한 약속, 즉 공감적 진료의 의지를 담은 약속 중 하나를 재차 강조했고, 그 내용은 다음과 같이 요약할 수 있다.

- 우리는 공감이 돌봄의 중심이 되도록 하고, 개인의 통증, 괴로움, 불안감 및 필요로 하는것에 대해 인간적이며 친절하게 대응합니다.
- 우리는 아무리 작더라도 위로와 고통을 덜어주기 위해 우리가 할 수 있는 일들을 찾습니다.
- 우리는 환자와 그의 가족, 보호자뿐만 아니라 우리가 함께 일하는 사람들을 위한 시간을 냅니다.
- 우리는 질문을 받기 위해 기다리지 않습니다. 우린 그보다 먼저 관심을 갖기 때문입니다. (보건부, 2013: 9).

이러한 의지는 중요하다. 왜냐하면, 측정 가능한 기술적 돌봄 임무는 공감적 진료보다 '보상받는' 경향이 있어, 공감적 진료의 가치를 실무에서 인정받지 못한다고 주장할 수 있기 때문이다.

영국 NHS의 진료 시 공감: 6Cs

이 약속을 정책적으로 뒷받침하기 위해 잉글랜드 최고간호책임자인 제인 커밍스(Jane Commings)는 NHS 헌법의 주요 가치에 대한 인식을 높이는 방법으로서, 간호사, 조산사, 의료 종사자를 위한 비전과 전략을 진료 시 공감(Compassion in Practice)이란 형태로 발표했다. 흔히 6C(표 4.1 참조)로 알려진 이 전략의 목적은 전문적인 돌봄자의 적절한 태도와 행동을 증진시킴으로써 공감적 돌봄 문화개발에 중점을 둔다.

NHS가 사람들이 더 오래 장수하도록 도움을 주면서 돌봄에 대한 요구가 변화하고 있고, 우리의 건강과 돌봄 서비스도 이러한 요구를 충족하도록 발전하고 있다. 변하지 않은 것은 '실력' 있고 '의사소통 능력'이 우수한 전문가와 더 나은 최고의 돌봄 서비스를 제공하도록 변화를 이끌겠다는 '용기'와, 항상 최고의 서비스를 제공하겠다는 '의지'를 갖춘 사람으로부터 '돌봄'과 '공감'에 기반한 서비스를 받고자 하는 인간의 근본적인 욕구이다[괄호 안의 단어는 원문의 표현](보건부, 2012: 5).

표 4.1 진료 시 공감(보건부, 2012: 13: 6C)

1. 돌봄 (Care)	돌봄은 우리의 핵심적 업무이고, 우리 조직의 돌봄과 우리가 제공하는 돌봄은 개인에게 도움이 되며, 전체 지역사회의 건강을 향상시킨다.
2. 공감 (Compassion)	공감은 감정이입, 존중, 존엄을 바탕으로 한 관계를 통해 돌봄을 수행하는 방식이다. 이는 지능적 친절함이라고도 설명되고, 어떤 돌봄을 받는지 인식하는 데 핵심이 된다.
3. 유능감 (Competence)	유능감은 모든 돌봄 종사자가 개인의 건강과 사회적 요구를 이해할 수 있는 능력을 갖추어야 한다는 의미이다. 또한, 전문지식뿐 아니라 연구와 증거를 바탕으로 효과적인 돌봄과 치료를 수행할 수 있는 임상적 · 지식적 능력을 갖추는 것이다.
4. 의사소통 능력 (Communication)	의사소통 능력은 성공적인 돌봄의 관계와 효과적인 팀워크의 핵심이 된다. 경청하는 것이 말하고 행동하는 것만큼 중요하다. '나에 대한 의사결정 시 내가 참여한다.'가 중요하다. 그리고 돌봄 대상자와 직원 모두에게 이득이 되는 올바른 업무환경의 핵심 요소이다.
5. 용기 (Courage)	용기가 있으면 돌봄 대상자들을 위해 올바른 일을 할 수 있고, 문제가 있으면 목소리를 낼 수 있다. 즉, 업무를 혁신하고 새롭게 개선할 수 있도록 하는 개인적 힘과 비전을 지닌다는 의미이다.
6. 의지 (Commitment)	환자와 사람들에 대한 의지는 우리가 하는 일의 초석이 된다. 우리는 기본적으로 환자의 돌봄과 경험을 향상시키겠다는 의지를 갖추어야 한다. 그리고 모든 이를 위해 이러한 비전과 전략을 실천하고, 우리 앞에 놓인 보건의료 및 사회복지 문제를 해결하기 위해 행동을 취해야 한다.

사/례/연/구

잭과 수

잭은 제2형 당뇨병을 앓고 있는 은퇴한 노인으로, 농촌에서 혼자 산다. 잭은 더 이상 혼자 움직일 수 없다. 발의 궤양으로 의심되는 문제로 해당 복지기관에서 긴급히 방문 간호사를 요청하는 전화를 했다. 도착해 방에 들어갔을 때, 잭은 침대에서 한 발짝도 움직이지 못한다는 것을 알 수 있었다. 양말을 벗기자 역한 냄새가 났고, 검사해 보니 심각한 감염으로 발에 궤양이 생겼다. 상처를 세척하고 드레싱하기 전에 방문 간호사 수는 외과에 연락해 조언을 요청했고, 궤양의 상태와 진행 정도가 꽤 심각하다고 생각했다. 부상자 분류를 담당하는 의사가 상처를 직접 보기 위해 방문하기로 했다. 의사가 와서 간호학과 학생인 나와 잭은 완전히 무시하고 수에게만 인사하고 잭의 발을 살펴보았다. 그 와중에 잭의 전반적인 건강상태를 수에게 물어보았다. 수는 잭이 무시당하고 있다는 것을 알아채고 같은 질문을 잭에게 했다. 검사 후, 수는 의사에게 떠나기 전 밖에서 잠시 얘기하자고 말했다. 수는 잭의 정신 건강상태는 양호하고 스스로 질문에 답할 수 있다고 말하며, 의사가 진료하기에만 바쁜 것 같이 느껴졌다고 말했다. 의사는 수나 잭에게 사과하지 않고, 인사도 없이 가 버렸다.

아멜리아 페인이 제공한 사례연구

학습 활동 4.2 성찰

이 사례연구를 잠시 생각해 본다. 여러분이라면 이 상황에서 어떻게 했을까?

수는 잭의 집을 방문해 잭에게 무엇이 필요한지 살펴보고, 그 평가를 바탕으로 적절한 돌봄을 제공했다. 잭이 가장 우려하는 것이 무엇인지 생각해 보았을 때, 수는 자신의 '실력' 밖의 일이라고 생각해 감염된 상처에 대해 의학적 조언을 구했다. 그리고 의사가 잭을 무시했을 때 잭에게 '공감'을 보였고, 직접 '의사소통'하며 존중으로 대했다. 그리고 '용기'를 내 의사에게 소통방식과 서둘러 진료한 것에 문제를 제기하며, 자신의 직업과 NHS의 가치를 지키겠다는 '의지'를 보였다.

보건의료 및 사회복지 전문가를 위한 규제기구의 대응

공공자금이 지원된 돌봄의 문제를 비판하는 이러한 보도가 나온 후, 정부는 보건의료 및 사회복지 전문가들을 규제하는 기관들에게 전문가적 · 윤리적 직업 규약을 검토할 것을 요청했다.

영국 보건의료종사자협의회(Health and Care Professions Council, HCPC)는 보건의료, 심리학, 사회복지 전문가의 행동, 수행능력, 윤리 기준을 규제한다. 2008년에 마지막으로 검토한 직업 규약에서는 공감을 구체적으로 언급하지는 않지만, 이러한 개념에 대한 의지를 명시했다. 직업 규약에서는 다음과 같이 언급하고 있다.

서비스 사용자를 존중과 존엄으로 대해야 한다. 돌봄을 제공할 때 서비스 사용자와 협력해야 하고, 서비스 사용자를 적절히 참여시켜야 한다(HCPC, 2008: 8).

영국 종합의료협의회(General Medical Council, GMC)는 다른 규제기관과 비슷하게 환자를 보호하고 구체적으로 의학 교육을 향상시키고, 의료관행을 규제하기 위한 독립적인 조직이다. 프란시스(Francis)의 최종 보도가 발표된 후 GMC는 자체적인 의사의 기준 및 윤리 지침(Standards and Ethics Guidance for Doctors)과 관련 안내서인 모범적 의료관행(Good Medical Practice)(GMC, 2013)을 검토했다. '공감'이란 용어는 언급되지 않았지만, '의사의 의무' 섹션에 '환자의 안전, 존엄 또는 안위가 훼손되고 있다고 생각되면 즉각 조치를 취하고' '환자를 한 개인으로서 존엄성을 존중하여 대우'하기를 기대한다고 명시했다.

간호조산위원회(Nursing and Midwifery Council, NMC)도 일반 대중을 보호하기 위해 교육 및 행동 기준을 정하는 기관이다. 프란시스의 보도 이후, 이 기관도 행동 규약을 광범위하게 검토했다. NMC의 간호사와 조산사의 전문가적 관행 및 행동 기준(2015)에서는 공감을 네 번이나 언급한다. 의료진이 다음의 행동을 할 것을 기대했다.

사람들을 개인으로 대하고 존엄성을 존중한다: 이를 위해 다음이 필요하다.

- 1.1 친절하게 존중하며 공감으로 대한다.
- 2.6 불안해하거나 괴로워하는지 알아보고, 공감능력을 발휘해 친절하게 대응한다.
- 3.2 생이 얼마 남지 않은 사람들의 요구를 알아보고, 공감을 갖고 대응한다.
- 11.2 권한을 위임한 모든 이들을 적절히 감독 및 지원하여, 안전하고 공감적인 진료를 할 수 있도록 한다.

전문가 행동 규약을 간단히 검토했을 때, 공감이 의료행위와 전문교육을 뒷받침하는 핵심 가치라는 것을 알 수 있다. 이를 실천하는 방법에 대해서는 이제 다룰 것이다.

정직 의무

프란시스(2013)는 NHS의 문화가 '내부고발'을 지지해 주지 못했고(그림 4.1), 이러한 내부고발을 지지하는 메커니즘이 공감적 돌봄이 이루어지도록 하는 데 중요하다고 주장했다. 그리고 미드 스태퍼드셔 병원의 문제는 신탁에서 제공하는 돌봄에 대한 정보에 개방성, 투명성, 정직성이 부족했고, 돌봄의 품질보증 담당자가 이러한 사례를 문제 삼지 않았기 때문이었다. 프란시스는 직원이 자신이 관찰한 바에 대해 정직하고 개방적이고 진실했다면 이러한 일이 발생하지 않도록 예방하고, 기본적인 돌봄 기준을 유지할 수 있었을 것이므로 이렇듯 모든 수준에서 정직성이 부족했다고 느꼈다. 이에 대응해 NMC와 GMC는 협력해 의료종사자들을 위한 더욱 투명한 지침을 도출했다. 즉, 전문가적 의료행위에 정직성이 의미하는 바와 어떻게 정직한 의료행위를 할 수 있도록 할지에 관한 지침을 도출한 것이다. 폭넓은 협의를 거쳐 전문가적 정직 의무(duty of candour)에 관한 새로운 지침을 발표했다(GMC와 NMC, 2015). 개인적 정직 의무에서는 의료 종사자가 무엇인가 잘못되면 환자에게 솔직해야 하고, 적절한 조치를 취하도록 한다. 그러나 조직도 개방성과 정직성이 학습 문화의 규범이자 일부가 되는 문화를 조성해야 할 정직 의무가 있다.

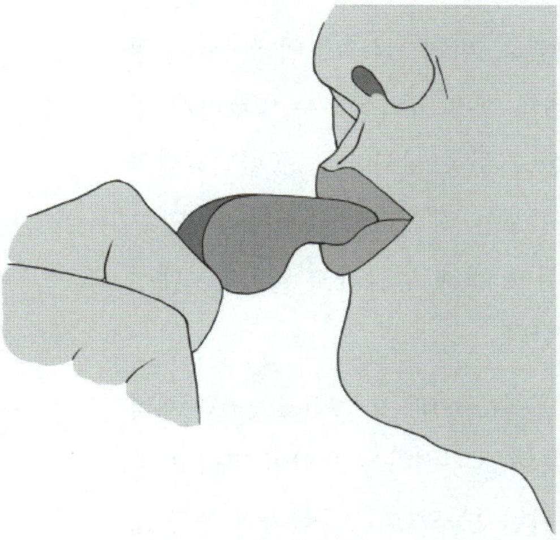

그림 4.1 내부고발

이 지침을 발표하면서 규제기관들은 아마도 돌봄 문화 내에 힘의 역학관계와 그 문화 안에서 개인에게 '올바른 행동을 하도록' 권한을 부여해, 내부에서 자체적으로 변화가 일어나도록 할 필요성을 인식하고 있었을 것이다. 실수는 일어나지만, 의료 종사자는 이러한 실수를 모두 고백하고, 실수를 통해 개인적으로 교훈을 얻고, 조직은 유사한 사건이 다른 환자에게 발생하지 않도록 예방해야 한다.

돌봄 문화

'돌봄(care)'이란 단어는 여러 방식으로 사용된다. 돌봄은 개인적 특성과 외현적 행동 모두를 가리킬 수 있다. 그리고 명사이기도 하고 동사이기도 하다. 실제로 다른 단어와 연관되면 다양한 사회적 개념, 조직 또는 철학이 된다. 예를 들면, 사회복지, 보육, 돌봄 윤리 또는 돌봄 의무 등으로 사용된다. 이러한 모호성에도 불구하고 대부분의 사람은 '돌봄'과 '보살핌'을 받는 것이 무슨 의미인지 느끼고 있다. 정확하게 정의하기는 쉽지 않지만 많은 직업에서, 특히 돌봄을 행하는 직업에서는 이 용어를 바르게 이해해야 한다.

돌봄의 정의와 명확성과 관련된 문제는 간호사와 조산사의 전문가적 행동 규약을 함께 명시한 간호조산위원회(NMC, 2004: 13)의 책자에서 확인할 수 있다. 여기에서는 돌봄의 정의를 '도움이나 위안을 제공하는 것'이라고 명시했다. 반면, 최근에 업데이트된 행동 규약에서는 짧게라도 정의하지 않았다. NMC 2015의 행동 규약에서는 명료하게 정의하지는 않지만 돌봄을 보여 주는 방법에 대해 명확한 기준을 제시한다. 종합의료협의회(GMC, 2015)에서는 의사의 최우선 과제가 '환자를 돌보는 것'이라고 명시한 반면, 보건의료종사자협의회(HCPC, 2008)에서는 표준에 돌봄에 관해 언급하지 않았다. 대신 NMC와 비슷하게 '지지'와 '도움'과 관련된 표현을 사용한다.

돌봄 종사자의 길을 막 들어선 사람을 지지하기 위해 돌봄(care)과 보살핌(caring)의 개념을 설명하는 소개 문구가 많다. 여기에서는 돌봄이란 용어를 구성하는 요인이 많다고 주장한다. 즉, 기술, 지식, 태도와 함께 시간, 돌봄 장소, 관련자들의 요구(돌봄자와 돌봄 대상자) 등이 그 구성요소이다. 돌봄자가 보여 주어야 하는 기술과 태도는 타인을 지지하고 타인의 요구가 실현되도록 도와주는 능력뿐 아니라 세심함과 이해력이다. 돌봄자는 공감 및 자기인식 능력과 함께 원활한 의사소통 기술도 필요하다. 이는 보살핌이 복잡하고 기술적인 임무라는 설명을 보아도 알 수 있다. 하지만 이러한 기술은 생득적인 것이고 학습이 필요하지 않아 이에 대한 보상이나 지위가 필요하지 않다고 생각한다(Bolton, 2000; John and Parsons, 2006).

돌봄과 보살핌은 도움을 제공하는 모든 직업에서 중요한 구성요소로 인식되고 있고(Morrison, 1992), 일반인들이 이 용어의 의미를 공감하지만 돌봄 문화의 개념은 더욱 논쟁을 일으키는 쟁점이다. 이는 지난 수년 동안 잉글랜드와 웨일즈에서 특히 관심사였다. 문화를 다음과 같이 정의한 것이 있다.

문화는 사회적으로 결정되고, 우리의 신념, 가치, 행동을 비롯한 우리의 정체성의 많은 측면을 형성한다. 문화는 인종, 민족, 종교, 성별, 성적성향, 연령, 세대, 계급, 기대수명, 생활방식 등 많은 요소를 포괄한다(Thurgood, 2009: 630).

문화는 세계를 볼 수 있는 '렌즈'라고 설명된다. 그리고 문화는 세상에 대한 다양한 추측을 언어와 예술과 의식을 통해 상징적으로 표현되는 것이다. 문화는 우리가 세상을 보는 관점이다(Draper and McSherry, 2007).

나폴레스 등(Napoles et al., 2010: 390)은 문화를 다음과 같이 합의해 정의한다.

여러 문헌에서 합의한 문화의 정의는 문화가 전통, 가치, 신념, 태도, 상징, 언어, 종교, 민족 그룹의 사회적 역할과 같은 공통의 집단 행동과 규범으로 구성된다는 것이다.

이는 문화를 별개의 사람들의 집단이 자신의 일상적인 경험을 관리하기 위해 사용하는 공통적인 의미로 본다고 해석할 수 있다. 제3장에서 연구한 이론가인 키트우드도 비슷하게 정의한다(Kitwood, 1997). 키트우드는 문화가 경험에 의미를 부여하고, 그룹의 행동과 상호작용을 구조화하는 행동의 패턴이라고 주장했다. 문화는 명시적이든 암묵적이든 경험할 수 있다. 그리고 우리의 문화를 의식적으로 알 수도 있고, 어떤 것은 무의식의 수준에 영향을 줄 수도 있다. 문화에는 지식이나 힘의 기반, 행동 규범, 이념이나 신뢰 체계 등의 세 가지 요소가 있다. 키트우드는 치매 돌봄 문화에 대한 연구를 통해 지배적인 문화는 바꾸기 어렵다는 것을 깨달았다. 이 책 전체에서 명백하게 보여지는 행동과 함께 돌봄에 대한 지식이나 힘의 기반을 탐구하고 있지만 여기에서 이념을 살펴보면 돌봄 문화를 이해하는 데 더욱 유용할 것이다.

공감

학습 활동 4.3 **창의적 사고**

활동 4.1에서 여러분이 적어 놓은 것을 살펴본다. 공감을 어떻게 정의할 것인가?

돌봄과 마찬가지로, '공감'은 일반적으로 모든 사람이 그 의미를 알고 있고, 언제 이런 감정이 생기는지도 알고 있지만, 정확하게 정의하기 어려운 단어이다. 공감은 경험하지 않고 알 수 있는 위안(comfort)과 비슷하게 인식된다. 공감은 보통 따뜻함, 친절함, 배려를 보여 주는 것으로 여겨진다. 반면 문자 그대로 더 정의해 보면, 한 사람이 다른 사람과 고통을 함께 하고 있다는 것이다.

스티클리와 스팬들러(Stickley and Spandler, 2014)는 공감과 감정이입에 연관성이 있다고 보았다. 그리고 '행위 중(in action)' 공감에 대해 논한다. 이러한 연관성을 받아들인 NMC(2009)는 공감은 그 사람이 느끼는 방식을 인식해 감정이입을 할 뿐 아니라 자신의 향상시키기 위해 그들을 돌보고자 하는 욕구도 있다고 보았다. 보건부와 NHS 협의회(2012: 13)는 공감을 '감정이입, 존중, 존엄을 바탕으로 한 관계를 통해 돌보는 방법'이라고 명시한 반면, 고츠 등(Goetz et al., 2010: 351)은 공감을 '몸이 쇠약하고 고통을 겪는 이에 협조하고 보호하는 것이 주된 기능인, 고유한 정서적 경험'이라고 정의한다. 그리고 정서적 경험, 타인의 고통에 대한 개인적 감정 반응(아마도 감정이입), 타인을 돕고자 하는 동기를 강조한다.

사는 것이 고통이라고 믿는 불교도들은 공감을 타인의 고통을 완화시켜 주기 위한 동기로 생각하지만 정서적 경험과 관련이 있다고 주장하지는 않는다(Brazier, 2003). 이런 의미에서 괴로움을 완화시키려는 대인관계적 의도와 동기는 있지만 개인적 정서적 경험 없이도 수행할 수 있다.

길버트 등(Gilbert et al., 2009)은 공감을 위협, 동기부여, 위로 시스템의 역할을 파악하는 점진적인 방식으로 인식한다. 길버트가 제시한 모델에서는 공감을 평가 과정을 통해 사용한다고 설명한다. 불교도처럼 길버트는 공감을 동기부여의 개념으로 이해한다. 길버트는 개인적 의도와 개인적 보상을 말하는 반면, 불교도는 개인적 이득이 아닌 대인관계의 의도에 초점을 맞춘다. 길버트의 생각은 이 장의 후반부에 더 자세히 설명할 예정이다. 길버트와 불교도 모두 공감이 행동을 수반한다고 인식한다. 여기에 행동의 동기부여뿐 아니라 그 결과적 행동이 포함되기도 한다.

이 모든 연구자는 공감을 개인적 경험이 관련되어 있든 영적인 믿음이든, 타인의 고통을 경감시키기 위한 의도로 본다.

돌봄 모델

'돌봄 모델(models of care)'이란 용어는 돌봄을 체계화하는 대단히 중요한 방법이자 원칙이다. 이 모델은 조직 수준에서 수립될 수 있다. 예를 들면, 병원이 왓슨 등(Watson et al.,

2007)이 제시한 방법을 채택하거나, 직업 수준에서 심리치료사가 길버트(2009)가 제시한 방법을 채택한다. 간호학을 위해 많은 돌봄 모델이 발전해 왔지만, 다른 여러 의료 전문가들에게도 유용할 수 있다.

돌봄 모델은 돌봄 대상자와 돌봄 제공자를 어떻게 인식하는가에 대한 관점이나 시각의 영향을 받은 돌봄 철학(philosophy of care)에 기반을 둔다. 계몽주의 이전에는 돌봄이 신학의 영향을 많이 받았다. 그 증거는 많이 남아 있지 않지만 일부 현재의 돌봄 모델에서도 나타난다(Roach 1987, Eriksson, 2002). 그러나 현대 의학은 생체의학 모델의 영향을 받아 생물학적 요소를 토대로 질병을 생각하고 설명한다(Barry and Yuill, 2008).

- 몸을 마음과 별개의 것으로 본다.
- 몸은 수리가 필요한 기계와 같다.
- 문제를 '바로잡는' 기술적 수단을 강조한다.
- 질병에 대한 신체의 반응은 심리적, 사회적 반응보다 우선시되는 경향이 있다.
- 모든 질병은 알려진 병인이나 원인이 있다.(아직 모르는 것이 있을 수 있지만).

이는 많은 점에서 성공적인 모델이지만, 보살핌의 활동보다 치유 활동에 가치를 두고 있어 돌봄을 제공하는 방법과 돌봄자의 지위에 근본적인 영향을 미친다. 치유는 목적이므로 치유가 가능한 경우 이러한 전문분야는 지위가 높아지고, 관련된 사람들, 즉 의료진과 내담자 자신들의 지위도 높아진다. 생체의학은 특히 병의 원인을 명확한 증상을 통해 진단하여 확인할 수 있는, 즉 다리 골절 환자와 같이 진단으로 확인해 치료할 수 있는 급성 상황에 효과가 있다. 하지만 병인이 여러 가지이고 만성 질환의 상황에서는 효과가 낮다. 다른 돌봄 모델은 생체의학을 따라 진화해 더욱 다양한 환자와 돌봄 요구에 초점을 맞추고 있을 뿐 아니라, 간호사, 조산사, 기타 의료 종사자와 같이 의학과 관련된 역할을 반영한다.

플로렌스 나이팅게일(Florence Nightingale, 1820~1910)

플로렌스 나이팅게일은 최근 역사에서 가장 유명한 간호사 중 한 명이다. 당시 간호사는 존경받는 직업으로 인식되지 않았기 때문에 잉글랜드의 상류층 빅토리아 사회에서 태어난 여성이 간호학에 영향을 주는 인물이 되리라고는 예상하지 못했다. 그러나 나이팅게일은 크림 전쟁(1854-1856년)에서 부상을 입은 영국 군인들이 제대로 돌봄을 받지 못하고 있다는 보도에 자신의 훌륭한 조직 능력과 통계학과 과학적 방법에 대한 지식을 이용해 이 상황을 변화시키고자 했다. 나이팅게일의 기독교 신념인 '무엇이라도 해야 한다.'라는 도덕적 의무감이 기반이 되었고, 자신의 사회적 · 정치적 관계를 통해 '적절한' 중산층 여성들을 교육하고 크림 전쟁에 보내 군 병원을 설립하고 운영하도록 했다. 청결도와 돌봄 수준이 크게 높아졌고, 나이팅게일의 방법은 영국의 전문적 간호 교육의 초석을 마련하는 데 근본적인 영향을 미쳤다.

나이팅게일은 『간호 노트(Notes on Nursing)』(1859)라는 책을 저술했고, 돌봄 모델로 인정되지는 않지만, 당시에는 익숙하지 않았던 간단한 건강 규칙, 즉 안녕감을 주고 회복을 빠르게 하는 데 청결도, 영양공급, 자연광, 수면, 평화로운 환경의 중요성을 명시했으므로 이는 실제로 돌봄 모델인 것이다. 또한 기독교 이념의 영향을 받아 간호사의 올바른 품성에 대해서도 많이 언급했다. 즉, 이타심을 가져야 하고, 공감적 행동을 통해 고통을 완화시키도록 노력해야 한다고 언급했다(Nightingale, 1959). 이는 오늘날 간호사와 간호에 대한 사회의 인식 및 기대를 반영하고 있으므로 당시 나이팅게일은 오늘날의 간호에 근본적인 영향을 미친 것이다.

마들렌 라이닝거(Madelein Leininger, 1925~2012)

마들렌 라이닝거는 미국 출신 간호 이론가로, 문화적 돌봄 이론을 제시했다. 라이닝거의 이론인 '돌봄의 문화적 다양성과 보편성(Cultural Care Diversity and Universality)'(1991, Leininger and McFarland, 2006에서 인용)에서는 세계화가 심화되고, 이러한 추세가 보건의료에 영향을 미친다고 강조했다. 즉, 다양한 문화의 사람들이 처음 서로 부딪혔을 때 민족중심적 태도가 돌봄의 관계에 부정적인 영향을 미칠 가능성이 있다(Eriksson, 2002; Watson, 2007). 라이닝거는 돌봄을 인간의 성장과 안녕감에 중요한, 인간적이고 과학적인 노력이라고 인식했다. 그리고 '돌봄' 없이 '치유'할 수 없고, 돌봄의 문화 안에서 돌봄이 이루어진다고 보았다. 또한, 문화가 다르다는 것(다양성)을 수용하고 인정했지만 공통점(보편성)도 있다고 주장한다. 라이닝거는 문화가 우리의 세계관 안에 내재되어 있다고 보았다. 다시 말해, 우리의 문화는 우리가 주변 세상을 인식하는 방법에 영향을 주고, 결과적으로 우리의 행동 방식에 영향을 준다. 따라서 문화는 사회적 구조와 환경적 맥락의 영향을 받아 민족 역사학적(시간의 경과에 따른 문화 발전)인 것이다.

라이닝거의 모델은 돌봄 문화가 이미크적(emic, 기능을 중시하는 관점)이고, 에틱한(etic, 기능을 문제 삼지 않는 관점) 특징이 있다고 본다. 적합한 치료적 돌봄을 위해 돌봄 전문가는 자신과 타인의 돌봄 문화와 그 토대가 되는 가치, 신념, 표현, 패턴(생활방식)을 알고 있어야 한다. 예를 들면, 문화는 보통 신념 체계와 관련이 있다. 신념은 질병, 고통, 죽음에 부여하는 의미에 영향을 미친다. 돌봄 전문가는 이러한 개념을 다른 문화의 돌봄 대상자들과 다르게 볼 수 있다. 공감적 진료는 치료적 관계로 용이해진다. 즉, 다양성을 이해하고 지식을 갖추고 있으면 신뢰를 쌓을 수 있고, 이를 통해 환자를 존중하며 세심하게 돌볼 수 있다.

장 왓슨(Jean Watson, 1970년대)

라이닝거처럼 왓슨(2007)의 돌봄의 과학 이론(Human Science and Human Care)에 따르면, 의료적 '치유'는 '돌봄'에 의해 좌우된다고 주장한다. 왓슨은 다른 돌봄 이론가처럼 전인적 방법을 지지하여, 인간은 '부분을 합쳐 놓은 것과 다르다.'라고 주장한다. 왓슨은 개인초월적 돌봄에 초점을 맞추고 있다. 즉, 전인적인 안녕감에 초점을 맞추지 않고 환자를 질병으로 보면, 회복을 저해할 것이라고 주장한다. 돌봄 전문가의 역할은 환자를 포용하고, 성장을 촉진하는 보살핌의 환경을 제공하는 것이다. 왓슨은 10개의 돌봄 요인을 정의했다(표 4.2 참조). 이는 정신적으로 매우 큰 영향력이 있고, 특히 로저스의 이론처럼 실존주의적 현상학과 인본주의에 기반한 것으로 볼 수 있다.

표 4.2 왓슨의 이론 발전(2007년과 2010년)

10개 돌봄 요인(2007년)	10개 돌봄 과정(2010년)
인간적이고 이타적인 가치 체계 형성	상대를 배려하며 애정 어린 친절함과 침착함으로 보살핌을 행한다.
신념–희망 주입	실제로 곁에 머무르고, 확실한 신념을 지니며, 자신과 돌봄 대상자의 주관적인 삶의 세계를 살아가게 하고 유지한다.
자신과 타인에 대한 세심함 함양	정신적 수행과 초개인적 자아를 함양해, 자아를 초월한다.
도움–신뢰 관계 형성	돕고 신뢰하는 진정한 돌봄 관계를 구축하고 유지한다.
인간의 욕구를 만족시키도록 도움	곁에서 긍정적 감정 및 부정적 감정을 표현하도록 지지한다.
긍정적 감정 및 부정적 감정 표현의 증진 및 수용	돌봄 과정의 일환으로, 자신과 모든 앎의 방법을 창의적으로 사용, 돌봄–치유의 예술을 행한다.
의사결정을 위해 창의적인 문제해결형 보살핌 과정을 체계적으로 사용	완전성과 의미에 관심을 쏟는 진실된 가르침–학습 경험을 통해, 타인의 준거 틀을 벗어나지 않으려 한다.
초개인적 가르침–학습 도모	모든 수준에서 치유 환경을 조성해, 완전함, 아름다움, 위안, 존엄, 평화를 가능하게 한다.
지지하고 보호하고/하거나 교정하는 정신적, 신체적, 사회적 환경을 제공	의도를 갖고 돌봄을 행한다는 것을 자각하며, 기본적 욕구를 도와준다. 마음–몸–정신, 즉 돌봄의 모든 측면에 완전함을 조절하는 '인간의 보살핌 필수요소'를 수행한다.
실존주의적–현상학적–정신적 힘을 감안	삶과 죽음의 미스터리한 측면에 마음을 열고 관심을 쏟는다. 자신과 돌봄 대상자의 마음을 돌본다. '기적을 가능하게 하고 기적을 받아들인다.'

왓슨의 이론적 기본틀을 이용한 연구가 최소 40건 수행되어 특히 북미 지역에 영향을

미쳤다. 왓슨 자신도 연구를 계속해 10개의 돌봄 요인에서 돌봄 모델을 개발했다. 그리고 간호를 돕기 위한 10개의 돌봄 과정을 개발했다. 이는 더 쉽게 접근할 수 있는 용어로 표현되어 있지만, 여전히 실용적이기 보다 심미적일 수 있다. 더 나아가 왓슨은 이러한 과정을 실행 계획으로 개발시켰고, 이를 '자선 의식(Caritas Consciousness)'이라고 부른다.

시모네 로치(Simone Roach, 1980년대)

로치(1987)는 간호학에 돌봄 이론을 정립했다. 시모네 로치는 돌봄을 인간의 고유한 특성이라고 생각한다. 이는 돌보는 능력으로, 어떠한 내 · 외부적 자극에 반응해 이러한 능력을 '불러일으켜' 돌보는 행동으로 나타난다. 로치는 분명 기독교적 믿음의 영향을 받았고, 왓슨처럼 철학적 접근법인 현상학, 특히 하이데거의 해석적 현상학의 영향을 받았다(제5장 참조). 로치의 돌봄 모델에서는 6C라고 부르는 속성(돌봄 전문가가 돌봄 시 하는 것)을 제시한다. 즉, 공감(compassion), 유능감(competence), 자신감(confidence), 양심(conscience), 행동(comportment), 의지(commitment)이다. 로치의 연구는 분명 영국의 NHS 간호조산 전략의 주요 구성요소를 도출하는 데 영향을 주었다.

사/례/연/구 **매트와 루비**

17세 소년 매트는 내가 배치된 수술실에 실려 왔다. 매트는 양어머니 루비와 함께 살았다. 매트는 학습장애가 있었고, 매우 불안해했다. 수술실 의료진은 어머니 루비에게 수술실에 들어와 매트를 안심시키고 진정시키도록 했다. 일반적으로 이런 연령의 환자는 부모/보호자가 수술실에 동반할 수 없지만, 매트에게 맞는 맞춤형 돌봄을 수행한 것이다. 매트의 양어머니는 〈Holby City〉라는 TV 드라마와 비교하며 아들을 진정시켰고, 이제 의료진이 들어올 수 있었다. 이러한 행동은 매트를 위해 '분위기'를 바꾸는 데 도움이 되었고, 수술은 계획대로 진행되었다.

이모겐 폭스가 제공한 사례연구

수술실 의료진은 매트의 입장에서 상황을 상상하고, 두려움을 느꼈을 것이라고 생각해 '공감'을 보였다. 그리고 더 나은 돌봄을 행하겠다는 '의지'를 나타내, 매트가 아는 사람이 함께 있도록 했다. 이는 '양심'의 영향을 받은 것으로, 익숙하지 않은 상황이 학습장애가 있는 사람에게 미치게 될 영향을 생각하고, 매트가 그러한 상태 때문에 차별을 받지 않도록 했다. 의료진은 '실력 있고' 효과적인 돌봄을 행하고 싶었지만 이를 위해서는 매트의 협조가 필요했다. 그래서 상황에 맞게 관행을 바꾸어야 했다. 의료진은 계획서를 바꿔 필요한 돌봄을 제공할 수 있는 '자신감'이 있었고, 이 결정을 정당화할 '행동'을 했다.

케이티 에릭슨(Katie Eriksson, 2000년대)

케이티 에릭슨은 스칸디나비아 학자로, 자비로운 돌봄 이론을 개발했다. 자비로움의 원칙은 기독교에서 볼 수 있지만, 전 세계 다른 많은 종교에서도 '완전히 자비로운'이란 의미로 찾아볼 수 있다. 이는 타인을 위한 봉사와 사랑이란 개념과 비슷하다. 스칸디나비아 국가에서는 의료 종사자 직종을 위한 프로그램이 생물과학이나 의학 학부(생체의학적 접근법 반영)에 기초하지 않고, 의료진 교육에 더욱 인간적인 측면을 추구하는 돌봄 과학에 기초한다. 에릭슨의 이론을 요약하면(Eriksson, 2002), 돌봄의 기술이 우세적으로 사용되면서 돌봄 과학은 변화하는 시점에 있다고 주장한다. 다른 학자들과 마찬가지로(Galvin and Todres, 2013; Watson, 2007) 에릭슨은 더욱 인간적인 측면을 지향해야 한다고 주장한다. 에릭슨은 존재의 본질(또는 존재론적 실천 핵심)에 초점을 맞춰 계속 복잡해지는 보건의료 환경에서 환자의 돌봄 니즈에 공감하며 대응하는 것을 지지했고, 그 연구는 해석적 현상학의 영향을 많이 받았다. 에릭슨의 돌봄 현상은 다음의 8가지 기본적인 추정을 토대로 한다.

- 인간은 근본적으로 몸, 영혼, 정신의 독립체이다.
- 인간은 근본적으로 종교적 존재이지만, 모든 인간이 이러한 관점을 인정하지는 않는다.
- 인간은 근본적으로 신성하다. 인간의 존엄성은 사랑으로 섬기고 타인을 위해 존재한다는 인간의 의무를 받아들인다는 의미이다.
- 건강은 온전해지고 성스러워지는, 온전하고 성스럽고, 온전하고 성스러움을 위해 행동하고, 온전하고 성스러움을 위해 노력하는 움직임을 의미한다. 이는 견딜 수 있는 고통도 마찬가지이다.
- 돌봄의 기본적 범주는 고통이다.
- 돌봄의 기본적인 동기는 자선(caritas)이다.
- 돌봄은 자선, 사랑, 신념, 희망으로 고통을 완화시킨다는 의미이다. 자연스러운 기본적인 돌봄은 지속적인 돌봄 관계에서 간호, 놀이, 가르침으로 표현된다.
- 돌봄 관계에서는 사랑의 정신, 책임감, 희생에서 발전한 자비로운 윤리가 돌봄의 배경이 된다.
- 돌봄 관계는 의미 있는 돌봄 배경을 형성하고, 사랑의 정신, 책임감, 희생, 즉 자비로운 윤리에서 비롯된다(Eriksson, 2002: 62).

이 방법은 명확한 윤리적 원칙에 따라 돌봄을 수행하는 것이지만, 돌봄자의 근본적인 동기가 사랑과 자선이라는 개념을 토대로 한다는 점에서 다르다. 에릭슨은 이 접근법이 인간의 존엄성을 존중하는 돌봄을 가능하게 한다고 주장한다.

켄드릭(Kendrick)과 로빈슨(Robinson) (2000년대)

마지막으로, 신학적 관점에서 분명히 영향을 받은 또 다른 모델은 '애정 어린 돌봄(loving care)' 또는 '절제된 사랑(moderated love)'이라고 부른다(Kendrick and Robinson, 2002). 다른 간호학(Freshwater and Stickley, 2004)과 조산학(Hall, 2001) 이론가들은 돌봄 관계가 일종의 애정 어린 관계라고 주장했다. 켄드릭과 로빈슨(2002: 292)에 따르면, '다정하고 애정 어린 돌봄(tender loving care, TLC)'에는 간호사와 환자 관계의 주된 목적이 '자비로운 진료(beneficent attending)'를 통해 연약한 개인을 지탱해 주는 것이라는 점이 반영되어 있다. 이들이 주장하는 동기는 타인에 대한 공감으로 타인의 고통에 감정을 이입하는 것이다. 흥미로운 점은, 다정하고 애정 어린 돌봄이라는 의미의 약자 TLC는 돌봄이 가능하지 않은 상황, 즉 죽음이 임박해 위안이 가장 필요한 환경의 의료 종사자들이 자주 사용한다. 그리고 일반적인 돌봄 환경에서는 흔하게 사용되지 않고, 어떤 이들은 이러한 애정 어린 관계를 너무 친밀하거나 가까운 개념으로 간주하기도 한다. 하지만 켄드릭과 로빈슨(2002)은 이러한 유형의 사랑을 기독교 전통에서 수용하는 '아가페적 사랑(agape)'으로 인정하고, 서로의 관계와 서로에 대한 의지에 윤리적 행동이 자리하고 있는 관계 윤리(relational ethic)가 적용되었다.

현대 공감적 진료의 기본틀

앞서 논한 바와 같이 영국에서 공감적 진료가 시작된 것은, 최근 몇 년 전 돌봄의 질에 관한 많은 보도가 쏟아져 나온 것이 계기가 되면서부터이다. 이는 정책과 규제에 영향을 주었을 뿐 아니라, 의료 종사자들을 위한 지침으로서 돌봄 기본틀의 가치가 표면화되었다. 이제 어떤 발전이 이루어졌는지 살펴볼 것이다.

공감적 진료의 BOND 기본틀: Baughan and Smith(2003)

바우한과 스미스(Baughan and Smith, 2013)는 현대적 성격의 공감적 진료를 분석하는 기본틀을 개발했다. 간호 상황, 의료 종사자, 서비스 사용자들의 이전의 돌봄 사례들을 분석하여, 18개의 돌봄 지표로 구성된 기본틀을 구축했고, 이를 상호 연관되거나 '연결'된 4개의 주제로 분류했다. 여기에서 '배려하는(caring) 간호사는 어떤 사람이고 어떤 행동을 하는지' 명확히 요약했다(127쪽 참조). 각 주제의 첫 단어를 모아 'BOND'를 이 기본틀의 명칭으로 삼았다(표 4.3 참조).

표 4.3 공감적 진료의 BOND 기본틀

상호 연관된 주제	돌봄 지표
B = 존재와 성장 (being and becoming)	배려하는 존재다. 공감이 된다. 감정적으로 더욱 지능적이 된다. 양심적이고 더 배울 준비가 되어 있다. 적응할 수 있고, 유연하고, 창의적이다.
O = 장애물 극복 (overcoming obstacles)	회복력과 능력을 함양한다. 문제를 재구성한다. 비차별적이고 비판단적으로 진료를 지속한다. 예방적이고 회복적인 기술을 사용한다. 효과적인 파트너십을 구축한다.
N = 알아차리기 (noticing)	체계적이고 전인적인 평가 신호와 상호작용의 효과 전문적이고 윤리적인 돌봄의 요구
D = 행동하기 (doing)	치료적 관계를 구축한다. 비전문적 돌봄자를 이해하고 지원한다. 비판적 분석과 진료 평가 근무 환경을 변화시킨다.

출처: Baughan and Smith(2013: 138) 수정.

이 기본틀은 정서지능 이론을 뒷받침하는 개념을 토대로 하고(제8장 참조), 의료 종사자가 서비스 사용자 및 동료와 공감적으로 협력하고, 공감의 감퇴 신호를 스스로 모니터하기 위해 근본적으로 높은 수준의 자기인식(self–awareness)을 발달시켜야 한다고 강조한다. BOND 기본틀은 간호사를 위해 개발되었지만, 다른 전문가들도 돌봄의 상호작용을 이해하는 데 도움이 되고, 공감적 진료 방식에도 영향을 주는 유용한 틀이다.

존재(being)와 성장(becoming)

바우한과 스미스(2013)는 돌봄 방식이 우리가 어떤 사람인지와 밀접하게 연관되어 있다고 주장한다. 우리는 어떤 존재이다(being). 즉, 우리의 신념과 가치가 현재 우리의 모습을 형성한다. 그러나 경험을 통해 인생에 중요한 것에 대한 인식이 변화하여 어떤 존재가 된다(becoming). 이 두 가지 측면은 타인이 우리를 어떻게 인식하는가에 영향을 주고, 우리가 돌봄의 상호작용과 상황을 이해할 때 자기인식이 얼마나 중요한지 알 수 있다. 돌봄 지표인 '배려하는 존재다.'라는 충분히 자신감 넘치고 스스럼이 없어 타인과 교감할 준비가 되어 있다는 의미이다. 이는 '공감이 된다.'와 밀접한 연관이 있고, 서비스 사용자를 질병이 있거나 장애가 있는 대상이라기보다 우선 사람으로 보는 것이다. 그 효과를 높이려면 우리는 '감정적으로 더욱 지능적이 되어'야 돌봄 업무와 연관된 우리의 감정 노동을 이해할 수 있고, '양심적이고 더 배울 준비가 되어'야 힘든 상황에서도 공감적 진료를 할 수 있다. 이는 서비스 사용자의 살아온 경험을 이해하고 공감적인 관계를 형성하는 데 '적응할 수 있고, 유연하고, 창의적'이라는 의미일 수 있다.

장애물 극복

이 주제는 돌봄 업무와 연관된 개인의 '비용'을 인정하고, 회복력의 개념과 이러한 회복력을 발휘할 전략을 고려한다. 장기적인 부작용과 정서적으로 힘든 상황에 대처하려면, '회복력과 능력을 함양'해야 한다. 우리의 정서적 건강을 보살필 수 없다면, 공감적 진료를 제공하는 능력이 저해될 것이다. 예를 들어, 공격적인 환자를 간호하면, '진짜' 감정을 억누르려 할 때 인내심은 우리를 좌절하게 할 수도 있다. 보다 탄력적인 대응 방법은 '문제를 재구성'하고, 타인의 행동에 대한 판단을 보류하며, '비차별적 진료를 계속' 하고, 이들을 건강이 좋지 않은 취약한 사람으로 보는 것이다. 어떤 사람을 '문제가 있다'고 보면, 그 사람에게 '예방적이고 회복적인 기술을 사용'할 수 있는 기회를 놓칠 수 있다. 이러한 기회를 활용하면, 환자와 의료진의 관계를 더욱 긍정적으로 다시 연결할 수 있을 것이다. 진정으로 환자와 타인과 '효과적인 파트너십을 구축'하면, 공감적 진료를 제공할 수 있는 가능성이 높아진다(그림 4.2).

그림 4.2 파트너십-협력하기

알아차리기

정보를 전하는 것은 의사소통에서 중요한 부분이지만, 미묘한 신호를 '알아차리고' 직관적 느낌을 알아내는 것도 중요하다. 이러한 부분이 잘 조율되면, 공감적 진료를 제공할 수 있다. 경험을 통해 의료 종사자는 더욱 정교한 '체계적이고 전인적인 평가' 기술을 개발하여 명백히 드러나는 신호를 포착할 수 있을 뿐 아니라, 더욱 미묘한 신호도 알아차릴 수 있어 이를 의사결정 시 참고할 수 있다.

이 간호사는 퍼킨즈 부인을 방문하

사/례/연/구 **퍼킨즈 부인**

공감적 진료는 반드시 공감능력을 갖고 업무를 하는 것이 아닌, 환자와 보낸 시간에 비례할 수 있다. 환자와 대화하며 보낸 시간은 환자에게 소중하고 유용할 수 있다. 나는 퍼킨즈 부인을 방문해 간호 진료를 하는데, 퍼킨즈 부인이 한동안 아무하고도 대화하지 않는다는 것을 눈치채고, 이야기 나누기를 요청했다. 퍼킨즈 부인은 내게 진저 비어 한 잔을 권했다. 보통 나는 정중히 거절하지만 임상적 판단에 따라 이러한 사교적 상호작용이 중요하다고 생각해 곁에 앉아 함께 이야기를 들어주며 진저 비어를 조금씩 마셨다. 나에겐 10분도 채 안 되는 시간이었지만, 퍼킨즈 부인에게는 큰 의미가 있었다. 오늘 다른 누군가가 더 존중받았다고 느끼고 내가 [다음날] 늦는다면, 그렇다면 괜찮다.

알렉스 올드햄이 제공한 사례연구

는 내내 전인적 감각으로 부인을 평가했고, 신호와 상호작용에 대응해 의사결정을 했다. 다음날 방문해야 한다는 압박 때문에 스트레스를 느꼈다면, 공감 감퇴의 지표일 것이고, 그 결과 공감적 상호작용이 훨씬 더 저하되었을 것이다. 돌봄의 질은 적절했겠지만, 인간적인 면이 덜했을 것이다. 퍼킨즈 부인은 존중받는다고 느꼈을 뿐 아니라, 간호사도 퍼킨즈 부인의 사회적 고립을 인식하게 되었고, 이를 이용해 향후 다학제적 진료 계획을 세울 수 있다.

행동하기

마지막 주제는 실질적인 기술과 전문지식을 통해 행동으로 공감적 진료를 보여 주는 것이다. '치료적 관계를 구축'하려면 깊은 신뢰나 표면상의 신뢰를 구축해 퍼킨즈 부인의 사례에서 보듯이 돌봄 대상자에게 확인시켜 주고, 자존감을 높여 주어야 한다. 마찬가지로 '비전문적 돌봄자를 이해하고 지원'하는 방식으로 개입하는 것을 서비스 사용자는 매우 좋아한다. 왜냐하면, 그들은 자신의 기술과 전문지식이 사랑하는 이를 공감적으로 진료하는 데 가치가 있다는 것을 보여 주기 때문이다. 그러나 공감능력은 의료 종사자인 우리 자신에게도 확장되어야 하고, 동료들도 이러한 능력을 길러야 한다. 그래야 궁극적으로 돌봄의 질이 좋아질 것이다. 따라서 일상적으로 진료에 대해 개인과 업무 문화와 관련해 '비판적으로 분석하고 평가'해야 한다. 그리고 모든 사람이 프란시스의 보도에서 강조한 유해한 조합(toxic mix)으로 이어질 수 있는 관행에 대해 모니터하여, '근무 환경을 변화'시켜야 할 책임이 있다.

공감 중심의 치료법: Gilbert(2009)

폴 길버트(Paul Gilbert)는 공감 모델을 심리치료에 적용하는 기본 이론과 과정을 설명하는 임상 심리학자이다. 공감 중심의 치료는 진화, 사회, 발달, 불교 심리학과 신경과학을 이용하는 통합적 방법이다. 길버트는 어릴 적 트라우마나 학대로 인해 부끄러움이 많고 자기비판적인 사람들을 관찰한 결과, 자신에게 친절하지 못하고, 자기연민을 잘 느끼지 못한다는 것을 알아냈다. 그리고 이런 사람들은 만족감을 느끼고 인간적인 따뜻함을 표현하도록 돕는 영향 시스템(affect system)(감정 조절)의 균형이 깨져 있다는 가설을 세웠다(표 4.4). 이 시스템의 재균형은 사회적 안전성/위로 시스템 발달을 강조하는 공감 중심 치료의 한 목표로 볼 수 있다.

표 4.4 감정 조절과 관련된 행동의 포인트

감정 조절 시스템	행동 포인트
위협과 보호	위협에 중점 안전 추구
추동과 흥분	보상/자원에 중점 추구 및 행동 작동
만족, 위로, 사회적 안전성	친밀함 중심 위로/안전성

출처: Gilbert (2009) 수정.

공감 중심의 치료법은 공감 교육을 위주로 진행되어, 공감의 기술과 속성을 보이는 치료사를 통해 습득한다. 즉, 치료사가 내담자와 공감적 관계를 형성하고 이러한 기술을 주입하여 자신을 비판하고 비난하는 태도를 대체하는 것이다. 치료사는 내담자가 이러한 공감적 속성과 기술을 발달시키고, 자아를 찾도록 돕는다. 이러한 민감성, 감정이입, 괴로움에 대한 내성, 안녕감 보살핌, 연민, 비판단 등 공감의 속성으로 내적 사이클(inner circle)을 표현될 수 있다.

외적 순환(outer ring)은 치료사가 제공한 공감이 다양한 방식으로 나타난다. 이는 상상, 감각, 이성, 행동, 느낌, 주목 등, 다른 치료에서도 공통적인 것이다. 치료의 핵심은 내담자가 스스로 자신에게 따뜻하게 대하거나 친절하거나, 길버트의 정의에 따르면 자기 연민을 발달시키도록 지도하고 가르치는 것이다. 그리고 불교 심리학도 공감 중심의 치료를 해 온 전통이 있지만 그 효과를 증명하려면 향후 결과와 과정 중심의 연구가 필요하다(제7장 참조).

인간적 가치 기본틀: Galvin and Todres(2013)

보건의료는 더욱 정교화되면서, 전문성이 높아졌고, 기술과 직무 중심으로 바뀌었다(Galvin and Todres, 2013). 영국과 그 외의 지역에서는 돌봄 환경도 점차 재정적 제약이 심해져 다소 목표를 위한 돌봄으로 변화하고 있다. 실제로, 프란시스의 보도(2013)에서는 기본적인 인간적 욕구를 인지하거나 대응하지 않고, 목표를 달성하는 데 '맹목적'으로 초점을 맞추고 있어 돌봄의 질이 저하된다고 설명한다. 지난 10년간 이러한 추세를 관찰한 두 명의 철학자이자 현상학자인 캐슬린 갈빈(Kathleen Galvin)과 레 토드레스(Les Todres)는 오늘날 보건의료에 중요한 것이 빠져 있는 것 같고, 우리를 더욱 인간답게 느끼게 하는 것에 신경 쓰지 않는 것 같다고 비판했다(Galvin and Todres, 2013: 1). 이들은 실제 세계 접근법을 이용해, 진정한 인간 중심 보건의료의 토대가 되어야 하는 가치를 재차 강조한 인간적 가치 기본틀(Humanising Values Framework, HVF)을 개발했다. 이는 인간적 돌봄(humanizing care)의 8가지 측면을 비인간적 돌봄(dehumanizing care)에 대한 완전히 반대의 측면에 가까워지는 연속체로 표현해 설명한 것이다. 이 방법은 전문 교육뿐 아니라 많은 임상 환경에 적용되어 왔고, 제5장에서 자세히 살펴볼 것이다.

공감적 관계 중심의 돌봄 모델: Dewar and Nolan(2013)

최근 돌봄에 공감능력이 부족하다는 비판이 많은 것은 노인의 돌봄과 관련이 있다. 따라서 벨린다 듀어(Belinda Dewar)는 저서를 통해 매우 적절한 내용을 다루고 있다. 듀어는 감정탐구연구(appreciative enquiry study)를 통해 노인과 그 가족뿐 아니라 병원 직원이 공감적 관계 중심의 돌봄을 어떻게 정의하고, 그 정의에 동의하는지 조사했다. 그리고 돌봄의 질은 치료적 관계에 좌우되지만, '처리 인원과 빠른 회전율에 점점 더 초점을 맞추는 문화에서 이러한 관계를 어떻게 발전시키고 유지하는지'에 관한 증거는 부족하다고 주장한다(Dewar and Nolan, 2013: 1247).

1990년대, 배려하는 대화에 관한 렌나르트 프레드릭슨(Lennart Fredriksson)의 저서가 나오기도 했다(Fredriksson, 1999). 프레드릭슨은 상호주관성의 필요성과 이를 통해 위안을 줄 수 있는 방법을 강조하며, 함께 있어 주고 신체 접촉으로 위로하고 경청하는 간호사가 공감적 진료를 하는 것이라고 설명했다. 프레드릭슨과 마찬가지로, 듀어의 공감적 관계 중심의 돌봄 개념도 '감사하고 배려하는 대화'의 필요성을 제시한다. 듀어는 두 가지 측면을 토대로 개념을 정립했다. 바로 '내가 어떤 사람이고 나에게 중요한 것이 무엇인지 아는 것'과 '내가 느끼는 감정을 이해하는 것'이다. 이 모델에서 BOND 기본틀(Baughan and Smith, 2013)과 유사한 것은 듀어가 개발한 7C로, 이는 배려 있는 대화를 위해 필요한 7가지 요인을 설명한 것이다.

- 용기내기
- 호기심 갖기
- 타인의 관점 고려하기
- 축하하기
- 정서적으로 연결하기
- 협력하기
- 타협하기

사/례/연/구 **데이비드와 메리**

나는 업무에 배치되어 간병인 역할을 하는 아내 메리와 함께 있는 72세의 노인 데이비드를 만났다. 데이비드는 왼쪽 손가락에 두께가 다른, 데인 상처가 있었다. 메리는 남편이 작년에 치매 진단을 받았다고 말했다. 데이비드는 효과적으로 소통하는 것이 불가능해 그 손에 대해 메리가 대신 설명해 주었다. 데이비드는 이층에 올라가 잠들 준비를 했는데, 잠시 후 가 보니 손에 상처가 난 것을 보았다고 한다. 아마도 온수를 틀고 손을 내밀어 뜨거운 물에 데었을 것이라고 생각했다.

데이비드 손의 드레싱을 풀고, 용기 안에 손을 적시도록 하여 피부를 부드럽게 한 후, 각질을 벗겨냈다. 손을 용기 안에 넣고 있는 동안 데이비드가 각질을 벗기기 시작했다. 선배 간호사는 데이비드도 통증을 느끼면 중단할 것이니 그냥 하도록 두라고 말했고, 가위를 사용하는 것보다 안전할 것이라고 말했다.

메리는 남편이 해군이었고, 전 세계를 다녔다고 말했다. 그때 의료 훈련을 받았고, 그런 경험 때문에 손에 각질을 벗겨 내는 것이라고 생각했다. 나는 데이비드에게 '해군'식 악수를 해 달라고 하며 주의를 딴 데로 돌렸다.

선배 간호사가 데이비드에게 진통제가 필요하냐고 묻자, 달라고 했다. 나는 데이비드가 진통제를 먹을 때 물을 급하게 마시는 것을 알아채고, 물을 더 주었다. 그리고 손에 드레싱을 하자 데이비드는 드레싱을 감을 때 제 위치에 놓이도록 도와주었다.

선배 간호사는 집에서 상처를 처치하는 방법과 혹시 도움이 필요한지에 대해 메리와 이야기를 나누었다. 메리는 자신이 암에 걸렸을 때, 남편이 간호해 주어 이제 남편을 돌봐 주어야 할 차례라고 말했다. 우리는 메리에게 본인의 건강을 챙기는 것도 중요하다고 말하고, 가끔 도움을 받으면 쉴 수 있어 계속 집에서 데이비드를 간호할 수 있을 것이라고 격려해 주었다. 선배 간호사는 또한 메리에게 원하면 도움을 받을 수 있는 연락처를 건네주었다.

에이미 스콧의 사례연구

데이비드와 메리를 돌본 간호사들은 분명히 짧은 시간 내에 이들과 공감적 관계를 발전시켰다. '서로 협력해' 경청하고, 데이비드가 상처의 각질을 제거하는 이유에 대한 메리의 설명을 받아들였고, 이러한 임상적 판단은 그 상황에서 정당할 수 있으므로 이를 믿고 지침과 달리 데이비드가 계속 그 행동을 하도록 두는 '용기'를 보였다. 간호 실습생은 데이비드에 대해 알고 싶은 '호기심'이 생겼고, 메리는 해군에 대한 남편의 경험을 말할 수 있을 정도로 본인이 존중을 받고 있다고 느꼈다. 그리고 간호 실습생은 '해군식 악수'를 청해 데이비드의 인생의 한 중요한 부분에 '정서적으로 연결되고' '축하'해 주었다(그림 4.3). 마지막으로 간호사는 데이비드뿐 아니라 메리에게 필요한 부분에도 초점을 맞추고 '다른 관점을 고려해', 가정 내 간호 시 도움을 제공하고자 했다. 그러나 메리의 의견을 반영하여 상황이 바뀌면 이용할 수 있도록 연락처를 주는 것으로

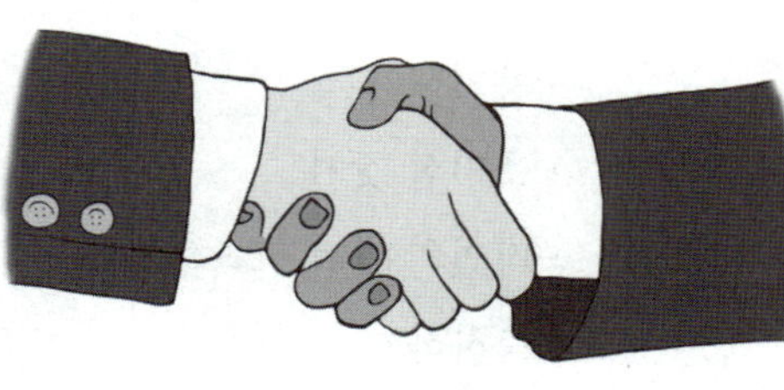

그림 4.3 해군식 악수

'타협했다.'

문화적으로 적절한 공감 모델: Papadopoulos(2014)

이전의 연구자들처럼 파파도폴로스(Papadopoulos, 2014)도 공감이 현대 보건의료의 중심에 있어야 한다고 보았다. 그러나 인구의 다양성을 감안하여, 공감적 진료를 보여 주고 인식하고 받아들이는 방법은 문화적 배경과 돌봄 제공자 및 수혜자의 경험에 따라 다를 수 있다고 주장한다. 라이닝거와 맥팔랜드(Leininger and MacFarland, 2006)의 연구와 같이 파파도폴로스도 문화적 인식과 지식이 문화적 민간성과 공감능력에 영향을 주어 적절한 질문을 통해 문화적으로 적절한 돌봄 서비스를 제공하도록 한다고 주장한다. 그리고 문화적으로 공감능력이 있는 의료 종사자들을 육성하는 모델을 제안한다. 여기에는 반복되는 네 가지 순차적 단계가 있다. 즉, 철학과 종교의 영향을 받은 공감에 대한 보편적 이해를 포함한 문화적 인식(cultural awareness)이 있다. 이 문화적 인식을 통해 공감을 이해하는 데 유사점과 차이점이 있다는 문화적 지식(cultural knowledge)이 생긴다. 이를 토대로 의료 종사자는 공감을 주고받는 문화적 민감성(cultural sensitivity)을 발달시킨다. 마지막으로, 이를 통해 적절한 공감적 진료를 제공하는 문화적 역량(cultural competence)이 생긴다. 이 모델에서는 이러한 역량이 시간이 지나면서 나타나므로, 각 단계는 서로 다른 상황에서 다시 나타날 수도 있다고 본다.

인간 중심의 공감적 진료의 필요성

학습 활동

4.4 비판적 사고

인간 중심의 공감적 진료가 중요한 이유는 무엇이라고 생각하는가?
어떤 증거를 이용할 수 있는가?

이 장에서는 인간 중심의 공감적 진료의 필요성을 강조하였다. 공감적 진료 능력은 각 개인의 고유한 특성이라거나(Roach, 1987), 배려하는 기술은 교육을 통해 향상되어야 한다(Nightingale, 1859, Baughan and Smith, 2013)고 주장할 수 있지만, 보건의료 문화 자체가 의료 종사자가 환자에게 공감적 진료를 하지 못하게 방해할 수 있다(Francis, 2013). 인간 중심의 공감적 진료는 의료 종사자의 전문가적 행동 규범을 보강해 주지만, 공감적 진료는 우리가 진료하는 방식의 중심적 면모가 되어야 한다.

그러나 공감적 진료는 순전히 인간적 돌봄에 관한 것은 아니다. 건강의 결과에도 영향을 미친다. 스트리트 등(Street et al., 2009)은 치유에 의사소통이 어떤 역할을 하는지에 관한 문헌을 조사했다. 그 결과, 임상의와 환자의 의사소통이 효과적으로 이루어지면 7개 경로를 통해 직 · 간접적으로 치료 결과도 향상된다고 주장했다. 즉, 돌봄 서비스에 접근하고, 환자의 지식을 높이며, 상호 이해하도록 독려하고, 치료를 위한 동맹을 강화하며, 환자의 감정 조절 능력을 향상시키고, 가족과 사회의 지지를 높이며, 환자의 권한과 힘을 강화하고, 마지막으로 더욱 우수한 결정을 하도록 하는 것이다. 따라서 치료적 관계와 효과적인 의사소통은 단순히 선택사항이 아니라, 신체적 · 심리적인 이점을 제공한다.

지난 수년 동안 인간 중심의 공감적 진료 효과에 대해 광범위한 연구가 이루어졌다. 그리고 효과적인 의사 소통으로 환자가 희망을 갖게 되고, 자신에 대해 알고 있다고 느끼며, 인정받고 존중받고 안심하게 되고 위안을 받으면, 심리사회적 안녕감이 높아지는 것으로 나타났다(Thorne et al., 2005, Hack et al., 2005). 인간 중심의 돌봄은 삶의 질과 일상생활 수행능력을 높이고(Teitelman et al., 2010, Dudas et al., 2012, Sjogren et al., 2013), 안녕감이 높아지며(Sloane et al, 2004, Bone et al., 2010, McKeown et al, 2010, Teitelman et al., 2010), 불안감이 줄어든다(Moniz Cook et al., 2003, Sloane et al, 2004, Chenoweth et al., 2009, Teitelman et al., 2010).

요약

이 장에서는 공감적 진료의 특성과 돌봄자의 태도와 접근법을 포함한 돌봄 문화와의 관계를 살펴보았다. 일반인들은 공감적인 마음을 바탕으로 돌봄이 행해질 것이라고 기대하지만 현대의 진료에 관한 보고서에 따르면 때로 인간 중심의 진료가 기술적 수준을 높이고 조직의 목표를 달성하는 데 밀려 부차적인 문제가 된다. 빅토리아 시대로 돌아가 보면 몇 가지 훌륭한 돌봄 모델이 있음에도 불구하고, 공감적 진료에 대한 기본 틀은 최근에 발전되었다. 다행히도 인간 중심의 공감적 진료로 돌아가고 있고, NHS 간호조산 전략(6C)과 NHS 헌법에서도 명시되어 있듯이, 이제 이론가뿐 아니라 정책결정자도 중요하게 인식하고 있다. 인간 중심의 접근법에 대한 심리학적 이해는 다음 장에서 더 자세히 탐구할 것이다.

추가연구

Frameworks 4 Change라는 웹사이트에서 자기–공감을 뒷받침할 자료를 무료로 확인할 수 있고, 앤디 브래들리(Andy Bradley)의 '공감 격차 해소(closing the compassion gap)'에 관해서도 링크되어 있다. www.frameworks4change.co.uk

NHS에서 공감적 진료에 관한 정보와 업데이트 사항을 확인하려면, 본 웹사이트에서 정책 링크를 열람할 수 있고, 업데이트 사항은 구독하여 확인할 수 있다. www.gov.uk/government/policies/compassionate-care-in-the-nhs/

정답

학습 활동 4.1 비판적 사고

공감적 진료를 받았거나 공감적 진료를 행한 경험을 생각해 본다. 그 공감적 진료는 어떤 형태였고, 어떤 느낌이었는지 적어 본다.

- 조심스러운 터치, 부드러운 말투, 친절한 단어, 충분한 시간을 주는 것일 수 있다.
- 좋은, 평화로운, 편안한, 괜찮은, 존중받은, 인정받은 느낌일 수 있다.

학습 활동 4.3 창의적 사고

활동 4.1에서 여러분이 적어 놓은 것을 살펴본다. 공감을 어떻게 정의할 것인가.

- 공감은 돌봄 제공자와 시간, 터치, 지지하는 대화를 나눔으로써 돌봄 대상자 모두 존중받고, 편안하고, 인정받았다는 느낌이 드는 것이다.

학습 활동 4.4 비판적 사고

인간 중심의 공감적 진료가 중요한 이유는 무엇이라고 생각하는가?
어떤 증거를 이용할 수 있는가?

- 돌봄을 받을 때, 편안하고 인정받은 느낌을 갖게 하는 것이 중요하다고 주장할 수 있다. 인간 중심의 공감적 진료는 의료 종사자들의 전문가적 행동 규범의 토대가 되고, 치료 결과에도 영향을 미친다.
- 이러한 공감적 진료의 중요성과 필요성에 대해 주장한 연구 결과는 많다. 그리고 효과적인 의사소통으로 환자가 희망을 갖게 되고, 자신에 대해 알고 있다고 느끼며, 인정받고 존중받고 안심하게 되고 위안을 받으면 심리사회적 안녕감이 높아지는 것으로 나타났다(Thorne et al., 2005, Hack et al., 2005). 인간 중심

의 돌봄은 삶의 질과 일상생활 수행능력을 높이고(Teitelman et al., 2010, Dudas et al., 2012, Sjogren et al., 2013), 안녕감이 높아지며(Sloane et al., 2004, Bone et al., 2010, McKeown et al., 2010, Teitelman et al., 2010), 불안감이 줄어든다(Moniz Cook et al., 2003, Sloane et al., 2004, Chenoweth et al., 2009, Teitelman et al., 2010).

References

- Alderwick, H., Robertson, R., Appleby, J., Dunn, P. and Maguire, D. (2015) Better Value in the NHS: The Role of Changes in Clinical Practice. Available at: www.kingsfund.org.uk/sites/files/kf/field/field_publication_file/better-value-nhs-Kings-Fund-July2015.pdf (accessed 13 August 2015).
- Barry, A.-M. and Yuill, C. (2008) Understanding the Sociology of Health: An Introduction. London: Sage.
- Baughan, J. and Smith, A. (2013) Compassion, Caring and Communication: Skills for Nursing Practice, 2nd edn. London: Routledge.
- Bolton, S.C. (2000) 'Who cares? Offering emotion work as a "gift" in the nursing labour process', Journal of Advanced Nursing, 32 (3): 580-6.
- Bone, C., Cheung, G. and Wade, B. (2010) 'Evaluating person-centred care and dementia mapping in a psychogeriatric hospital in New Zealand', New Zealand Journal of Occupational Therapy, 57 (1): 35-40.
- Brazier, C. (2003) Buddhism on the Couch: From Analysis to Awakening, Using Buddhist Psychology. Berkeley, CA: Ulysses Press - Seastone.
- Chenoweth, L., King, M.T., Jeon, Y.-H., Brodaty, H., Stein-Parbury, J., Norman, R., Haas, M. and Luscombe, G. (2009) 'Caring for Aged Dementia Care Resident Study (CADRES) of personcentred care, dementia-care mapping, and usual care in dementia: A cluster-randomised trial', The Lancet Neurology, 8 (4): 317-25.
- Department of Health (DH) (2008) High Quality Care for All (Darzi Report). London: DH.
- DH (2010) Equity and Excellence: Liberating the NHS. London: DH.
- DH (2012) Compassion in Practice. Available at: www.england.nhs.uk/wp-content/uploads/2012 /12/compassion-in-practice.pdf (accessed 12 August 2015).
- DH (2013) Patients First and Foremost: The Initial Government Response to the Report of the Mid Staffordshire NHS Foundation Trust Public Inquiry. Available at: www.gov.uk/government/ up loads/system/uploads/attachment_data/file/170701/Patients_First_and_Foremost.pdf (accessed 12 August 2015).
- DH (2015) The NHS Constitution. Available at: www.gov.uk/government/uploads/system/uploa ds/attachment_data/file/448466/NHS_Constitution_WEB.pdf (accessed 12 August 2015).
- DH and NHS Commissioning Board (2012) Compassion in Practice: Nursing, Midwifery and Care Staff - Our Vision and Strategy. Available at: www.england.nhs.uk/wp-content/uploads/ 2012/12/compassion-in-practice.pdf (accessed 12 August 2015).
- Dewar, B. and Nolan, M. (2013) 'Caring about caring: Developing a model to implement compassionate relationship-centred care in an older-people care setting', International Journal of Nursing Studies, 50 (9): 1247-58.
- Draper, P. and McSherry, W. (2007) 'Culture, religion and spirituality', in R. Nemo, B. Aveyard and H. Heath (eds), Older People and Mental Health Nursing: A Handbook of Care. Oxford: Blackwell, pp. 115-23.
- Dudas, K., Olsson, L., Wolf, A., Swedberg, K., Taft, C., Schaufelberger, M. and Ekman, I. (2012) 'Uncertainty in illness among patients with chronic heart failure is less in person-centred care than in usual care', European

Journal of Cardiovascular Nursing, 12 (6): 521 – 8.

- Equality Act (2010) What is the Equality Act? Available at: www.equalityhumanrights.com/legaland–policy/legislation/equality–act–2010/what–equality–act (accessed 12 August 2015).
- Eriksson, K. (2002) 'Caring Science in a new key', Nursing Science Quarterly, 15 (1): 61 – 5.
- Flynn, M. (2012) Winterbourne View Hospital: A Serious Case Review: Summary. Available at: http://hosted.southglos.gov.uk/wv/summary.pdf (accessed 12 August 2015).
- Francis, R. (2013) Report of the Mid Staffordshire NHS Foundation Trust Public Inquiry: Executive Summary. Available at: www.gov.uk/government/uploads/system/uploads/attachment_data/file/ 279124/0947.pdf (accessed 12 August 2015).
- Fredriksson, L. (1999) 'Modes of relating in a caring conversation: A research synthesis on presence, touch and listening', Journal of Advanced Nursing, 30 (5): 1167 – 76.
- Freshwater, D. and Stickley, T. (2004) 'The heart of the art: Emotional intelligence in nurse education', Nursing Inquiry, 11 (2): 91 – 8.
- Galvin, K. and Todres, L. (2013) Caring and Well–Being: A Lifeworld Approach. London: Routledge.
- General Medical Council (GMC) (2013) Good Medical Practice Guidance. Available at: www. gmc–uk.org/guidance/good_medical_practice/duties_of_a_doctor.asp (accessed 12 August 2015).
- GMC and Nursing and Midwifery Council (NMC) (2015) Professional Duty of Candour. Available at: www.nmc.org.uk/globalassets/sitedocuments/nmc–publications/openness–andhonesty– wh en–things–go–wrong – the–professional–duty–of–candour.pdf (accessed 12 August 2015).
- Gilbert, P. (2009) 'Introducing compassion–focused therapy', Advances in Psychiatric Treatment,15: 199 – 208.
- Goetz, J.L., Keltner, D. and Simon–Thomas, E. (2010) 'Compassion: An evolutionary analysis and empirical review', Psychological Review, 136: 351 – 74.
- Hack, T., Degner, L. and Parker, P. (2005) 'The communication goals and needs of cancer patients: A review', Psychology, 14: 831 – 45.
- Hall, J. (2001) Midwifery, Mind and Spirit: Emerging Issues of Care. Oxford: Elsevier, Books for Midwives.
- Health and Care Professions Council (HCPC) (2008) Standards of Conduct, Performance and Et hics. Available at: www.hpc–uk.org/aboutregistration/standards/standardsofconductperforman c eandethics/ (accessed 12 August 2015).
- John, V. and Parsons, E. (2006) 'Shadow work in midwifery: Unseen and unrecognised emotional labour', British Journal of Midwifery, 14 (5): 266 – 71.
- Kendrick, K. and Robinson, S. (2002) '"Tender loving care" as a relational ethic in nursing practice', Nursing Ethics, 9 (3): 291 – 300.
- Kirkup, B. (2015) The Report of the Morecombe Bay Investigation. Available at: www.bmj.com/ content/346/bmj.f4017.full (accessed 12 August 2015).
- Kitwood, T. (1997) Dementia Reconsidered: The Person Comes First. Maidenhead: Open University.
- Lakeman, R., Cook, J. and McGowan, P. (2007) 'Service users, authority, power and protest: A call for renewed activism', Mental Health Practice, 11 (4): 12 – 16.
- Leininger, M. (1991) Cultural Care Diversity and Universality: A Worldwide Nursing Theory. Sudbury, MA: Jones and Bartlett Publishers.

- Leininger, M. and McFarland, M. (2006) Cultural Care Diversity and Universality: A Worldwide Nursing Theory, 2nd edn. Sudbury, MA: Jones and Bartlett Publishers.
- MacBeth, A. and Gumley, A. (2012) 'Exploring compassion: A meta-analysis of the association between self-compassion and psychopathology', Clinical Psychology Review, 32: 545-52.
- McKeown, J., Clarke, A., Ingleton, C., Ryan, T. and Repper, J. (2010) 'The use of life story work with people with dementia to enhance person-centered care', International Journal of Older People Nursing, 5 (2): 148-58.
- MENCAP (2007) Death by Indifference. Available at: www.mencap.org.uk/sites/default/files/documents/2008-03/DBIreport.pdf (accesssed 12 August 2015).
- MENCAP (2013) Mencap Statement Regarding the Department of Health's Response to the Confidential Inquiry into Premature Deaths of People with a Learning Disability. Available at:/www.mencap.org.uk/news/article/mencap-statement-regarding-department-health-s-responseconfidential-inquiry-premature-deaths (accessed 12 August 2015).
- Moniz-Cook, E., Stokes, G. and Agar, S. (2003) 'Difficult behaviour and dementia in nursing homes: five cases of psychosocial interventions', Clinical psychology & psychotherapy, 10 (3): 197-208
- Morrison, P. (1992) Professional Caring in Practice: A Psychological Analysis. Aldershot: Avebury, Ashgate.
- Napoles, A.M., Chadiha, L., Eversley, R. and Moreno-John, G. (2010) 'Developing culturally sensitive dementia caregiver interventions: Are we there yet?' American Journal of Alzheimer's Disease and Other Dementias, 25 (5): 389-406.
- Nightingale, F. (1859) Notes on Nursing: What it is and What it is Not. London: Harrison.
- Nursing and Midwifery Council (NMC) (2004) Codes of Conduct for Nurses and Midwives. London: NMC.
- NMC (2009) Guidance on Professional Conduct for Nursing and Midwifery Students. Available at: www.health.herts.ac.uk/immunology/MentorshipUpdate/NMC Professional standarrds for student nurses and midwives.pdf (accessed January 2016).
- NMC (2015) The Code. Available at: www.nmc.org.uk/globalassets/sitedocuments/nmc-publications/revised-new-nmc-code.pdf (accessed 12 August 2015).
- Papadopoulos, I. (2014) What is Culturally Competent Compassion? Available at: http://cultureandcompassion.com/what-is-culturally-competent-compassion-2/ (accessed 6 August 2015).
- Parliamentary and Health Service Ombudsman (2011) Care and Compassion? Available at: www.ombudsman.org.uk/__data/assets/pdf_file/0016/7216/Care-and-Compassion-PHSO-0114web. pdf (accessed 12 August 2015).
- Roach, S. (1987) The Human Act of Caring: A Blueprint for the Health Professions. Ottawa: Canadian Healthcare Association Press.
- Sjogren, K., Lindkvist, M., Sandman, P., Zingmark, K. and Edvardsson, D. (2013) 'Personcentredness and its association with resident well-being in dementia care units', Journal of Advanced Nursing, 69 (10): 2196-206.
- Sloane, P.D., Hoeffer, B., Mitchell, C.M., Mckenzie, D.A., Barrick, A.L., Rader, J., Stewart, B.J., Talerico, K.A., Rasin, J.H., Zink, R.C. and Koch, G.G. (2004) 'Effect of person-centered showering and the towel bath on bathing-associated aggression, agitation, and discomfort in nursing home residents with dementia: A randomized, controlled trial', Journal of the American Geriatrics Society, 52 (11): 1795-804.

- Social Care Institute for Excellence (SCIE) (2015) Involving Service Users and Carers in Social Work Education. Available at: www.scie.org.uk/publications/guides/guide04/gs/10–3.asp (accessed 12 August 2015).
- Stickley, T. and Spandler, H. (2014) 'Compassion and mental health nursing', in T. Stickley and N. Wright (eds), Theories for Mental Health Nursing: A Guide for Practice. London: Sage, pp. 134–46.
- Street, R., Makoul, G., Neeraj, A. and Epstein, R. (2009) 'How does communication heal? Pathways linking clinician–patient communication to health outcomes', Patient Education and Counseling, 74: 295–301.
- Teitelman, J., Raber, C. and Watts, J. (2010) 'The power of the social environment in motivating persons with dementia to engage in occupation: Qualitative findings', Physical and Occupational Therapy Geriatrics, 28 (4): 321–33.
- Thorne, S., Armstrong, E., McPherson, G., Harris, S. and Hislop, T. (2005) '"Being known": Patients' perspectives of the dynamics of human connection in cancer care', Psycho–Oncology, 14: 887–98.
- Thurgood, M. (2009) 'Engaging clients in their care and treatment', in I. Norman and I. Ryrie (eds), The Art and Science of Mental Health Nursing: A Textbook of Principles and Practice, 2nd edn. Maidenhead: Open University Press, McGraw–Hill Education, pp. 621–37.
- Watson, J. (2007) Human Science and Human Care: A Theory of Nursing. Sudbury, MA: Jones and Bartlett Publishers.
- Watson, J. (2010) Caring Science Institute. Available at: www.watsoncaringscience.org/ (accessed August 2015).

5
CHAPTER

인간 중심의 접근법

숨을 깊게 쉬고
높이 날아
평화를 찾는다.

학습 목표

이 장의 학습 목표는 다음과 같다.

- 심리학에 영향을 미친 주요한 철학적 이론을 파악한다.
- 인간 중심이란 무엇을 의미하는지 논한다.
- 현대 사회에서 인간 중심 접근법이 왜 중요한지 알아본다.

학습 활동 5.1 성찰

편하게 앉아 몸의 긴장을 푼다. 근육의 긴장을 모두 푼다. 주변 소리에 귀를 기울인다. 밖에서 차가 지나가는 소리나 새가 지저귀는 소리가 들릴 수도 있고, 방에서 시계의 째깍거리는 소리나 자신의 심장박동 소리가 들릴 수도 있다. 자신의 숨소리에 귀를 기울이고, 잠시 체현된 자아(embodied self)를 경험한다. 이 장을 읽으면서, 이전의 자신의 지식과 태도는 잠시 잊도록 한다.

들어가면서

지금까지 이 책에서는 심리학이 무엇인지, 그리고 그 주요 이론적 기본틀을 살펴보았다. 그리고 현재 돌봄 문화와 그 과학적 토대를 통해 공감적 진료의 개념도 알아보았다. 이 장에서는 왜 현대에 공감적 진료에 대한 욕구가 생기게 되었고, 이를 이해하면 공감적 진료에 어떻게 심리적으로 도움이 되는지 질문해 볼 것이다. 이제 철학에서 심리학을 어떻게 이해하는지 알아보자.

우선 철학을 정의하는 것이 적절한 것 같다. 철학의 사전적 정의는 "지혜에 대한 사랑"으로, 그리스어 philosophia에서 유래했고, '사랑'을 의미하는 philo와 지식이나 지혜를 의미하는 sophy로 구성된다. 과학적 성향을 지닌 이들에게 철학은 "지식에 대한 사랑"인 반면, 저자는 더 폭넓은 의미의 '지혜에 대한 사랑'이란 정의를 선호한다. 철학 박사학위가 있는 저자의 역할은 지혜나 학습에 대한 사랑을 가르치거나 도모하는 것으로(doctorate는 라틴어로 '가르치다'를 의미한다.), 이 정의를 학생들에게 가르친다.

철학의 기원

심리학은 그리 오래되지 않은 과학임에도 불구하고, 시간이 흐르면서 심리학의 정의는 변화했다. 심리학은 일반적으로 1879년에 빌헬름 분트(Wilhelm Wundt)가 심리학 실험실(psychological laboratory)을 개설하며 탄생한 것으로 보지만, 어떤 이들은 1860년에 발표된 구스타프 페히너(Gustav Fechner)의 저서 『정신물리학원론(Elemente der Psychophysik)』이 과학적 심리학의 기원이라고 본다(Robinson, 2010).

심리학(psychology)이란 단어의 어원은 psyche('마음'이나 '정신')와 logos('연구'나 '지식')를 의미하는 그리스어에서 유래되어 현대의 사전에서도 쉽게 확인할 수 있다. 따라서 '심리학'이란 단어는 문자 그대로 '마음/정신에 대한 연구'나 '마음/정신에 대한 지식'으로 정의할 수 있다. 이러한 정의는 매우 단순해 보이지만, 마음과 정신을 이해하는 것은 문화적으로 영향을 받게 되고, 모든 문화적 개념과 마찬가지로 시간이 지나면서 변화한다.

'마음(mind)'은 문제 해결, 대상 인식, 의사소통 등의 정신 과정을 통해 설명할 수 있다. 또한 대상이나 구조로 간주될 수도 있지만 기억과 같이 정보와 지식의 저장소이기도 하다. 어떤 사람들은 여전히 마음을 행동, 감정, 생각을 촉진하는 동기부여의 힘으로 인식한다. 이 책에서도 각 심리학적 관점에 따라 다르게 설명하고 있듯이 마음을 이해하는 방법은 과거에도 미래에도 계속 고민하게 될 것이다.

마음은 과학적으로 탐구하고, 조사하고, 설명할 수 있는 것으로 인정받았다. 이는 아마도 심리학자들이 psyche, 즉 정신(spirit)에 사용할 수 있는 다른 용어보다 이 마음(mind)이라는 용어에 초점을 맞춘 이유이기도 하다. 과학적 심리학자들이 실무 분야를 구축하고 거대 이론을 수립하던 19세기 후반과 20세기의 서구 사회에서 보건의료 분야는 정신에 대한 연구에 관심을 거의 갖지 않았다. 이는 정신이 육체가 죽은 후에도 살아남을 것이라고 믿는 비육체적 요소인 '영혼(soul)'과 연결되어 있을 뿐 아니라 영성(spirituality)이 신학과 연결되어 있기 때문일 수 있다. 그리고 하나님을 연구하는 신학은 보통 과학으로 간주되지 않았고, 초기 심리학자들은 과학자로 인정받고 싶어 했으며 과학자 지위를 얻고 싶어 했다.

정신에 대한 현대적 관점은 여전히 비육체적 개념으로, 베리티와 리(Verity and Lee, 2011)는 정신이 인간에게 있어 '생명의 불꽃'이라고 주장한다. 영성은 '각자의 존재 중심에 있는 것, 생명의 의미를 명확히 하는 본질적인 차원'이라고 정의한다. 따라서 과학적 심리학자들이 '마음'이라는 단어를 더 자주 사용하는 이유를 쉽게 알 수 있다.

분트의 심리학 실험실이 개설되기 전, 수천 년 동안 마음은 철학자들이 탐구해 왔다. 심리학에 직접 영향을 끼친 가장 초기의 철학자는 아마도 아리스토텔레스(Aristotle, 383~322 BCE)일 것이다. 아리스토텔레스는 모든 존재에는 질료인(material, 무엇을 만드는 재료), 형상인(formal, 형상), 작용인(efficient, 실질적 행위), 목적인(final, 궁극적 목표) 등 네 가지 원인이 있다고 주장했다. 그리고 물질, 본질, 에너지와 같은 용어와 '심리학의 과학에 대해 논하고 체계화하기 위한 범주화'와 같은 과정을 제시했다. 수년 간 철학적 사고에 대한 예언도 심리학 발전에 영향을 미쳤다고 볼 수 있다. 가장 대표적인 것은 합리주의(특히, 데카르트의 이원론)와 경험주의(특히, 로크의 백지상태, 흄의 실증주의, 버클리의 이상주의) 철학이다. 현대 심리학적 관점의 토대가 되는 심리학의 초기 학파는 철학적 사고와 인간에 대한 이해를 발전시켰다.

세 가지 주된 초기 기본 철학은 다음과 같다.

- 애니미즘(animism): 세상의 모든 것은 목적이 있다. 그리고 태양, 나무, 바다 등 모든 것은 그 마음이나 정신의 영향을 받는다.

- 합리주의(rationalism): 모든 지식은 마음에서 나온다. 르네 데카르트(Rene Decartes, 1596~1650)는 마음과 물질(육체)은 분리된 독립체이지만, 오직 인간만이 마음을 처리한다고 주장했다. 이 이론이 '이원론(dualism)'이다.
- 경험주의(empiricism): 지식이나 이해는 오직 관찰과 경험을 통해서만 얻을 수 있다. 존 로크(1632~1704)는 영아가 경험이 없는 백지상태(tabula rasa)에 있어 아무것도 알지 못한다고 보았다. 조지 버클리(George Berkeley, 1685~1753)는 모든 지식이 감각으로부터 나온다고 주장했고, 이를 '이상주의(idealism)'라 부른다. 데이비드 흄(David Hume, 1711~1776)은 경험적 사고를 더 발전시키고 '실증주의적' 철학을 채택하여, 인간을 이해함에 있어 관찰하고 측정할 수 있는 증거만을 인정했다. 이 내용은 '심리학의 철학적 토대'에 관한 이론 박스를 참조한다.

심리학의 철학적 토대

헬레니즘과 로마 시대

이 시기에는 고대 그리스에서 발전된 많은 학파가 탄생하고 발전했다.

- 에피쿠로스(Epicurus, 341~270 BCE)를 통한 에피쿠로스 학파는 곧 사라졌고, 키케로(Cicero, 106~43 BCE)의 절충주의(eclecticism)는 오늘날에도 여전히 유의미하게 여겨진다.

중세 시대

이 시대에는 주로 고대 그리스의 철학을 받아들여, 신념, 이성, 존재, 지식에 초점을 맞추고 있지만, 특히 다음과 같이 기독교와 아랍 신학의 영향을 받았던 시기였다.

- 기독교: 아시시의 성 프란체스코(St Francis of Assisi, c.1182~1226)와 아퀴나스(Aquinas, c.1221~1274); 이슬람교: 알라지(Al-Razi, c.865~925); 유대교: 마이모니데스(Maimonides, c.1135~1204); 인도주의자: 지오반니 피코 델라 미란돌라(Giovannni Pico della Mirandola, 1464–1494)

근대 초기

르네상스 시대(1400~1700년대)부터 계몽주의 시대(1700년대)에 이르는 시기에는 고대 그리스 철학자들에 대한 관심이 부활했다. 이 당시의 주된 철학적 세력은 에라스무스(Erasmus, 1466~1536)와 토마스 모어(Thomas More, 1475~1535)와 같은 인도주의자들이다.

하지만 지식과 이성의 속성을 탐구했고, 경험주의자와 합리주의자 두 그룹으로 나뉘었다.

- 경험주의자: 프랜시스 베이컨(Francis Bacon, 1561~1626), 존 로크(John Locke, 1632~1704), 데이비드 흄(David Hume, 1711~1776), 조지 버클리(George Berkeley, 1685~1753)
- 합리주의자: 르네 데카르트(Rene Decartes, 1596~1650), 바뤼흐 스피노자(Baruch de Spinoza, 1632~77), 니콜라 말브랑슈(Nicolas Malebranche, 1638~1715)

근대

계몽주의 시대 이후, 고대 그리스 철학자들과 그 계승자들은 근더에 다양한 범주의 철학적 탐구를 했다.

과학적 심리학의 첫 번째 학파는 구조주의(structuralism)이다. 학파란 교육기관이 아닌 어떤 것에 대해 같은 방식으로 생각하는 사람들의 무리를 의미한다. 구조주의 학파는 빌헬름 분트의 노력으로 확립되었고, 마음의 구조에 초점을 맞추기 때문에 '구조주의'라고 부른다. 분트의 실험적 기법은 자기성찰을 통해 마음의 본질적 요소를 발견했다. 분트와 그 동료들은 화학의 주기율표와 같이, 다른 과학에서 본질적 요소를 파악하는 방식으로 이러한 요소를 이해했다. 그러나 자기성찰을 통해 마음을 이해하는 것은 합리주의자 방식이라고 할 수 있어, 세상의 경험을 통해 이해하는 이들, 특히 실증주의자들은 이를 용납할 수 없었다. 따라서 이 학파는 철학적으로 문제가 있었다.

다음에 생긴 심리학 학파는 기능주의(functionalism)이다. 기능주의 학파는 경험주의자

분석적 경험주의자들(analytical empiricists)은 기본적으로 경험주의적 철학을 따랐지만, 결정적 대답을 얻기 위해 논리적 기법을 적용하여 초기 경험주의자에서 갈라졌다.

- 버트런드 러셀(Bertrand Russell, 1872~1970), 조지 에드워드 무어(G.E. Moore, 1873~1958), 칼 포퍼(Karl Popper, 1902–1994)

논리적 실증주의자/경험주의자들(logical positivists/empiricists)은 분석적 경험주의자로 보일 수 있지만, 추론한 모든 것이 관찰을 통해 증명될 수 있어야 한다고 강조했다.

한스 라이헨바흐(Hans Reichenbach, 1891~1953)와 쿠르트 그렐링(Kurt Grelling, 1886~1942)

이상주의자들(idealists)은 경험적 과학을 거부하며, 현실은 알 수 없고, 모든 경험은 마음속에서 일어난다고 주장한다.

- 임마누엘 칸트(Immanuel Kant, 1724~1804)와 프리드리히 빌헬름 요셉 쉘링(Friedrich Wilhelmm Joseph Schelling, 1775~1854)

실존주의자들(existentialist)은 지식에 대한 탐구는 인간 안에서 시작해야 하고, 개인의 경험을 이해해야 한다고 주장한다.

- 쇠렌 키에르케고르(Soren Kierkegaard, 1813–1855), 프리드리히 니체(Friedrich Nietzsche, 1844–1900), 마르틴 부버(Martin Buber, 1878–1965), 장 폴 사르트르(Jean-Paul Sartre, 1905–1980)

현상학자들(phenomenologists)은 본질적 현실이 있지만, 인간은 항상 사물에 초점을 맞춰서 현상의 본질을 인식할 수 없다고 주장한다.

- 프란츠 브렌타노(Franz Brentano, 1838~1917), 에드문트 후설(Edmund Husserl, 1859~1938), 마틴 하이데거(Martin Heidegger, 1889~1976), 모리스 메를로 퐁티(Maurice Melleau Ponty, 1908~1961)

실용주의자들(pragmatists)은 경험적 연구의 필요성을 인정하지만 그것이 현실 세계의 경험 및 관계와 어떤 관련이 있는지도 알아야 한다고 주장한다.

- 윌리엄 제임스(William James, 1842–1910)와 존 듀이(John Dewey, 1859~1952)

들이 이끌었고, 찰스 다윈(Charles Darwin, 1809~1882)과 같은 진화론적 과학자가 쓴 저서의 영향을 받았다. 이들은 개인의 내적 생각이 아닌 마음의 기능에 관심이 있었다. 그리고 마음이 어떻게 정리되는지(구조)가 아닌 마음이 어떻게 작동(기능)하는지 알고 싶어 했다. 뇌를 마음의 구조로 국한시키는 생물심리학적 이해를 받아들이지 않는 한, 구조주의 학파는 현대 심리학적 관점에서 더 이상 존재하지 않는다. 그러나 기능주의는 행동주의와 인지 심리학에서 심리학적 관점으로 여전히 명확하게 존재한다. 이러한 심리학에 대한 기본적인 경험적 접근법을 통해, 과학자들은 모든 인간이 생물학적으로 동일하게 기능하고 몸과 마음에는 차이가 없으며, 모든 인간이 환경의 영향에 반응하여 진화해 왔다고 인식하게 된다.

과학적 접근법

이 시점에서 과학적 접근법이 무엇이라고 생각하는지 알아보는 것도 중요할 것이다. 경험주의에서 유래한 과학적 접근법은 이해를 발전시키는 방법이자 연구 결과를 보여 주는 형식이다.

① 문제를 파악한다. – 가설을 세운다.
② 실험을 설계한다. – 변수를 관리하여 가설을 시험한다.
③ 실험을 실시한다. – 관찰사항을 기록한다.
④ 데이터 분석을 통해 가설을 평가한다.
⑤ 결과를 전달한다.

과학적 접근법을 사용한 연구 결과는 다음과 같은 형식으로 보여 준다.

① 제목
② 초록
③ 도입
④ 방법
⑤ 결과
⑥ 고찰
⑦ 참고문헌
⑧ 부록

이 장의 후반부에서 알 수 있듯이, 이렇게 구조화된 과학적 접근법은 모든 심리학적 관점, 특히 2단계와 3단계에는 유용하지 않지만, 전 세계적으로 현대의 지식을 발전시키는 주된 철학으로 인정받고 있다. 연구 결과의 위계(hierarchy of research findings)는 이러한 경험적 연구를 가장 높이 평가한다.

다른 철학적 · 생물학적 이론은 19세기와 20세기에 발전하여 현대 심리학적 관점이 발전하는 데 영향을 주었다. 프로이트는 프란츠 브렌타노(1838~1917)의 제자였고, 에드문트 후설(1859~1938)과 동시대 심리학자로, 철학적 현상학의 창시자이자 급진적 이상주의자로 여겨진다(상위 '심리학의 철학적 토대' 이론 박스를 참조). 프로이트와 후설 모두 이원론을 거부했고, 마음은 물리적 신체 밖에 초자연적 에너지가 있는 것이라고 받아들였다. 이러한 철학적 접근법은 물리학과 의학, 특히 정신과학과 함께 프로이트의 정신역동적/정신분석적 이론에 영향을 주었고, 향후 정신역동적 관점이 되었다(현대 심리학 학파 중 하나임, 제1장 참조). 정신역동적 · 행동적 · 인지적 심리학적 접근법과 함께 현상학적 철학과 실존 철학은 모두, 추후 심리학에서 인본주의적 관점이 발달하는 데 영향을 주었다(또 다른 현대 심리학 학파 중 하나이다, 제1장 참조).

생물학, 인류학, 사회학과 같은 영역에서 발전한 다른 이론뿐 아니라, 철학적 사고는 심리학자들이 자신의 연구를 통해 이해를 높이는 데 계속 사용하고 있다. 실제로 심리학자들 관심사의 상당 부분이 겹친다. 그리고 다른 과학자들이나 일부 심리학자들, 예를 들면 사회심리학자와 생물 심리학자는 다른 학문을 도입하여 자신의 이론적 견해를 정의한다.

심리학 내에서도 다양한 학파와 접근법이 발전하면서 각기 다른 문구로 다른 관점을 표현하지만 행동주의자, 인지주의자, 인도주의자, 심리역동학자, 생물학자라는 표현이 일반적으로 인정된다. 심리학이 현대 과학으로 발전하면서 심리학을 정의하는 방식도 변화했다.

심리학의 역사적 정의

심리학에 대한 초반의 정의는 모두 마음이나 영혼을 과학적으로 이해하는 관점에서 파생되어 '심리학(psychology)'이라는 단어가 정립되었다. 물론, 과학적 · 철학적 접근법에서 유래한 정의도 있다. 이는 무엇을 하고 있고, 그 이유는 무엇인지 정의하고 설명하는 것이다. 여기에서 합리주의자, 현상학자, 실존주의자의 정의는 제외된다. 왜냐하면 이들은 과학적 방법을 따르고 있다고 인정되지 않았기 때문이다.

윌리엄 제임스(William James, 1842~1910)는 흄과 같이 경험적 이해가 필요하다고 주장하는 실용주의자로, 기능주의 발전에 중요한 지지자 역할을 했다. 1890년에 제임스는 심리학의 최초 정의 중 하나를 제시했다. 즉, '정신 생활의 과학'이라고 정의했다. 현상은 우리가 느낌, 욕구, 인지, 이성, 결정 등이라고 부르는 것들이다(James, 1890: 1). 흥미롭게도 제임스는 심리학이 무엇인지 설명할 때 '마음'뿐 아니라 '영혼'이라는 용어를 언급해 자신의 실용주의적 관점을 보여 준다.

존 B. 왓슨(John B. Watson, 1878~1958)은 철학적으로 경험주의와 실증주의에 기반하고 있지만, 제임스의 기능주의자적 접근법의 영향을 많이 받았다. 1919년 왓슨(Gross, 2005: 4)은 심리학의 정의를 '학습하고 학습하지 않은 행동과 말 모두를 포함한 인간의 행동을 주제로 다루는, 자연과학의 분파'라고 했다. 왓슨은 심리학 내에서 행동주의 학파의 창시자로 볼 수 있다. 왓슨은 행동 심리학자들에게 과학적 · 경험적 증거를 바탕으로 한 이론을 제공한 생리학자 손다이크(Thorndike, 1874~1949) 및 동물 행동주의자 파블로프(Pavlov, 1849~1936)와 동일한 영역에서 자신의 이론과 연구를 발전시켰다.

20세기와 같은 시기에 프로이트(Freud, 1856~1939)는 처음에는 신경학을 통해, 나중에는 철학과 정신의학을 통해 마음에 대한 이해를 발전시켰다. 프로이트는 통찰과 환자 관찰을 통해 마음을 탐구하여 그 시대의 과학적 철학에는 '적합하지' 않았고, 그때는 그의 연구가 심리학의 일부로 포함되지 않았다. 따라서 프로이트가 마음에 대한 방대한 저서를 남겼지만, 심리학을 정의한 기록은 없다. 프로이트는 마음을 역동적 구조와 힘으로 보았다. 마음은 생물학적 근거가 있지만 경험, 특히 어린 시절의 관계에 영향을 받는다고 주장한다(제1장과 2장 참조).

20세기 중반에는 정신역동적 사고와 행동주의에 반발해 인본주의 심리학이 발전했다. 정신역동적 심리학자와 마찬가지로 인본주의자들은 마음을 이해하는 데 순수한 과학적 접근법을 받아들이지 않아 심리학에 대한 이들의 정확한 정의는 찾아볼 수 없다. 하지만 정신역동적 · 행동학적 심리학과 함께 현상학적 · 실존주의적 철학에 근거해 마음을 이해했다. 그리고 마음이나 인간의 본성이 긍정적이고 창의적이므로 개인의 성장에 힘과 잠재력이 있다고 보았다.

21세기 초반에는 마음을 이해하고자 하는 이들 사이에 논쟁이 계속되었다. 칼슨 등(Carlson et al., 2004: 4)은 심리학을 "행동의 과학··· '심리학'이라는 단어는 문자 그대로 마음의 과학"이라고 정의했다. 이러한 정의는 심리학을 '개인의 행동과 그 마음의 과정에 대한 과학적 연구'라고 정의한 게리그 등(Gerrig et al., 2012: 4)과 같은 다른 학자들도 저서를 통해 지지했다. 이 주장은 '심리학이 사람, 마음, 행동에 대한 과학적 연구'라고 밝힌 영국의 심리학자 전문 기구인 영국심리학회(British Psychological Society)(2015)의 정의와 일맥상통한다.

미국심리학회(American Psychological Society)(2015)는 영국심리학회의 정의를 받아들였지만 심리학에 대한 더욱 포괄적인 정의를 제시하고자 했고, 웹사이트에 다음과 같이 밝혔다.

심리학은 마음과 행동에 대한 연구이다. 이 학문은 뇌의 기능부터 여러 나라 사람들의 행동까지, 아이의 발달부터 노인의 돌봄까지, 인간 경험의 모든 측면을 수용한다. 과학연구 센터부터 정신과 서비스에 이르는 모든 환경에서 '행동을 이해하는 것'은 심리학자들의 역할이다.

아직도 심리학이 경험적 · 과학적 철학에 내재되어 있는 것을 알 수 있다.

모든 이론가들과 연구자들은 자신만의 세계관이 있을 것이다. 이러한 세계관을 토대로, 마음과 영혼의 개념을 다르게 이해하고 설명할 것이다. 과학적 · 심리학적 접근법을 계속 사용한다는 것은 오늘날 마음을 이해하는 데 편견이 있다는 의미이다. 이러한 세계관을 사회학자들은 '이념'이라고 부른다. 그러나 더욱 현상학적이고 인본주의적인 세계관을 받아들이지만 여전히 경험주의적인 다른 심리학자들은 가장 넓은 의미에서 심리학을 다음과 같이 정의할 것이다.

심리학은 사람들이 건강을 포함해 모든 삶의 영역에서 개인적 · 집단적으로 왜 그렇게 행동하고 생각하고 느끼는지 이해하고자 한다. 심리학자들은 행동을 예측하는 것뿐 아니라 행동을 변화시켜 안녕감과 삶의 질을 향상시키고자 한다(Barker, 2007: 3).

학습 활동

5.2 성찰

지금까지 읽은 내용을 잠시 생각해 본다. 이 장을 읽기 시작했을 때와 같은 방식으로 심리학을 이해하고 있는가? 아니면 생각이 바뀌었는가? 심리학을 어떻게 정의하고 싶은가?

여기에서 제시한 정의를 감안하면, 심리학을 마음의 과학으로 보며 잘 정립된 심리학자 집단이 있다는 것을 알 수 있다. 그러나 실존주의와 같은 다른 철학적 접근법을 포함해 더욱 포괄적으로 이해하고자 하는 심리학자도 있다. 공감의 현상(제4장 참조)뿐 아니라 공감적 진료의 행동을 이해하려면 철학적 심리학자인 유진 젠들린(Eugene Gendlin)과 레 토드레스(Les Todres)의 저서와 함께 특히 현상학적 심리학을 발전시킨 아메디오 지오르지(Amedeo Giorgi)의 저서가 유용할 수 있다. 이들의 저서는 이 장의 후반부에서 더 자세히 다루어 볼 것이다.

요약

보건 및 사회복지 전문가들은 심리학적 연구와 이론을 이용하여 돌봄을 개선시킬 수 있고, 대부분의 돌봄 전문가는 철학, 심리학, 사회학, 생물학적 기본 지식을 갖추고 있으며 현재 자신만의 고유한 지식의 틀을 발전시키고 있지만, 다른 접근법도 간호에 대한 이해와 실무를 향상시키는 데 도움이 될 것이다.

인간 중심

인간 중심의 돌봄(person-centered care)이라는 용어에 대한 하나의 정확한 정의는 없다. 그 이유는 이것이 새롭게 등장해 계속 진화하고 있는 개념이기 때문이기도 하다. 그러나 보건의료재단(Health Foundation)(2014)은 인간 중심의 돌봄에 4대 원칙으로 구성된 기본 틀을 정립했다.

① 사람들을 존엄성과 공감과 존중으로 대한다.
② 균형 잡힌 돌봄이나 지원이나 치료를 제공한다.
③ 맞춤형 돌봄이나 지원이나 치료를 제공한다.
④ 사람들이 자신만의 장점과 능력을 알고 개발하여, 독립적이고 충만한 삶을 살도록 지지한다.

마찬가지로 영국왕립간호협회(Royal College of Nursing)(2015)는 인간 중심의 돌봄에 다음의 핵심적 개념이 통합되어야 한다고 밝혔다.

- 존중과 총체주의
- 권력과 권한부여
- 선택과 자율성
- 감정이입과 공감

이와 비슷하게 보건의료종사자협의회(Heath Care Professions Council)(2014)는 다음과 같이 제시한다.

'올바른 돌봄이란 무엇이라고 생각하는가?'라는 질문에, 참가자들은 '인간 중심적으로' 열정을 갖고 일하는 것이라고 설명했다. 진정으로 각 개인에 맞춰 접근하지 않고, 기술적 능력만으로 돌보는 것으로는 충분하지 않다.

영국심리학회(British Psychological Society)(2013)도 인간 중심 돌봄의 중요성을 인식하여 다음과 같이 제안했다. "기억력 장애가 있는 환자가 겪는 어려움을 직원이 인식하고, 병원 입원 시 도움을 주도록 교육하고 지원하는 것은 어렵지 않지만, 더욱 인간 중심의 돌봄으로 변화가 필요하다."

모리세이와 캘러헌(Morrissey and Callaghan, 2011: 91)은 인간 중심의 돌봄 서비스를 위해 다음의 태도가 필요하다고 주장했다.

- 모든 개인은 고유하다는 것을 인정한다.

- 사람들은 최선을 다하고 있다고 믿는다.
- 각 개인의 가치를 존중한다.
- 진심으로 정직하게 행동한다.
- 그 사람이 통제력을 유지하도록 한다.
- 모든 사람은 욕구가 있고, 그 욕구가 동기부여를 한다는 것을 인정한다.
- 모든 행동은 무엇을 전달하는 것이라는 점을 안다.

인간 중심의 돌봄과 다른 유형의 돌봄을 구별하는 것이 중요하다. 모스(Morse)와 동료 간호사들은 간호사가 고통의 신호에 어떻게 대응하는지에 관해 많은 연구를 했다. 그리고 돌봄을 간호사 중심의 돌봄과 환자 중심의 돌봄, 두 가지 범주로 나누었다(Morse et al., 1992). 이러한 두 가지 범주는 다시 학습(taught)과 자동(automatic)의 하위범주로 나뉜다.

간호사가 자신이 맡은 역할과 직무에 초점을 맞추고 의사소통 기술을 배우지 못했을 때, 고통에 직면하면 자기 보호하기, 비인간적으로 행동하기, 물러나기, 거리두기, 규정하기와 같은 행동을 보였다. 의사소통 기술을 훈련시킨 경우, 암기한 또는 기계적인 반응, 거짓 연민, 거짓 확신, '걱정하지 마세요.'와 같은 종결 발언을 하는 등의 행동을 보였다.

하지만 사람에 초점을 맞추는 간호사는 인간 중심적인 태도를 보였다. 자동으로 학습하지 않은 행동이 감정적·문화적으로 발현되었고, 무의식적으로 연민, 공감, 위로, 공감, 반성적으로 안심시키기와 같은 행동을 보였다. 또한 인간 중심의 의사소통 기술 교육을 받은 후에는 자신의 것을 나누고, 때로는 문제에 맞서고 때로는 유머감각을 발휘하며 자세한 설명으로 안심시키기도 했다(Morse et al., 1992).

인간

성격 이론은 제6장에서 살펴볼 것이지만, 여기에서 인간이나 개인에 대해 좀 더 생각해 보는 것이 중요하다. 이전의 장에서 보았듯이, 고유성과 개성은 서구 문화에서 철학적으로 중요한 위치에 있다. 우리의 문화도 발전하면서 다른 가치와 신념을 취하게 되었다. 인간을 개인으로 보는 것이 우리 문화에서 규범으로 수용된 것은 바로 지난 몇 백 년 안에 일어난 일이다.

사/례/연/구 **아가타 라이트**

나는 제2차 세계대전 당시 태어났다. 아버지는 어머니가 임신한 후 징집되어 해외로 파병되었다. 나는 태어나서 몇 년 동안 외갓집에서 자랐고, 건강한 사람은 모두 일을 해야 했으며, 어머니도 항공기 공장에 다녔기 때문에, 대부분 외할머니와 외갓집 가족들이 나를 돌봐 주었다. 가족 중에 할아버지와 사촌 웨인 외에는 남자가 없었다. 그 당시 형편도 좋지 않고 먹을 것도 풍족하지 않았지만 행복했던 시간으로 기억한다. 당시에는 배급통장이 있었고, 가족들이 추가로 음식을 배급 받을 수 있는 방법을 찾으려 했다. 삼촌 중 한 명이 살해를 당했고, 할머니는 그 일에 대해 말을 하지 않았다. 이후 잘 웃지도 않았고, 나는 할머니를 행복하게 해 주고 싶었지만 아무것도 할 수 없었다. 전쟁이 끝나고 약 1년 후 나는 다섯 살이 되어 처음으로 아버지를 만났다. 아버지는 행복해 보이지 않았다. 내가 사촌과 길에서 뛰어놀다 오면 지저분하다고 불평했다.

아버지가 돌아온 후 모든 것이 크게 바뀌었다. 어머니와 아버지와 나는 1층과 2층에 각각 방이 두 개씩 있는 연립주택으로 이사했다. 오늘날의 집과 달리 욕실이 없고 화장실이 밖에 있었다. 부모님은 그 이후 평생 그 집에서 사셨다. 얼마 후 남동생이 태어났다. 아버지는 근엄해 보이지만 웃을 때는 멋진 분이셨다. 하지만 자주 웃지는 않았다. 아버지는 전쟁에 대해 이야기하기를 꺼려했다. 나는 아버지가 좋았지만 조금 무서웠다. 남동생에게는 관대했지만 나에게는 엄격했다. 학교에 들어갔지만 공부는 잘하지 못했고 학업을 그만두고 싶었다. 15살에 숍에서 일을 시작했고 그 일이 즐거웠다. 17살에 지금의 남편인 남자친구를 만났다. 남자친구는 잘생겼고, 건강했고, 아주 똑똑해 보였다. 하지만 부모님은 그를 마음에 들어 하지 않았다. 나중에 그 이유를 알게 되었지만, 그는 항상 나를 통제하려 했다. 아버지처럼 남편도 조금 무서웠지만, 그가 웃으며 안아 주면 좋았다.

우리는 결혼하자마자 두 아이를 낳았다. 두 아이를 돌보는 것은 힘들었다. 그리고 매주 어머니를 찾아가 쇼핑을 도와주었다. 어머니가 68세에 돌아가실 때까지 이런 일상은 계속되었다. 아버지가 은퇴하자마자 돌아가셔서, 어머니는 마지막 몇 해 동안 꽤 힘들어하셨다. 나도 68세에 건강이 악화되어 병원 청소부 일을 그만두었다. 이제 뜨개질을 하며 TV를 보고, 나의 손자들과 증손자들을 보며 살고 있다.

학습 활동 **5.3 비판적 사고**

아가타 라이트의 사례연구를 읽었을 때 아가타는 어떤 성격이라고 생각되는가? 이런 성격이 된 이유가 무엇이라고 생각하는가?

'인간(person)'과 '인격(personhood)'에 대한 개념은 인본주의적 심리학의 시선으로 성격 이론에서 사용하고 조사해 왔다. 인간을 이해할 때 평가도구나 행동 체크리스트를 사용하지 않는다. 인간을 이해하는 것은 그 사람을 알아 가는 것이고, 그들이 자신을 어떻게 생각하고, 자신의 인생에 어떤 의미를 부여하는지 알아 가는 것이다. 이는 보통 마음과 영혼을 연결하는 그 사람의 영성으로 여겨진다.

아가타의 사례연구를 읽어 보면, 아가타에게 중요한 것이 무엇이고, 다른 사람들과 다른 점은 무엇인지 알 수 있다. 스스로를 타인과 다르게 인식하는 것이 인격을 찾는 방법이다. 아가타는 자신의 이야기를 통해 자신에 대해 인식하는 핵심 요소가 타인과의 관계에 있다는 것을 보여 주었다. 이야기 전체에서 가족과 가족의 감정과 가족에 대한 자신의 감정을 묘사하고 있다. 아래 매튜 트레이시의 사례연구의 경우, 자신과 자신의 인생에 대한 이야기가 상당히 다르다.

사/례/연/구 **매튜 트레이시**

나는 행복한 가정에서 자랐고, 덕분에 내 인생 전체에 도움이 되었다고 생각한다. 우리는 교육의 기회가 많았고, 관심 있는 것이 무엇이든 많은 지원을 받았다. 우리 가족은 부자는 아니지만 돈을 경제적으로 사용했다. 어릴 때 몇 번 이사를 갔지만, 전혀 문제가 되지 않았다. 사실 그 덕분에 성인이 된 후 직장 때문에 이사를 가야 했어도 잘 준비할 수 있었다.

학교에서도 학업 성적이 좋았고 대학에 갈 생각이었고 대학에 갔다. 나는 과학 점수가 높아 부모님은 내가 엔지니어가 되길 바랐던 것 같다. 하지만 나는 수학과를 선택했고 평균 정도의 학점으로 졸업했는데, 럭비 클럽 활동을 많이 했으니 그럴 만도 했다.

대학 졸업 후 회계회사에서 근무했고, 경력을 쌓을 기회가 있어서 운이 좋았던 것 같다. 3년 후 공인회계사가 되었으며, 몇 년 후 석사학위도 받았다. 몇 년 전 창업을 해 사업을 성장시켰다. 지금은 고문 역할을 하며 골프를 취미로 인간 관계를 넓혀 가고 있다.

결혼한 지 30년이 되었고, 아이가 둘이다. 나는 지금까지 살아온 내 인생이 매우 자랑스럽고, 아이들도 독립적이고 성공했다.

학습 활동 **5.4 비판적 사고**

매튜의 사례연구를 읽고, 이런 사람을 돌볼 때 중요하게 고려해야 할 점이 무엇인지 생각해 본다.

매튜의 이야기는 아가타의 이야기와 상당히 다르고, 다른 사람들이 알고 싶어 하는 자신의 다른 측면을 강조했다. 그리고 독립적이고 지적인 개인적 특성을 이야기하고, 전문적 · 학업적 · 개인적으로 자신이 이루어 낸 것을 강조한다(집, 자녀, 사업).

돌봄 전문가가 사람들의 이야기를 들으면, 그 사람이 자신을 어떻게 생각하고, 무엇을 중요하게 여기며, 삶의 의미는 무엇이고, 무엇을 통해 빨리 회복하거나 안녕감을 느끼는지 알 수 있다.

로저스의 인본주의적 심리학적 관점에서(제1장 참조), 자아개념은 그 사람이 자신을 이해하는 데 가장 중요하고, 개인적으로 성장하고 잠재력을 발휘하는 데 중요하다. 한 사람의 자아개념은 자부심이나 자존감, 자아상, 이상적 자아로 형성된다. 자아상과 이상적 자아가 가까울수록 자부심이나 자존감이 높다. 그래서 자아개념이 일치(congruent)된다. 즉, 자신과 타인에 대해 진실하고 정직한 사람이 된다. 어린 시절 욕구가 가까운 이들로부터 긍정적인 존중을 받아 자부심이나 자존감이 생기는 것이다.

자아개념은 아가타와 매튜의 이야기에서 잠시 살펴보았듯이, 개인의 현상학적 영역(phenomenological field)을 기반으로 한다. 이는 세계에 대한 주관적 경험으로, 항상 변화한다. 세계(현상학적 영역)는 자신의 경험으로 인식하는 것이다. 그래서 현상학적 영역에는 인식의 영역뿐 아니라 영적 인식이나 심미적 앎과 같은 다른 유형의 인식과 앎도 포함되므로 각자의 인식 영역(perceptual field)마다 다르다. 인식 영역은 그 사람에게 현실감을 준다. 즉, 개인적인 '현실'이다. 이 현실은 그 사람에게 유일한 현실이다(제1장과 제6장 참조).

학습 활동

5.5 비판적 사고

정신 건강에서 망상을 경험하는 병을 진단받은 사람들의 경우 '현실감이 없다.'라고 묘사된다. 다음 목록을 보고 어떤 것이 망상인지 선택해 본다.
나는 수호천사가 있다.
나는 하나님과 대화한다.
나는 당신보다 더 똑똑하다.
나는 육감으로 나쁜 일이 생길지 안다.
나는 유명하다.
나는 혐오스러운 사람이다.

인간의 감정, 가치, 신념은 자신의 현상학적 영역을 인식하는 데 중요한 요소이다. 자신의 감각과 시각적 경험을 완전히 이해하면, 즉 이러한 경험이 체현되면 자기 정체성을 더 잘 경험할 수 있다. 로저스(1961: 189)에 따르면 인간은 인생의 모든 가능성에 '마음을 열어야' 하며, 그래야 다양한 자신의 감정과 실존적 존재를 경험할 가능성이 있다고 한다.

로저스(1961: 187~89)는 다음과 같은 사람을 충분히 기능하는 사람이라고 본다.

- 경험하는 데 주저함 없이 마음을 연다.
- 실존적 생활을 발전시킨다.
- 유기체를 신뢰한다.

충분히 기능하는 사람은 항상 움직이고 있다. 항상 발전하고 변화한다. 충분히 기능하고 좋은 인생을 살려면, 그 좋은 인생의 과정이 다음과 같아야 한다고 로저스(1961: 192~96)는 밝히고 있다.

- 선택의 자유를 인식한다.
- 창의적인 사람이 된다.
- 인간의 본성을 믿는다.

• 삶의 다양성을 인식한다.

로저스의 이론은 현상학과 실존주의에 바탕을 두고 있지만, 경험적 연구도 인정한다. 이는 치매환자를 대상으로 인간 중심의 돌봄에 관해 연구한 키트우드와 같은 다른 이론가들이 발전시켰다.

인격

인격(personhood)은 키트우드의 인간 중심 돌봄의 중심적 개념으로, 이를 '관계와 사회적 존재의 맥락에서 한 인간이 다른 사람에게 부여하는 지위나 자격'이라고 정의한다(Kitwood, 1997: 8). 키트우드는 인격을 부여하면 그 사람을 소중하게 여기고, 존중으로 대우한다고 생각한다. 실제 세계의 경험은 개인적 특성, 관련된 건강상태, 친화(affiliation) 등 세 가지 범주로 나눌 수 있다.

인간 중심의 치매환자 돌봄 모델에서 키트우드는 악의적인 사회 심리적 환경이나 긍정적 상호작용에서 사람들이 다섯 가지 심리적 욕구를 보인다고 주장했다. 키트우드는 이러한 심리적 욕구를 꽃으로 표현했다(그림 3.1 참조). 이 꽃에서 상반된 17가지 행동을 2열로 나누어 환경을 설명했다. 악의적 사회 심리학(malignant social psychology)은 제3장에 요약되어 있다(표 3.1 참조). 긍정적 상호작용(positive person work) 속성은 표 5.1과 같다.

표 5.1 긍정적 상호작용

긍정적 상호작용 / 돌봄자 행동	예시
인식(recognition)	이름을 불러 상대방을 환영하고 이름을 말하며 자신을 소개한다.
협상(negotiation)	상대방은 커피숍에 가고 싶어 하지만 당신은 받아야 할 전화가 있다. 전화를 받을 때까지 기다려 주거나 함께 나갔을 때 휴대전화로 통화해도 되냐고 물어본다.
협업(collaboration)	가족 구성원 중 한 명의 생일이라 어떻게 어떤 케이크를 만들거나 구매할지 협력한다.
놀이(play)	빙고 게임처럼 정적인 것이나 미니골프처럼 활동적인 것, 또는 단어 놀이처럼 간단한 것일 수 있다.
터치자극(timalation)	일종의 치료적 터치로, 마사지용 로션을 손에 발라 주는 것이 그 예라고 할 수 있다.
기념(celebration)	누군가 기념할 일이 있을 때 이를 인정하고, 알아주고, 기념할 기회를 준다.
휴식(relaxation)	어떤 일을 해야 한다는 압박감을 느끼지 않거나 휴식을 통해 도움을 받을 수 있을 때 휴식할 시간과 공간을 준다.
인정(validation)	어떻게 느끼는지 인식하고 이를 무시하지 않는다.

긍정적 상호작용 / 돌봄자 행동	예시
버텨주기(holding)	생각이나 감정으로 고민하는 사람 곁에 앉아 있거나 손을 잡아 주는 등 심리적인 것일 수 있다.
촉진(facilitation)	자신에게 중요한 것을 이루도록 도와주는 것이다. 예를 들면, 예배에 참석하는 것
창의(creation)	대화나 예술에서 또는 차나 케이크 같은 것을 실제로 만들 때, 창의적일 수 있는 기회를 준다.
주기(giving)	다른 사람에게 목적이 있다고 느끼도록 무언가를 줄 수 있는 기회를 준다. 예를 들면, 아이가 책을 읽는 것을 들어보도록 요구하거나 누군가에게 메시지나 조언을 주는 것

표 5.1에서는 긍정적 상호작용의 예를 제시한다. 휴식과 같이 대부분의 경우 안녕감에 분명한 영향을 미친다. 어떤 경우에는 많은 영향을 미치지 않는다. 놀이와 기념은 덜 중요한 것처럼 보일 수 있다. 놀이는 동기를 부여할 수 있지만, 놀이와 기념 모두는 기쁨의 감정을 불러일으킨다. 더 중요한 것은 기념은 성공했다는 감정을 주어 자기 효능감과 자신감을 높인다.

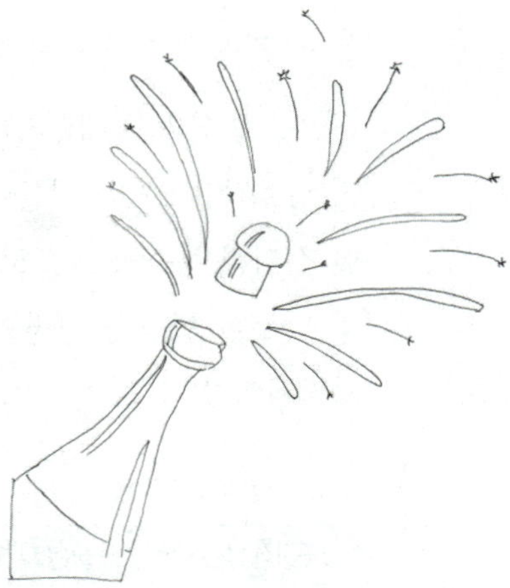

그림 5.1 기념

따라서 어떤 사람인가는 자신의 인생에 어떤 의미를 부여하는가, 자신의 현상학적 영역을 어떻게 이해하는가, 인생의 기회를 어떻게 인식하는가, 이러한 기회를 얻기 위해 어떤 결정을 내리는가에 대한 느낌이다. 인격은 다른 사람에게 부여되는 것(긍정적 상호작용)이다. 한 사람이 다른 사람에게 기대하는 모습이 되도록 하는 경우다.

그래서 돌봄 전문가처럼 우리도 우리 자신과 일치해야 하고, 타인도 그 자신과 일치하도록 도와야 한다. 이는 표 5.1에 키트우드가 제시하고, 제7장에서 로저스와 이건이 제시한 기법을 통해 달성할 수 있다. 그리고 돌봄 환경에서 인간 중심의 돌봄을 통해 이룰 수 있다고 권고된다.

요약

인간 중심의 돌봄은 영국의 모든 정부와 전문기관(보건부, NICE, SCIE, NMC, GMC, HCPC, BPS)이 권고한다. 문화적 현상이지만, 철학적 사고와 철학적 이론으로 뒷받침되어 왔다. 공감적 진료를 위한 기본틀과 철학 사상과 심리학적 이론은 계속 발전한다. 모두에게 지지받고 있는 인간 중심의 공감적 돌봄을 오늘날에는 어떻게 이해하고 있는지는 다음 섹션에서 알아볼 것이다.

인간 중심의 공감적 진료에 대한 오늘날의 심리학적 이해

연구기관들은 정량화할 수 있는 결과를 도출하는 정성적 연구를 후원하고자 하기 때문에 인간 중심의 공감적 진료는 돌봄 서비스 내에서의 기대에도 불구하고 천천히 진행되고 있다. 그러나 현상학자와 실존주의자의 철학적 접근법을 바탕으로 흥미로운 발전이 있었다. 심리학자 레 토드레스와 동료 간호사인 캐슬린 갈빈과 같은 현대의 현상학자들은 후설, 하이데거, 메를로 퐁티, 가다마, 지오르지(심리학자)와 젠들린(심리학자)의 이론을 기반으로 한다.

갈빈과 토드레스는 철학적 사고와 건강 관련 연구를 하면서 보건의료에 중요한 것이 빠져 있다고 생각했다. 바로 '더 인간답게 느끼게 하는 것'에 대한 주의가 부족한 것이다(Galvin and Todres, 2013). 그래서 현상학적 철학, 심리학, 보건의료에 근거한 실제 세계 접근법을 이용하여, 진정한 인간 중심의 보건의료를 뒷받침하는 가치를 강조하는 인간적 가치 기본틀(Humanising Values Framework, HVF)을 개발했다(인간적 돌봄과 비인간적 돌봄의 형태에 관한 이론 박스를 참조).

인간적 가치 기본틀(HVF)

갈빈과 토레스는 인간적 돌봄의 8가지 측면을 제시했다. 이는 비인간적 돌봄 측면과 인간적 돌봄 측면을 오가는 격론의 가치로 표현되었다. 그리고 연구를 통해 이 방법을 전문가 교육뿐 아니라 많은 임상 환경에 적용해 보았다.

– 인간적 돌봄(Todres et al., 2009) –

- 내적인성(insiderness): 사람의 주관성-세상에 대한 개인의 내적 관점. 인간적 돌봄은 이를 인정하고, 그 사람이 지각하는 세계를 존중하며 제공하는 돌봄이다.
- 대리인(agency): 그 사람이 자신의 의사결정/선택을 할 수 있고, 책임질 수 있는 경우이다. 인간적 돌봄을 제공하려면 그 사람의 개성을 촉진시켜 스스로 선택할 수 있도록 해야 한다.
- 고유성(uniqueness): 우리가 돌보는 사람들은 '부분을 합쳐 놓은 것과 다르다.' 그들은 서로 다르므로, 모두 같은 행동을 하거나 같은 것을 원할 것이라 기대해서는 안 된다.
- 유대감(togetherness): 우리는 다른 사람과의 관계로 존재한다. 고립은 돌봄 대상자뿐 아니라 돌봄 제공자에게도 큰 문제가 된다. 인간적인 돌봄을 위해서는 가족과 지인들과의 관계가 중요하다는 것을 인식하고, 협상을 통해 이러한 관계를 어떻게 촉진시킬 수 있을지 고려해야 한다.

- 센스 메이킹(sense-making): 우리 세계에서 의미와 패턴을 찾으려는 욕구와 능력. 어떤 이들에게는 예배가 그런 것이다. 인간적인 돌봄을 위해서는 세상에 대한 자신의 의식이 타인에게 어떤 영향을 미치고, 타인이 현실에서 일어나는 일들을 이해하는 데 어떻게 도움을 줄 수 있는지 고려해야 한다.
- 개인적 여정(personal journey): 전 생애적 발달을 나타내는 용어이다. 우리는 인생을 살면서 발전하고, 성장하고, 변화한다. 돌봄 전문가로서 돌봄 대상자의 목표가 무엇인지 알아내어 이를 달성할 수 있도록 돕는 능력을 향상시켜야 한다.
- 장소감(sense of place): 소속감, 편안해지는 경험. 누군가를 돌볼 때, 그들은 자신이 소속되어 있고 편안하게 느끼는 장소가 있을 수 있다. 그러나 때로 어떤 장소(병원, 요양시설, 호스피스)를 그런 경험을 할 수 있는 곳으로 만들어야 한다. 즉, 개인적 소품, 반려동물 또는 사람을 이용할 수 있다.
- 체현(embodiment): 삶의 경험, 즉 우리의 인식, 느낌, 상호작용을 의미한다. 경험, 인식, 상호작용, 느낌을 부정하거나 폄하해서는 안 된다. 그들은 자신이 말하는 그런 사람이다. 돌봄 전문가로서 그 사람이 말하는 표현을 잘 듣고, 그러한 이유로 요구하는 것을 해결하도록 노력해야 한다.

– 비인간적 돌봄의 형태(Todres 등의 연구, 2009) –

- 객관화(objectification): 그 사람의 개인적 경험을 무시하거나 부정하는 경우일 수 있다. 예를 들어 밤에 대문을 두드리는 사람들 때문에 불안하다는 말을 무시하는 경우
- 수동성(passivity): 그 사람을 대신해 선택/의사결정을 하는 경우로, 이 사람은 그 권한을 받아들이고 수동적이 된다.
- 균질화(homogenization): 모든 사람이 같은 방식으로 행동하고 생각하고 느끼기를 기대해 동일하게 대우하는 경우
- 고립(isolation): 사회적 참여 기회를 제한하는 경우일 수 있다. 예를 들어 제한적 방문, 사회 집단이나 시설의 이용 제한
- 의미 상실(loss of meaning): 혼란 상태를 무시하거나, 의미 없음을 표현하거나, 적절한 설명 없이 변경하는 경우, 의도적으로 또는 의도치 않게 발생할 수 있다.
- 개인적 여정 상실(loss of personal journey): 최적의 건강 상태가 아니라도 가능할 수 있는 그 사람의 목적, 희망사항, 기대사항에 대한 인식이 부족한 경우 발생할 수 있다. 예를 들어 치매 환자가 레스토랑에서 식사하고 싶은데 치매라는 이유로 이를 부정하는 경우
- 전위(dislocation): 요양원 같은 다른 돌봄 장소로 이동해야 하는 경우나 상태가 악화되어 그로 인한 문제가 해결되지 않은 경우 발생할 수 있다.
- 환원주의적 신체(reductionist body): 자신의 통증이나 불편함에 대해 표현했는데 검사하는 대신 무시되는 경우, 자신의 모든 표현이 건강상 문제 때문에 왜곡된다고 가정해 발생한다.

이 기본틀은 돌봄 전문가가 인간 중심의 인간적 돌봄을 수행하는 데 지침이 된다. 이는 이미 파악된 일부 핵심적인 철학적 개념을 통해 이행될 수 있지만, 연구자들은 그 내용과 방법을 더욱 명확히 했다. 그리고 '내적인성', '함께하기' 또는 '체현된 관계적 이해', '공감을 통한 앎', '열린 마음', '거주성, 이동성'과 같은 용어를 사용했다.

내적인성

내적인성(insiderness)은 사람의 개인적 경험이나 '실제 세계'를 이해하는 것이다. 처음부터 인간 중심의 접근법은 자신을 잘 이해하는 것, 즉 자기인식으로 타인을 이해하기 시작한다고 인식했다. 로저스는 '일치성'을 설명할 때 우리 자신의 생각과 느낌과 경험을 알고 있어야 할 뿐 아니라 우리 자신에게 편안하게 느껴야 한다고 주장한다. 즉, '자신에게 편안함'을 느껴야 한다.

토드레스 등(2014)은 내적인성을 다룰 때, 즉 그 사람과 그 사람의 세계를 보살필 때 세 가지 측면을 강조한다.

- '내적인성'은 항상 상대방의 관점에서 멀어지므로, 절대 완전히 이해할 수 없다.
- 과정과 관례로 타인의 '내적인성'에 '도달하려 하는 것'은 누군가의 '내적인성'의 상세 내용을 이해하는 것보다 중요하다.
- '내적인성을 다루려면' '성찰적 열린 마음'과 실제 세계에 대한 지식을 통해 해석하는 등 자신을 복잡하게 사용해야 한다.

내적인성은 간단하게 '감정이입'이라고 할 수 있지만, 과학적 심리학자인 길버트와 현상학적 심리학자인 토드레스는 사람에게는 무언가가 더 있고 그것은 감정이입이라기보다 공감이라고 생각했다. 내적인성은 그 사람의 현상학적 영역, 즉 자신의 전체 실제 세계에 대한 경험을 이해하고 거리를 두는 것이다.

함께하기: 체현된 관계적 이해

돌봄자는 타인을 돌볼 때 의사결정을 판단해야 하고, '체현된 관계적 이해(embodied relational understanding)'가 인간 중심의 태도로 돌봄을 행하도록 촉진시킬 수 있다. 이를 토드레스는 '함께하기(being with that)'라고 부른다(Todres, 2008). 토드레스는 한스게오르크 가다머(Hans-Georg Gadamer)와 모리스 메를로-퐁티와 유진 젠들린의 저서를 이용해 '함께하기'나 '체현된 관계적 이해'가 어떻게 의료진에게 도움을 줄 수 있는지 설명했다.

가다머는 우리가 내적 집착에 의해 흐트러지지 않고 '그것(that)'에 초점을 맞추어야 한다고 했다. 그리고 우리는 모두 관계를 맺고 있고 상대방에게 대응하지 않을 수 없으므로 각자의 자아감(sense of self)을 배제하는 것은 제안하지 않는다. 타인과의 '유대감(bond)'

에 대해 말한다. 젠들린은 자기 자신에 대해 파악해야 타인과 친밀한 관계를 맺을 수 있다는 에릭슨의 주장과 비슷하게, 유대감을 형성하는 데 '체현하는 것'이 중요하다고 말한다. 토드레스는 이러한 유대감이, 마음과 공감을 수반한 판단에 있어 다른 사람들에게 반향을 불러일으킨다고 주장한다. 이를 통해 의료진은 체현된 모든 자원을 상호작용에 이용하여 생기 있고 열린 관계를 형성할 수 있다.

또한 젠들린(1962, 1992)은 '센스 메이킹'을 위해 몸으로 아는 것이 필요하다고 주장한다. 즉, 우리 자신을 경험의 세계와 연결시키는 것이다. 이런 맥락에서 센스 메이킹은 논리적이고 사실에 입각한 것일 뿐 아니라 '감각, 육체, 역사, 다중 의미'가 어우러지게 된다(Todres, 2007: 20). 이는 감각느낌(felt sense)이고, 말보다 더 의미가 있다(Gendlin, 1962, 1992).

따라서 토드레스의 주장은 우리의 전체적인 인지적 경험을 이해하여 타인들을 알게 되는 '체현된 관계적 이해'와 감각느낌(felt sense)을 통한 타인과의 유대감이 우리의 판단을 돕고, 인간 중심적 접근법을 촉진시킨다는 것이다.

공감에 의한 돌봄 지식(Galvin and Todres, 2010)

갈빈과 토드레스(2010)는 다른 많은 심리학자와 돌봄 전문가들과 함께 공감을 통해 상대방을 이해하면 인간 중심의 돌봄을 행하는 데 도움이 될 수 있다고 주장했다. 그리고 철학적 탐구로, 이전 섹션에서 설명했듯이 체현된 관계적 이해를 통하여 상대방에 대해 공감에 의한 지식을 얻을 수 있다고 생각했다. 체현된 관계적 이해에는 체현된 해석이 내재되어 있는데, 이는 돌봄 시 머리, 마음, 손을 사용하는 증거가 될 수 있다.

- 상대방의 이야기를 기억
- 의미를 발전시키기 시작
- 상대방과 함께 거주하고 손잡아 주기
- 젠들린(1962, 1992)이 '감각느낌'이라고 밝힌, 체현된 자리의 애매한 감각느낌에 대한 단어 찾기

체현된 관계적 이해와 공감에 의한 지식을 통해 내적인성을 이해하면, 인간성을 존중하는 데 도움이 될 것이다.

거주성, 이동성

토드레스와 갈빈은 HVF를 개발한 이후, 계속 철학적 · 심리학적 현상을 토대로 안녕감에 대한 이해를 발전시켰다. 그 일환으로 거주성(dwelling)과 이동성(mobility)을 탐구했다.

그림 5. 2 집

토드레스와 갈빈(2010, 2011)은 거주성과 이동성을 부정적이지도 긍정적이지도 않은 양극의 구성체로 보았다. 어떤 사람이 어떤 곳에 거주하든 또는 이동하든 안녕감을 느낄 수 있고, 두 가지 모두 필요할 수도 있다. 이들의 저서는 안녕감이 있는 사람이 세상에 나가서도 집에 있는 것 같은 '감각느낌'을 경험한다고 주장한 하이데거의 초기 연구를 토대로 작성되었다(그림 5.2).

하이데거는 이를 공간성, 시간성, 상호주관성, 분위기, 개인의 정체성, 체현이라는 용어로 표현했다. 이는 모두 세상에서 느끼는 것들이다. 그리고 이해를 높이기 위해 모험심과 집에 있는 듯한 편안함, 고착성과 흐름, 평화와 가능성의 예를 제시했다. 그리고 세상을 경험하는 각 방법에서 거주성과 이동성을 어떻게 경험하는지 살펴보았다(표 5.2 참조).

표 5.2 토드레스와 갈빈: 거주 이동성 유형

방식	거주성	이동성
공간성(spatiality)	집에 있듯 편안함	모험심
시간성(temporality)	순간에 머무름	전진해 이동
상호주관성(intersubjectivity)	연대감과 소속감	신비한 끌림
분위기(mood)	평화로움	흥분/열망
개인의 정체성 (personal identity)	세상과 혼연일체	'나는 이것을 할 수 있다.'
체현(embodiments)	안락함	생기

인간 중심의 접근법은 토드레스와 갈빈의 저서에서 설명했듯이 실존적 · 현상적 철학과 인본주의적 심리학에서 발전했다. 이 영역은 여전히 성장하고 발전하고 있다. 우리는 안녕감과 안녕감을 주는 방법에 대해 더욱 잘 이해할 수 있으며, 제4장에서 설명한 인간 중심의 공감에 관한 일부 연구에서 볼 수 있듯이 돌봄에서 그 중요성에 대한 인식도 더욱 높아지고 있다.

요약

제5장에서는 인간 중심 접근법의 심리학이 어떻게 발전했고, 그 토대가 되는 철학은 무엇인지 살펴보았다. 철학이 심리학 학파의 탄생과 지속적인 변형에 어떠한 관련이 있는지와 함께 철학의 계보도 설명했다. 모든 초기의 심리학 학파는 인간 중심 돌봄의 토대가 되는 인본주의적 심리학에 영향을 미쳤다. 그리고 현대의 철학자와 심리학자들의 접근법을 살펴보며, 어떻게 이러한 접근법을 통합해 더욱 원대한 통찰력을 구축할 수 있을지 알아보았다.

추가연구

보건의료재단(Health Foundation)은 인간 중심의 돌봄을 위해 새로운 웹 기반 자원을 구축했다. 여기에서 누구나 관련된 자료를 열람하고 읽어 볼 수 있다. 가입하면 다른 사람들은 어떻게 인간 중심의 돌봄을 제공하는지 새 소식 알림을 받을 수 있다. http://personcentredcare.health.org.uk/ 참조

정답

학습 활동 5.3 비판적 사고

아가타 라이트의 사례연구를 읽는다. 아가타는 어떤 성격이라고 생각되는가? 이런 성격이 된 이유가 무엇이라고 생각하는가?

- 자신의 개인적 세계관에 따라 아가타를 다르게 이해할 것이다. 그러나 앞서 설명한 대로, 이야기를 간단하게 읽어 보면 아가타에게 중요한 것은 다른 사람들, 특히 가족과의 관계라는 것을 알 수 있다. 그리고 아버지와 남편이 감정과 행동에 상당한 영향을 미친 것으로 보인다.
- 인도주의적 관점에서 아가타의 안녕감을 생각해 보면, 삼촌이 돌아가시기 전까지 무조건적 긍정적 존중을 받았던 것 같지만 그 이후에는 '가치의 조건'을 통해서만 긍정적 존중을 받았다. 그리고 다른 사람들을 즐겁게 해 주는 무언가를 했을 때에만 긍정적 존중을 경험했다. 행복을 느끼고 사랑하는 사람들이 웃고 입 맞추고 안아 주는 특별한 순간에 대해 이야기한다. 따라서 아가타는 순전히 가치의 조건에는 대응하지 않고, 자존감이 상당히 높을 수 있다.

학습 활동 5.4 창의적 사고

매튜의 사례연구를 읽고, 이런 사람을 돌볼 때에 중요하게 고려해야 할 점이 무엇인지 생각해 본다.

- 매튜의 이야기를 간단히 읽어 봤을 때, 매튜는 독립적인 삶과 성취감이 중요한 사람이란 것을 알 수 있다. 따라서 이런 사람을 돌볼 때에는 가능한 독립적으로 생활하도록 해 주고, 대리인을 지원하고, 자신의 일은 자신이 결정하도록 하는 것이 가장 중요하다. 또한, 성취감을 이룰 방법을 알려 주고 장점을 강조하는 것이 중요하다.

학습 활동 5.5 비판적 사고

정신 건강에서 망상을 경험하는 질병을 진단받은 사람들의 경우 '현실감이 없다.'라고 묘사된다. 다음 목록을 보고, 어떤 것이 망상인지 선택해 본다.
나는 수호천사가 있다.

나는 하나님과 대화한다.
나는 당신보다 더 똑똑하다.
나는 육감으로 나쁜 일이 생길지 안다.
나는 유명하다.
나는 혐오스러운 사람이다.

- 모두 망상일 수 있지만, 일부 타당성이 있을 수도 있다. 이를 뒷받침할 증거가 있다. 인간 중심의 태도를 지니려면 타인의 현실감을 인정해야 하지만 일관되게 행동해야 한다. 그래서 위의 모든 표현이 진실이라는 데 동의하지 않는다. 그러나 이것도 현실의 일부임을 인식해야 한다. 돌봄자로서 중요한 것은 이러한 생각이 돌봄 대상자에게 미치는 영향이다. 이러한 생각으로 돌봄 대상자의 안녕감이 높아지면, 같은 생각을 한다는 점을 입증하는 것 외에 더 할 일이 없을 수 있다. 그러나 이러한 생각이 돌봄 대상을 힘들게 한다면 개입해야 할 수 있다.

References

- American Psychological Society (2015) About APA and about Psychology. Available at: www.apa. org/support/about/apa/psychology.aspx#answer (accessed September 2015).
- Barker, S. (2007) Vital Notes for Nurses: Psychology. Oxford: Blackwell.
- Barker, S. (2011) Midwives' Emotional Care of Women becoming Mothers. Newcastle Upon Tyne: Cambridge Scholars Publishing.
- British Psychological Society (2013) Good Dementia Care. Available at: www.bps.org.uk/news/ psychology-integral-good-dementia-care (accessed September 2015).
- British Psychological Society (BPS) (2015) Psychology. Available at: www.bps.org.uk/ (accessed April 2015).
- Carlson, N.R., Martin, G.N. and Buskist, W. (2004) Psychology, 2nd edn. London: Pearson. Galvin, K. and Todres, L. (2010) 'Research-based empathic knowledge for nursing: A translational strategy for disseminating phenomenological research findings to provide evidence for caring practice', International Journal of Nursing Studies, 48: 522-30.
- Galvin, K. and Todres, L. (2011) 'Kinds of well-being: A conceptual framework that provides direction for caring', International Journal of Qualitative Studies on Health Well-being, 6 (4): 10362.
- Galvin, K. and Todres, L. (2013) Caring and Well-Being: A Lifeworld Approach. London: Routledge.
- Gendlin, E.T. (1962) Experiencing and the Creation of Meaning. Glencoe, NY: Free Press.
- Gendlin, E.T. (1992) 'The primacy of the body, not the primacy of perception: How the body knows the situation and philosophy', Man and World, 25 (3-4): 341-53. Available at: www.focusing.org/pdf/primacy_excerpt.pdf (accessed September 2015).
- Gerrig, R.J., Zimbardo, P.G., Svartdal, F., Brennen, T., Donaldson, R. and Archer, T. (2012) Psychology and Life. Harlow: Pearson.
- Gross, R. (2005) Psychology: The Science of Mind and Behaviour, 5th edn. London: Hodder Arnold.
- Health Care Professions Council (HCPC) (2015) Person-Centred Care. Available at: www.hpc-uk.org/publications/research/index.asp?id=668 (accessed September 2015).
- Health Foundation (2014) Person-Centred Care Made Simple. Available at: www.health.org.uk/sites/default/files/PersonCentredCareMadeSimple.pdf (accessed September 2015).

- James, W. (1890) The Principles of Psychology. Available at: https://archive.org/stream/theprinciplesofp-01jameuoft#page/n11/mode/2up (accessed September 2015).
- Kitwood, T. (1997) Dementia Reconsidered: The Person Comes First. Maidenhead: Open University Press.
- MacKinlay, E.B. (2001) 'The spiritual dimension of caring: Applying a model for spiritual tasks of aging', Journal of Religious Gerontology, 12 (3-4): 151-66.
- MacKinlay, E. (2011) 'Creative processes to bring out expressions of spirituality: Working with people who have dementia', in H. Lee and T. Adams (eds), Creative Approaches in Dementia Care. Basingstoke: Palgrave Macmillan, pp. 212-29.
- Morrissey, J. and Callaghan, P. (2011) Communication Skills for Mental Health Nurses. Maidenhead: Open University Press, McGraw-Hill Education.
- Morse, J.M., Bottorff, J., Anderson, G., O'Brien, B. and Solberg, S. (1992) 'Beyond empathy: Expanding expressions of caring', Journal of Advanced Nursing, 17: 809-21.
- Robinson, D.K. (2010) 'Gustav Fechner: 150 years of Elemente der Psychophysik', History of Psychology, 13 (4): 409-10.
- Rogers, C.R. (1961) A Therapist's View of Psychotherapy: On Becoming a Person. London:Constable.
- Royal College of Nursing (RCN) (2015) Person-Centred Care. Available at: www.rcn.org.uk/development/practice/cpd_online_learning/dignity_in_health_care/person-centred_care(accessed September 2015).
- Todres, L. (2007) Embodied Enquiry: Phenomenological Touchstones for Research, Psychotherapy and Spirituality. Basingstoke: Palgrave Macmillan.
- Todres, L. (2008) 'Being with that: The relevance of embodied understanding in practice', Qualitative Health Research, 8 (11): 1566-73.
- Todres, L. and Galvin, K. (2010) '"Dwelling-mobility": An existential theory of well-being', International Journal of Qualitative Studies on Health and Well-being, 5: 5444.
- Todres, L., Galvin, K. and Dahlberg, K. (2014) '"Caring for insiderness": Phenomenologically informed insights that can guide practice', International Journal of Qualitative Studies on Health and Well-being, 9: 21421.
- Todres, L., Galvin, K.T. and Holloway, I. (2009) 'The humanization of healthcare: A value framework for qualitative research', International Journal of Qualitative Studies on Health and Wellbeing, 4: 66-77.
- Verity, J. and Lee, H. (2011) 'Reigniting the human spirit', in H. Lee and T. Adams (eds), Creative Approaches in Dementia Care. Basingstoke: Palgrave Macmillan, pp. 16-32.

6

CHAPTER

돌봄 전문가

나는 누구인데 당신을 돌보는가?
나는 무엇을 알고 있어야 하는가?
나에 대해 말해야 하는가?
나는 당신의 눈빛 아래에서 침묵하는가?
내가 감히 당신을 안아 주어도 되는가?
아니면 내가 곁에 있어 주기를 바라는가?
나는 누구인데 당신을 돌보는가?
우리는 짝을 이루어 함께 나아간다.

학습 목표

대부분의 사람은 어떤 사람이 돌봄 전문가여야 하는지 자신만의 생각이 있고, 많은 어린이에게 좋은 간호사나 의사가 되라고 말한다. 이러한 주장은 얼마나 정확한 것인가? 돌봄 전문가가 될 수 있는 특별한 유형의 사람이 있는가? 이 장에서 살펴볼 것은 다음과 같다.

- 학자들이 성격을 어떻게 설명하는지 알아본다.
- 자아개념과 자존감을 정의한다.
- 동기부여, 지각, 귀인에 대한 설명을 알아본다.
- 자기노출을 사용하는 전문가적 문제를 알아본다.

학습 활동

6.1 비판적 사고

어렸을 때 소방관, 농부, 의사, 유모가 되고 싶다고 하면 가족들이 어떻게 반응했는가? 그리고 왜 그런 반응을 했다고 생각하는가?
이 장의 마지막에서 몇 가지 답이 제시된다.

들어가면서

이 책의 이전 장에서는 심리학의 주요한 이론적 관점의 탐구를 시작으로, 심리학자들이 자신의 이해를 발전시키는 방법까지 차례대로 살펴보았다. 제2장에서는 기본적인 이해를 통해 전 생애에 걸친 건강, 안녕감, 질병에 대해 알아보았다. 제3장에서는 고통, 즉 안녕감의 상실과 공감적 진료가 필요한 근본적 이유에 대해 살펴보았다. 제4장에서는 현재 제시된 모델과 해당 문화를 통해 공감적 진료란 무엇인지 논했다. 제5장에서는 인간 중심의 돌봄에 대해 이해하며, 철학적 · 심리학적 차원에서 공감과 공감적 진료를 더 깊이 살펴보았다.

이 장에서는 주로 과학적 · 심리학적 이론과 연구를 통해 돌봄 전문가의 성격을 알아본다. 돌봄 전문가는 생체의학적 접근법에서 인간 중심의 접근법으로 이동하면서 경험적 · 과학적으로 자신과 자신의 역할에 대해 어떻게 설명하는지 알고 있어야 한다. 이 장에서는 성격, 자기인식, 자아개념에 대한 이론적인 설명을 바탕으로, 돌봄 전문가에 관해 집중적으로 알아볼 것이다. 그리고 주로 지각, 동기부여, 태도, 귀인에 대한 인지 이론을 통해 돌봄자의 느낌, 자존감, 행동을 살펴본다. 인지적 이론가들은 개인적 차이를 이해하여 행동을 설명하고, 심리 치료를 보건의료 및 사회복지 서비스에 사용하는 데 큰 영향을 미쳤다.

우선 가장 중요한 개념인 성격을 정의하고 설명할 것이다. 그리고 사람들 사이의 개인적 차이에 대한 심리학적 설명을 자세하게 살펴본다. 성격은 광범위한 개념이고, 모든 심리학적 관점에서 이론화되어 있다.

역사적으로 볼 때, 돌봄은 지위나 금전적 보상이 거의 없는 어머니, 딸, 아내와 같은 그들의 달리 확립된 역할의 일부로서, 여성들이 수행하는 활동으로 여겨져 왔다. 근본적인 사회문화적 배경과 사회에 지배적인 정치권력 체계가 돌봄 전문가와 같은 시민에 관한 지위와 고정관념, 즉 문화적 헤게모니에 영향을 준다.

문화적 고정관념과 상관없이 돌봄 전문가는 돌봄 대상자와 마찬가지로 성격과 기질 면에서 다양할 수 있다. 이들의 지위와 임금은 현대 문화에서 교육 수준과 경력에 따라 매우 낮거나 평균 이상일 수도 있다. 이러한 다양성에도 불구하고, 돌봄 전문가로서 최고의 기량을 발휘하고, 최상의 돌봄 서비스를 제공하려면, 우리 자신과 서로를 이해하는 것이 여전히 중요하다(제7장과 제9장 참조).

일반적인 사람뿐 아니라 여기에 돌봄 전문가에 대한 이해를 모두 결합하는 매우 중요한 개념은 '성격(personality)'이다. 당연하게도 심리학에서는 이 개념을 이해하기 위해 개별적 특성을 포함해 다양한 정의와 이론을 제시한다. 여러 철학적 관점에서 그 구조나 과정과 같이 다양한 방식으로 성격을 파악하고 있지만, 넓은 범위의 정의로 두 가지 가설을 제시한다. 이 내용은 자세히 살펴볼 것이다.

성격에 대한 인지적 · 과학적 · 심리학적 정의는 다음과 같다.

- 한 사람이 오랜 기간 동안 여러 장소에서 보여 주는 상대적으로 안정된 특성이나 특징

성격에 대해 더욱 인간 중심적이고 심리학적인 정의는 다음과 같다.

- 개인의 '의미 있는 느낌'(체현된 관계적 앎을 통해 의미를 부여)과 그 사람이 사는 세상 사이의 상호작용

학습 활동 **6.2 비판적 사고**

나의 성격은 어떠한가?
나의 성격을 느낌으로 설명한다면? 좋은가 싫은가?
나의 성격을 능력으로 설명한다면?
나의 성격을 직업으로 설명한다면?
나는 누구이고, 나의 인생에 어떤 의미가 있는가?

성격 이론

정신역동적

이 이론적 관점은 프로이트의 정신역동적 이론에 기초한다. 프로이트는 20세기의 가장 위대한 사상가 중 한 명으로, 빈에 살던 의사였는데 오스트리아를 점령한 나치를 피해 잉글랜드로 건너갔다. 프로이트는 당시의 지배적인 사회정치적 환경의 영향을 받았지만, 오늘날의 돌봄 전문가와 심리학자에게 유익한 이론을 제시한다(제1장과 제2장 참조).

'정신역동적(psychodynamic)'이라는 단어는 특히 성격이나 마음 또는 정신(psyche)의 세 가지 구성요소, 즉 원초아, 자아, 초자아 사이에서 나타나는 성격에 의한 행동의 능동적인 힘을 의미한다. 원초아와 초자아는 주로 무의식적이고, 자아는 의식적이다(일부 전의식과

무의식 구성요소). 빙산과 마찬가지로, 성격의 대부분은 표면 아래에 숨어 있어 볼 수 없다(그림 1.2 참조).

프로이트의 이론에서는 성인의 성격이 형성되는 심리성적(psychosexual) 발달 단계를 설명한다. 어린 시절에 이 세 가지 심리성적 발달 단계를 성공적으로 거치지 못하면 발달이 저지되거나(고착), 성인이 되어 스트레스를 받으면 그 이전 단계로 퇴행하거나, 그 단계와 관련된 성격이 지속적으로 발달할 수 있다. 프로이트의 심리성적 발달 단계는 성인의 성격에 미치는 영향과 함께 제2장에서 논했다.

프로이트의 이론에 따르면 돌봄 전문가의 성격도 역동적이다. 즉, 항상 변화하고 있고, 자신에 대해 절대 알 수 없는 면(무의식)이 있다. 또한 자신의 성격은 영원히 충돌하고, 항상 원초아와 초자아 사이에 갈등하지만 자아가 균형을 맞춘다. 정신역동적 이론가들에 따르면 자신에 대해 더욱 잘 인식하고 이해하려면 치료사와 분석을 통해 알 수 있다(제7장 참조).

행동주의적, 인지적 이론

정신역동적 이론가들과 대조적으로 행동주의자들은 아기들이 학습 능력만 갖고 태어난다고 주장한다(제1장과 제2장 참조). 그리고 인간에 대해 알 수 있는 모든 것은 환경을 통해 발달하는 개별적 행동이 관찰되는 것이라고 설명한다. 그 사람의 성격을 결정하는 것

– 보보 인형 실험 –

그림 6.1 보보 인형을 때리는 아이

1961년과 1963년에 앨버트 반두라는 몇 가지 경험적 실험을 개발해, 아이들이 공격성과 같은 행동을 학습하는 이론을 제안했다. 반두라는 바닥이 무거워 때려도 쓰러지지 않는 풍선 인형인 '보보 인형'을 포함해, 아이들이 여러 개의 장난감을 가지고 노는 모습을 관찰했다. 아이들에게 보보 인형을 갖고 놀게 했고, 어른(롤 모델)이 이 인형을 향해 공격적인 행동을 하는 것을 관찰하게 하자, 이 행동을 모방했다(그림 6.1).

이러한 실험은 그 실험 설계 때문에 비난을 받았다. 그리고 관찰된 모든 것은 아이들이 성인의 행동을 모방하는 것이고, 공격적인 것이 아니라고 여겨졌다. 또한, 실험자의 기분을 맞춰 주기 위한 행동과 같이, 그러한 행동을 한 이유가 있을 것이라고 했다.

은 그 사람의 행동이다. 따라서 성격, 개인적 특성, 외현적 특성은 다른 모든 행동과 같은 방식으로 학습된다.

전체적으로 인간은 고전적 조건형성과 조작적 조건형성에 따라 학습하지만 새로워 보이는 어떤 행동이 나타나 인지적 전환(cognitive shift)이 이루어진다. 반두라(1965)의 사회학습 이론(제1장 참조)에서는 이에 대해 대리 학습(vicarious learning)으로 설명했다. 물론, 새로운 행동을 완전히 설명하는 것은 아니다.

반두라는 고전적 조건형성과 조작적 조건형성의 학습 과정을 인정하지만 1965년에 널리 알려진 보보 인형 실험을 포함한 연구를 통해 인간은 관찰과 모방을 통해서도 학습한다는 것을 알아냈다. 이러한 능력은 효과적인 롤 모델을 통해 크게 향상되었다. 효과적인 롤 모델은 사회적으로 인정받고, 보상받고, 관찰자와 비슷한 사람이다. 이러한 특징을 지닌 롤 모델, 예를 들어 돌봄 직업을 가진 사람은 모방 대상이 될 가능성이 높았다.

사/례/연/구

클라우디아

클라우디아는 간호 실습생으로, 현재 40세이고 항상 간호사가 되고 싶었다. 그러나 십 대에 임신을 해 중등교육을 마치지 못했다. 자녀들은 이제 독립했고, 직업적으로도 성공했다. 그리고 딸이 이제 엄마의 꿈을 이루라고 격려했다. 클라우디아는 가족과 현재 다니는 현지 학교 직원들의 지원을 받아 보건의료 및 사회복지 프로그램을 거쳐 대학교에 입학할 수 있었다.

클라우디아는 동급생 사이에서 인기가 많았다. 따뜻하고 친절한 성격으로 평가받고, 고민 상담을 부탁하는 사람도 많았다. 클라우디아는 훨씬 어린 동급생들에게 '엄마의 모습'과 같았다. 대학교의 지도교사와 임상 멘토도 다른 학생을 돕는 태도를 인정하고, 감사를 표하기도 한다. 클라우디아도 학업 때문에 힘들기도 하고, 자신뿐 아니라 가족을 위해 시간을 내야 하므로 때로 힘든 면이 있다. 모든 사람에게 잘해야 한다는 이러한 책임감 때문에 스트레스를 받는다. 때문에 '먹는 데서 위안을 얻어' 최근 체중이 늘었다.

이 이론에서는 아이들이 모델링이라 부르는 관찰과 모방의 과정을 통해 자아개념과 자기 효능감을 발달시킨다고 주장한다. 그리고 이러한 특징은 성인기의 지속적인 학습을 통해 강화된다. 클라우디아의 사례연구를 보면, 클라우디아는 교육을 많이 받지 못했고, 간호사가 되고 싶은 꿈을 이루기 어렵다고 느꼈다. 자기 효능감이 낮아서 자존감도 낮을 수 있다. 이는 어린 시절에 학습되었고, 청소년기에 강화되었을 수 있다.

- 자아개념(self-concept): 자신에 대한 사고나 생각의 모음. 예, '나는 배려 있는 사람이다.'

- 자기 효능감(self-efficacy): 자신의 목표를 달성할 수 있다는 신념. 예, '나는 상처를 드레싱할 수 있다.'

다소 지나치게 단순화한 것이지만, 어린 시절의 경험과 환경은 추후 성격에 큰 영향을 미칠 수 있다. 또한 이 이론을 이용하면 클라우디아가 학업 성적이 좋지 못했음에도 불구하고 지도교수와 멘토로부터 다른 학생들의 롤 모델로 인정받은 것을 알 수 있다. 이는 지도교수와 멘토의 칭찬을 통해 이러한 행동이 강화된 것(보상받은 것)으로, 이러한 행동을 계속 하도록 격려한다.

돌봄 전문가는 보통 효과적인 롤 모델, 즉 멘토를 보고 모방하면서 발전하기 때문에 이 이론은 교육에 영향을 주었다. 이 이론에 따르면 모델링은 돌봄 전문가가 태도, 가치, 자기평가 능력을 갖추는 데 도움이 된다.

태도와 가치를 비롯해 자신의 행동을 스스로 평가할 수 있는 자기평가 능력은 그 개인이 사회에서 기능할 수 있는 능력을 높인다. 자기평가는 자기인식과 밀접하게 연관되어 있는 것으로 보여 돌봄 전문가에게 중요한 기술로 인식된다(제7장 참조).

특성 이론

위에서 성격의 두 가지 이론, 즉 정신역동적 이론과 사회 학습 이론에 대해 알아보았다. 이러한 이론은 과정의 성격(process personality) 이론으로 간주된다. 또한 특성(trait) 이론과 같이 구조적 성격 이론도 있다. 구조적 성격 이론에서는 성격을 고정된 것으로 보고, 대부분의 경우 이러한 성격을 지니고 태어난다고 생각한다. 이는 환경과 심리적 과정이 미치는 영향을 과소평가한 것이다. 특성이나 개인적 기질은 생물학적 또는 유전적 성격 이론으로 간주된다.

- 기질(temperament): 인간의 선천적인 성격으로, 정신적 · 정서적 · 신체적 속성이 포함될 수 있다.
- 특성(trait): 개인적 차이의 원천으로, 그 사람이 어떤 사람인지 특성화한다.

한스 아이젠크(Hans Eysenck, 1916~1997)에 따르면 성격은 외향성, 신경증, 정신증적 경향성 등 세 가지 주요 특성을 포괄한다. 그리고 그 특성의 정도가 달라 극단적 외향성에서 극단적 내향성의 극과 극을 따라 각기 다른 지점에 있는 사람들의 연속체이다.

- 외향성(extroversion): 다른 사람들과 관계를 맺는 정도. 외향적인 사람은 지속적으로 다른 사람들과 어울리고 싶어 한다. 이와 반대의 특성은 내향성(introversion)으로, 다른 사람들과 어울리기보다 고독함을 선호하는 사람들에게서 나타난다.
- 신경증(neuroticism): 걱정하거나 불안해하는 정도와 관련이 있다. 불안감이 높아 신

경증이 심하다. 이는 극단적인 성향이다. 이러한 특성이 거의 없는 더욱 달관한 듯한 사람은 그 반대의 극단적인 성향이다.

- 정신증적 경향성(psychoticism): 그 문화에 얼마나 잘 어울리는가를 말한다. 정신증적 경향성이 매우 높은 사람은 일탈적으로 여겨질 수 있다. 예를 들어, 허용되는 행동에 대한 사회적 규범을 잘 따르지 않는 경향이다. 정신증적 경향성이 극단적으로 낮은 사람은 그 반대의 성향으로, 과도하게 순응적이고 규범을 잘 따르지만 성격이 없는 것으로 간주될 수 있다.

클라우디아의 사례연구를 다시 보면, 행동을 토대로 아니젠크가 주장하는 성격 특성요소를 지니고 있는지 가정할 수 있다. 클라우디아는 다른 학생들과의 따뜻하고 친절한 관계를 감안하면 다른 사람들과 어울리는 것을 좋아하는 것으로 보이고, 간호사가 되고 싶어하는 열망은 내향적이라기보다 외향적인 성향에 더 가까운 것으로 보인다. 그리고 다른 학생들에게 모범이 되는 사람으로 인정받고 자신의 학업도 잘하고 있어 정신증적 경향성이 낮을 것이다. 클라우디아는 꿈을 이루고 싶은 마음이 크고, 현재 스트레스도 많은 것을 감안하면 극단적 신경증을 보인다.

아니젠크는 외향성과 내향성을 생물학적 관점에서 명확히 설명하고 있지만, 정신증적 경향성을 생물학적 관점에서 설명하기에는 한계가 있다. 외향성과 신경증은 뇌간의 변연계와 망양체와 연관이 있는 반면, 정신증적 경향성은 도파민성(신경전달물질) 계통과 관련이 있다.

학습 활동

6.3 비판적 사고

지금까지 만난 여러 사람이 이러한 세 가지 특성으로 설명할 수 있는 성격을 지녔는지 잠시 생각해 본다.

아니젠크의 특성은 제한적인 것으로 여겨졌고, 이후 심리학자들이 신경증(neuroticism), 외향성(extroversion), 경험개방성(openness to experience), 우호성(agreeableness), 성실성(conscientiousness) 등의 '5대' 특성으로 이를 확장시켰다. 이러한 특성은 경험적 연구에 유용하지만 사람을 3개, 5개 또는 10개의 특성으로 이해하는 이론은 인류와 개별적 인간 중심 돌봄의 필요성을 이해하는 데 한계가 있다.

위의 이론들은 유전학과 과정 지향적 이론(행동주의)에 기반한 내적 메커니즘으로, 성격(특성)을 구조적으로 이해하여 성격을 환경적으로 이해한다. 인본주의자들, 특히 로저스(1951, 1961)는 이러한 접근법이 개인을 이해하는 데 도움이 되지 않는다며, 이 모두를 회피한다. 인본주의자들은 정신적 요소를 성격의 구조와 과정에 통합시키려 한다.

인본주의적

로저스(1951, 1961) 이론의 핵심은 자아개념이지만, 그가 설명하는 자아개념은 인지적 이해(cognitive understanding)(상위 사회 학습 이론)와는 다르다. 로저스의 자아개념은 개인의 현상학적 영역에 기반을 둔다. 즉, 세상에 대한 주관적인 경험에 기초한 것인데, 이 주관적인 경험은 항상 바뀌는 유동적인 것이다. 인간의 세상(현상학적 영역)은 자신의 경험을 인식한 것이다. 이러한 인식이나 인식의 영역은 개인에게 현실감을 준다. 이는 자신만의 개인적 현실이다. 이러한 현실은 그 사람에게 유일한 현실이다(제1장과 제5장 참조). 로저스는 인간이 유전자 구성이나 환경적 조건에 무조건 영향을 받는다는 것은 인정하지 않지만, 이러한 요소는 모두 주관적으로 인식하는 그 사람의 현상학적 영역의 일부로 결합된다는 것은 인정한다.

개인의 감정, 가치, 신념은 실제 세계, 즉 현상학적 영역을 인식하는 데 중요한 요소이다. 모든 감각적 경험과 본능적 경험이 동화될 수 있으면 그 사람은 자신의 정체성을 경험할 수 있고, 동시에 이런 사람은 변화에도 개방적이다. 로저스는 인생에서 경험할 수 있는 모든 가능성, 즉 다양한 감정과 실존적 존재를 경험할 수 있는 가능성에 대해 '마음을 열어야' 한다고 주장한다.

경험에 개방적이고 자신과 세상을 긍정적으로 보는 사람은 비판 없는 긍정적인 관심을 받아야 한다(제1, 2, 5, 7장 참조). 이런 사람은 긍정적 존중을 받으면 자신의 능력을 최대한 발휘할 수 있고, 이상적 자아와 실제 자아에 대한 인식이 가까워진다. 그 결과, 자존감과 자기인식이 높아지고 세상을 경험하고 잠재력을 발휘할 수 있는 기회가 많아진다.

요약

여기서는 각 심리학적 관점에서 여러 가지 성격 이론을 살펴보았다. 특성 이론가와 정신역동적 이론가는 성격을 구조적으로 설명하는 반면, 행동주의 이론가와 인지적 이론가는 성격을 과정 지향적으로 설명한다. 특성 이론과 달리, 정신역동적 · 행동주의적 · 인지적 이론 모두 성격이 발전하고 변화한다는 것을 인정한다. 특성 이론은 유일하게 질병이나 외상과 같은 근본적인 생물학적 장애가 있는 경우에만 변화한다는 것을 인정한다. 반면, 로저스는 개인의 내부적 · 외부적 실제 세계의 경험과 관련해 유동적이고 주관적인 자아의식이 생긴다고 주장한다.

돌봄 전문가의 성격을 더 자세히 알아보고 동료를 이해하려면, 우선 자신에 대해 이해하는 것이 좋다. 자기인식은 돌봄 전문가에게 중요한 기술이므로(제7장 참조), 이제 자존감의 중요성을 살펴볼 것이고, 무엇이 개인의 행동에 동기를 유발하는지, 돌봄 전문가가 타인의 행동을 어떻게 이해하는지에 설명할 것이다.

자기인식

자기인식은 모든 돌봄 전문가에게 필수적인 기술이다. 실제로 많은 돌봄 전문가의 목적이 자기인식(self-awareness)과 자기 수용(self-acceptance) 능력을 개발하는 것이다(제7장 참조). 자기를 인식하려면 자신의 모든 경험을 의식할 수 있어야 한다. 즉, 자신이 다른 사람들과 다르고, 분리되어 있는 동시에 그들과 관계를 맺고 있다고 경험하는 것이다. 이는 자신뿐 아니라 자신의 생각, 느낌, 행동을 이해하는 것이다(표 6.1).

표 6.1 자기인식의 방법과 개념

자기인식 발달 방법	자기인식과 관련된 개념
명상	생각, 느낌, 행동
성찰	신념, 태도, 가치
마음챙김	희망, 두려움
피드백 받기	좋아함, 싫어함
타인과 비교하기	과거 경험
전문가적 윤리나 종교적 가르침에 비교하기	과거 관계
심리 치료	외상적 사건

학습 활동 6.4 비판적 사고

멘토, 돌봄자 또는 돌봄 대상자에게서 최근 받은 피드백을 잠시 생각해 본다.
이 피드백은 정확한가?
이러한 판단의 근거는 무엇인가?

자존감

자존감은 인본주의적 심리학에서 중요한 개념이다. 이 영역의 가장 초기 이론가인 매슬로(1954)와 로저스(1951)는, 모든 인간에게 자존감(self-esteem)이 필요하다고 주장했다. 자존감은 자기 자신에 대해 갖는 느낌, 즉 자부심(self-worth)이다. 매슬로는 존중감(esteem)을 결핍 추동으로 보고, 인간은 좋은 상태를 유지하려면 존중감이 필요하다고 강조했다. 매슬로는 존중감에 두 가지 유형, 즉 자신이 발전시키는 자존감과 타인의 존중으로 얻는 존중감이 있다고 주장했다. 자존감이 높은 사람은 자부심과 자신감이 더 크다. 또한 더욱 생산적이고 능력도 우수하다.

로저스는 자존감의 결핍이 심리적 불편함의 근본 원인이라고 주장했다. 그리고 힘겹게 살아가는 사람은 자신을 비하하는 경향이 있어 자신을 그대로 받아들이지 못하고, 잠재력을 발휘하지도 못한다고 판단했다. 로저스는 사람들에게 동기부여 추동을 불러일으키고, 잠재력을 발휘하도록 하는 치료를 제안한다.

동기부여

동기부여는 심리학자들이 개인 간 차이가 있다고 보는 중요한 영역이고, 개인의 목적/잠재력을 달성하는 데 중요한 요소로 여겨질 수 있다. 동기부여는 심리학적 관점에 따라 다른 방식으로 이해되고 설명된다. 어떤 심리학자는 동기부여를 행동으로 이어지는 충동(impulse), 욕망(desire), 욕구(need)로 정의하고, 어떤 심리학자는 행동에 활기를 북돋우는 힘이라고 정의한다.

인본주의 심리학자들은 동기부여를 인간의 내적이고 개인적인 것으로 보았다(제1장 참조).

아브라함 매슬로(Abraham Maslow, 1908~70)

매슬로는 최초의 인본주의 심리학자로 간주된다. 매슬로는 동기부여에 대해 탐구할 기본틀을 제공하는 욕구위계(hierarchy of needs)를 개발했다(제1장과 그림 1.5 참조). 매슬로의 욕구위계는 가장 기본적이거나 필수적인 욕구를 피라미드의 맨 아래에 두었고, 이는 인간이 이 계층의 맨 아래부터 위까지 거치면서 노력해 이루어 내야 한다는 의미이다. 그리고 두 가지 추동(동기부여)을 통해 이를 달성한다. 이러한 추동이나 행동은 그 사람이 원하는 것을 달성하기 위한 것이다. 두 가지 추동은, '결핍 추동 또는 동기' 및 '성장 추동 또는 동기'라고 부른다.

- 결핍 동기는 계층 피라미드에서 가장 밑에 있다: 생리적 욕구, 안전 욕구, 사랑과 소속감 욕구, 존중감 욕구
- 성장 동기는 계층 피라미드에서 가장 위에 있고, 자기 실현을 증진시킨다: 인지적 욕구, 미적 욕구, 자기 실현 욕구

결핍 동기 또는 추동

이러한 추동이나 동기로 인해 인간은 기본적이거나 필수적인 욕구를 실현한다. 이러한

욕구 중 하나를 실현하지 못하면 그 사람은 상처를 입거나 아플 수 있다. 이러한 욕구를 실현하거나 회복하면 그 사람에게 해가 되는 위험이 줄어들 수 있다. 이러한 결핍 추동은 항상 발동하고, 갈증과 배고픔과 같은 생리적 욕구는 짧은 기간 동안만 만족시킬 수 있으므로 계속 압박을 가한다.

성장 동기

이러한 동기나 추동으로 인해 인간은 자신의 경험이나 현상학적 영역을 풍성하게 하고 확장시킨다. 이 성장 동기는 호기심, 창의성, 포부이다.

생물 심리학자

동기부여에 대한 인본주의 이론(생물학적 요소를 인정)의 반대는 동기부여에 대한 생물심리학적 이론이다. 동기부여의 생물심리학적 이론 중 하나는 항상성 추동(homeostatic drive)으로, 신체의 내부 기능을 유지하는 것이다. 항상성은 그리스어로 '같은'을 의미하는 homo와 '정지'를 의미하는 stasis에서 유래했다. 추동(drive)은 일반적으로 '추진, 고무, 격려'하는 것을 의미한다. 따라서 이 이론은 어떠한 과정이나 움직임을 유지하거나 멈추게 하는 힘을 말한다. 이는 모든 사람이 비슷하다는 것을 나타내는 동질성 이론(homogenous theory)이다.

항상성 추동은 다음을 의미한다.

- 일관된 최적의 신체적 환경을 유지하기 위해 함께 작동하는 신체의 내적 과정
- 체온이 적정 수준보다 높아지면 불균형이 나타나고, 신체는 그 평형을 회복하기 위해 대응한다.
- 예를 들면, 혈압, 심박동수, 소화, 호흡을 조절한다.

신체가 어떤 매개변수 내에서 유지되도록 하는 생물학적 과정은 많다. 신체가 기능하려면 어떤 조건이 필요하고, 이러한 욕구는 행동으로 이어져 '동기부여'가 된다. 신체에 산소가 필요한 경우, 횡경막 근육이 복부로 내려가 가슴이 팽창하고 공기가 폐로 들어온다. 폐에 가스교환이 이루어져, 산소가 혈액으로 이동하고 심장이 이를 순환시킨다. 이는 기본적인 생물학적 동기부여이지만, 투쟁 혹은 도피 반응(fight–or–flight response)과 같은 더욱 심리적인 다른 행동에서는 항상성의 필요성을 볼 수 있다.

투쟁 혹은 도피 반응

때로 '투쟁–도피–경직 반응(fight, flight or freeze response)'이라고도 부른다. 두려운 상황(인지)으로 인해 급성 스트레스 장애가 발생하는 경우이다. 이 때문에 '시상하부–뇌하

그림 6.2 투쟁 혹은 도피

수체-부신 축(HPA 축)'이라는 생물학적 과정이 시작된다(그림 3.2). 여기에서는 인간이 항상성을 회복하기 위해 달아나거나 맞서 싸우도록 동기를 부여한다(그림 6.2).

정신역동적

정신역동적 관점에서는 동기부여를 본능 이론으로 해석한다. 프로이트는 처음에 리비도(성욕)가, 행동을 하도록 동기부여하는 힘이라고 보았다. 이는 모든 인간이 태어날 때부터 지니고 있는 생득적인 것으로, 프로이트는 이를 정신역동적으로 설명하지만 그 힘은 생물학적인 것이다. 이 힘은 정신(psyche)이나 마음에서 쾌락을 추구하는 부분인 원초아에서 나온다. 이러한 생득적 추동은 초자아의 학습된 도덕성과 충돌한다(제1장 참조). 프로이트는 만년에 동기부여의 힘을 두 개로 구별했다. 즉, 삶의 본능의 일부인 리비도(성욕)나 에로스(Eros)와 죽음의 본능인 타나토스(Thanatos)이다. 타나토스는 내적 긴장을 줄일 수 있는 타고난 파괴성을 의미한다. 또한, 타나토스는 평화나 갈등이 적은 상태로 이끈다고 설명했다. 이는 자궁 속 아기의 상태이고, 다시 죽음으로 나타나는 상태이다.

이렇게 본능에 따른 추동으로 인간은 동질성이 있다는 것을 알게 되지만, 행동에는 다소 개인적 차이가 있다.

사회 학습 이론

이미 논한 바와 같이, 사회 학습 이론(social learning theory)은 행동주의에서 발전했고, 인지적 전환의 일부이며, 그 동기부여 이론은 생물학적(자연) 이론과 정반대의 것이다. 이 이론은 환경적인 측면에서 설명한다. 따라서 연상, 강화(보상), 모델링에 기반한다. 사회 학습 이론은 두 가지 동기유발요인 또는 추동이 있다. 이 두 가지 모두 모델링을 통해 발전했다(상위 참조).

- 내적(intrinsic) 동기: 그 사람의 내부에서 동기부여가 생기고 성취되는 경우이다. 이 경우, 내부에서 우러나 행하는 자신의 행동에 대해 보상을 받는다. 예를 들면, 이 돌

봄 전문가는 환자의 개인 위생을 도우면서 기쁨을 느낀다.

- 외적(extrinsic) 동기: 행동을 유발하는 동기부여가 외부에서 생기는 경우이다. 돌봄 전문가의 경우, 보수를 받고 업무를 수행하게 되는 경우이다.

내적 동기유발요인은 외적 동기유발요인보다 더 오랫동안 유지되었다. 외적 동기유발요인이 제거되면, 예를 들어 더 이상 보수를 받지 않으면 그 행동은 끝난다. 정지한다. 내적 동기유발을 불러일으키면 의지가 커지거나 성과가 향상된다.

사/례/연/구 **멜**

크리스는 북부 대도시의 지역사회 보건의료팀(AOT)에서 근무하는 50세의 작업 치료사이다. 현재 다양한 내담자를 치료하고 있다. 그중 한 명이 최근 퇴원해 낙후된 지역의 공공 지원 아파트에 살고 있는 멜이다. 멜은 좋아하는 일을 거의 할 수 없는 상태였다. 다시 장사를 시작하기 전에 기부물품 판매가게에서 일을 시작하고 싶어 한다.

작업 치료사로서 크리스는 멜이 원하는 일을 하기를 바라지만, 멜이 시간을 지키고 돌봄 서비스에 참여하는 데 문제가 있다는 것을 알고 있다. 멜은 일주일의 대부분을 집에서 잠을 자고, 낮에 TV를 보며 지내며, 인스턴트 식품만을 먹는다. 크리스는 멜의 집에 자주 들러 보지만, 잠을 자고 있거나 초인종에 답하지도 않아서 들어가 볼 수가 없다.

크리스는 이런 사람을 최근 몇 년 동안 많이 보는 것 같다고 느낀다. 그리고 자신의 직업적 소명에 환멸을 느낀다. 왜냐하면 그 직업의 신조 중 하나가 내담자에게 일을 하도록 적극적으로 유도하는 것이기 때문이다. 하지만 사람과 의미 있게 관계를 맺는 것은 윤리적으로 칭찬할 만한 염원인 것 같고, 현장 작업 요법의 현실을 모르는 것 같다.

멜의 사례연구를 보면, 크리스는 환멸을 느끼고 있는 것을 알 수 있다. 크리스는 의미 있는 활동을 지원하는 것이 안녕감에 중요하다고 배웠지만, 현재 알게 된 것은 이것이 불가능하다는 것이다. 노력을 해도 멜이 따라 주지 않기 때문에, 내적 또는 외적 동기유발요인이나 강화요인이 없기 때문에 자기 효능감이 낮다.

요약

동기부여에 대한 인지적 이론과 사회 학습 이론에서는 동기부여가 환경(nurture)을 통해 발달되는 것이라고 보지만, 생물학적 · 정신역동적 이론에서는 유전(nature)을 통해 발달된다고 설명한다. 매슬로 이론은 유전과 환경을 통한 동기부여의 발달 모두를 인정하는 것으로 보이지만, 매슬로와 로저스 모두 인간에게는 그 이상의 무언가가 있고, 이러한 욕구는 정신적인 부분이라고 주장한다. 다른 이론에서는 이를 인정하지 않는다.

동기부여와 통제 소재

동기부여 및 자기 효능감과 연관된 개념이 통제 소재(locus of control)이다. Locus는 '장소'나 '위치'를 의미하며, 통제 소재 'locus of control'은 '통제가 위치한 곳 또는 통제가 기인하는 곳'을 뜻한다. 그 전제는 인간에게 내적 통제 소재가 있는 경우 자기 효능감이 높을 가능성이 크고, 원하는 행동을 할 가능성이 높아 행동을 개시하는 동기부여가 된다는 것이다. 이는 앞서 논한 내적 또는 외적 동기유발요인과는 다르다. 위에서 말한 동기유발요인은 그 행동을 유지하도록 강화하는 보상이 생기는 것을 나타내는 반면, 통제 소재는 그 행동을 개시하도록 하는 통제력이나 힘을 가진 대상을 나타낸다. 멜의 사례연구로 돌아가 보면, 크리스의 경우 내적 또는 외적 보상이 없어 결국 자기 효능감이 낮아졌다. 이러한 낮은 자기 효능감은 인본주의적 심리학자에 따르면 자존심을 낮추고 심리적 괴로움도 느끼게 한다. 크리스가 이를 감당하는 방법은 부분적으로 통제 소재, 즉 힘이 어디에 근거하는지에 따라 다르다.

줄리아 B. 로터(Julian B. Rotter, 1916, 2014)는 성격, 행동, 동기부여에 대한 사회 학습 이론 접근법의 일환으로 통제 소재의 개념을 개발해 환경(nurture) 이론에 초점을 맞췄다. 그리고 행동에 영향을 미친 한 가지 성격의 특성은 내적 또는 외적 통제 소재가 있는지의 여부이다. 이러한 특징은 아니젠크의 이론인 유전(nature) 이론에 따른 특성이 아니다. 이러한 특징은 '강화'와 같은 행동주의의 원칙을 통해 변화할 수 있고 변화할 것이다.

내적 통제 소재가 있는 사람은 자신의 행동, 건강, 생활방식을 자신이 통제한다고 생각할 것이다. 외적 통제 소재가 있는 사람은 자신 외부에서 자신의 행동과 경험을 통제하는 것이 있다고 생각할 것이다. 외적 통제요인은 정부, 부모님, 파트너, 상사 또는 하나님일 수 있다. 또 다른 형태의 외적 통제요인은 힘이나 통제의 기반이 없고, 행동과 경험은 우연인 것으로 생각되는 경우이다.

크리스의 경우, 내적 통제 소재가 있다면 멜이 잘 따라 주지 않아 자신이 더 열심히 하거나 다른 노력을 시도해 보아야 한다고 생각할 수 있다. 그리고 동료나 상사에게 조언과 지침을 구하고 최근 연구 자료도 검색할 수 있다. 반면 외적 통제 소재가 있다면 멜이 잘 따라 주지 않는 이유로 다른 강력한 외적 요인이 있거나 운이라고 생각할 것이다. 멜이 변화할 힘이 있다고 생각되면 그런 변화를 시도하지 않는 점을 비난할 것이다. 그리고 이는 둘의 관계에 영향을 미칠 것이다. 반면 운이나 운명 때문이라고 생각한다면 그 상황을 운명이라고 체념하고 변화를 시도하지 않을 수 있다.

통제 소재는 자기평가를 수행하는 네 가지 핵심적 방법 중 하나이다. 네 가지 핵심적 자기평가는 통제 소재, 신경증, 자기 효능감, 자존감이다. 내적 통제 소재, 낮은 신경증, 높은 자기 효능감, 높은 자존감은 직업의 만족도와 성취감을 높일 것이다. 크리스의 경우, 환멸을 느낀다는 것은 자기 효능감과 자존감이 낮고 외적 통제 소재가 있다는 의미일 수 있다.

요약

지금까지 알아본 동기부여에 대한 심리학적 이론에서는 돌봄 전문가와 돌봄 대상자가 자신의 생물학적 · 심리적 · 사회적 · 정신적 욕구로 동기부여가 된다고 주장했다. 최초의 동기부여에 대응하는 방법과 동기 부여된 행동이 계속되는지의 여부는 부분적으로 그 반응과 욕구의 충족 여부에 의해 결정된다.

동기부여에 대한 이론, 특히 환경(nurture) 이론은 인간이 자신의 신체와 환경을 어떻게 지각하는지의 영향을 받을 것이다. 따라서 지각의 이론을 살펴보는 것이 중요하다. 하지만 이러한 이론이 생물학적(유전), 인지적(환경) 또는 게슈탈트(패턴 인식)라고 인식하는 것도 중요하다.

지각

심리학에서 지각(perception)과 관련된 명확한 연구 영역은 두 가지가 있다. 이는 일반적으로 '대상 지각/감각 지각'과 '대인 지각/사회 지각'이라고 한다. 그러나 두 가지 유형의 지각 모두 공통된 특징이 있다.

- 선택(selection): 특정 대상이나 행동의 일부에 초점을 맞추는 것
- 체제화(organization): 완전한 대상이나 사람을 이해하려 시도하는 것
- 추론(inference): 직접적인 지각적 정보 없이 대상이나 인간에 대해 가정하는 것

대상 지각

인간이 대상을 지각하는 방법과 가끔 잘못 지각하는 이유에 대한 심리학적 이론은 많다. 이러한 이론들은 인지적 관점의 연구를 통해 발전했고, 인지적 연구자들은 감각의 정보를 어떻게 수신, 처리, 저장, 검색하는지 이해하려 했다. 여기에는 네 가지 방법이 있다.

- 상향식
- 하향식
- 순환식
- 게슈탈트

– 대상 지각 이론 –

상향식

이 이론은 깁슨(Gibson, 1966)이 개발했고, '직접 지각 이론'이라고 부른다. 깁슨은 주로 시각적 지각 영역을 연구했고, 인간이 대상을 지각하는 환경에는 모호한 정보가 너무 많기 때문에 추론의 필요성이 없다고 제시했다.

하향식

그레고리(Gregory, 1966)는 지각을 무의식적 추론(unconscious inferences)이라고 이론화했고, 구성주의(constructivist) 이론을 개발했다. 그레고리는 인간이 이미 마음 속에 어떤 대상을 찾을 것인지 알고 있어 이러한 대상의 환경을 확인한다고 주장한다. 이를 지각적 가정(perceptual hypothesis)이라고 부른다. 이로 인해 실제로 있는 것이 아닌, 보고 싶어 하는 것을 찾는 착각(illusion)이 생길 수 있다. 그레고리는 인간이 지각 항등성(perceptual constancy)을 기대한다고도 제시했다. 지각 항등성의 예로는 멀어지면 더 작아지는 것이 있다.

순환식

나이서(Neisser, 1976)의 '순환적 인지 모델'은 하향식과 상향식 이론을 모두 제시한다. 이는 마음이 다양한 정보의 원천이 되는 증거를 찾기 위해 적극적으로 환경을 탐색하는 과정이다.

– 게슈탈트 대상 지각 이론 –

그레고리의 이론은 하향식 접근법인 추론(발상이나 가정)에 초점을 맞췄고, 깁슨의 이론은 자세한 상향식 접근법에 초점을 맞췄다. 게슈탈트 접근법은 체제화(organization)에 초점을 맞추고 있다. 게슈탈트 이론가들은 인간이 고립된 감각이 아닌 전체에 초점을 맞추고 있다고 주장했다. 그리고 대상을 지각하기 위한 최적의 방법을 택할 수 있는 여러 법칙을 제시했다(그림 6.3 참조).

- 근접성: 항목들이 서로 가까이에 있으면 전체로 보인다.
- 유사성: 서로 비슷한 것들은 집합화하려는 경향을 나타낸다.
- 연속성: 항목들이 각기 분리되기보다 연속되기를 기대하는 경향이 있다.
- 폐쇄: 대상으로 보이는 것의 일부분이 없는데 눈치채지 못한다.
- 부분–전체 관계: 감각은 작은 부분들로 이루어진 것이 아니라 전체적 그림으로 이루어진다.

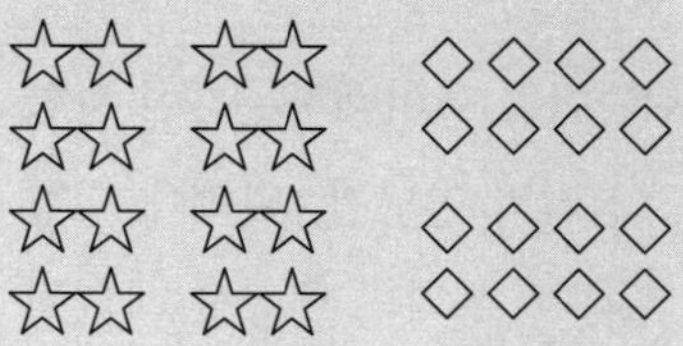

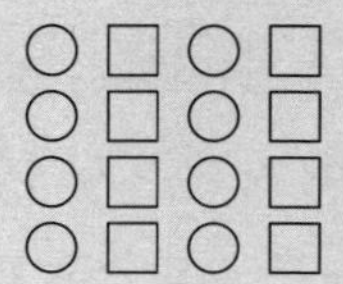

근접성 – 형태의 근접성 때문에 별 모양은 세로단으로 보이지만, 마름모 모양은 가로단으로 보인다.

유사성 – 근접성에도 불구하고 비슷한 형태가 함께 묶여 있고, 동그라미와 네모가 분리된 세로단으로 보인다.

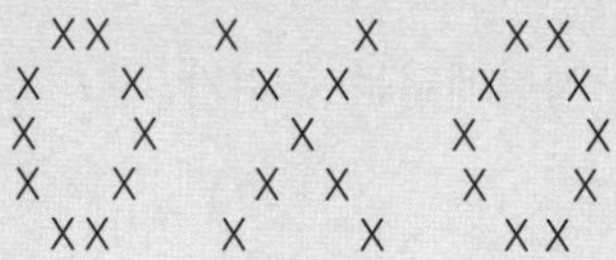

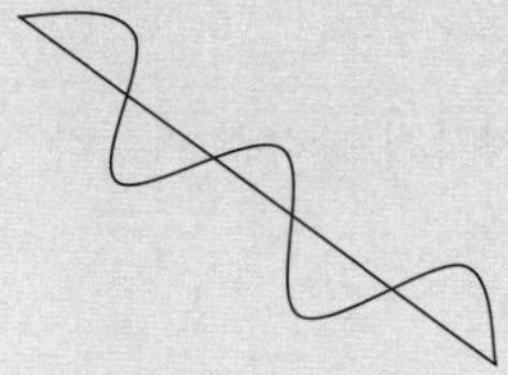

폐쇄: 완전하지 않은 모양임에도 불구하고, 보통 A로 보일 것이다.

부분–전체: 29개의 X로 보는 대신 OXO로 본다.

연속성: 다른 형태가 아닌 직선과 곡선으로 보인다.

그림 6.3 Gestalt principles

– 착각 –

하향식 이론과 게슈탈트 이론은 착각(illusions)에 대해 설명한다. 모든 감각엔 착각이 있지만 가장 잘 알려진 것은 착시이고, 다음 네 가지 유형의 착시가 있다.

- 왜곡: 대상을 오해한다(예, 프란츠 카를, 뮐러–라이어, 마리오 폰조, 마크 티치너의 착시 작용).
- 모호한 그림: 동일한 시각적 감각이 입력되었지만 다르게 지각(예, 루빈의 잔, 리퍼의 여인)
- 역설적 그림: 틀린 추정(예, 펜로즈의 불가능한 대상, 에셔의 그림)
- 허구: 없는 것을 보는 것(예, 카니자 삼각형)
- 착각은 대상 지각의 감각적 정보를 정신적으로 처리하지 않는 한 설명하기 어렵다.

사회 지각

사회 지각은 대상을 인지하는 것 그 이상이다. 사회적 세계를 어떻게 이해하는가에 관한 것이다. 이러한 사회 지각은 자기인식, 자기 효능감, 자존감, 심리적 안녕감, 관계에 영향을 미칠 수 있다. 모든 심리학적 관점에서 근본적인 원칙을 토대로 우리의 행동을 사회적 환경에서 해석할 수 있다(제1장 참조). '사회 지각(social perception)'이라는 용어는 인지적 이론가와 행동주의 이론가들이 가장 널리 사용하여 대부분의 이론이 이 영역에서 도출되었다.

인지 지각적 착각뿐 아니라 사회 지각에서는 우리가 '보는 것'이 항상 정확한 것이 아닐 수 있다.

사회 지각 내 인지적 관점

- 일관성 추구자: 불일치는 개인에게 불화나 심리적 불편함을 유발하므로, 사회적 세계에 대한 생각의 불일치를 줄이고자 하는 경우이다.
- 상식적 과학자: 과학자처럼 추론하거나 가정하여 타인을 이해하려고 하는 경우. 귀인 이론이 이 영역에서 발전했다.
- 인지적 구두쇠: 인간은 처리 능력에 한계가 있어 어림법이나 '경험 법칙'을 이용해 타인을 이해하기 위한 지름길을 발전시켰다고 보는 이 모델은, 상식적 과학자에 대응해 발전했다.
- 동기적 전술가: 이 모델은 인지적 구두쇠 모델에서 발전했고, 일관성 모델에 대응해 개발되었다. 이 모델은 감정과 동기부여가 지각에 영향을 미친다는 것을 인정한다.

인지적 사회 지각은 '귀인 이론'이라 불리는 이론과도 관련이 있다.

귀인 이론

대응 이론

귀인 이론(attribution theory)은 인간을 상식적 과학자라고 인정하고, 논리적이고 합리적으로 생각하는 존재라고 생각한다. 중요한 것은 모든 심리학적 관점이 이렇게 가정하는 것은 아니라는 점이다. 정신역동적 이론을 예로 들어 보자. 존스와 데이비스(Jones and Davis, 1965)는 '대응 이론(correspondent theory)'이라 불리는 귀인 이론을 개발했다. 이는 인간이 대응적 추론을 한다는 의미이다. 그리고 관찰된 행동이 파악한 성격의 특성과 밀접하게 관련되어 있는 경우로, 서로 상응한다는 의미이다. 인간의 행동에 대한 추론은 그 사람의 성향(성격/특성)과 의도성(보여 준 행동은 의도한 반응을 얻음)에 기반한다. 인간의 성향은 행동의 한 가지 선택과 다른 선택 사이의 차이에 의해 평가된다.

성향을 평가하는 데 영향을 미치는 요인은 다음과 같다.

- 선택
- 사회적 바람직성
- 역할
- 사전 기대

사/례/연/구 **알리**

알리는 25세의 신입 작업 치료사이다. 부모님도 의료계에 종사했다. 아버지는 의사였고, 어머니는 물리치료사였기 때문에 알리도 항상 의료계에 직업을 갖고 싶어 했다. 현재는 대형 종합병원 신경과 병동에서 근무한다. 알리는 내담자 중 한 명인 프레드의 행동에 걱정이 많아지고 있다. 프레드는 64세로, 입원하기 전에 매우 활동적이었다. 그러나 현재 상태는 원하는 직업을 수행하기에 무리가 있어 크게 상심하고 있다. 프레드는 병동 직원과 방문자들에게 주로 공격적인 언어로 감정을 발산한다. 알리가 프레드의 개인위생 활동을 평가했을 때 매우 비협조적이고 부정적이었다.

이러한 행동으로 인해 알리는 좌절감과 무능함을 느꼈고, 첫 직업에 대해 기대한 환상이 빠르게 사라지고 있다. 알리는 부족함을 느끼지만, 자신에 대한 평가가 좋지 못할 것을 우려해 임상 감독자에게 조언을 구하고 싶지 않다. 알리는 점점 더 약해지고, 외롭게 느끼며, 프레드를 대하고 싶지 않아 한다.

알리의 사례연구에서 프레드의 행동을 살펴보면, 프레드는 자신의 행동을 일부 선택했고, 분명 알리는 이를 믿는 것 같다. 프레드의 행동은 사회적으로 바람직하지 않고, 알리가 환자에게 기대했던 행동과 일치하지 않는다. 이런 상황 때문에 알리는 프레드가 어려운 사람이고, 그 행동은 성격 때문이라고 생각한다(성향에 기인한 행동). 반면 프레드의 입원 전 행동과 프레드가 하려고 하는 것을 하지 못하는 행동을 감안하면(의도성), 알리는 프레드의 행동이 그의 현재 상태에 기인한 것으로 보는 것 같다. 이런 생각에 알리는 자신이 프레드를 돌볼 수 있어야 한다고 생각한다.

켈리의 공변량 모델

켈리(Kelly, 1967)의 공변 모형(covariance model)은 사람에 관해 그리고 특정 행동에 대한 사회 규범에 관해 어떤 것을 알게 되는 경우, 이는 그 사람이 지니고 있는 성향적 특성을 나타낸다고 제안한다. 성향은 다음을 토대로 결정한다.

- 합의성: 다른 사람들도 같은 방식으로 행동하는가? 그렇다면 그 행동은 사회적 규범

으로 여겨진다.

- 특이성: 그 사람이 어떤 특정 상황에서만 하는 행동인가? 그렇다면 그 행동은 상황적 반응으로 여겨진다.
- 일관성: 그 사람이 그 행동을 얼마나 자주 보이는가? 자주 하는 행동이라면 그 행동은 성향적 특징으로 볼 수 있다.

켈리에 의하면, 합의성과 특이성이 낮지만 일관성이 높으면 그 원인은 행위자이다. 이 경우에는 돌봄 전문가이다. 다시 말해, 그 행동이 돌봄 전문가가 일관되게 하는 행동이라면 그의 성향이 원인이다. 이 상황에서 많은 사람이 하는 행동이고(합의성과 특이성이 높음), 그가 이 상황에서만 하는 행동이라면(일관성 낮음), 비일관적이고 상황적인 원인이다.

그래서 알리의 사례연구로 돌아가 프레드와 알리의 행동을 다시 살펴보면, 프레드의 행동이 합의성이 낮고(다른 사람들은 이 병동에서 이렇게 행동하지 않는다.), 특이성도 낮으며(그는 다양한 상황에서 이런 행동을 보인다.), 일관성은 높은(프레드는 자주 이런 행동을 보인다.) 것을 알 수 있다. 이를 통해 사람들은 프레드의 행동이 그의 성향과 관련이 있다고 생각하게 되고, 이 사례에서 돌보기를 꺼리는 것처럼 돌봄자도 배려 없이 대응할 수 있다.

알리가 자신의 행동에 대해 임상 감독자가 어떻게 생각할지 걱정하는 것도 이 이론으로 알아볼 수 있다. 다른 돌봄 전문가도 프레드를 돌보기를 꺼리는가? 알리가 단지 이 상황에서만 하는 행동인가? 알리는 환자 돌보기를 얼마나 자주 꺼리는가? 알리가 프레드를 돌보는 다른 사람을 관찰했는데 다른 사람에게는 덜 공격적이라면, 알리는 자신의 성향 때문에 잘 돌보지 못한다고 생각할 수 있고, 임상 감독자도 그렇게 볼 것이라고 생각한다.

학습 활동

6.5 비판적 사고

알리의 입장이라면 프레드에게 어떻게 행동할 것인가?

이 이론은 논리에 맞고 합리적이지만, 이 이론을 지지하는 이론가들조차 사람들에게 편향이 있다고 생각한다는 점을 알아야 한다.

기본적 귀인 오류

때로 '대응 편향(correspondence bias)'이나 '귀인 효과(attribution effect)'로 알려져 있다.

이는 다른 사람의 행동이나 자신의 행동을 판단하거나 귀인을 분석할 때 나타난다. 이러한 귀인(attributions)에는 오류나 편향이 나타난다. 우리는 자신의 행동을 생각할 때 보통 외부적 요인으로 원인을 돌린다. 반면 다른 사람의 행동을 생각할 때에는 보통 내부적 요인에 원인을 돌린다.

알리의 사례연구로 돌아가 보면, 알리는 프레드의 공격적인 행동이 그의 건강 문제 때문이라고 생각했다. 마찬가지로 멜의 사례연구에서도 크리스가 멜의 행동이 기술이나 동기부여가 부족하기 때문으로 생각하는 반면, 자신의 행동이나 참여 부족을 멜이 내켜 하지 않기 때문이라고 생각하는 것으로 보인다.

이러한 편향은 그 사람과 상황을 충분히 알지 못해서 생길 수 있다. 크리스와 알리의 경우, 자신에게 일어나는 일을 돌아보고 상황에 집중하면 자세한 외적 요인을 파악할 수 있다. 그러나 멜과 프레드의 행동에 영향을 미치는 모든 요인에 대해서는 잘 알고 있지 않을 수 있고, 그 주변 상황이 아닌 멜과 프레드에게만 집중하고 있다.

타인은 어떻게 지각되는가?

귀인 이론에서는 타인을 어떻게 보는지 설명한다. 즉, 어떤 규칙을 통해 기질적 특성을 알게 되는 사람의 행동을 어떻게 추론하는지 설명한다. 그러나 타인은 어떻게 인식되는지에 대한 대체 이론이 있다.

암묵적 성격 이론, 또는 특성군집(clusters of traits)을 사용할 수 있다. 정확하게 평가하기에는 정보가 거의 없는 경우, 간단하게 다음의 방법을 사용할 수 있다.

- 후광 효과
- 고정관념
- 이름의 중요성
- 외모의 중요성

1940년대와 1950년대에 솔로몬 애쉬(Solomon Asch)는 동조(conformity)에 대한 광범위한 연구를 실시했다. 1946년 실험에서는 두 가지 핵심적인 기질적 특성, 즉 따뜻한 성향과 차가운 성향의 중요성을 보여 주었다. 이를 후광 효과라 불렀다. 어떤 사람이 '따뜻한' 사람이라고 인식되면, 다른 많은 특성이 그 성향에 기인해 긍정적인 후광이 생긴다. 어떤 사람이 다른 특성에도 불구하고 '차가운' 사람이라고 인식되면, 부정적 후광이 생겨 다른 부정적 특성이 그러한 성향에 기인한 것이라고 여겨진다.

이름과 외모도 일관된 여러 특성을 만들어 내지만, 문화에 따라 변화가 크다. 예를 들어 30년 전에는 뚱뚱한 사람이 쾌활한 것으로 여겨졌지만, 21세기에 아이들에게 뚱뚱한 사람은 어떤 사람처럼 보이냐고 물어보면 이기적이고 욕심 많은 사람으로 보인다고 답한다. 또한 어떤 이름은 어떤 유형의 성격과 연관되어, 예를 들어 매튜라는 이름은 웨인이라는 이름보다 더 긍정적 시각으로 본다.

이러한 것은 고정관념으로 간주될 수 있지만, 보통 고정관념화(stereotyping)라는 용어는 개인보다 전체 사회적 집단에 사용한다. 그리고 차별을 유발할 수 있으므로 고정관념의 유용성에는 논란이 있다. 또한 정상적인 인지적 기능 내에서는 심리적 지름길로 사용될 수 있다.

우리는 타인이 우리를 지각하는 데 어떻게 영향을 주는가?

돌봄 대상자의 신뢰를 얻고 그 신뢰를 계속 유지하려면, 모든 돌봄 전문가는 전문가적 태도를 보여 주어야 한다. 따라서 돌봄 전문가는 어떻게 해야 다른 사람이 자신을 지각하는 데 영향을 줄 수 있는지 알고 있는 것이 중요하다. 무의식적 귀인과 함께, 사회 지각이 여러 방식으로 영향을 받는다.

- 인상 관리
- 자기 표현
- 일관성
- 자기 감시
- 자기 노출

인상 관리(impression management)와 자기 표현(self-presentation)은 자기인식과 타인의 감정이나 지각을 이해하는 '공감' 능력(제7장 참조)과 같은 기법이 필요하므로 어느 정도의 정서지능이 관련된다(제8장 참조). 이러한 사회 지각이 갖춰지면 사회적 기술을 이용한 자기 조절이 필요하다. 인상 관리에 사용하는 기법에는 행동 매칭, 타인을 인정하고 칭찬하기 등이 있다. 내적 일관성을 보여 주는 것도 중요하다.

자기 관찰(self-monitoring)을 잘하는 사람은 주기적으로 계속 스스로를 평가하고 관리한다. 인상 관리와 마찬가지로, 타인과 잘 지내면서 타인이 필요로 하고 기대하는 사람이 '됨'으로써 자기인식, 공감 능력, 자기 조절을 위한 사회적 기술이 필요하다. 자기 관찰이나 자기 조절 능력이 낮으면 사회적 기술이 낮은 것으로 여겨질 수 있지만, 좋은 인상을 심어 주기 위해 행동을 변화시키지 않고 일관된 행동을 보이면 개인적 성실성이 더 높은 것으로 여겨질 수 있다.

자기 노출(self-disclosure)은 다른 사람이 자신을 어떻게 보는지를 결정하는 일부 요인이고, 돌봄 전문가가 자신에 대한 정보를 공개해야 하는지의 여부에 대해서는 논쟁이 있어 왔다. 호혜성, 신뢰, 관계의 질, 성별과 같이 대인 관계에서 자기 노출에 영향을 주고, 가족과 친구 사이에서 자기 노출에 영향을 주는 일상적인 규칙은 전문적 관계에서는 적용되지 않을 수 있다.

자기 노출은 경계가 허물어지고 침해되는 중요한 영역으로 보이지만, 이 영역은 많은 연구가 진행되지 않았어도 명확한 지침이 있다. 예를 들어 바카(Baca, 2011)는 다음과 같은 경우 자기 노출을 하지 않아야 한다고 주장한다.

- 돌봄자의 현재 욕구나 문제가 노출되는 경우
- 자주 노출이 되는 경우
- 돌봄자가 다루고 있는 문제 또는 경험과 직접적인 연관성이 없는 경우
- 격려하거나 지지하는 데 필요 없을 것 같은 경우
- 그 사람에게 몇 분 이상의 시간이 소요되는 경우
- 듣는 사람이 혼란스러워할 것 같은 경우

그럼에도 불구하고 어떤 돌봄 환경에서는 자기 노출이 더 용인된다. 예를 들어 치매 환자를 돌보는 경우나 조산사의 경우이다. 로저스는 돌봄자의 일치성(congruence)을 요구하고(Barker, 2007), 헌터(Hunter, 2006)는 조산사 직무에서 상호적 관계의 유용성을 인식하며, 치매 환자와 개방적이고 실제적인 태도를 요구하기도 한다(Barker and Board, 2012).

요약

여기서는 지각과 관련된 심리학적 이론을 살펴보았다. 사회 지각의 주된 요소, 특히 성격이나 상황에 기인한 행동은 돌봄 전문가가 자신의 행동과 타인의 행동을 돌아보는 데 도움이 된다. 고정관념, 자기 표현, 자기 관찰, 자기 노출을 사용하는 것도 돌봄 전문가에게는 도움이 된다. 다음으로는 태도를 살펴볼 것이다. 왜냐하면 돌봄을 포함해 태도와 행동은 관련이 있다고 생각되기 때문이다.

태도

올포트(Allport, 1935)는 '태도'를 사회 심리학에서 가장 중요한 하나의 개념으로 설명했고, '경험을 통해 준비된 정신적 또는 신경적 상태로, 그것과 관련 있는 모든 대상과 상황에 대한 개인의 반응에 지시적이거나 역동적인 영향을 발휘하는 것'으로 정의한다(Allport, 1935: 810). 이 정의는 인지적 · 경험적 접근법에 해당된다. 올포트가 말했듯이, 태도가 인간의 행동에 영향을 미친다면 보건의료와 사회복지 연구에서 그 타당성은 과대평가해도 지나치지 않다. 그러나 연구에서는 태도가 행동에 영향을 미치거나 행동을 예측

한다는 데 일반적으로 동의하지 않는다. 일부 이론가들은 행동이 태도에 영향을 미친다고 주장한다(Hogg and Vaughan, 2005).

- 태도, 신념, 가치 모두 밀접하게 관련되어 있어 이를 구별한 후, 태도를 더 깊이 알아볼 것이다.
- 태도(attitude): 태도는 사람이든 물체든, 추상적이든 구체적이든, 어떤 것을 평가한 것으로, 개인이 이에 대해 대응할 준비를 하는 것이다. 태도는 가치가 있고, 이 가치는 긍정적일 수도 부정적일 수도 있다.
- 신념(beliefs): 신념은 세상에 대해 우리가 진실이라고 생각하는 것이다. 신념은 추상적이고, 다른 신념에 연관되어 있거나 집단, 예를 들어 종교 시스템 안에서 지지하는 것일 수 있다. 또한 신념은 의견과 수용 측면에서 이해되어 과학적 증거로 항상 뒷받침되는 것은 아니지만 믿음(faith)으로 뒷받침된다.
- 가치(values): 신념과 매우 밀접하게 관련되어 있고 태도에 영향을 미쳐, 인간이 살아가며 따르는 도덕적 또는 윤리적 기준과 연관되어 있다.

태도의 구성요소

태도에 몇 가지의 구성요소가 있는지에 대해서는 사회 심리학자 사이에 다소 논쟁이 있지만, 일반적으로 다음과 같이 인정된다.

- 감정적 – 정서
- 인지적 – 사고
- 행동적 – 태도 대상의 과거 경험

태도, 가치, 신념 사이에는 연관성이 있고, 모두 바꾸기 매우 어렵다. 태도는 그 사람의 가치의 영향을 받은 신념에 대한 감정적 · 인지적 · 행동적 반응으로 여겨질 수 있다.

태도의 기능

태도는 다음의 세 가지 방식으로 유용할 수 있다.

- 세상을 이해하게 해 준다.
- 대상을 이해하는 체험적이고 간단한 전략을 제공한다.
- 기억을 안내하는 구조를 제공한다.

태도는 생활방식 선택부터 소비자 활동, 투표와 정치적 행동, 심지어 대인관계의 매력까지 여러 영역에서 인간의 생각과 느낌과 행동에 영향을 준다. 이러한 이론적 이해를 감안하면 태도가 돌봄자와 돌봄 대상자에게 미치는 영향은 중요하고 다음을 초래할 수 있다.

- 병원, 의사, 간호사 또는 다양한 의료적 치료에 대한 두려움
- 의사와 간호사에 대한 경외심. 이로써 순종적 행동을 유발하고, 자기 효능감을 낮출 수 있다.
- 금연과 안전한 성생활과 같은 건강 정보에 대한 부정적 반응
- 자해하거나 비만이거나 학습 장애가 있는 사람과 같은 어떤 집단에 대한 편견

태도와 행동 사이에는 연관성이 있을 것이라는 기대 때문에 다양한 돌봄 문제의 태도에 대해 많은 연구가 진행되어 왔다. 태도를 어림법이나 지름길로 간주한다면 이러한 관점은 돌봄을 행하는 데 근시안적일 수 있다. 태도는 보통 경험적 통계적 연구 방법으로 연구한다. 이러한 연구는 전반적인 개요를 제시하지만 돌봄 전문가가 인간을 고유한 개인으로 이해하거나 지지하는 데 도움이 되지 않는다. 어떤 사람의 생각, 느낌, 신념을 이해하려면 돌봄 전문가는 그 사람의 이야기를 경청하는 관계를 맺어야 한다. 즉, 인간 중심의 접근법을 사용해야 한다.

요약

이 장에서는 태도는 무엇으로 구성되고, 어떻게 형성되며, 어떤 기능을 하는지 살펴보았다. 인지적 심리학자들은 태도와 가치와 신념 사이에 연관성이 있다고 주장한다. 이 장에서는 태도가 사람과 그 사람의 행동을 이해하는 유용한 출발점일 수 있다고 결론지었지만, 개개인이 필요로 하는 돌봄에는 효과적이지 않은 것이다.

고정관념과 편견

앞서 강조했듯이, 태도는 모두 중립적이거나 유순한 것이 아니다. 사람은 대상이나 타인에 대한 사고, 느낌 또는 신념에 대해 긍정적이고 부정적인 태도를 모두 지닐 수 있다. 긍정적 태도는 안녕감을 높이지만, 부정적 태도는 편견과 차별을 야기할 수 있다.

고정관념은 사회적 집단을 간단하게 평가하는 데 널리 공유되는 방법이다. 고정관념은 어떤 특징을 사회적 집단의 것으로 여긴다. 고정관념화된 이미지는 보통 다음의 속성을 공유한다.

- 예를 들어 피부색, 사는 곳, 능력 때문에 쉽게 파악할 수 있는 집단에 적용된다.
- 이 집단의 모든 사람은 어떤 특성을 공유하는 것으로 여겨진다.
- 특정 개인이 이러한 특성을 지닌다고 여겨진다.

고정관념이 유용한지 문제가 있는지에 대한 논쟁은 계속되어 왔다. 개인을 고정관념화된 집단에 포함시키면 한 집단의 어떤 사람도 완전히 똑같지 않음에도 개성을 인식할 수

없다고 본다. 즉, 이 문화적 헤게모니는 모든 사람이 고유하다고 본다. 또한 고정관념화하면 더 빨리 평가하거나 판단할 수 있고, 더 쉽게 변별할 수 있다고 생각한다. 하지만 인간 중심의 돌봄 분위기가 형성되고 만성적인 상태를 스스로 관리할 수 있다면 돌봄 전문가는 돌봄 시 이렇게 내담자를 고정관념화하지 않게 된다.

돌봄 전문가는 돌봄 대상에게 가해지는 낙인과 편견의 문제를 자주 다루어야 한다. 낙인(stigma)은 어떤 집단에 속하거나 지배적인 집단에 속하지 않는 시각적 징후가 있는 사람을 가리킬 때 사용한다. 사회의 많은 집단에서 다음과 같은 편견과 차별을 경험한다.

- 어떤 인종적 또는 종교적 집단
- 어떤 신체적 기형, 질환 또는 절단이 있는 사람들
- 정신 질환이나 장애를 겪는 사람들
- 다른 성적 성향이 있는 사람들
- 어떤 직업군

돌봄 전문가는 모든 인종과 종교 집단, 모든 직업군과 성적 성향을 지닌 사람을 대해야 하므로 돌봄 대상에 대해 표현될 수 있는 차별 문제를 고려해야 하고, 자신의 행동이 자신의 부정적 고정관념의 영향을 받고 있는지 평가하기 위해 자기 관찰도 해야 한다.

또한, 돌봄 전문가는 스스로를 낙인 찍지 않도록 도와야 한다. 로저스의 주장처럼, 아픈 사람들 대부분이 자신을 경멸해 스스로에게 낙인을 찍는다. 스스로를 낙인 찍는 행위에는 고정관념, 편견, 차별 등이 있다.

- 고정관념: 성격의 취약성과 무능과 같이 자신에 대한 부정적 신념
- 편견: 낮은 자존감이나 낮은 자기 효능감과 같은 부정적 신념과 부정적인 정서적 반응에 대한 대응
- 차별: 직업과 주택구입 기회 실패와 같이 편견에 대한 행동적 반응

돌봄 전문가는 자신뿐 아니라 돌봄 대상자가 낙인찍기로 이어질 수 있는 어떤 고정관념과 편견이 있는지 알아야 자부심과 자존심을 높일 수 있다. 이는 인간 중심의 공감적 진료를 통해 가능할 수 있다(제4장 참조).

요약

제6장에서는 심리학적 이론과 연구를 통해 돌봄 전문가의 특징을 살펴보았다. 즉, 정신역동적 · 행동적 · 인지적 · 인본주의적 관점에서 성격 이론을 파악하고 설명해 보았다. 자아개념과 이와 관련한 자존심과 자기인식 개념을 함께 알아보았다. 그리고 자기인식과 자존심은 돌봄 전문가들이 인간 중심의 공감적 진료를 제공하는 데 필요한 것으로 나타났다.

각 심리학적 관점에 대해 어떤 상태가 되기(becoming), 상태를 잘 유지하기(remaining well)와 관련된 동기부여를 살펴보았고, 지각에 대해서도 검토해 보았다. 대부분의 지각 이론들은 인지적 관점에서 유래했고, 개인을 이해하는 데 한계가 있다.

행동을 해석하기 위한 귀인 이론들은 돌봄자에게 도움을 줄 수 있지만, 공감적 진료를 제공하는 데 한계가 있다. 마지막으로, 이 장에서는 태도, 고정관념화, 낙인에 대해 살펴보았다. 태도 이론은 대부분 인지적인 것이지만, 인간 중심의 공감적 진료를 통해 해결할 수 있는 중요한 문제인 고정관념화, 편견, 낙인이 미치는 영향에 대해 고려하고 있다.

추가연구

사회보호서비스개발연구소(Social Care Institute of Excellence, SCIE) 웹사이트에서는 TV 영상, 전자학습 패키지, 정책 지침과 같이 중요한 자료를 제공하고, 돌봄에 대한 연구도 후원한다. 이 기관의 목표는 우리 사회의 모든 사람을 포괄할 수 있도록 하는 것이다. 돌봄 대상자와 협력하여 그들이 필요로 하는 것을 제공하고자 한다. 그리고 자기 효능감, 자존감, 자부심을 높여 개인이 낙인 찍히거나 차별을 받지 않도록 보호하기 위한 지침을 제공한다. www.scie.org.uk/about/ 참조

정답

학습 활동 6.1 비판적 사고

어렸을 때 소방관, 농부, 의사, 유모가 되고 싶다고 하면 가족들이 어떻게 반응했는가? 그리고 왜 그런 반응을 했다고 생각하는가?

가족들이 여러분이 누군가를 돌보는 일을 잘할 거라고 생각한다면, 여러분의 성격을 다음과 같은 단어로 설명할 것이다.

- 친절하고, 도움이 되고, 현실적인

그리고 다음과 같이 성향을 설명할 것이다.

- 인내심이 많고, 이해심이 많으며, 분별력 있고, 올바른

돌봄 전문가들에 대한 이러한 고정관념은 여전하지만 최근에는 더욱 부정적인 고정관념이 많다.

농부처럼 동물을 잘 돌봐야 하고, 소방관처럼 보호하려 하고 용감해야 한다고 여겨진다.

학습 활동 6.2 비판적 사고

나의 성격은 어떠한가?

나의 성격을 느낌으로 설명한다면? 좋은가 싫은가?

나의 성격을 능력으로 설명한다면?

나의 성격을 직업으로 설명한다면?

나는 누구이고, 나의 인생에 어떤 의미가 있는가?

학습 활동 6.5 비판적 사고

알리의 입장이라면 프레드에게 어떻게 행동할 것인가?

- 프레드는 그 상황에 분명 좌절감을 느꼈다. 이러한 상황 때문에 스트레스가 많아져 짜증을 내고 공격적인 행동을 할 것이다. 인간 중심의 접근법을 통해 프레드와 더 많은 시간을 보내며 프레드를 이해하려 하고, 무엇이 가장 좌절감을 느끼게 하고, 어떻게 해야 진정시킬 수 있는지 알아보도록 한다. 이러한 좌절감과 느낌을 심각하게 받아들이고 프레드를 대하기로 했다면, 몇 가지 기본적인 문제부터 해결하기 시작할 수 있다. 프레드가 좋아하는 어떤 행동을 하도록 도와줄 수 있다.

References

- Allport, G.W. (1935) 'Attitudes', in C.A. Murchison (ed.), A Handbook of Social Psychology. New York: Russell & Russell, pp. 789-844.
- Asch, S.E. (1946) 'Forming impressions of personality', Journal of Abnormal and Social Psychology, 41: 258-90.
- Baca, M. (2011) 'Professional boundaries and dual relationships in clinical practice', Journal for Nurse Practitioners, 7 (3): 195-200.
- Bandura, A. (1965) 'Influence of model's reinforcement contingencies on the acquisition of imitative responses', Journal of Personality & Psychology, 1: 589-95.
- Barker, S. (2007) Vital Notes for Nurses: Psychology. Oxford: Blackwell.
- Barker, S. and Board, M. (2012) Dementia Care in Nursing. Exeter: Learning Matters.
- Corrigan, P.W. and Watson, A.C. (2002) 'Understanding the impact of stigma on people with mental illness', World Psychiatry, 1 (1): 16-20.
- Gibson, J.J. (1966) The Senses Considered as Perceptual Systems. Boston, MA: Houghton.
- Goffman, I. (1971) The Presentation of Self in Everyday Life. Harmondsworth: Penguin.
- Gregory, R.L. (1966) Eye and Brain. London: Weidenfeld & Nicholson.
- Hogg, M. and Vaughan, G. (2005) Social Psychology, 3rd edn. London: Prentice Hall.
- Hunter, B. (2006) 'The importance of reciprocity in relationships between community-based midwives and mothers', Midwifery, 22 (4): 308-22. Available at: www.sciencedirect.com (accessed September 2015).
- Jones, E.E. and Davis, K.E. (1965) 'From acts to dispositions: The attribution process in person perception', in L. Berkowitz (ed.), Advances in Experimental Social Psychology, Vol. 2. New York: Academic Press, pp. 219-66.
- Kelley, H.H. (1967) 'Attribution theory in social psychology', in D. Levine (ed.), Nebraska Symposium on Motivation. Lincoln, NB: University of Nebraska Press, pp. 192-238.
- Maslow, A. (1954) Motivation and Personality. New York: Harper and Row.
- Neisser, U. (1976) Cognition and Reality. San Franscico, CA: W.H. Freeman.
- Rogers, C.R. (1951) Client-Centred Therapy. London: Constable.
- Rogers, C.R. (1961) A Therapist's View of Psychotherapy: On Becoming a Person. London: Constable.
- Stewart, W. (2005) An A-Z of Counselling Theory and Practice. Cheltenham: Nelson Thornes.

7

CHAPTER

치료적 관계

나는 어둠 속에서 휘청거리고 있었다.
고통과 슬픔이 가슴속에 가득했는데
당신이 들어 주어 따뜻하고 안전하게 느껴졌다.
당신이 조심스럽게 동행해 주어
눈을 떠 세상을 바라볼 수 있었다.
처음으로 나는 '나 자신'을 보았다!

학습 목표

모든 돌봄 전문가는 돌봄 대상자와 관계를 맺어야 한다. 이 관계는 보통 도움을 주는 관계, 즉 치료적 관계로 여겨진다. 이러한 관계의 본질적인 치료적 특성을 감안하면, 돌봄 전문가는 더 많은 도움을 주기 위해 이러한 관계를 어떻게 관리해야 하는지 이해해야 한다. 따라서 이 장의 학습 목표는 다음과 같다.

- 치료적 관계를 뒷받침하는 각 심리학적 관점에 대한 다른 설명과 개입방법을 논한다.
- 치료적 관계에서 자기인식이 왜 중요한지 알아본다.
- 치료적 관계의 핵심 요소들을 파악한다.

들어가면서

이 장에서는 돌봄 전문가가 치료적 관계를 발전시키고 이용할 수 있는 방법과 이유를 주로 살펴본다. 그리고 각 심리학적 관점을 알아보고, 그 심리학적 관점이 치료적 관계를 어떻게 이해하고 있는지도 파악할 것이다. 모든 치료적 관계의 핵심 구성요소를 알아보고, 이러한 구성요소 사이의 관계와 이를 뒷받침하는 심리학적 근거도 살펴볼 것이다. 사례연구를 통해 심리학적 지식이 돌봄 수행 시 어떻게 적용될 수 있는지 이해해 볼 것이다.

이 장에서 각 심리학적 관점의 치료적 접근법을 살펴보겠지만, 모든 접근법이 동등하게 유효하다는 의미는 아니다. 어떤 '접근법'은 실제 인간 중심의 접근법을 이용하여 비윤리적이라고 간주될 수 있다.

학습 활동

7.1 성찰

잠시 자신의 돌봄 역할에 대해 생각해 본다.
어떤 역할을 하는가?
'상담'도 자신의 역할 중 하나라고 생각하는가?
자신이 돌보는 사람들과 치료적 관계를 발전시켰는가?

'치료적 관계(therapeutic relationship)'라는 용어는 돌봄 시 널리 사용되지만 치료적 관계는 무엇인가? '상담 관계'인가? 아니면 쇼핑한 물건을 가져다주는 행위 등 두 사람 사이에 협의된 도움을 주는 더욱 기본적인 관계인가? '치료적', '상담', '도움을 주는 관계'와 같은 용어는 때로 교환해서 사용하기도 한다.

사전이나 유의어 사전으로 이러한 용어를 각각 찾아보면, '치료적(therapeutic)'이란 치료와 관련이 있고 상담도 포함될 수 있다. 또한 조언을 주고 약이나 식사를 제공하는 활동도 포함된다. 어떤 행위를 할 수 있게 하거나 도와주는 일이다. 실제로 돌봄 전문가는 신체적 또는 심리적 돌봄을 비롯한 일상적인 활동 모두를 도와주는 것으로 여겨질 수 있다.

심리학적 이론가들은 '치료적 관계' '상담 관계' '도움을 주는 관계'라는 용어를 많은 의료 종사자처럼 절충해 사용하지 않고, 각각의 관계를 구분한다. 따라서 돌봄과 관련된 각기 다른 직업이나 학문에서는 어느 것이든 한 가지 용어를 선택해 사용한다(Barker, 2007).

이 장에서는 주로 '치료적 관계'라는 용어를 사용할 것이다. 조언을 제공하든 약을 투약하든 일상생활 활동을 도와주든, '치료적'이라는 것은 적절한 치료를 제공한다는 것과 관련이 있다. 이는 돌봄 전문가가 자신이 속한 관계를 통해 알아볼 수 있다. 이 책에서는 각 돌봄 전문가의 관계가 고유하지만 모두 심리학적 이론으로 뒷받침할 수 있다는 것을 보여준다.

각 심리학적 관점은 치료적 관계를 관리하는 다양한 접근법을 제시하지만 모든 접근법에서 공통적으로 기대하는 점은 이 관계를 관리하는 사람이 자신에 대해 인식하고 있어야 한다는 점이다. 즉, 자기인식(self–awareness)이 중요하다.

자기인식은 자신의 존재나 생활 세계를 알고 있는 것이다. 그리고 체현된 시간과 공간에서 자신의 육체, 생각, 느낌, 영성, 행동을 정확하게 지각할 수 있는 것이다.

자기인식

자기인식(self–awareness)을 발전시키는 것은 선택이지만, 일단 선택을 하면 그 돌봄 전문가에게 영향을 미친다. 물론 일부는 돌봄 시 자기인식이 중요하다고 주장한다. 자신을 이해하기 시작하면 자신이 의식하지 않았던 자신에 대한 문제를 해결해야 할 수 있다.

자기인식은 성찰적 행위(reflective practice)와 같은 기법을 통해 가능하다. 돌봄 전문가는 성찰(reflection) 모델에 대해 배우지만, 대부분의 의사는 이러한 기술을 계속 발전시키도록 요구받는다. 성찰은 임상 감독(clinical supervision)의 일환으로 사용될 수도 있다(제10장 참조).

개인의 행동에 영향을 미치는 요소는 많고, 자기인식을 발전시키기 위해 다음 요소를 성찰해 보는 것이 유용할 수 있다.

- 생각
- 느낌
- 행동
- 신념
- 태도
- 가치
- 희망과 두려움
- 좋아함과 싫어함
- 과거 경험

학습 활동

7.2 성찰

자신의 돌봄 역할에 대한 본인의 신념, 태도, 가치, 희망, 두려움, 좋아하는 것과 싫어하는 것, 과거의 경험과 관련해 어떻게 생각하고, 느끼고, 반응(행동)하는지 생각해 본다.

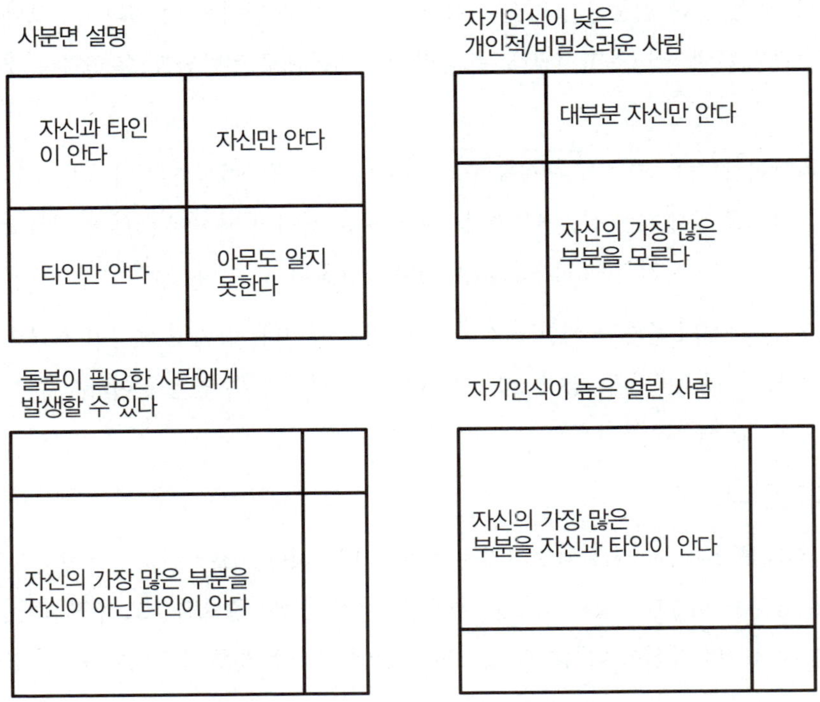

그림 7.1 조하리의 창 약식 버전

자기인식을 발전시키는 것은 평생 해야 하는 일로 여겨질 수 있고 자기인식이 높은 사람들은 더 성숙한 사람으로 간주되지만 나이가 많다고 반드시 자기인식이 높은 것은 아니다(제6장 참조).

러프트와 잉햄(Luft and Ingham)의 연구(1955)에서는 조하리의 창(Johari window)이라고 하는 인식의 사분면을 제시하는 모델을 개발했다(그림 7.1 참조). 이 모델은 자신과 타인이 모두 알고 있는 부분, 비밀로 유지되는 자신만 알고 있는 부분, 오직 타인만 알 수 있는 부분, 자신이나 타인이 모두 알 수 없는 부분의 사분면이 있다는 것을 나타낸다. 이는 자아의 무의식적 부분이라고 여겨질 수 있다. 그러나 일부 심리학적 이론가만이 무의식의 개념을 인정하고, 자신은 타인에게 완전히 마음을 열지 못한다고 생각한다. 치료나 치료적 관계의 목적은 그 사람이 자신을 스스로 이해하고 있는지 알아보고, 자신의 안녕감에 도움이 된다고 생각되면 변화하도록 하는 것이다.

치료적 관계를 위한 정신역동적 접근법

자기인식 개발은 특히 무의식의 과정과 이러한 무의식의 과정이 현재의 경험에 어떤 영향을 미치는지에 관심을 갖고 있는 프로이트의 저서에서 확인할 수 있다. 치료에 대한 프로이트의 정신분석적 접근법은 억눌러진 경험을 의식하도록 해 현재의 문제를 해결할 수 있게 하는 것으로, 그 사람은 계속 성장하여 자신의 자기인식을 높일 수 있다.

프로이트는 마음이나 정신(psyche)의 세 가지 갈등 요소, 즉 원초아, 자아, 초자아가 행동을 이끈다고 주장했다(제1장과 제2장 참조). 그리고 원초아의 무의식에 있는 추동이 인생의 원동력이라고 주장했다. 이는 '삶의 추동'(에로스)과 '죽음의 추동'(타나토스)이라고 부른다. 삶의 추동의 원동력은 '리비도(성욕)'이다. 프로이트는 이러한 성적 실현의 동기부여는 타고나는 것이라고 주장했다.

돌봄 전문가는 때로 다른 사람들과 마찬가지로 사회적 환경 안에서 이러한 추동을 다루는 심리적 방어 기제를 사용함으로써 이러한 욕구를 즉시 이행하지 못해 발생하는 내적 갈등을 관리한다(제1장 참조). 심리적 방어 기제는 단기적으로는 이루지 못한 욕구를 해결할 수 있지만 장기적으로 볼 때 이 욕구는 해결되어야 한다.

정신분석학에서는 어린 시절 충족되지 못한 욕구와 욕망이 성인이 되었을 때 성격에 영향을 미치게 되므로 성인기의 성격 문제를 해결하려면 이러한 무의식의 욕구나 욕망을 의식에서 인식해야 한다고 말한다. 이를 위해서는 네 가지 기법이 사용된다.

- 자유 연상
- 꿈 분석
- 전이
- 실수 행위('프로이트의 말실수'로도 알려짐)와 같은 정보 누설(Barker, 2007)

정신분석가는 이 정보를 사용해 내담자의 문제를 해석한다. 그리고 내담자에게 이를 해석해 주고 자신의 삶을 스스로 관리할 수 있도록 한다. 돌봄 전문가는 자신과 내담자와의 치료적 관계를 다루는 데 정신분석을 일반적으로 사용하지 않을 수 있지만(정신분석가가 되려면 수년의 교육이 필요하다.), 몇 가지 정신분석은 유용하다다.

전이

내담자가 자신의 인생에서 중요한 사람에 대한 느낌과 그에 따른 행동을 분석가에게 전이(transference)하는 경우이다. 그리고 분석가는 딸이나 엄마와 같이 자신의 인생에 중요한 사람인 것처럼 역전이를 통해 내담자에게 대응할 수 있다. 분석가는 이러한 정보를 이용해 그 사람의 문제를 이해하고 해석할 수 있다. 이는 유용한 도구일 수 있지만 정신역동성을 의도하지 않은 다른 치료적 관계에서도 발생할 수 있다. 이러한 관계는 비분석적 상황이고, 내담자와 돌봄 전문가에게 혼동과 불만을 유발한다. 돌봄 전문가가 전이와 역전이가 치료적 관계에서 일어날 수 있다는 것을 안다면 이러한 상황을 더욱 효과적으로 관리할 수 있다.

역전이

전이는 내담자가 자신의 생각, 느낌, 행동을 치료사에게 투영하는 경우를 말하지만 역전이(countertransference)도 일어날 수 있다. 역전이는 치료사가 자신의 생각, 느낌 또는 행동을 내담자에게 투영하는 경우이다. 이러한 현상은 내담자가 치료사의 어린 시절 트라우마를 자극하거나 치료사의 현재 욕구 때문에 일어날 수 있다. 역전이의 위험을 줄이려면 돌봄 전문가가 전문가적으로 행동해 자신의 개인 정보를 공개하지 않는 것이 좋다.

요약

대부분의 돌봄 전문가는 자신이 돌보는 사람의 치료에 정신역동적 접근법을 이용하지 않지만, 자신과 타인에 대해 이해할 수 있게 해 준다. 이러한 치료적 관계 접근법은 공평하지 않다. 왜냐하면 치료사는 전문가이고 내담자가 하는 말을 해석하므로 힘을 가진다. 따라서 본질적으로 인간 중심의 공감적 진료는 아니다. 이 접근법은 전이와 역전이의 위험 때문에 치료사가 개인 정보를 공유하는 것을 인정하지 않는다. 인간 중심의 공감적 진료에서는 자기노출이 유용하지만 역전이를 조심해야 한다.

치료적 관계를 위한 행동적 접근법

행동주의 심리학자들은 아기들이 선천적으로 학습 능력을 갖고 태어나고, 언어를 비롯한 모든 행동은 학습된다고 생각한다(제1장과 제2장 참조). 특히 행동주의자들은 인간 및 동물과 그들의 환경 사이의 관계에 집중한다. 대부분의 연구는 동물을 대상으로 한다. 그리고 학습은 습관화로 발달 초기 단계에 시작되어, 고전적 조건형성과 조작적 조건형성에 이어 사회 학습 이론으로 이루어진다. 이러한 각 단계는 위계적으로 보일 수 있다.

① 습관화는 생활화로 학습된다.
② 고전적 조건형성은 반복과 짝짓기(연상과 연습의 법칙)로 학습된다.
③ 조작적 조건형성은 강화와 벌(보상)을 통해 학습된다.
④ 사회 학습 이론은 관찰과 모방(대리)으로 학습된다.

고전적 조건형성

고전적 조건형성(classical conditioning)은 어떤 자극에 대해 반사적으로 반응할 때 조건형성이나 학습이 일어난다는것이며, 파블로프(1927)가 정립했다. 반사적 반응은 이전에 연합되지 않은 자극과 반복적으로 짝을 지어 훈련할 수 있다(조건형성). 그래서 이를 '연합의 의한 학습'이라고 한다. 즉, 한 가지 자극이 어떤 반응을 일으키는 다른 자극과 연합되면 일정 시간이 흐른 후에 두 가지 자극 모두 동일한 반응을 얻을 것이다. 예를 들면, 진통제를 정제형 설탕과 같은 비활성물질로 주는 경우이다. 두 가지 자극 모두 연관이 있어, 얼마 후 진통제를 주지 않아도 그 사람은 통증이 완화되는 경험을 한다. 진통제와 당의정 모두 같은 반응을 이끌어 낸다. 이는 고전적 조건형성이나 연합에 의한 학습이다.

조작적 조건형성

손다이크(1913)는 도구적 조건형성(instrumental condition) 개념을 개발해 파블로프의 원칙을 인정했으며, 강화의 요소를 도입했다. 이 개념을 스키너(1938)가 더욱 발전시킨 것이 조작적 조건형성(operant conditioning)이다. 이 방법은 효과의 법칙에 근거해 어떤 행동 후에 좋은 일이 생기면 그 행동을 반복할 가능성이 있다고 제시한다. 고전적 조건형성의 특징이 계속 나타나지만, 연속 근사(successive approximation)를 통한 행동 형성도 조작적 조건형성으로 일어난다고 주장한다. 행동에 대해 보상을 받으면 그 행동을 재현하고 학습하게 된다. 이러한 행동은 인간뿐 아니라 동물에서도 볼 수 있다. 스키너는 동물들이 한 가지 자극에만 반응하는 것이 아니기 때문에 이러한 반응이 그 환경 내에서 어떻게 조작되었는지 살펴보았다. 이러한 학습 이론 모두 돌봄 전문가가 자신의 치료적 관계를 이해하는 데 도움이 될 수 있다.

조작적 조건형성은 교사의 교육을 통해 또는 '시행착오'로 학습된다. 즉, 어떤 상황에서는 보상이나 벌이 학습과 미래의 행동에 영향을 준다. 돌봄 서비스에는 교육 전략뿐 아니라 이러한 두 가지 학습 이론에서 발전된 치료법이 많다.

고전적 조건형성을 토대로 한 치료법은 다음과 같다.

- 체계적 둔감화
- 혐오법
- 노출법

조작적 조건형성을 토대로 한 치료법은 다음과 같다.

- 행동 수정
- 토큰 경제
- 자극 포만

체계적 둔감화(고전적 조건형성)

이 방법은 두려움이나 불안을 유발하는 대상이나 상황에 이용할 수 있다. 내담자의 두려움이나 불안이 부적응적 학습이나 도움이 되지 않는 연합에 근거한 것이므로 내담자는 새로운 연합을 재학습하고 형성해야 한다고 가정한다. '체계적(systematic)'이란 두려운 상황에 단계별로 들어가는 것을 의미하고, '둔감화(desensitization)'란 두려움의 반응을 상쇄

(counterbalancing)하거나 감소시킨다는 의미이다. 상쇄는 점진적 이완(relaxation)이나 약물치료와 같은 활동을 통해 가능할 수 있다. 예를 들어, 점차적으로 거미를 접하여 거미에 대한 두려움을 극복할 수 있는 경우가 있다.

혐오법(고전적 조건형성)

이 치료법은 알코올 중독이나 성 도착과 같이 원치 않는 행동을 끝내는 데 사용된다. 여러 기법을 사용해 원치 않는 행동을 할 때 불쾌한 반응(벌)을 만들어 낸다. 알코올 중독자의 경우 안타부스(디설피람)와 같은 약물을 처방해 술을 마시면 얼굴이 달아오르거나 메스껍거나 구토가 나는 등 매우 불편한 느낌을 유도할 수 있다. 고무밴드를 손목에 착용해 금지된 행동을 하면 스스로 고무밴드를 '튕긴다'. 이러한 행위는 중단해야 하는 행동에 대해 부정적 연합을 일으키기 위한 것이다. 이 '치료법'은 상식적으로 접근하지만 돌봄 전문가는 비유해성 생명윤리를 지지하므로 해가 될 수 있는 행동에 보통 불편함을 느낀다. 또한 벌이 장기적으로 행동 변화를 유도하는 효과가 있다는 것을 입증하는 증거가 부족하다.

노출법(고전적 조건형성)

대응할 기회도 없이 두려운 자극(대상이나 상황)이 반복적으로 나타나 그 두려움 반응/행동이 사라지게 되는 경우이다.

행동 수정(조작적 조건형성)

이 치료법은 조작적 조건형성에서 파생된 것이므로 원하는 행동을 강화하는 데 초점을 맞춘다. 구체적인 목적으로 행동 계획을 세운다. 기본적인 행동 계획을 수립하면 그 계획의 행동 전략을 실행할 수 있다. 행동 계획에는 전체적인 목적 달성을 향한 과정에 작은 하위 목적들이 포함되어야 할 수 있다. 각 하위 목적은 각 행동이 확실히 자리를 잡아 천천히 주된 목적을 향해 행동을 형성해 갈 때까지 강화(보상)된다.

토큰 경제(조작적 조건형성)

이 접근법도 원하는 행동을 강화하는 방법이다. 이 경우, 토큰을 사용해 행동을 강화한다. 이 방법은 대부분의 학교에서 어린이들에게 사용하고(별 스티커와 포인트 수여), 정신병원에서도 사용한다(원내 상점에서 교환해 사용할 수 있는 토큰). 슈퍼마켓에서 포인트 카드를 사용하는 것, 점수를 모아 평점을 내 우등학사학위를 분류하는 모듈식 학위수여 프로그램이 이런 방법이다

자극 포만(조작적 조건형성)

이 치료법도 모든 조작적 조건형성과 마찬가지로 강화와 처벌의 개념을 사용한다. 그러

나 이 접근법은 반직관적으로 사용된다. 문제 행동에 벌을 가해 그 행동을 개선하는 대신 보상을 해 준다. 너무 과하면 그 행동을 그만두는 것처럼 강화를 과도하게 사용한다(그림 7.2). 욕망을 충분히 만족시켜 주어 그 행동을 그만두게 하는 것이다.

사회 학습 이론

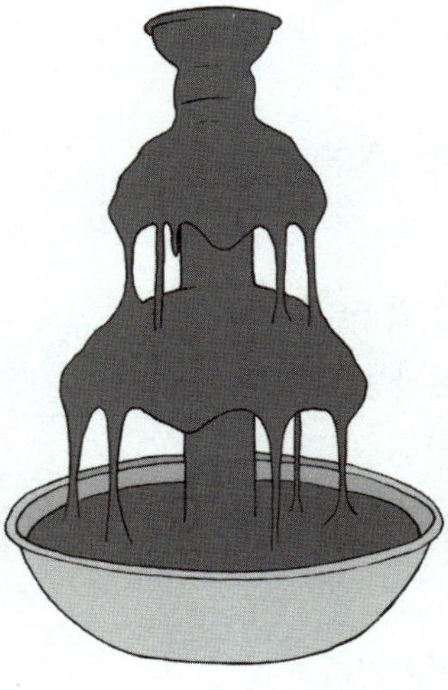

그림 7.2 이 정도 초콜릿이면 충분한가?

고전적 조건형성과 조작적 조건형성에 근거한 또 다른 학습 형태는 사회 학습 이론이다. 이 이론은 학습에 인지적 요소를 인정한다(제1장 참조). 사회 학습 이론은 연합과 보상뿐 아니라, 타인의 행동을 관찰하고 이를 모방함으로써 학습할 수 있다고 주장한다. 즉, 대리 학습을 말한다.

앨버트 반두라(1977)와 그 동료들은 많은 실험을 통해 사회 학습 이론을 개발했다. 이러한 실험은 관찰 학습이나 대리 학습이 가능하다는 것을 보여 주었다. 이러한 유형의 학습이 이루어지려면 배우게 되는 대상(롤모델)과 이 사람을 보고 배우는 또 다른 사람들이 있어야 한다. 이를 '롤 모델'이라고 한다.

롤 모델링은 치료적 관계의 일환으로 중요할 수 있다. 돌봄 전문가가 치료적 관계를 통해 어떤 사람의 행동에 영향을 주고자 한다면, 이들이 롤 모델이 될 수 있다.

학습 활동 7.3 비판적 사고

존경했거나 닮고 싶어 했던 사람을 떠올려 본다. 이들은 어떤 행동을 하고, 어떤 느낌이 들게 하고, 어떤 반응을 얻었는가?

사/례/연/구 앨리슨

가정위탁 보호자인 나는 건강상 문제 때문에 아이를 더 이상 돌 볼 수 없는 양모의 위탁 가정을 방문했었다. 사회복지기관은 나와 나의 남편이 이 아이를 대신 돌보기에 적절하다고 판단했다. 사회복지사와 내가 이 가정을 찾아갔을 때 아이는 두려워했고, 양모의 뒤에 숨으려 했다. 나는 이 아이가 매우 걱정스러웠다. 사회복지사는 아이와 이야기를 하고 싶었지만 아이는 대화를 거부했다. 우리(양모와 사회복지사와 나)는 잠시 이야기를 나누었다. 양모가 나에게 다소 관련 없는 질문을 몇 가지 했지만, 나는 솔직하게 대답했다. 잠시 후 양모는 아이에게 '앨리슨 씨의 남편 분이 너랑 이름이 같더라. 그리고 사륜 오토바이도 있대!' 그러자 아이의 얼굴이 환해졌고, 여전히 양모의 손을 잡은 채로 나에게 그 오토바이가 어떤 색이냐고 물었다. 나는 휴대폰을 꺼내 남편이 사륜 오토바이를 타고 찍은 사진과 반려동물 사진을 몇 장을 보여 주었다. 아이는 점차 반려동물에 대해 물어보기 시작했고, 자기 방으로 가 어떤 음식을 좋아하는지 말하고, 때로 양모를 바라보며 안심했다.

효과적인 롤 모델

효과적인 롤 모델은 몇 가지 특징이 있다. 이 특징을 통해 대리 학습이 향상된다. 효과적인 롤 모델은 다음의 속성을 지닌다.

- 롤 모델은 보상을 받는다: 앨리슨은 아이가 양모를 신뢰한다는 것을 알 수 있었다.
- 롤 모델은 모방할 수 있을 만큼 비슷하다: 앨리슨은 양모의 인내심과 배려심을 모방해 어떻게 아이가 현재 상황에 대해 좋은 느낌을 갖도록 도와줄지 알 수 있다.
- 롤 모델은 평판이 좋다: 양모들은 보통 긍정적으로 묘사되므로, 앨리슨의 경우 양모가 롤 모델이 된다. 따라서 양모는 평판이 좋았다.

이 사례에 따르면, 돌봄자가 좋은 롤 모델이 되고 치료적 관계를 발전시키려면 돌봄 대상자와 비슷해야 하며, 돌봄 대상자가 좋아해야 하고, 보상을 받는 것으로 보여야 한다. 또한 반두라(1977)는 이 방법을 통해 배울 수 있는 구체적인 기술이나 행동 외에도 문제해결과 자기평가와 함께 사람들이 자신의 가치와 태도를 발전시킬 수 있다고 주장했다.

사/례/연/구 **알 마흐디 후세인**

알 마흐디는 헤로인 중독 치료를 위해 약물중독치료 병원에 입원했다. 부프레노핀으로 치료할 계획이었다. 알 마흐디는 치료팀에게 불면증을 호소했지만, 담당의사는 수면을 돕기 위한 진정제 처방을 하지 않았다. 이 약물에 부작용이 있을 수 있지만, 정신과의사는 알 마흐디가 아마도 거짓말을 하고 진정제를 더 받고 싶어서 그러는 것이라고 치료팀에게 설명하며 자신의 결정을 합리화했다. 정신과의사는 약물 중독자들이 신뢰하기 힘들고, 요구사항이 많고, 정직하지 않으며, 영악한 사람이라고 생각한다고 말했다. 치료팀은 이 설명을 수용하는 것 같았고, 알 마흐디의 요구를 무시했다. 알 마흐디는 화가 나 치료팀에게 자신과 자신의 문제를 이해하지 못한다며 소리를 질렀다. 그래서 알 마흐디는 의학적 조언에도 불구하고 퇴원에 서명했다. 퇴원하면 분명 낙담하고 불안해할 것이었다. 이날 오후 알 마흐디는 자신의 집 방 안에서 의식을 잃고 양팔에 출혈을 보인 채 발견되어, 다시 병원으로 실려 왔다. 치료팀은 알 마흐디가 퇴원 후 한 행동에 대한 이야기를 듣고 놀랐다. 그리고 이를 심각한 자살 시도로 보고, 알 마흐디가 다시 입원했을 때 치료적 관계를 형성해 어떤 도움을 줄 수 있을지 알아보기 위해 노력했다.

알 마흐디 후세인의 사례연구를 살펴보자. 담당 정신과의사는 팀에게 영향력 있는 롤 모델이었을 수 있다. 이 치료팀이 중독자에 대한 정신과의사의 생각에 공감하지 않았으며, 이전에 알 마흐디에게 대했던 방식으로 행동했다. 치료팀은 정신과의사의 부정적 태도를 계속 수용할 수 있었지만 알 마흐디에게 해가 가해지는 것을 보고 정신과의사의 가치와 태도가 보상되지 않는 것으로 간주할 수 있었고, 긍정적이지 않게 보았다.

자기 효능감

자기 효능감은 행동이나 동기부여를 촉진시키는 중요한 요인이다. 사회 학습이나 대리 학습이 효과적으로 수행되려면 모방하고자 하는 동기부여가 이러한 행동을 할 수 있다는 신념에 근거해야 한다. 자기 효능감은 보통 동일하거나 유사한 상황에 대한 이전의 경험을 통해 발달한다. 중요한 것은 돌봄 전문가는 돌봄의 동기를 부여하기 위해 자신의 자기 효능감뿐 아니라 긍정적 결과를 얻기 위해 함께 노력하는 타인의 자기 효능감까지 인식하고 발달시켜야 한다는 점이다. 알 마흐디의 사례연구로 돌아오면, 알 마흐디는 추가적인 도움 없이는 헤로인 중독에서 벗어날 수 없다고 생각한 것 같다. 그래서 더 이상 그 병원에 머무르고 싶지 않아 퇴원했고, 집에서 자신을 관리할 수 없었다. 이전 경험을 감안하면 정신과의사와 치료팀도 알 마흐디가 이미 더 많은 약물치료를 요구했기 때문에 알 마흐디를 성공적으로 치료할 수 없을 것이라고 느꼈을 것이다.

요약

행동주의적 치료법은 간호 실습생이, 무엇이 자신의 행동을 비롯해 사람들의 행동에 영향을 미치는지 이해할 수 있게 해 준다. 고전적 조건형성은 두려움이 사라질 때까지 그 두려운 상황을 유지하는 것이 왜 중요한지, 그리고 자극에 어떤 반응을 하는가에 따라 행동이 계속될지의 여부가 결정된다는 것, 즉 자극-반응 이론을 보여 준다. 조작적 조건형성은 행동을 계속하도록 촉진하는 데 강화(특히 긍정적 강화나 보상)의 중요성을 강조한다. 사회 학습 이론에서는 대리 학습의 효과와 롤 모델 사용과 자기 효능감을 강조한다.

대부분의 행동 치료사는 다양하고 집중적인 훈련을 받은 매우 숙련된 전문가로, 이들이 사용하는 기법의 대부분은 일상생활에서 사용할 수 있는 것이다. 그러나 치료사가 권한을 갖고 내담자가 원하는 결과를 얻도록 행동을 조작하기 때문에, 치료사와 내담자의 관계는 동등하지 않다는 점을 인정하는 것이 중요하다. 치료 계획과 목적에 대해 치료사와 내담자가 서로 협력하거나 의견을 같이 하더라도, 강력한 누군가가 내담자에게 그 행동을 '하도록' 한다는 것이 기본적인 전제가 된다. 이는 인간 중심의 공감적 진료에서 일어나는 일이 아니다.

치료적 관계를 위한 인지행동 접근법

인지행동 접근법(cognitive behavioural approaches)은 처음에 심리학의 행동적 관점에서 발전되었다. 파블로프와 스키너의 접근법이 너무 기계론적으로 여겨져 손다이크와 반두라와 같은 심리학자의 연구를 통해 변화하여 인지적 관점이 발전되었다(제1장 참조).

이 영역에서는 많은 치료법이 개발되었다.

- 1960년대에 벡(Beck)은 정신분석학을 바탕으로 자동적 부정적 사고에 초점을 맞췄고, 인지적 치료에 이르는 인지 삼제(cognitive triad)를 알아냈다.
- 1960년대부터 1990년대까지 엘리스(Ellis)는 정신분석학을 바탕으로 합리적 정서 치료를 개발했다. 이는 추후 '합리적 정서 행동 치료'가 되었고, ABC 모델을 정립했다(이 경우, A는 선행사건, B는 신념, C는 결과를 의미한다.).
- 1960년대와 1970년대에 반두라는 사회 학습 이론을 개발했고, 이는 '사회적 행동 치료'로 정립되었다.

인지행동 접근법의 일반 원칙

- 인지(cognition)는 행동과 감정에 영향을 준다.
- 인지는 접근해 변화시킬 수 있다.
- 행동은 변화될 수 있다.
- 행동은 인지와 감정에 영향을 준다.

인지적 이론에 따르면, 사람들은 해석과 추론의 과정을 통해 세상과 상호작용을 하는 '추리(reasoning)'라는 행동을 한다. 그리고 왜곡된 해석과 '추론' 때문에 추리는 오류가 생긴다. 때문에 추리는 편향되고 융통성이 없을 수 있고, 이러한 일이 저절로 계속될 수 있다. 인지적 이론과 이와 연관된 치료법은 이러한 기본적인 추리의 왜곡에 접근해 변화시킬 수 있다고 본다.

인지적 치료는 기본적으로 인간은 각각 세상에 대한 고유한 경험을 가지고 있어서 세상에 대해 고유한 방식으로 해석한다고 가정한다. 이를 통해 인간은 세상에 대한 관점과 자신의 신념 체계를 구축하고 이러한 신념과 해석을 실행에 옮긴다. 또한 정보를 수집해 자신의 신념과 세상을 해석하는 방식을 뒷받침한다.

인지적 치료는 보통 행동 치료와 함께 수행되고, 생각과 느낌과 행동이 상호 연관되어 있다고 보기 때문에 이를 '인지 행동 치료(Cognitive Behavioral Therapies, CBT)'라고 부른다. CBT는 앞서 언급한 고전적, 조작적 조건형성과 사회 학습을 통해 인지적 재구성과 행동 변화 모두를 포함한다. 치료사들은 연합, 강화, 신념, 자동적 사고(자기 대화)의 중요성을 인정한다.

인지 행동 치료는 새로운 적응적 학습을 개발하는 데 토대가 되어, 자동적 사고와 보여주는 행동을 다룰 것이다. 치료사는 다음의 방법을 이용하기 위해 노력할 것이다.

- 문제해결
- 현재에 집중
- 자기 효능감 지지
- 외현적 목표설정
- 협업

대부분의 돌봄 전문가가 인지 행동 치료사가 되지는 않지만, 문제해결, 자기 효능감 지지, 목표설정, 협업 모두 돌봄 전문가도 이해하는 부분이다. 인간 중심의 공감적 진료 방법을 사용하는 돌봄 전문가는 스스로 치료사나 전문가처럼 행동하지 않는다. 자신의 따뜻함과 의사소통 기술을 이용해 개개인의 장점을 살려 개인적 목적을 달성하도록 한다.

CBT 치료사가 사용하는 일부 기법은 자기 주장 및 점진적 이완과 같은 기법이며, 이는 돌봄 전문가에게 유용할 수도 있다.

인지행동 치료는 초기의 벡, 엘리스, 반두라의 연구 이후 계속 발전했다. 현재의 인지행동 치료는 괴로움이라는 감정 요소에 더 초점을 맞추고 있고, 마샤 리네한(Marsha Linehan)이 개발한 방식은 이러한 유형의 최초 접근법으로 간주될 수 있다. 리네한은 1980년대에 변증법적 행동치료(DBT)를 개발해, 경계선 성격 장애를 지닌 사람들을 돕는 데 초점을 맞췄다. 헤이즈(Hayes), 스트로샐(Strosahl)과 윌슨(Wilson)은 1990년대에 수용전념 치료(ACT)를 개발했고, 세갈(Segal), 윌리엄스(Williams), 티즈데일(John Teasdale)은 연구를 통해 2000년대 초, 마음챙김 기반 인지치료(MBCT)를 개발했다. 그 이후 길버트가 2000년대 중 · 후반에 자비(공감)중심 치료(CFT)를 개발했다.

변증법적 행동치료(Dialectical Behavior Therapy, DBT)

변증법적 행동치료(DBT)는 인지적 치료 방법과 앞서 설명한 협업을 수용하고, 다른 사람이 그들의 장점을 찾기 위한 측면에서 추가적인 지지도 포함한다. DBT를 개발한 리네한(Linehan, 1993a)은 경계선 성격 장애와 같은 감정 조절장애를 가진 사람들은 생물학적 기질이 있고, 어린 시절에 비수용적 환경(invalidating environment)을 경험했다고 주장한다. 이로 인해 건강의 취약성이 높아진다.

DBT는 숙련된 치료사가 사용하는 전문적 치료법이지만, 이는 돌봄 전문가들의 이해를 돕고 공감적 진료를 행하는 데에도 일부 도움이 될 것이다.

어린 시절에 정신건강 문제를 겪은 사람은 세상을 왜곡되게 가정하여 쓸모 없는 추론에 빠지게 된다. 그리고 극단적으로 감정을 분출하거나 억제하는 추론과 능동적 수동성(active passivity), 외현적 능력(apparent competence)의 추론을 보여 연속체의 어떤 부분이 아닌 극단적인 입장을 취하는 경향이 있다.

치료의 목적은 이러한 추론을 '수용과 변화'로 불리는 더욱 유용한 것으로 대체하는 것이다. 이를 통해 내담자가 자신과 자신의 환경을 수용하도록 도우면서 변화를 유도하기도 한다. 이는 DBT 치료사와 매주 개인적 상담을 하고, 매주 기술을 이용한 그룹 세션을 통해 수행된다. 이 기술은 다음과 같이 분류된다.

- 효과적인 대인관계: 객관적 효과, 관계 효과, 자기 존중을 통한 기술
- 고통감내/현실 수용: 자기위로, 주의분산, 최고의 순간으로 만드는 기술
- 감정 조절: 취약성을 낮추고, 능력을 향상시키고, 긍정적 경험을 구축하는 기술
- 마음챙김: 지금 여기, 현시점에서 자신의 몸과 마음과 세계를 경험하는 기술(Linehan, 1993b)

개인 세션에는 다음 전략이 포함된다

- 목표 도출: 그 사람이 스스로 달성하고 싶어하는 것이 무엇인가?
- 가치 파악: 그 사람에게 중요한 것이 무엇인가?
- 의지 개발: 변화 시 이해득실을 탐구. 선택 가능성
- 타당화: 치료사가 내담자의 경험과 느낌을 인정

이러한 모든 전략과 기법은 모든 치료적 관계에서 유용할 수 있다. 그리고 모두 인간 중심적인 것이고, 공감을 보여 주는 것으로 볼 수 있다.

수용전념 치료(Acceptance and Commitment Therapy, ACT)

이 치료는 CBT, DBT와 매우 비슷한 것처럼 보이지만, 스스로를 통제하는 것을 목적으로 하기보다 풍부하고 의미 있는 인생을 살도록 하는 데 초점을 맞춘다. 이는 무슨 일이 일어나고 있고, 이를 어떻게 수용할 것인지 주목하는 것만으로도 가능하다. 그리고 좋은 것이든 나쁜 것이든 자신의 모든 경험을 인정하고, 두 가지 모두 수용하도록 독려한다.

DBT와 마찬가지로, 수용전념 치료(ACT)는 내담자가 중시하는 가치를 명확히 하고 기술을 가르친다. ACT는 의지와 행동 변화 전략과 함께 수용과 마음챙김 전략을 이용해 심리적 유연성을 높인다.

여기에는 여섯 가지 핵심적 과정이 있다.

- 현재를 인식하고 집중
- 인지적 탈융합 – 경험을 솔직하게 파악한다.
- 수용 – 생각과 느낌을 그대로 받아들인다.
- 자신을 관찰 – 자신은 어떤 사람이고, 그것엔 어떤 가치가 있는지 인식한다.
- 전념 행동 – 무엇이 중요한지 결정하고 이를 위해 노력한다.

마음챙김 기반 인지치료(Mindfulness Based Cognitive Therapy, MBCT)

학습 활동

7.4 마음챙김 경험

편하게 앉거나 누울 곳을 찾는다. 마음을 비우고 자신의 몸과 모든 감각에 집중한다. 그리고 몸을 통해 천천히 다음을 해 본다.

- 근육이 아직도 긴장되어 있는가? 근육의 힘을 모두 뺀다.
- 자세가 불편한가? 편안해지도록 몸을 움직여 본다.
- 무슨 소리가 들리는가? 바깥에서 들리는 소리인가 내 안에서 들리는 소리인가? 자신이 살아 있음을 나타내는 소리로 인식한다.
- 어떤 냄새가 나는가? 이 냄새로 어떤 기억이 떠오르는가?
- 신체적으로 다른 어떤 감각을 느끼는가?
- 이제 따뜻하고 편안하고 인정받았다고 느끼는 곳을 생각해 본다. 일상 업무를 시작하면서 긴장되거나 스트레스를 받는다면 그 장소를 떠올린다.

마음챙김 기반 인지치료(MBCT)는 인간과 치료 기법에 대한 CBT의 기본적인 가정뿐만 아니라 마음챙김 전략도 사용한다. 이 치료법은 우울증이 반복적으로 지속된 사람들을 위해 개발되었다.

MBCT의 핵심적 과정은 다음과 같다.

- 자기인식 – 생각, 느낌 등
- 살아 있다는 느낌을 접한다.
- 감정확장 중지 – 우울감으로 감정의 소용돌이에 빠져들지 못하게 한다.
- 세상을 직접적으로, 개념적이지 않게, 비판하지 않고 경험하여, 대체 방법을 개발한다.
- 힘든 감정과 생각을 인정하고 경험하도록 지지한다.

자비(공감)중심 치료(Compassion Focused Therapy, CFT)

자비(공감)중심 치료(CFT)는 안녕감을 추구하는 사람들을 위한 현대의 새로운 인지행동 치료이다(MacBeth and Gumley, 2012). 폴 길버트(Paul Gilbert, 2009)는 진화론적 맥락에서 생물학, 심리학, 영성(즉, 불교)의 상호작용에 기반한 자비중심 모델을 개발했다(제4장 참조). 그리고 이러한 자비와 자기–수치에 대한 이해를 바탕으로 CFT를 개발했다.

사/례/연/구 **이마드 알 딘**

이마드 알 딘은 심한 하복부 통증과 메스꺼움과 배뇨 장애로 병원에 입원했다. 일상적인 혈액검사와 신체검사를 한 결과 전립선암으로 진단되었다. 이 병원에는 치료팀의 의사(다른 전문가가 아닌)가 진단결과를 공개하고, 긴급하거나 치료와 관련된 결정사항, 선택사항 또는 결과를 알려야 한다는 정책이 있었다. 치료팀의 의사 중 한 명이 이마드 알 딘과 전에 이야기해 본 적은 없지만 이 소식을 전하기로 결정했다. 의사가 이마드 알 딘의 병실을 찾았을 때 20대로 보이는 손자가 함께 있었다. 그 손자에게 진단 결과를 말해 주고 싶다고 말했다. 이마드 알 딘은 의사에게 그냥 말하라고 했다. 의사는 신속하고 간략하게 전립선암으로 진단되었고, 치료가 필요하다고 설명했다. 이마드 알 딘은 마음의 준비가 되어 있지 않았고, 병원과 의료에 대해 잘 알지 못해 눈물을 흘리기 시작했다. 자신이 곧 죽게 될 것이라고 생각해 검사 결과를 받아들이지 못하겠다고 말했다. 손자는 의사에게 소리 지르기 시작했고, 나가라고 말했다. 의사는 손자의 말을 무시하고, 자신의 입장과 결과를 빨리 전해야 했던 이유를 계속 설명했다.

길버트(Gilbert, 2009)는 위협/보호 시스템, 추동 시스템, 자족 시스템이 점진적으로 발전한다고 주장했다. 이러한 시스템이 균형을 이루는 사람은 안녕감을 유지할 것이다. 그러나 이러한 시스템의 균형이 깨지면 그 사람은 문제가 생기게 된다. 위협/보호 시스템과 추동 시스템은 매우 밀접한 관계가 있어, 두렵거나 역기능적 사고를 하게 되는 상황을 접할 때 과도하게 행동할 수 있다. 자족 시스템이 제대로 기능하면 문제가 되지 않겠지만, 그렇지 못한 경우 스스로 진정하지 못하고 높은 스트레스를 받게 된다. 이때, 자기-자비가 부족하면 안녕감에 상당한 영향을 미친다(MacBeth and Gumley, 2012).

CFT의 핵심적 과정은 다음과 같다.

- 치료사가 자비 기술을 사용하고 표현한다.
- 돌봄 대상은 치료사가 보여 주는 모든 자비의 속성을 경험한다.
- 치료사는 돌봄 대상자가 자기-자비의 기술과 속성을 발전시키도록 돕는다.

이마드 알 딘의 사례연구에서는 의사와 환자와 환자의 손자가 점진적인 위협/보호, 추동(동기부여), 자족 시스템의 균형을 보이지 않고 있다. 이마드 알 딘은 검사 결과를 감당하려 하면서 위협/보호 시스템이 더욱 강력해졌다. 의사도 자신의 입장을 설명하려 하면서 자신의 위협/보호 시스템에 고전하고 있다. 마찬가지로 손자도 더 적극적인 위협/보호 시스템이 발동해 의사와의 의사소통이 공격적인 형태로 나타났다. 세 사람 모두 자기위로를 통해 자족 시스템을 뒷받침하는 데 실패했다. 따라서 이들은 자신의 입장을 주장하기보다 공격적인 행동을 하도록 동기부여가 된 것이다.

의사의 경우 치료하고자 하는 욕망(의사의 역할)과 자신을 보호해야 할 필요성에 동기부여가 되었다. 정신적 · 인본주의적 관점에서 의사는 환자의 실제 세계가 아닌 자신의 가치 체계에 대응하고 있는 것이다. CFT 접근법을 이용하면 의사는 환자에게 한 사람으로서 그리고 현재 상황을 고려해 '민감성'과 '공감'을 보여 주어야 한다. 치료가 아닌 안녕감에 초점을 맞추면 환자에게 무엇이 중요한지 알 수 있었을 것이고, 따라서 따뜻함을 보이고 공감을 하며 비판 없이 행동했을 것이다. 현재 상황에서는 '고통감내'의 속성을 이용하면 의사가 자신이 느낀 위협을 무시하고 자신을 보호하는 행동을 멈추는 데 도움이 되었을 것이다.

공감의 속성은 다음과 같다.

- 민감성
- 공감
- 고통감내
- 감정이입
- 비판단
- 안녕감에 대한 돌봄

이마드 알 딘의 사례연구에서 의사는 아래와 같은 기술을 사용해 공감 중심의 관계를 관리하여 환자와 손자 모두의 안녕감을 향상시킬 수 있다.

이러한 상황에서 다음과 같은 기술로 공감을 보여 준다.

- 공감적 관심: 의사는 이마드 알 딘의 긍정적인 자질에 초점을 맞춰 이를 인정하고 감사해할 수 있다.
- 공감적 추론: 의사는 환자가 '내가 곧 죽을 것이다.'라고 생각하며 울부짖는 행동의 이유를 신속히 살펴보고, 친절함과 지지와 함께 도움이 될 대안책을 찾아야 한다.
- 공감적 행동: 의사는 환자가 두려운 상황(노출)에 직면했을 때 격려하며, 그 상황을 긍정적으로 처리하도록 지지할 수 있다.
- 공감적 감각: 환자와 손자에게 친절함과 지지와 따뜻함을 보여 주는 생각과 행동을 통해 몸으로 공감을 인식하도록 격려한다.
- 공감적 감정: 의사는 환자와 손자가 스스로 위로하는 생각과 이미지를 떠올리도록 도울 수 있다.
- 공감적 심상: 자기-자비(공감)가 무엇이고 어떤 감정인지 상상한다.

요약

대부분의 돌봄 전문가는 전문적 치료사가 아니다. 그러나 그동안 경험을 통해 어떤 대화 방법을 발전시켰는지를 알아보면 그들의 신뢰도와 윤리성을 평가하는 데 사용된 기법의 기본 원리를 이해할 수 있을 것이다. 이완, 마음챙김, 대상을 인정, 문제해결과 같이 전이 가능한 몇 가지 기법이 있다(표 7.1).

표 7.1 치료적 접근법 개요

요법	개발자	치료사의 역할	내담자의 역할
고전적 조건형성	파블로프	환경을 조작-연상	수동적 대상자
조작적 조건형성	스키너	환경을 조작-처벌/보상	수동적 대상자
사회 학습	반두라	환경을 조작-학습 기회 제공	롤 모델을 신경 씀
인지행동 치료	벡/엘리스	교육자	적극 개입
변증법적 행동치료	리네한	교육자/촉진자/검증자	적극 개입
수용전념 치료	헤이즈 등	교육자/촉진자/검증자	적극 개입
마음챙김 기반 인지 치료	세갈 등	촉진자/검증자	적극 개입/자기 관리
자비(공감)중심 치료	길버트	돌봄자/촉진자/교육자	적극 개입/자기 관리/자기연민

치료 참여와 관계에 있어 행동적 접근법은 치료사가 '통제하고' 환경을 조작하는 것으로 시작해 내담자의 행동을 변화시키는 것이다. 이는 인지적 전환을 통해 발전되어 인간이 단지 자극에 반응한 것이 아니라 환경의 정보를 처리한 것이라고 인식한다. 이를 통해 인지행동 방법으로 치료하게 된다. 현대의 인지행동 치료는 감정에 더욱 중점을 두고 있다. 이는 인지, 행동, 감정뿐 아니라 심리학에서 인본주의적 관점으로 볼 수 있는 정신적 요소를 포함한 공감에 중점을 두는 것으로 변화했다.

치료적 관계를 위한 인본주의적 접근법

인본주의적 관점은 하나의 조직적인 이론이 아니라, 정신역동적 그리고 행동주의적 사고부터 현상학과 특히 실존주의의 철학적 사고에 이르기까지 여러 가지 원칙에 기반을 두었다(제1장과 5장 참조).

실존주의 철학

실존주의 철학의 전제는 개인이 다음과 같다는 것이다.

- 고유하다.
- 자신의 실제 세계 경험을 알고 있다.
- 자신의 경험을 통제할 수 있다.

- 스스로 자유롭게 선택할 수 있다.
- 자신의 존재에 책임이 있다.

실존주의 철학은 인본주의 심리학과 인본주의 철학의 발전을 토대로 형성되었다.

인본주의 철학의 원칙은 다음과 같다.

- 개인은 자신의 행동과 경험을 통제할 수 있다.
- 사람들은 자신의 실제 세계 경험을 알고 있다.
- 각 개인은 자신의 잠재력을 실현할 책임을 지니고 있다.
- 발전하고자 하지 않는 사람은 인간 존재의 모든 가능성을 실현하지 않는다.
- 의식, 주관적 느낌, 분위기, 개인적 경험은 모두 이 세계에서 존재하는 것과 관련이 있으므로 중요하다.

이 실존주의 철학은 모든 인본주의 이론가의 이론에 근거가 되었다. 매슬로가 최초의 인본주의 심리학자로 여겨지지만, 인본주의 심리학의 주역은 칼 로저스(1902~1987)이다. 로저스는 다른 인본주의 철학자들과 마찬가지로 프로이트, 손다이크, 존 듀이와 같은 이론가들의 영향을 받았지만, 자신이 어린 시절에 느낀 박탈감의 영향도 받았다.

인간에 대한 이론에서 로저스는 '내담자 중심 치료(client-centered therapy)'라 불리는 치료법을 개발했다. 이는 추후 '인간 중심의 치료(person-centered therapy)'로 인식되었다. 인간에 대한 로저스의 이론은 다음의 여러 가정에 근거한다.

- 개인은 자신만의 현실감이 있다. 이는 현상학적 영역이라고 부른다. 이 현상학적 영역은 세상에 대한 자신의 경험을 통해 발달한다.
- 개인은 자기 실현을 하려는 경향이 있어 잠재력을 발휘하기 위한 동기부여가 된다.
- 개인은 지속적으로 유기체적 가치화 과정을 겪는다. 즉, 자기 실현을 할 수 있는 경험에 더 가치를 둔다.

이러한 가정을 감안하면 내담자 중심 치료에서 내담자는 자기 자신을 이해하고자 하여 자신의 잠재력을 발휘하기 위해 계속 노력하거나 자기 실현을 할 수 있다. 사람마다 각 현상학적 영역이나 실제 세계는 다르므로 이러한 잠재력 발휘나 자기 실현은 개인마다 고유할 것이다.

로저스(1951)는 사람들이 자신을 보는 방법이 일치하거나 불일치할 수 있다고 주장했다. '불일치'라는 것은 자아개념이 유기체적 가치화 과정이 아닌 가치 조건(conditions of worth)에 근거한다는 것을 의미한다. 가치 조건은 사람들이 개인적 잠재력을 달성하는 것, 즉 자기 실현보다 타인으로부터 긍정적 존중을 받는 일에 더 높은 가치를 두는 것이다. 긍정적 존중은 일치하는 자아 개념을 위해 필요하지만 어떤 의미에서 긍정적 존중을 얻으려는 노력이 무조건적이어야 하는 자아 개념의 가치를 떨어뜨린다. 긍정적 존중을 적극적으로 추구하는 문제에도 불구하고, 인간은 역하지각(subception)과 방어(defense)의 과정을 통해 불일치를 보호하고 변화를 방지한다(Rogers, 1951). 그리고 타인을 기쁘게 하고 타인으로부터 긍정적 존중을 받는 것이 왜 중요한지 설명하고 그 근거를 제시한다.

내담자 중심 치료, 인간 중심 치료와 모든 인본주의적 치료법에는 치료사에게 필요한 네 가지 핵심 조건이 있다.

- 공감적 이해
- 진솔성 또는 일치성
- 따뜻함
- 무조건적 긍정적 존중

공감

타인의 느낌을 이해할 수 있고 이해한다는 것을 보여 줄 수 있는 능력을 말한다. 그리고 타인의 현상학적 영역이나 실제 세계에 한 걸음 들어가, 그들이 행동하는 현실을 인지하고, 그들의 경험에 개인적 의미를 감지하고, 느끼고, 이해할 수 있는 능력이다.

공감(empathy)은 대상'으로' 느끼는 것이다. 동정심(sympathy)은 대상'처럼' 느끼는 것이고, 연민(pity)은 대상에 '대해' 느끼는 것이다(Stewart, 2005: 108).

진솔성 또는 일치성

'진심'과 관련이 있다. 돌봄 전문가들이 그렇게 행동해야 한다는 신념 때문에 그런 방식으로 행동하지 않고, 개인이 옳다고 느끼는 방식으로 행동하는 것이다. 누군가에게 진심으로 대하거나 '스스럼없이 자신 있게' 행동하는 것이다. 이는 괴로움을 겪는 사람이 치료사가 보여 주기를 원하는 행동이다.

따뜻함

따뜻함은 언어와 비언어 방식의 의사소통을 통해 보여 줄 수 있다. 편안하게 배려하는 자세로 부드럽고, 차분하고, 천천히 언어를 사용하면 따뜻함을 보여 줄 수 있다. 이는 편안한 감정을 만들어 관계가 발전할 수 있고, 신뢰를 높일 수 있다.

무조건적 긍정적 존중

로저스의 접근법을 이용하여 사람들을 대할 때 필요한 근본적인 태도이다. 타인이 무엇을 말하든 어떤 행동을 하든 긍정적으로 느껴야 한다. 이는 사람들에게 필요한 중요한 요소이다. 사람들은 어린 시절 이러한 무조건적 긍정적 존중을 받지 못해 심리적 문제를 얻게 되어 자신에 대해서도 긍정적 존중을 하지 못한다. 돌봄 전문가는 따뜻함을 보이며, 사람을 일관되게 포용해야 한다.

사/례/연/구 **할림 알 카타르**

할림은 20세 남성으로 지중해빈혈 진단을 받았다. 병원에 여러 번 입원했지만, 보통 여성 중환자실에 배치되어 어머니가 계속 돌볼 수 있었다. 할림이 사는 문화에서는 남성과 여성이 같은 병동에 출입할 수 있다. 할림의 어머니는 아들의 모든 일상생활에 개입해야 했다. 할림은 입원 중에 어떤 누구와도 대화도 하지 않았고, 보통 자신의 얼굴을 가려 누군가 다가와도 대응할 필요가 없었다. 어머니는 항상 아들이 남성 병동에 입원하는 것을 거부해 늘 아들 곁에서 계속 돌볼 수 있었다. 하지만 여성 병동의 여성 환자들과 여성 직원들이 불만을 토로하기 시작했다.

병원 수간호사는 상황을 확인한 후, 할림을 남성 병동으로 이동하게 하기로 결정했다. 할림의 어머니에게 이 결정을 알렸고, 수간호사의 안내 하에 직원들이 할림을 남성 병동으로 옮기기 위해 왔다. 직원들이 설명을 해도 할림의 어머니는 이동을 거부했고, 폭언을 하기 시작했다.

이 과정에서 수간호사는 할림의 어머니를 관찰했고, 아들의 현재 건강 상태를 제대로 인식하지 못한다고 판단했다. 어머니는 아들이 다른 환자들과 함께 있으면 안 된다고 생각했다. 남성 병동에 도착한 후 어머니는 수간호사를 물리적으로 공격하기 시작했다. 할림은 의사결정에 참여하지 않았고, 이 상황에 어떤 반응도 보이지 않았다. 마침내 할림의 어머니는 아무도 자신의 입장과 감정을 이해하지 못한다며 울부짖기 시작했다. 수간호사는 할림의 어머니를 다른 방으로 모시고 가 상황을 자세히 설명했다.

할림의 어머니의 말을 경청한 수간호사는 할림의 어머니가 가족의 지지를 받지 못했던 많은 문제가 있었다는 것을 알게 되었다. 할림의 아버지와 형이 도와주지 않았고, 이전에 어느 누구도 다가와 아들의 개인적 상황과 사회적 상황에 대해 논의해 주지 않았다. 그래서 할림의 어머니는 아들을 돌보는 일을 자신의 책임으로 묵묵히 받아들였다. 수간호사는 할림의 아버지와 형에게 필요한 건강 교육을 받고 치료에 참여하도록 조율했다. 남자 가족들이 개입하게 되고 어머니의 책임이 줄어, 할림과 어머니에게 긍정적인 효과가 있었다.

할림의 사례연구를 살펴보면, 인간 중심의 접근법을 이용하는 것이 중요함을 알 수 있다. 이 시나리오는 남성과 여성을 명확히 구별하는 문화에서 발생했지만, 이러한 문화 차이에도 불구하고 인간 중심의 소통 원칙은 우수한 돌봄 서비스를 제공하는 데 여전히 중요하다. 이 사례연구에서 수간호사는 어려운 상황을 병원 정책과 종교 및 문화적 기대사항에 맞게 관리했지만 할림의 어머니의 마음은 많이 혼란스러웠다. 어머니의 행동은 병원에서 퇴원 명령을 받을 수 있을 정도였지만 수간호사는 어머니가 오직 아들만 생각한다는 것을 알았다. 공격적인 행동은 용납될 수 없지만 수간호사는 그 어머니를 이해하려(공감) 노력했고, 따뜻함을 보였다. 그리고 작은 방으로 모시고 가 대화하며 계속 존중을 보였다.

인간 중심의 의사소통(긍정적 존중, 비판단적 접근법)을 통해 수간호사는 할림의 상황을 더 잘 이해할 수 있었고, 여전히 자신의 가치, 즉 일치성(congruence)은 유지하면서 할림의 상황과 어머니의 안녕감을 향상시킬 수 있었다.

요약

치료적 관계에 대한 로저스의 접근법은 관계에 집중한다. 반면 인지적 · 행동적 접근법은 치료나 기술에 집중한다. 로저스의 내담자 중심 치료는 돌봄 전문가의 의사소통 교육의 기본이 되었다.

제라드 이건의 숙련된 조력자

시카고 로욜라 대학교 조직 연구 및 심리학과 교수인 제라드 이건은 3단계로 이루어진 숙련된 조력 모델을 개발했다. 이건의 치료법은 인본주의 접근법에서 유래했지만, 로저스와 달리 상담 관계에 일부 경계선과 목표 설정이 필요하다고 인식해 이를 '숙련된 조력(skilled helping)' 방법이라고 부르기로 했다.

이건의 3단계 조력 모델

① 현재 시나리오 검토

② 선호하는 시나리오 도출

③ 실행 계획 수립(Egan, 1977)

현재 시나리오를 검토

이 단계는 로저스가 주장한 것과 같이 치료적 관계를 이용해 자신의 이야기를 할 수 있는 단계이다. 이는 듣는 이가 성찰하기(reflection), 쉽고 간략하게 설명하기(paraphrasing), 반복하기(echoing)를 이용하는 협업적 방법이다. 이를 통해 이야기의 맹점을 강조해, 해결하고자 하는 문제를 더욱 폭넓게 이해할 수 있다. 조력자(helper)는 내담자가 자신의 문제와 기회를 인정하고 문제를 해결할 수 있다고 말하도록 해, 내담자 본인이 잘못 해석했을 수 있다는 것을 인정하도록 한다. 그리고 내담자는 '영향력(leverage)'을 찾도록 지원을 받는다. 즉, 이유를 찾아 문제를 극복하도록 도움을 받게 될 것이다. '영향력'이 없으면 문제를 다루어야 할 이유도 없다.

원하는 시나리오 도출

내담자는 자신이 어떤 상황을 선호하는지, 즉 원하는 시나리오를 깨닫도록 도움을 받는다. 이건의 치료법에서는 목표를 정하고, 이를 달성하기 위해 어떤 노력이 필요한지 파악해야 한다고 주장한다. 선호하는 시나리오를 파악하면 목표와 목적을 도출할 수 있다. 내담자는 원하는 시나리오를 얻기 위해 이러한 변화에 전념해야 한다.

실행 계획 수립

이 단계에는 이전 단계에서 파악한 목표를 실행 계획으로 변화시킨다. 이 과정에서 내담자는 도움을 받아 브레인스토밍, 확산적 사고, 창의적 사고와 같은 많은 전략을 이용할 수 있다. 실행 계획에는 긴급상황 대응책과 함께 하위목표가 포함되어야 한다. 내담자는 지지를 받아야 하고, 동기부여를 지속시킬 무언가를 수립해야 할 것이다. 이건은 자신의 저서에서 성공에 이르는 과정에 평가와 피드백이 필요하다고 강조했다.

단계별 조력 과정에 함께, 이건은 돌봄 전문가들에게 치료 과정에 참여하고 지지하고 치료 과정을 개발하기 위한 연습 기술을 제시했다. 이러한 기술은 언어적 그리고 비언어적 의사소통 기술을 통해 가능하다.

치료적 의사소통 기술

이 장에서는 심리학적 이론을 설명하고, 관련된 치료법을 통해 괴로움을 겪는 내담자를 돕는 여러 가지 방법을 도출했다. 모든 치료법이 효과를 내려면 기본적으로 다음의 태도가 필요하다.

- 경청하기
- 주의 기울이기
- 반응하기

돌봄 전문가가 이러한 태도를 보일 수 없으면, 치료적 관계를 구축할 수 없다.

이건(1977)은 자신의 저서 『The Skilled Helper』에서 경청하기와 주의 기울이기의 기본 형식을 제시했다(그림 7.3).

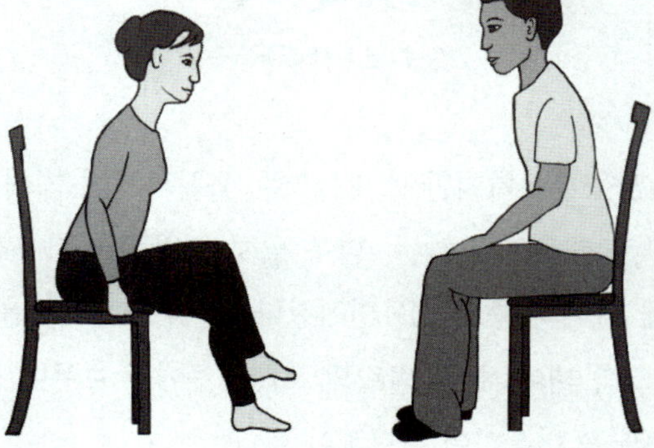

그림 7.3 SOLER

- S－바로 앉기(sit). 허리를 세우고 올바른 자세로 앉는다.
- O－개방적 자세(open): 팔과 다리를 꼬면 장벽이 있는 것처럼 느껴진다.
- L－앞으로 기울기(lean): 얼마나 앞으로 기울이느냐는 무슨 말을 하는가에 따라 결정된다. 내담자가 괴로워하면 몸을 앞으로 기울여 걱정의 신호를 보내지만, 내담자가 짜증나 있거나 불안해하면 개인적 공간을 침범당한 것처럼 느낄 수 있다.
- E－시선 마주하기(eye): 일관되게 응시하는 것이 중요하지만 못마땅한 것을 나타낼 수 있으므로, 너무 계속 응시하지 않아야 한다.
- R－긴장 풀기(relax): 긴장을 풀고 자신감 있게 보이면 내담자에게 확신을 줄 수 있다.

스티클리(Stickely, 2011)는 바로 앉기와 내담자에게 주의를 기울이기의 형식을 더욱 발전시켜 다음의 기법을 제시했다(그림 7.4).

- S－비스듬히 앉기
- U－팔과 다리를 꼬지 않기
- R－긴장 풀기
- E－시선 마주치기
- T－터치하기
- Y－직관 이용하기

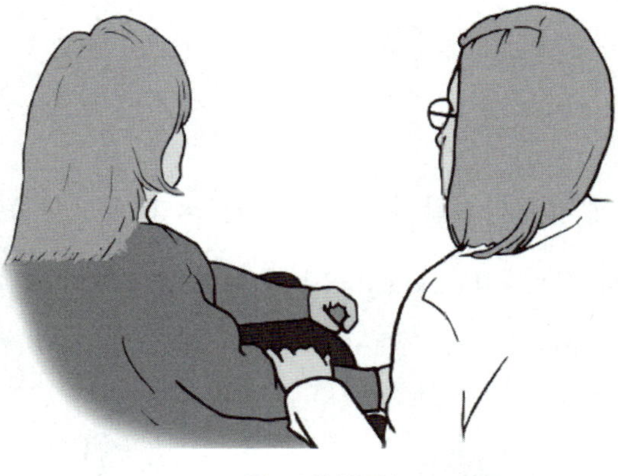

그림 7.3 SURFTY

두 형식이 많은 점에서 유사하지만 스티클리는 돌봄자에게 지침을 따르기보다 자신의 직관을 이용해 진심으로 대응하게 하는, 더욱 일치된 방법을 사용하도록 독려한다. 또한 치료적 상호작용 중에 터치의 중요성을 인정한다. 근접성과 시선을 맞추는 시간, 터치와 자세에는 그룹 간 및 그룹 내에, 특히 할림의 사례연구에서 보듯이 성별 그룹 내에 문화적 차이가 있다. 이는 '직관'을 이용하여 판단해야 한다.

또한, 이건(1977)은 돌봄 관계에서 어떻게 대응해야 하는지에 대해서도 제시한다(표 7.2).

표 7.2 이건이 제시한 대응 유형(1977)

언어적 대응	비언어적 대응
개방형 질문(내담자에게 자유롭게 말하도록 격려)과 폐쇄형 질문(내담자가 혼란스러워하거나 고통스러워하고 정보가 필요한 경우)을 적절히 사용	자세 반복(환자나 내담자와 같은 자세를 취한다.)
반영하기(내담자가 한 말을 마음속으로 생각한 후 공감적인 이해를 보여 주고, 다른 형식의 언어로 다시 말한다.)	끄덕이기(방금 한 말을 잘 들었고, 동의하며 인정한다는 것을 보여 준다.)
바꾸어 말하기(내담자가 사용한 단어를 이용해 간단하게 대답하여, 그 정보를 명확하게 요약할 수 있다.)	미소 짓기(따뜻함과 격려를 보여 준다.)
반복하기(내담자가 말한 마지막 문장을 반복해 더 자세하게 설명하도록 격려한다.)	터치(내담자에게 개인적 공간이 필요한지의 여부에 따라 다르지만, 손이나 팔뚝을 잡아 주는 것은 공감을 나타낸다.)
요약하기(요점을 포함해 내담자가 한 말을 간략하게 설명한다.)	침묵하기(때로 침묵하여 내담자가 성찰할 시간을 갖도록 도와줄 수 있지만, 여전히 경청하고 주의를 기울여야 한다.)

이러한 기법은 확신을 갖지 못할 때 시도할 수 있지만, 인간 중심의 공감적 진료는 '진심'이고 진정으로 돌봄을 표현하는 것이다. 렌나리트 프레드릭슨(Lennart Fredriksson)은 상호주관성을 강조했고, 이 상호주관성이 어떻게 위안이 되는지 설명했다. 곁에 있고 터치하며 경청하는 간호사는 공감적 진료를 제공하는 것이라고 설명했다(Fredriksson, 1999). 프레드릭슨과 마찬가지로, 의사소통이 기반이 되는 듀어(Dewar)의 공감적 관계 중심의 돌봄 개념에서는 '감사하고 배려하는 대화'가 필요하다고 제시한다(Dewar, 2011; Dewar and Nolan, 2013: 1248 인용).

효과적인 치료적 관계

스튜어트(Stewart, 2005)는 치료적 관계가 다음의 영향을 받는다고 본다.

- 공감, 진정성, 비소유적 따뜻함, 무조건적 긍정적 존중의 핵심 조건을 어떻게 보여 주는가
- 돌봄자에 대한 신뢰, 안전감, 믿음의 경험
- 서로의 상호작용 스타일

• 전이와 역전이의 인정 및 작동 방식

스튜어트는 치료적 관계에 절충적 접근법을 취해, 여러 관점에서 해당 요소들을 수용하였다. 돌봄 전문가에게도 이와 같은 방법이 유용할 수 있다. 위의 영향을 주는 요인들을 다루려면 우선 자기인식을 발전시켜야 한다.

요약

제7장에서는 심리학적 관점들을 살펴보고, 각 심리학적 관점에서 발전된 치료법을 알아보았다. 모든 치료법은 돌봄 전문가가 치료적 관계를 다루는 데 지침이 될 수 있다. 모든 치료법에서 중요하게 여겨지는 자기 인식을 높이는 것은 돌봄 직업군에서 지속적으로 이루어지는 과정이다.

추가연구

영국 행동인지정신치료연합(British Association of Behavioural and Cognitive Psychotherapies) 웹사이트에 이 치료법에 대한 설명과 그 효과의 증거자료와 교육 방법이 소개되어 있다. www.babcp.com/About/About.aspx 참조

영국정신분석협의회(British Psychoanalytic Council) 웹사이트에서는 정신분석학적/정신역동적 치료법에 대한 정보와 이를 뒷받침하는 증거자료와 교육 방법을 소개하고 있다. www.bpc.org.uk/ 참조

정답

학습 활동 7.4 마음챙김 경험

편하게 앉거나 누울 곳을 찾는다. 마음을 비우고 자신의 몸과 모든 감각에 집중한다. 그리고 몸을 통해 천천히 다음을 해 본다

- 현재에 집중할 수 있는 비슷한 연습을 함으로써 지난 일에 대한 스트레스와 미래에 대한 걱정을 잠시 덜어 낸다. 이를 통해 근육의 힘을 빼고 자신과 자신의 생각, 느낌, 감각을 의식하고 수용한다. 마음챙김을 통해 평화로운 느낌이 생기게 하고, 언제 불안해지거나 걱정되거나 스트레스를 받는지 알게 된다. 그래서 건강상의 문제를 일으키기 전에 이러한 스트레스를 줄인다.

References

- Bandura, A. (1977) Social Learning Theory. Upper Saddle River, NJ: Prentice Hall.
- Barker, S. (2007) Vital Notes for Nurses: Psychology. Oxford: Blackwell.
- Dewar, B. and Nolan, M. (2013) 'Caring about caring: Developing a model to implement compassionate relationship–centred care in an older–people care setting', International Journal of Nursing Studies, 50 (9): 1247–58.
- Egan, G. (1977) The Skilled Helper. Monterey, CA: Brooks/Cole.
- Fredriksson, L. (1999) 'Modes of relating in a caring conversation: A research synthesis on presence, touch and listening', Journal of Advanced Nursing, 30 (5): 1167–76.
- Gilbert, P. (2009) 'Introducing compassion–focused therapy', Advances in Psychiatric Treatment, 15: 199–208.
- Lazarus, R.S. (1966) Psychological Stress and the Coping Process. New York: McGraw–Hill.
- Linehan, M.M. (1993a) Cognitive–Behavioural Treatment of Borderline Personality Disorder. London: Guilford Press.
- Linehan, M.M. (1993b) Skills Training Manual for Treating Borderline Personality Disorder. London: Guilford Press.
- Luft, J. and Ingham, H. (1955) 'The Johari Window: A graphic model of interpersonal awareness', in J. Luft

(1969). Of Human Interaction: The Johari Model. Palo Alto, CA: National Press, p. 170.

- MacBeth, A. and Gumley, A. (2012) 'Exploring compassion: A meta-analysis of the association between self-compassion and psychopathology', Clinical Psychology Review, 32: 545-52.
- Maslow, A. (1954) Motivation and Personality. New York: Harper and Row.
- Pavlov, I. (1927) Conditioned Reflexes. London: Oxford University Press.
- Rogers, C.R. (1951) Client-Centred Therapy. London: Constable.
- Skinner, B.F. (1938) The Behavior of Organisms: An Experimental Analysis. Cambridge, MA: B.F. Skinner Foundation.
- Stewart, W. (2005) An A-Z of Counselling Theory and Practice. Eastleigh: Nelson Thornes.
- Stickley, T. (2011) 'From SOLER to SURETY for effective non-verbal communication', Nurse Education in Practice, 11: 395-8.
- Thorndike, E.L. (1999 [1913]) Education Psychology: Briefer Course. New York: Routledge.

CHAPTER 8

정서지능

소크라테스는 말했다(ThinkExist, 2015).
나는 아는 것이 없음을 알기 때문에 내가 지적이라는 것을 안다.
아인슈타인은 말했다(Goodreads, 2015).
지능의 진정한 지표는 지식이 아니라 상상력이다.

학습 목표

지능(intelligence)은 심리학자들이 200년 전에 탐구하기 시작한 첫 번째 영역 중 하나이다. 이 개념은 시간이 지나며 발전했고, 최근 지능이라는 용어에는 정서지능(emotional intelligence)까지 포함되었다. 정서지능은 이 장에서 다룰 주제이다. 따라서 이 장의 학습 목표는 다음과 같다.

- 지능을 설명한다.
- 어떤 사회적 세계에서 정서지능이 필요하게 되었는지 알아본다.
- 정서지능에 대해 비판적으로 살펴본다.

학습 활동 8.1 비판적 사고

자신이 지적이라고 생각하는가? 좋은 돌봄자가 되려면 지적이어야 한다고 생각하는가?

지능

지능은 서구 사회에서 매우 가치 있게 평가되고 있고, 지능을 테스트하는 방법도 많다. 지능은 살펴보고 측정해 보아야 할 심리적 차이로 시작해, 주어진 상황에서 최선을 다하는 사람을 예측하는 방법으로 여겨져 왔다. 처음에는 프랜시스 골턴 경(Sir Francis Galton, 1822~1911)과 알프레드 비네(Alfred Binet, 1857~1911)가 제시한 두 가지 접근법이 있었다.

프랜시스 골턴

골턴은 일반적으로 지능에 두 가지 질(quality)이 있다고 생각했다.

- 힘: 임무를 수행하는 데 있어 필요한 근육의 힘과 속도와 정확성
- 정신생물학적 능력: 정확하게 보고 듣고 맛보고 만지는 능력

골턴은 이러한 능력을 측정하면 그 사람의 지능 수준을 알 수 있어 향후 성공 여부를 예측할 것이라고 생각했다. 이는 지능을 생물학적 관점에서 선천적이거나 유전적 요인이 있기 때문이라고 보는 것이다. 이러한 유전적 요인은 훈련을 통해 발달시킬 수 있다. 영국 과학자인 골턴의 초기 실험은 실제 세계의 현실과 관련이 없었고, 프랑스 과학자 비네의 연구는 오늘날 지능에 관한 연구에 계속 영향을 미치고 있다.

알프레드 비네와 테오도르 시몽

비네가 지능을 연구하게 된 동기와 지능에 대한 관점은 골턴과 매우 달랐다. 1900년대 초 프랑스 교육부는 비네에게 어떻게 아이들의 성공을 예측하고 유도할 수 있는지, 아이들의 능력을 검사하도록 요청했다. 그 연구는 테오도르 시몽(Theodore Simon, 1872~1961)과 함께 진행했다. 두 연구자가 개발한 검사법은 크게 성공하는 사람들과 여러 수준의 학습장애를 지닌 사람들을 파악할 수 있었다. 어린이들에게 판단을 통해 상식과 적응력과 추진력을 보여 주도록 했다. 지능을 생물학적 관점에서 본 골턴과 달리 비네는 행동주의자와 더욱 비슷한 관점을 지녔다.

학습 활동

8.2 비네의 검사법과 유사한 아동 지능 검사 질문의 예시

질문 1: 말이 운반하는 역할은 엔진이 무엇을 하는 것과 같은가?
질문 2: 앤드류는 피터보다 나이가 많고, 데이비드는 앤드류보다 나이가 많다. 누가 가장 어린가?
질문 3: 13243546 다음 순서는 무엇인가?
질문 4: 도시를 나타내도록 rapsi의 글자를 재조합 한다.

루이스 서스톤: 기본적 지적 능력

루이스 서스톤(Louis L. Thurstone, 1887~1955)은 7가지 '기본적인 지적 능력'을 제시한 이론을 개발했다. 이러한 능력은 지능적 행동을 하게 될 지능을 구성한다고 판단했다.

- 언어 이해력
- 추리력
- 지각 속도
- 수리력
- 언어 유창성
- 연상 기억력
- 공간 지각 능력

이러한 능력은 현재 정립된 두 가지 지능 유형과 긴밀하게 연결되어 있다.

- 결정적 지능
- 유동성 지능

결정적 지능

결정적 지능(crystalised intelligence)은 경험에 의해 후천적으로 발달하는 것으로, 언어 이해력(다른 사람이 하는 말을 이해하는 것)과 일반적인 정보 및 경험적 평가(이전 경험을 통해 판단하는 것)와 과거 언어적 연상(단어 간 연관성을 파악하는 것)과 같은 능력을 말한다. 이 지능은 학습과 교육, 경험, 훈련에 의해 습득된 지능으로, 구체적이고 사실적인 정보를 회상할 때 사용하며, 일생에 걸쳐 발달한다. 여기에는 추상적 능력, 장기기억, 기억회상, 이해력, 어휘력 등이 포함된다.

유동성 지능

유동성 지능은 선천적인 것으로, 개인이 이전에 경험하지 못한 문제를 해결하기 위해 응용될 수 있는 일반적인 정신능력을 말하고, 생리학과 관련이 있다. 이 지능은 생리학적 능력에 의해 발달되는 것이므로 신체발달 및 뇌신경의 성장과 발달에 비례하며, 나이가 들면서 저하될 수 있다. 학습이나 연습으로 발달하거나 증가하지 않는다. 유동적 지능은 귀납적 추리(논리적으로 문제를 풀어 정답에 도달하는 과정)와 형상적 추리(때로 '추상적 추리'로 불리는, 패턴과 추세를 보는 능력, 수평적 사고), 느린 추리(논리적으로 문제를 푸는 데 시간이 필요한 경우) 능력과 시각 구성, 공통 비유, 지각 속도 능력이다.

따라서 생물학적 준비도뿐 아니라 환경적 시뮬레이션 모두 지능을 보여 주는 능력에 영향을 줄 수 있다. 이러한 유형의 지능이 발전한 이후, 지능에 관한 이론은 1980년대에 생성되었지만, 이러한 이론에서는 문화의 중요성도 인식했다. 가드너(Gardner, 1983)는 다중지능(multiple intelligence) 이론을 개발했고, 스턴버그(Sternberg, 1985)는 삼원지능이론(triarchic theory)을 개발했다.

가드너의 다중지능 이론

- 언어: 정보를 전달하고 이야기를 말하는 데 유용한 언어를 사용
- 논리: 수학적-수학 문제를 푸는 능력
- 공간: 공간적 차이를 인식하는 능력. 예를 들어 회전했을 때의 도해를 보고 어떤 것이 차량을 운전하기에 유용한가 판단하는 능력
- 음악: 노래하거나 악기를 연주하거나 작곡하는 능력
- 신체: 운동감각-자신의 신체가 춤추고 운동하는 데 유용할 수 있는 부위를 상세하게 이해
- 대인관계: 타인과의 관계를 발전시키는 능력
- 자기성찰: 자신에 대한 이해-자기인식
- 자연탐구: 자연계를 분류할 수 있는 능력

스턴버그의 삼원지능 이론

- 창의적: 생각하고 행동하고 느끼는 새로운 방법을 개발하는 능력
- 상황적: 지식과 기술을 실행하는 능력
- 분석적: 문제를 해결하는 능력

이러한 모든 이론은 지적 능력에 맥락적이거나 문화적 요소가 있다고 인식한다. 따라서 지적 능력을 보여 주어야 하는 사회적 세계를 고려하는 것이 중요하다.

요약

결정적 지능과 유동성 지능의 이원 생물학적 이론, 더욱 사회적인 다중지능 이론, 인지적인 삼원지능 이론을 비롯해 여러 가지의 지능 이론이 있다. 일반적으로 현대 사회에서는 가드너가 주장했듯이, 다양하고 많은 유형의 지능이 있다는 것을 인정한다. 그러나 이

러한 지능은 수행할 수 있는 기술과 모두 관련이 있지만, 이러한 모든 기술은 성장해야 하고 사회적 세계에서 보여 주어야 한다. 즉, 문화와 맥락의 영향을 받는다.

공감적 진료의 사회적 세계

집단

칼슨 등(2004: 659)은 집단(group)을 '자신이 누구인지, 무슨 생각을 하고, 느끼고, 행동해야 하는지에 대해 공통적으로 정의하는 개인들의 모임–같은 집단의 사람들은 일반적으로, 공통의 관심사와 목적을 가진다.'로 정의한다. 이러한 정의를 감안하면, 정부기관과 같은 대규모 협업뿐 아니라, 가족이나 친구와 같은 소규모 협업도 집단으로 여겨진다.

효과적인 집단

효과적인 집단은 다음과 같은 많은 기준을 충족해야 한다.

- 상호작용
- 독립성
- 안정성
- 목적 공유
- 구조/집단 역할
- 지각: 그 집단의 구성원은 스스로를 그 집단의 일원으로 인식한다.

효과적인 집단이 되기 위한 첫 단계는 개개인이 함께 모이는 것이다. 함께 모이거나 집단을 형성해야 한다는 것은, 1960년대에 터크만(Tuckman)이 설명했다.

집단 형성

생애 접근법은 집단을 이해하는 데 유용하고, 집단은 발달, 유지나 성숙, 해체 과정과 같은 정해진 단계를 거친다.

터크만(1965)은 그룹 생애를 다음과 같이 단계별로 나누었다.

- 탐색기(forming): 함께 모여 집단의 목표를 알아 가는 단계
- 준비기(storing): 개개인이 협력 방법을 수립하는 시기
- 형성기(norming): 역할, 책임, 목표를 정립하는 시기
- 실행기(performing): 목표를 달성하며 집단이 성공하는 시기

터크만이 처음에 개발한 집단의 생애 단계에, 집단의 임무가 완료된 시기인 '휴지기(adjourning)나 애도기(mourning)'라 불리는 단계를 추가했다. 그 다음에 그 집단은 사회적 집단이 될 수 있다.

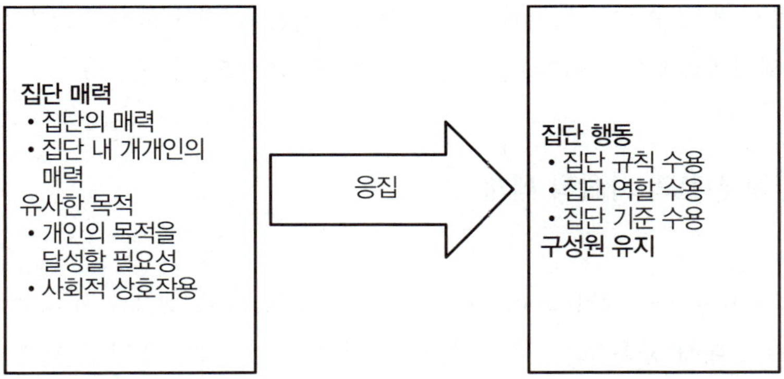

그림 8.1 힘의 장

집단 효과성의 핵심 개념은 집단 응집성(cohesion)이다. 응집성은 한 집단이 어울리는 범위로 보여질 수 있다. 응집성이 있으면 개개인은 밀접하게 어울린다. 페스팅거 등(Festinger et al., 1950)은 '힘의 장(field of forces)'이 집단 응집성에 영향을 준다고 제시하는 모델을 개발했다(그림 8.1 참조).

페스팅거 등이 말한 '힘의 장'은 앞부분에서 설명한 효과적인 집단의 6개 요소와 비슷한 요소를 지닌다. 집단의 각 구성원이 그 집단과 다른 구성원에게 매력을 느끼고 상호 의존적인 목적을 달성하기 위해 함께 잘 협력할 수 있다면 이는 힘의 장이 되고, 그 집단은 응집하게 된다. 이러한 응집성은 구성원이 지속적으로 유지되고, 집단의 가치와 역할과 기준을 수용하는 등의 행동으로 이어진다.

1960년에 맥그리거(McGregor)는 집단 응집성에 대해 더 깊이 탐구하여 집단 효과성에 영향을 미친 11개 요인을 제시했다.

- 분위기: 긴장을 풀고 편안해야 한다.
- 논의: 집중하고 포괄적이어야 한다.
- 목표: 명확해야 하고, 집단의 모든 구성원이 수용해야 한다.
- 경청: 모든 구성원이 서로에게 경청하여, 모두 자유롭게 자신의 의견을 표현할 수 있어야 한다.
- 의견 불일치: 그 집단은 회피하지 않고, 의견 불일치를 어떻게 해결할지 알아야 한다.
- 의사결정: 합의에 의해 결정해야 한다.
- 비판: 개방적인 태도를 유지하고, 구성원들이 건설적 비판을 수용할 수 있어야 한다.
- 느낌: 구성원들이 자신의 느낌을 기꺼이 표현할 수 있어야 한다.
- 행동: 명확하게 정의되어야 하고, 모든 구성원이 함께해야 한다.
- 리더십: 유연해야 한다.
- 자의식: 그 집단의 운영상 특징을 알고 있어야 하며, 반성해야 한다.

학습 활동

8.3 비판적 사고

자신이 잘 어울리고 있는 집단과 그렇지 않은 집단에 대해, 맥그리거가 제시한 11개 요인을 살펴본다. 11개 요인 중 몇 가지에 차이가 있다고 생각하는가?

요약

집단은 돌봄 시 공식 및 비공식적 집단과 다학제적 및 관련전문가 집단을 통해 광범위하게 사용된다. 이러한 집단이 효과적으로 운영되려면 응집되어야 한다. 집단이 응집되려면 각 구성원이 그 집단과 서로에게 매력을 느껴야 하고, 합의된 목적이 있어야 한다. 각 구성원은 집단 내에서 편안하게 느껴야 하고, 명확한 역할이 있어 적극적으로 활동해야 한다.

관계 이론

이 장의 앞에서 설명했듯이, 사람 간의 상호작용은 돌봄 시 중요하다. 돌봄은 보통 개인적 활동이지만, 팀을 이루거나 팀의 지원을 받아 조직적으로 수행해야 한다. 이러한 팀이나 집단은 응집되어야 한다. 팀이나 집단의 응집을 위해서는 각 구성원이 그 집단과 서로에게 매력을 느껴야 한다. 앞서 언급했듯, 돌봄은 보통 일대일 활동이므로 모든 돌봄자가 개별적 관계뿐 아니라 팀워크 기술을 발전시켜야 한다. 치료적 관계는 제7장에서 자세히 설명했으므로 여기에서는 다른 유형의 개인적 상호작용에 대해 설명한다.

대인 관계

첫 번째 만남에서 사람들은 서로의 인상을 파악하고, 판단하기 시작한다. 이러한 판단은 어떤 유형의 관계로 유지할지 영향을 미친다. 이러한 관계는 일부 문화적으로 결정되기도 한다. 서구 사회에서는 두 사람 사이의 낭만적 관계를 강조하는 반면, 다른 문화에서는 대가족과 책임을 강조한다. 앞서 말했듯이 집단이 응집되려면, 구성원이 그 집단과 서로에게 매력을 느껴야 한다. 개인적 관계도 마찬가지이다. 개인적 관계가 형성되려면 서로 이 관계와 서로에 대해 매력을 느껴야 한다.

근접성, 친밀성, 유사성, 호혜성

관계에 대한 한 이론에서는 근접성(proximity)에서 호혜성(reciprocity)까지의 과정을 설명한다. 다른 사람에 대한 근접성은 관계를 발전시킬 수 있지만, 거리감은 관계를 중단시킬 수 있다. 친밀성은 매력을 느끼는 과정의 일부로, 근접성에서 진행된 것으로 볼 수 있다. 심리학자들은 사람들이 더 친밀해지면, 함께 있는 것을 더 편안하게 인식한다고 본다.

그림 8.2 저울

서로에게 '익숙'해지는 것은 학습 이론에서의 '습관화'와 비슷하게 볼 수 있다. 근접성, 친밀성과 함께, 유사성과 호혜성도 관계를 발전시키고 유지하는 데 중요한 것으로 여겨진다. 비슷한 속성과 신념과 가치를 지닌 사람들은 서로에게 더 매력을 느끼는 경향이 있다. 또한 다른 사람이 자신을 좋아한다고 생각하면 그 사람을 더 좋아하는 경향이 있다. 이러한 감정이 호혜성이다.

유사성은 보상적으로 여겨질 수 있다. 왜냐하면 유사성이 있는 사람은 의견이 일치할 수 있어 서로 의사소통이 더 쉽고, 공동 활동을 할 수 있는 토대가 생기고, 자신감도 높일 수 있기 때문이다. 대부분의 사람은 의견이 같은 사람을 세심하고 칭찬할 만하다고 믿으며, 우리에게 비슷한 태도를 보이는 사람들은 우리를 좋아할 것이고, 우리도 그 사람들을 좋아할 것이므로 유사성은 관계에서 호혜성을 낳을 수도 있다.

사회적 교환 이론

사회적 교환 이론은 조작적 조건형성의 보상 방법(행동주의적 관점)에 근거하지만 이는 상호적인 것이기 때문에 그 이상의 의미가 있다. 호만스(Homans, 1961)는 스키너의 기본적인 조작적 조건형성을 조정하여 다음의 경제적 요인을 포함시켰다.

- 비용 보상 비율(cost reward ratio): 관계에서 받을 수 있는 것(보상) 대비 주어야 하는 것(비용)을 산출
- 최대최소 전략(minimax strategy): 가능한 한 최소한을 주고 최대한을 얻으려는 개념
- 이익(profit): 보상(얻는 것)이 비용(주어야 하는 것)을 초과하는 경우
- 비교 수준(comparison level): 다른 관계를 판단하는 기준

관계 안에서 비용과 보상은 물질적이고 감정적이며, 정보를 제공하는 서비스나 상태이

다. 이 이론에 따르면 사람들은 이타적이지만 가능한 한 많은 것을 얻으려 하고, 관계의 형성 여부는 각각의 사람들이 노력 대비 적절한 보상을 받고 있다고 느끼는지에 의해 결정된다. 이러한 경향은 관계에서 공평함을 중시하는 최근 서구 사회에서 확인할 수 있다. 이득은 없어도 노력과 동일한 수준의 보상을 받고 싶어 한다.

사랑의 이론

앞서 설명한 관계를 발전시키고 유지하는 것은 관계에 있어 중요하다. 어떤 사람은 여러 유형의 관계가 각기 다른 의미를 지니므로 각기 다른 설명이 필요하다고 주장한다. 전문적인 돌봄 관계는 일상적인 돌봄 관계와는 다르다는 표현이 많다.

호그와 보한(Hogg and Vaughan, 1998: 467)은 사랑을 두 가지 유형으로 정의한다.

- 열정적(또는 낭만적) 사랑(passionate(romantic) love): 생리적 흥분이 있고, 다른 사람에게 강렬하게 밀착되어 있는 상태
- 우애적 사랑(companionate love): 보통 많은 시간을 함께하여, 상대방에게 배려 있고 애정이 있는 상태

학습 활동 8.4 **비판적 사고**

모든 애정 어린 관계가 이 두 가지 범주로 나뉜다고 생각하는가?

스턴버그(2000)는 사랑의 삼각형 이론을 제시했다. 이 이론에서는 친밀감, 열정, 헌신 등 기본적인 요소의 존재 여부에 따라 사랑을 8가지 유형으로 나누었다.

- 친밀감(intimacy)은 생각과 느낌과 희망사항을 공유하는 상대방과의 가까움이나 연결을 나타낸다.
- 열정(passion)은 상대방과 결합하고자 하는 강렬한 성적 매력의 욕구이다.
- 헌신(commitment)은 관계를 계속 유지하고 싶은 의도나 결정이다.

스턴버그의 이론에서는, 관계에 친밀감이나 열정이나 헌신이 있는지의 여부에 따라 사랑을 8가지 유형으로 나누었다.

- 사랑이 아닌 것(nonlove): 친밀감이나 열정이나 헌신이 없는 경우
- 도취성 사랑(infatuated love): 열정만 있는 경우
- 좋아함(liking)(우정): 친밀감만 있는 경우
- 공허한 사랑(empty love): 헌신만 있는 경우
- 낭만적 사랑(romantic love): 열정과 친밀감이 있는 경우

- 우애적 사랑(companionate love): 친밀감과 헌신이 있는 경우
- 허구적 사랑(fatuous love): 열정과 헌신만 있는 경우
- 성숙한 사랑(consummate love): 친밀감, 열정, 헌신 등의 세 가지 모든 기본적 요소가 있는 경우

돌봄자가 애정 어린 관계를 이해하는 것은 중요하다. 왜냐하면 사랑은 사람들과 그들의 안녕감에 근본적인 영향을 미치기 때문이다. 사랑하는 이를 잃은 사람은 그 슬픔이 신체적 건강과 정신적 건강 모두에 큰 영향을 미치기 때문에, 다른 동년배보다 일찍 사망할 가능성이 훨씬 더 높다(Buckley et al., 2012). 어린 시절 부모를 잃은 사람들은 이런 사별을 경험하지 않은 사람들보다 성인기 초기에 사망할 가능성이 두 배 더 높다(Li et al., 2014). 애정 어린 관계는 사람들에게 일반적으로 중요하지만 공식적인 돌봄 관계에 사랑의 경험을 포함시켜야 하는지의 여부에 대해서는 논란이 있다.

그림 8.3 함께 노는 북극곰과 개

요약

관계 이론에는 인지적 측면을 강조한 근접성, 친밀성, 유사성, 호혜성 이론, 상호교류적인 사회적 교환이론, 정서적 측면, 사랑의 이론 등 타인과의 관계에 대해 알아보는 데 도움이 되는 이론이 많다. 스티클리와 프레쉬워터(Stickely and Freshwater, 2002)가 설명했듯이 사랑은 모든 돌봄 관계에서 중요하므로 사랑을 통해 돌봄을 제공할 때 자신의 정서와 타인의 정서를 관리할 수 있는 능력이 중요하다.

학습 활동 8.5 **비판적 사고**

사랑이란 무엇이고, 여러분에게 사랑이 어떤 의미인지 잠시 생각해 본다.
돌봄을 제공할 때 사랑이 중요한 요소라고 생각하는가?

사/례/연/구 **존스 부인**

존스 부인은 64세 미망인으로, 기력이 떨어지고 숨쉬기 곤란하며 말초부위 부종 증상으로 응급실

에 입원했다. 의사의 돌봄 하에, 울혈성 심부전이라는 진단을 받았다.
존스 부인은 입원한 지 3일 후 내가 돌보게 되었다. 간호 인계를 받았을 때, 부인은 모든 치료를 거부했고, 죽게 해 달라고 요구했다. 그래서 심폐소생술도 원하지 않았다. 개인적 돌봄 서비스는 수용했지만 퇴원해 가족과 함께 있다가 집에서 숨을 거두고 싶어 했다. 병동 간호팀은 사회복지사와 방문 간호사가 참여해 가족을 돕는 퇴원 후 돌봄 서비스팀을 만들었다.

존스 부인에게 상담자의 상담도 제공해 왔지만 이 서비스도 줄였다. 역량의 문제가 아니라 병동 간호사들이 존스 부인의 소망을 존중해 준 것이다.

존스 부인을 소개받고 개인위생을 도왔다. 목욕을 좋아하실 것 같아서 목욕과 헤어스타일 관리도 해 드렸고, 입술에 보습제도 바르고 화장도 해 드렸다.

이러한 일상적인 상호작용을 통해 존스 부인은 자신의 감정과 걱정을 털어놓았다. 나는 처음에 왜 집에서 숨을 거두고 싶다는 말을 했는지 물었다. 부인은 자신의 병이 말기라고 생각했다고 한다. 그동안 외롭게 살았고, 외로운 삶은 연장하고 싶지 않았다고 했다. 남편이 같은 병으로 죽었는데, 남편처럼 고통스럽고 품위 없게 죽고 싶지 않다고 말했다.

남편이 진단을 받은 곳은 어디였는지, 어디에서 돌아가셨는지, 어떤 치료와 어떤 완화치료를 받았는지 자세히 물어보았다. 부인은 눈물을 흘리며, 남편이 흉부 감염으로 병원에 실려 갔고, 그때 폐암인 것을 알았다고 한다. 폐엽절제술을 받은 후 '온 몸에 튜브를 꽂고 기계에 의지하면서' 2주 동안 중환자실에서 집중 치료를 받았다고 한다. 위험한 상황이 지난 후, 항암치료 병동으로 옮겨졌다. 입원해서 항암치료도 받았지만 '합병증'으로 인해 상태가 더욱 악화되었다. 의료진이 다시 남편을 중환자실로 옮기고자 했지만, 가족들은 이를 거부했다. 존스 부인은 남편이 병원에서 혼란스러워하고, 가쁜 숨을 내쉬며 고통 속에서 죽었다고 말했다.

부인은 자신이 기억하는 남편에 대해 말했고, 남편과 행복했던 추억을 이야기했다. 부인에게 자신의 상태를 알고 있는지 물어보았다. 존스 부인은 숨쉬기 힘든 것이 남편의 증상과 매우 비슷하다고 생각했고, 남편이 겪은 고통을 겪고 싶지 않다고 말했다. 부인은 암이 아니며, 심부전은 약물로 치료하면 퇴원해서 상당히 잘 생활할 수 있다고 설명하자 부인은 크게 놀랐다. 부인에게 심장 질환이 있지만 암으로 죽지는 않을 것이고, 상태도 원상태로 되돌릴 수는 없지만 관리가 가능하다고 말했다. 부인은 한번도 자신이 암이 아니라고 생각해 본 적이 없었다. 부인은 적극적인 치료를 받겠다고 동의했고, 움직이려는 노력을 했으며 퇴원해 집으로 돌아가 잘 지내고 있을 것이다.

위의 존스 부인의 사례연구를 읽고, 존스 부인과 간호사 사이에 애정 어린 관계가 있는지 생각해 본다.

개인위생을 도와주면서, 존스 부인에게 애정 어린 행동으로 부인이 자신의 고민을 털어놓도록 했고, 간호사는 그 상황을 정확하게 판단할 수 있어, 의료진뿐 아니라 존스 부인과 가족들에게도 긍정적인 결과로 이어졌다. 이러한 돌봄 유형을 '애정 어린 관계'라고 부를지의 여부와 상관없이, 이러한 유형의 공감적 진료는 인간의 정서와 작용한다. 다음 섹션에서는 정서지능에 대해 알아보겠다. 그리고 정서 이론과 '정서 작업(emotion work)'에 대해서는 다음 장에서 더 자세히 다룰 것이다.

정서지능(Emotional Intelligence, EI)

이 장의 도입부에서 지능이 무엇인지 알아보았고, 이를 정의하는 것은 어려우며 지능의 이론은 많다는 것을 알게 되었다. 가드너가 주장했듯이 지능의 유형은 다양하고 많다는 것이 일반적으로 받아들여지고 있다. 그러나 이러한 지능은 이를 수행할 수 있는 기술과 모두 관련이 있고, 문화와 맥락의 영향을 받는다.

'정서지능'이란 개념은 가드너의 지능 유형 중 하나인 대인관계 지능에서 발전된 것으로 볼 수 있다. 뒤이어 1989년에 피터 샐로비(Peter Salovey)와 존 메이어(John Mayer)가 정서지능 모델을 개발했다. 다니엘 골먼(Daniel Goleman)은 자신의 베스트셀러가 된 저서 『Emotional Intelligence: Why it Can Matter More than IQ』에서 이 정서지능이라는 용어를 만들어 냈다.

메이어와 샐로비(1997: 10)는 정서지능을 '정서를 정확히 지각하고 평가하고 표현하는 능력, 느낌에 접근하고 생성하여 생각을 향상시키는 능력, 정서와 정서적 지식을 이해하는 능력, 정서를 조절하여 정서적 성장과 지능적 성장을 촉진시키는 능력'이라고 정의했다. 즉, 정서지능은 정서라는 정보를 이성적으로 처리하고 조절하는 능력을 말한다.

정서지능 혼합 모델

정서지능은 인간의 능력 및 특징과 모두 관련이 있다. 선천적 특징과 학습된 능력이 혼합된 것으로, 다음과 같이 5개 영역으로 분류할 수 있다(Goleman, 1995).

① 자기인식
- 자신을 관찰하고, 어떤 일이 발생했을 때 자신의 느낌을 인식하기

② 자신의 정서관리 및 자기조절
- 느낌을 적절하게 다스리기
- 그런 느낌이 드는 이유를 깨닫기
- 두려움과 불안감, 분노와 슬픔을 다스리는 방법 찾기

③ 자기동기화
- 목적을 달성하기까지 감정 쏟아 내기
- 정서적 자기관리
- 만족 지연
- 충동 억누르기

④ 공감
- 타인의 느낌과 걱정에 민감하고, 타인의 관점을 인식

• 사람마다 어떤 대상에 대해 다르게 느끼는 차이를 인정

⑤ 대인관계 기술이나 사회성 기술

• 타인의 정서를 관리
• 사회적 능력
• 사회적 기술

골먼의 저서와 정서지능 이론에 대한 관심이 전 세계적으로 높아졌음에도 불구하고 이는 엄격한 실험 연구로 입증되지 않았고, 이 5개 요소는 서로 상관관계가 없었다.

특성 정서지능 모델

이 모델은 콘스탄티노스 바실리 페트리데스(Konstantinos Vasilis Petrides)가 2001년에 개발했고(Petrides, 2010), 행동적 기질과 자기지각 능력을 포괄한다. 이는 자기보고(self-report)를 통해 측정한다. 이러한 자기보고 문항은 15개의 하위영역으로 구성되고, 특히 'Big 5' 성격 테스트와 밀접한 관련이 있다(제6장 참조).

① 적응성
② 자기주장
③ 정서표현
④ 정서관리(타인)
⑤ 정서지각(자신과 타인)
⑥ 정서조절
⑦ 충동성(낮음)
⑧ 관계
⑨ 자존심
⑩ 자기동기화
⑪ 사회 인식
⑫ 스트레스 관리
⑬ 특성 공감
⑭ 특성 만족함
⑮ 특성 낙관주의(Petrides, 2010)

아이젠크가 외향성을 인식했듯이 페트리데스는 정서지능을 성격 특성으로 인식한다(제6장 참조). 특성 정서지능은 인식 능력과 별개로 볼 수 있는 성격의 정서적 측면을 통합하는 것으로 인식되어 왔다. 그 구성개념은 '정서적 자기지각과 기질의 집합'이라고 정의되

어 왔다(Petrides, 2010). 이러한 자기보고 정서지능 특성 테스트의 유효성은 아직도 확인 중에 있고, 내적 유효성과 Big 5 성격 특성과의 상관관계를 나타내는 몇 가지 지표가 있지만 사회성과 연관시키기에는 문제가 있다(Siegling et al., 2015).

능력 정서지능

메이어와 샐로비(1997: 23)는 정서지능을 다음과 같이 정의한다.

> *정서에 대해 추론하고, 정서로 생각을 향상시키는 능력. 또한, 정서를 정확하게 지각하고, 정서에 접근하고 생성하여 생각을 돕고, 정서와 정서적 지식을 이해하며, 자신을 반성해 정서를 조절하여, 정서적 성장과 지능적 성장을 촉진시키는 능력이 포함된다.*

그리고 정서지능을 '뜨거운 지능'이라고 말했다. 즉, 개인의 인생에 개인적 또는 정서적으로 관련성이 있는 대상에 기반해 발전하는 지능으로, 측정하기가 어렵다. 그리고 정서지능에는 다음과 같은 능력이 있다고 주장했다.

- 정서 지각
- 정서를 이용해 생각 돕기
- 정서 이해
- 정서 관리

이 정서지능 능력 모델은 골먼의 혼합 모델과 매우 유사해 보이지만, 메이 등(May et al., 2004)은 골먼의 실용적인 접근법보다 과학적 · 심리학적 측면에서 이 개념을 탐구하고 있다(제5장 참조). 이러한 여러 정서지능 모델을 제시한 세 명의 학자들 모두 다른 학자들의 연구 결과는 일축하면서 자신의 이론과 증거 기반만이 유효하고 신뢰성이 있다고 주장한다.

대부분의 사람들은 정서적 상황을 다스릴 때 다음 네 가지 방법을 주로 사용한다.

- 방어적 반응: 신나는 영화를 보는 등, 주의를 분산시켜 정서에 적당히 거리를 둔다. 단기적으로는 효과적일 수 있지만, 근본적인 문제가 해결되지 않았기 때문에 장기적으로는 소용이 없을 수 있다.
- 인정 및 지연 전략: 정서를 인식하고 문제가 존재한다는 것을 인식할 수 있지만, 시간과 노력을 들여 이에 대해 생각하지 않는다. 어떤 상황에서는 효과적일 수 있다.
- 사회적 연결: 문제의 정서적 요소를 인식하고 있다고 표현하여 '입에 발린 말'을 한다. 예를 들면, 슬퍼하는 동료에게 위로의 말을 전하지만 정서에 대한 언급은 하지 않는다.
- 정서 관리: 정서를 다스리는 가장 효과적인 방법이다. 우선 문제를 인식하고, 그 다음

정서를 이용해 문제를 해결한다. 정서를 이용하면 '만약에' 질문으로 문제해결 가능성이 있는 방법을 찾을 수 있다. 문제 해결 계획을 결정하기 전에 가능한 해결책을 다양하게 고려하여 최선의 방법을 찾아내 문제를 해결한다(Mayer et al., 2004).

사/례/연/구

데이비드와 토모

데이비드는 4년 동안 토모의 어머니를 도와 가능한 한 최선을 다해 토모를 돌봐 왔다. 토모는 20세로, 퇴행성 유전질환이 있으며, 6세 이후 신체적 · 정신적 발달이 그 나이에 머물러 있고, 능력도 퇴행하기 시작했다. 지금은 평균 체격에 자신의 신체를 제한적으로 통제할 수 있고, 언어를 구사하거나 음식을 삼킬 수는 없다. 근육도 자주 경련을 일으켜 고통스러워했다.

이러한 제약에도 불구하고, 데이비드는 토모가 인생을 즐길 수 있는 능력이 있다며 매우 긍정적으로 믿고 있다. 사람들은 토모가 통증 및 말하고 먹는 능력의 문제로 삶의 질이 낮을 것이라고 생각하겠지만 데이비드는 그렇지 않다고 말한다. 데이비드와 토모는 긴밀한 관계를 맺었고, 특별한 우정을 나누고 있다. 말을 잘 못해도 토모는 자신이 원하고 바라는 점을 데이비드에게 쉽게 전달할 수 있다. 데이비드는 토모가 매우 똑똑하고, 자신을 잘 다루며, 오히려 자신을 이기는 것 같다고 말한다.

토모는 손잡고 안아 주는 것을 좋아한다. 데이비드는 직업적 돌봄자였기 때문에 이런 접촉이 조금 편하지 않았지만, 이러한 행동이 토모의 치료에 도움이 된다는 것을 알았다. 토모는 손의 제스처와 얼굴 표정과 소리로 자신이 원하고 바라는 점을 표현했다. 토모는 정확하게 몸을 통제해 움직일 수 없기 때문에 데이비드는 토모의 제스처를 자세히 보고 이해해야 했다.

데이비드와 토모가 함께 즐기는 것 중 하나는 축구를 보는 것이다. 토모는 축구 광팬이고, 모든 축구 유니폼과 포스터와 축구공을 모으는 취미가 있다. 안타깝게도 토모는 축구를 보다가 흥분하면 몸이 경직되면서 근육 경련을 일으켜 통증이 발생할 수 있다. 그럴 때면 데이비드는 토모에게 진통제를 주고 경기를 그만 보도록 한다.

학습 활동

8.6 비판적 사고

데이비드와 토모의 사례연구를 읽어보았을 때 두 사람 중 누가 정서지능을 보이고 있는가? 이를 어떻게 알 수 있는가?

정서지능은 여전히 일반지능과 대비된 개념이지만 공감적 진료와 관련된 돌봄자의 지식과 기술을 연구할 때에는 유용하다. 데이비드와 토모의 사례연구를 살펴보면 알 수 있다. 데이비드는 골먼, 페트리데스, 메이어, 샐로비가 요약한 모든 특성과 능력을 보여 주어야 한다. 물론 평가 툴을 사용하지 않고 판단하기는 어렵다.

데이비드는 자신을 인식하고 자신의 정서를 관리할 수 있어야 할 뿐 아니라 스스로 동기를 부여해 토모에게 최선을 다할 수 있어야 한다. 데이비드가 생각하기에 최선을 다해 토모를 돌볼 수 있으려면 공감으로 그 관계를 관리해야 한다. 특히 데이비드는 이전의 돌봄 관계에 어느 정도 경계가 있어야 한다고 생각했기 때문에 처음에 토모의 손을 잡고 안아 주는 것을 꺼려 했었다. 또한 낙관주의를 포함해 페트리데스가 주장한 15가지 특성을 모두 보여 준 듯하다.

메이어 등이 개발한 능력 모델을 생각해 보면, 데이비드는 자신의 정서와 토모의 정서를 모두 지각하고 이해하고 관리할 수 있었다. 데이비드가 정서를 통해 사고의 촉진을 가져왔는지는 확실하지 않지만 그럴 가능성이 매우 높다고 볼 수 있다.

관계에서 정서지능을 보여 주는 사람이 돌봄자만은 아닐 것이다. 치료적 관계는 좀처럼 일방적이지 않고, 보통 어느 정도의 호혜성이 있다. 이 사례연구에서 토모는 자신에게 정서적으로 필요한 것이 무엇인지 알고 있고 그 정서에 대한 생리적 반응을 관리할 수 있는 능력에는 한계가 있지만, 데이비드는 토모가 오히려 자신을 통제해 본인의 정서를 관리할 뿐 아니라 데이비드의 정서도 관리하고 있다고 생각한다. 이는 토모가 데이비드의 정서도 알고 있고(공감), 어느 정도 이 관계를 관리하고 있다는 것을 나타낸다. 토모가 언어적으로는 자신의 생각과 느낌을 표현할 수 없지만 ,데이비드는 토모가 다른 의사소통 기법을 이용해 자신을 잘 표현하고 있다고 확신한다.

이 사례연구를 보면, '정서지능'의 개념이 데이비드와 토모의 치료적 관계를 탐구하고 이해하는 데 얼마나 유용한지 알 수 있다. 정서지능은 인간 상호작용의 모든 면에서 중요하다고 한다.

골먼에 따르면 정서지능이 높을수록 다음과 같은 효과가 있다.

- 높은 업무 수행능력
- 신체적 건강
- 정신적 건강
- 좋은 관계

여러 사례연구를 통해 알 수 있듯이 정서지능은 어떻게 정의하든 돌봄 관계에서 중요한 자산이 될 수 있다. 골먼은 업무 수행능력, 신체적 · 정신적 건강, 관계를 향상시킬 수 있다고 주장했다. 이 분야의 연구를 검토한 메이어 등(2004)은 정서지능이 미치는 영향을 더욱 과학적이고 신중하게 요약했다. 다중요인 정서지능 척도(Multifactor Emotional Intelligence Scale, MEIS)인 정서지능(EI) 테스트 점수는 페트리데스와 골먼이 사용한 자체 점수와는 큰 상관관계가 없지만, 표 8.1에서 보여 준 연관성은 나타낸다.

표 8.1 정서지능 상관관계

낮은 정서지능 점수와 관련된 행동	높은 정서지능 점수와 관련된 행동
괴롭힘, 폭력, 흡연과 같은 반사회적 행동 직종에 따른 업무 수행능력	일반 지능 좋은 관계: 이성이 좋아할 가능성 높음 스트레스 관리 직종에 따른 업무 수행능력 고객 만족도 영아 애착과 유아의 사교능력 동기부여 메시지 전달

그리고 제한된 연구 결과를 토대로 나이가 들면서 정서지능은 높아지는 것으로 보이고, 정서와 인지가 연관된 뇌 부위의 활동과 관련이 있다고 주장한다.

정서지능 개발

정서지능을 높여 성공적인 삶을 살도록 도와주는 많은 책과 DVD와 웹사이트가 있다. 그리고 정서지능이 인간의 사회적 · 신체적 · 정신적 안녕감에 도움이 될 수 있다는 연구 결과를 토대로 정서지능을 발전시키거나 향상시킬 수 있는 방법을 탐구하기 위해 많은 연구가 수행되었다. 메이어 등(2004)이 정서지능은 비교적 안정적인 특성이라고 제시했음에도 불구하고 노력에 의해 발달할 수 있다는 연구 결과가 나왔다. 메이어는 '인간은 자신의 정서지능을 향상시킬 수 있는가?'라는 질문에 답하기는 어렵지만, '인간은 자신의 정서적 이해를 발달시킬 수 있는가?'와 '인간은 자신의 정서적 · 사회적 기능을 향상시킬 수 있는가?'라는 질문에는 '그렇다'라고 답할 것이라고 주장했다. 정서지능을 높이기 위한 지도, 코칭, 멘토링, 가르침에 관해 더 자세히 살펴보면, 이러한 활동은 자신에 대해 알고(자기인식), 자신의 정서를 관리하고, 정서와 의사소통 기술을 이해하는 데 초점을 맞춘다.

자기인식은 제6장 및 제7장과 같이, 이 책의 다른 부분에서 논의했다. 마음챙김, DBT, CBT뿐 아니라 의사소통 기술과 같이 정서를 관리하는 일부 요소는 제7장에서 살펴보았다. 정서지능을 보여 주는 데 사용된 기술은 다음과 같이 부른다.

- 스트레스 감소/스트레스 관리/대처 전략(제4장 참조)
- 정서인식/자기인식과 공감(제7장 참조)
- 비언어적 의사소통(제7장 참조)
- 유머와 놀이 사용(아래 참조)
- 긍정적 갈등 해결(아래 참조)

유머와 놀이 사용

유머와 놀이도 그 상황에서 잠시 벗어나기, 감정 분출, 합리화와 같은 다른 전략과 함께 대처 전략으로 분류할 수 있다. 헌터(Hunter, 2006)는 유머와 놀이를 이용해 친밀한 관계를 맺고, 관계를 구축할 수 있다고 주장했다. 유머와 놀이는 정서지능에서 자신의 정서를 관리하고, 관계를 다루는 데 분명 관련이 있다. 놀이는 스트레스를 분출하고, 낙관주의와 긍정적인 생각을 독려한다. 정서지능을 높이는 데 유머와 놀이가 '걱정하지 않게 하고', '차이를 원만하게 해결하고', '긴장을 풀고 동시에 에너지를 얻으며', '더욱 창의력을 발휘하도록' 돕는다고 주장한다.

긍정적 갈등 해결

갈등에 관해 많은 문헌에서 다루고 있지만, 갈등은 모든 상황에서 일어나는 것으로 생각된다. 일반적으로 갈등은 괴롭힘, 따돌림, 폭력과 연관된 부정적인 현상으로 여겨지지만, 긍정적 결과를 유발하는 것으로도 본다. 예를 들면, 여러분이 할머니를 돌보고 있고 다른 돌봄자가 이 할머니를 볼 때마다 '우리 강아지'라고 부른다고 하자. 이 할머니는 그 지역 출신이 아니라 이 말을 들을 때마다 민망하게 여긴다. 여러분은 그 돌봄자에게 할머니가 이름을 불러 주기를 바라는 것 같다고 말한다. 이로 인해 두 사람 사이에 잠시 갈등이 생기지만 결국 할머니는 더 편안해지는 결과를 얻을 수 있다.

긍정적 갈등 해결은 다음과 같은 것이다.

- 신뢰 구축
- 현재에 집중
- 논쟁을 선택
- 용서
- 갈등 해제

여러분과 다른 돌봄자가 서로를 신뢰한다면 여러분은 이 대화로 사이가 나빠지지 않을 것이다. 예를 들면, 치아 사이에 무언가 끼었다고 말해 주어 곤란한 상황을 모면하도록 도와줄 것이다. 대화가 시작되고, 여러분이 이전의 갈등이나 과거에 대한 비판이나 미래에 대한 예측을 하는 발언을 하면 그 사람은 방어적이게 되고, 이에 비판적이거나 공격적으로 대응해 자신을 보호하고자 할 수 있다. 따라서 현재에 집중해야 한다. 또한 이 이야기를 꺼내기에 적절한 시기인지 또는 장소인지 판단해야 한다. 왜냐하면 그 사람이 다른 이유로 적절히 대응하지 못하는 상황일 수 있고, 그 지역에서는 '우리 강아지'라고 말하는 것이 친근하게 상대를 부르는 구어적 표현이기 때문이다. 할머니가 원하는 대로 부르지 않은 것을 용서해야 한다. 대화가 완료되면 이 갈등을 해제해야 한다. 대화를 끝낸 뒤 용서와 존중의 표시로 음료수를 건넬 수 있다.

사/례/연/구 **밥**

밥은 56세 남성으로, 가슴 통증 때문에 응급실에 입원했다. 결혼하여 두 아이가 있고, 엔지니어로 일했다. 밥은 급성 협심증 치료를 받고, 운동부하심전도 검사를 기다리고 있었다. 심장효소 검사 결과 밥은 심근경색(심장마비)이었다.

잠깐의 가슴 통증이 있었을 뿐 밥은 기분이 좋았고, 일에 스트레스가 너무 많아 천천히 일하라는 신호라고 생각했다. 밥의 통증은 관리가 되었고 스스로 화장실에 가고 씻을 수 있었지만, 심장 모니터를 부착하고 정맥 내에 두 개의 주사를 꼽고 있어 자유롭게 움직일 수는 없었다.

밥은 꽤 수다스러워 나는 매일 밥과 얼마간 이야기하는 시간을 가졌다.

병동에 입원한 지 7일 후 밥은 운동부하심전도 검사를 받았고, 3부 관상동맥우회로이식술(개흉수술)을 받아야 한다는 결과를 받았다. 그러자 밥의 행동이 갑자기 변했다. 이전에는 상태가 그리 심각하다고 생각해 보지 않았는데, 이제 중요한 수술을 받아야 하는 상황이 되었다. 밥은 더 말이 많아지고 가만있지 못했으며, 자신의 상태 외에 많은 주제의 이야기를 했다. 간호사들이 심장병과 심장검사와 수술에 관한 안내서를 건넸지만 서랍에 넣어 두고 읽지도 않았다.

나는 밥에게 말을 걸어 지금 기분이 어떤지, 어떤 정보나 조언을 받고 싶은지 물어보았다. 그러자 밥은 괜찮다며 이 모든 것이 빨리 끝나 집에 가고 싶다고 말했다. 내가 걱정되냐고 묻자 심장에 진짜 문제가 있다는 것에 놀랐다며 갑자기 속마음을 털어놓기 시작했다. 병원에 오기를 더 미루었다면 더욱 심각한 상황이 되었을 것이라는 사실이 믿기지 않는다고 말했다. 밥은 수술 날짜가 정해지지 않아 병동에서 그냥 기다리고 있었다. 어떻게 회복하고, 어떻게 다시 일을 시작할 수 있을지 전혀 알 수 없었다. 밥이 통제할 수 없는 문제가 많지만 다시 자신의 생활을 통제할 수 있도록 도와줄 수 있을 것 같았다.

나는 심장재활 간호사에게 비슷한 수술을 받은 환자를 밥에게 소개해 주어 수술 후 회복과 일상 복귀에 관한 대화를 할 수 있게 해 달라고 요청했다. 밥은 이를 통해 경험자의 조언을 들을 수 있을 것이다. 위험이 높은 수술이지만 수술 후 새 삶을 찾고 건강하게 살고 있는 사람들을 만나면 불안감이 진정될 수 있을 것이라 생각했다.

수술 날짜가 정해진 후 나는 밥과 그의 아내에게 수술 후 지낼 심장병동을 안내하고, 간호사 몇 명과 인사를 시키며 장비도 보여 주었다. 심장병동의 환경은 위협적이라기보다 최첨단 시설이 갖춰져 있어 밥과 그의 아내는 수술 후 어떤 치료를 받게 될지 예상할 수 있었고, 자신을 돌봐 줄 간호사들을 만나 안심이 되는 것 같았다.

밥의 사례연구를 보면, 밥을 담당하는 돌봄자는 밥과 많은 시간을 보내며, 무엇이 문제인지 인식했다. 이는 철학과 관련이 있는 '공감을 통한 앎(empathic knowing)'이라고 설명할 수 있지만 정서지능 문헌을 이용하여 행동도 탐구할 수 있다.

돌봄자는 자신의 행동을 인식했고(자기인식), 이를 관리하여 밥을 정기적으로 평가하고, 존중받는다는 느낌이 들게 했다. 그리고 무언가 잘못되었다는 것을 깨닫고(공감), 개인내적 갈등(intrapersonal conflict)을 해결하고자 했다. 자신과 타인에게 동기를 부여해(자기동기화와 관계 다스리기) 갈등을 해결했고(긍정적 갈등 해결), 과정을 이해하기 쉽게 설명해 주는 방식의 불안 관리 전략(스트레스 줄이기)을 제시했다. 이 사례연구에서 보면 알 수 있듯이, 이 돌봄자는 자신의 정서지능을 이용하여 밥이 안녕감을 갖도록 도왔다.

학습 활동

8.7 비판적 사고

"활동 8.1 자신이 지적이라고 생각하는가? 좋은 돌봄자가 되려면, 지적이어야 한다고 생각하는가?" 라는 질문을 다시 생각해 보자. 답이 바뀌었는가?

요약

이 장에서는 지능에 관한 이론부터 정서지능까지의 이론적 발전 과정을 살펴보았다. 골턴부터 가드너와 스턴버그에 이르기까지, 지능에 대한 그들 초기의 심리학적 이론을 설명하여 사회적 세계의 지식과 상호작용에 대해 살펴보았다. 사회적 세계에서 상호작용은 집단과 개인적 관계를 통해 이루어진다. 그리고 정서에 대한 심리학적 이해를 논의했고, 마지막으로 정서지능 이론을 살펴보고 적용해 보았다.

추가연구

다음 웹사이트에서는 존 메이어(John D. Mayer)가 정리한 정서지능에 관한 연구의 과학적 접근법을 설명하고 있다. www.unh.edu/emotional_intelligence/index.html 참조

정답

학습 활동 8.1 비판적 사고

자신이 지적이라고 생각하는가? 좋은 돌봄자가 되려면, 지적이어야 한다고 생각하는가?

- 대부분의 돌봄자는 자신이 지적이라고 생각하지 않는다. 보통 '저는 그냥…(돌봄자, 자원봉사자, 사회적 돌봄자, 간호사 등)에요.'라고 말한다. 그럼에도 불구하고, 모든 돌봄 전문가는 현재 최소한 대학교육까지 받았다.
- 다중 지능과 정서지능에 대해 읽었으면, 여러분은 이제 지능이 돌봄 역할을 하는 데 얼마나 중요한지, 지능적 기술이 어떤 것인지도 알 수 있을 것이다.

학습 활동 8.2 비네의 검사방법과 유사한 어린이 지능 검사 질문의 예시

질문 1: 말이 운반하는 역할은 엔진이 무엇을 하는 것과 같은가?

- 자동차

질문 2: 앤드류는 피터보다 나이가 많고, 데이비드는 앤드류보다 나이가 많다. 누가 가장 어린가?

- 피터

질문 3: 13243546 다음 순서는 무엇인가?

- 5

질문 4: 도시를 나타내도록 rapsi의 글자를 재조합한다.

- PARIS

학습 활동 8.3 비판적 사고

자신이 잘 어울리고 있는 집단과 그렇지 않은 집단에 대해 맥그리거가 제시한 11개 요인을 살펴본다. 11개 요인 중 몇 가지의 차이가 있다고 생각하는가?

- 표 8.2 집단 기능의 자기평가

요인/설명	잘 기능한다	잘 기능하지 않는다
분위기		
논의		

요인/설명	잘 기능한다	잘 기능하지 않는다
목표		
의견 불일치		
경청		
비판		
느낌		
행동		
의사결정		
리더십		
자의식		
성격 특성, 공감, 자원 유용성, 물리적 환경, 업무 자체		

- 표 8.2를 작성한다. 이러한 모든 요인이 발생하는 집단에서 이 모두는 효과가 있지만, 각 개별적 요인이 그 집단의 성공을 나타내지는 않는다. 여기에 유용할 수 있겠다고 생각한 다른 요인도 추가했다.

학습 활동 8.5 비판적 사고

모든 애정 어린 관계가 이 두 가지 범주로 나뉜다고 생각하는가?

- 열정적 사랑
- 우애적 사랑

- 나는 돌봄 대상자, 키우는 반려동물, 나의 자녀들과 애정 어린 관계를 맺고 있다고 생각한다. 이들이 열정적 사랑이나 우애적 사랑에 꼭 맞는 것은 아니라고 생각한다.

학습 활동 8.6 비판적 사고

- 이 내용은 사례연구의 아래 문단에서 논하고 있다. 데이비드는 자신의 돌봄 역할에서 정서지능을 보여야 하지만 토모도 정서지능을 보이고 있는 것으로 보인다.

References

- Buckley,T., Sunari, D., Marshall, A., Bartrop, R., McKinley, S. and Tofler, G. (2012) 'Physiological correlates of bereavement and the impact of bereavement interventicns', Dialogues in Clinical NeuroSciences, 14 (2): 129–39.
- Carlson, N.R., Martin, G.N. and Buskist, W. (2004) Psychology, 2nd edn. London: Pearson Education.
- Dutton, D.C. and Aron, A.P. (1974) 'Some evidence for heightened sexual attraction under conditions of high anxiety', Journal of Personality & Social Psychology, 30: 510–517.
- Festinger, L., Schachter, S. and Back, K. (1950) Social Pressures in Informal Groups: A Study of Human Factors in Housing. Stanford, CA: Stanford University Press.
- Freshwater, D. and Stickley, T. (2004) 'The heart of the art: Emotional intelligence in nurse education', Nursing

Inquiry, 11 (2): 91-8.
- Gardner, H. (1983) Frames of Mind: The Multiple Intelligence. New York: Basic books.
- Goleman, D. (1995) Emotional Intelligence: Why it Can Matter More than IQ. New York: Basic Books.
- Goodreads Inc. (2015) 'Albert Einstein quotes'. Available at: www.goodreads.com/author/quotes/9810.Albert_Einstein (accessed September 2015).
- Hogg, M. and Vaughan, G. (1998) Social Psychology, 2nd edn. London: Prentice Hall.
- Homans, G.C. (1961) Social Behavior: Its Elementary Forms. New York: Harcourt, Brace and World.
- Hunter, B. (2006) 'The importance of reciprocity in relationships between community-based midwives and mothers', Midwifery, 22 (4): 308-22. Available at: www.sciencedirect.com (accessed September 2015).
- Li, J., Vestergaard, M., Cnattingius, S., Gissler, M., Bech, B.H., Obel, C. and Olsen, J. (2014) 'Mortality after parental death in childhood: A nationwide cohort study from three Nordic countries', PLOS Publications, 22 July. DOI: 10.1371/journal.pmed.1001679.
- Mann, S. (2004) '"People-work": Emotion management, stress and coping', British Journal of Guidance and Counselling, 32 (2): 205-21.
- Mayer, J.D. and Salovey, P. (1997) What is emotional intelligence?', in P. Salovey and J.D. Mayer (eds), Emotional Development and Emotional Intelligence. New York: Basic Books, pp. 3-31.
- Mayer, J., Salovey, P. and Caruso, D. (2004) 'Emotional intelligence: Theory, findings, and implications', Psychological Inquiry, 15 (3): 197-215.
- McGregor, D. (1960) The Human Side of Enterprise. New York. McGraw-Hill.
- Petrides, K.V. (2010) 'Trait emotional intelligence', Industrial and Organizational Psychology, 3: 136-9.
- Petrides, K. and Furnham, A. (2001) 'Trait emotional intelligence: Psychometric investigation with reference to established trait taxonomies', European Journal of Personality, 15 (6): 425-48.
- Salovey, P. and Mayer, J.D. (1989) 'Emotional intelligence', Imagination, Cognition, and Personality, 9 (3): 185-211.
- Siegling, A.B., Vesely, A.K., Petrides, K.V. and Saklofske, D.H. (2015) 'Incremental validity of the Trait Emotional Intelligence Questionnaire-Short Form (TEIQue-SF)', Journal of Personality Assessment, 97 (5): 525-35.
- Sternberg, R.J. (1985) Beyond IQ: A Triarchic Theory of Intelligence. Cambridge: Cambridge University Press.
- Sternberg, R. (2000) Pathways to Psychology. London: Harcourt.
- Stickley, T. and Freshwater, D. (2002) 'The art of loving and the therapeutic relationship', Nursing Inquiry, 3 (4): 250-6.
- ThinkExist (2015) 'Socratic quotes'. Available at: http://thinkexist.com/quotation/i_know_that_i_ am_intelligent-because_i_know_that/15336.html (accessed September 2015).
- Tuckman, B. (1965) 'Developmental sequences in small groups', Psychological Bulletin, 63: 384-99.

CHAPTER 9

감정 노동

중요한 정서 작업은 두려움, 취약함, 위로받고 싶은 욕망의 감정을 통제하는 것이다. 이상적 자아는 이러한 감정이 많이 필요하지 않고, 필요한 것은 스스로 할 수 있다. (Hochschild, 2003: 24)

학습 목표

이 장의 학습 목표는 다음과 같다.

- 감정 노동과 정서 작업에 대해 설명한다.
- 감정 노동의 발달과 중요성을 파악한다.
- 감정 노동이 미치는 영향과 이에 대처하고 회복하는 방법을 알아본다.

들어가면서

공감적 진료에 대해 살펴볼 때, 공감적 진료가 어떤 모습으로 수행되는지(제4장 참조)뿐만 아니라 돌봄자가 어떻게 공감적 진료를 수행할 수 있고 자신에게 어떤 영향을 미칠 수 있는지에 대해서도 아는 것이 중요하다. 공감적 진료는 지난 수십 년 동안 다양하게 불려왔다. 알리 혹실드(Arlie Hochschild, 1979)나 팜 스미스(Pam Smith, 1992)와 같은 연구자들은 정서를 관리하려는 노력을 직장(항공사와 병원) 내 '감정 노동(emotional labor)'이라고 설명했다. 더욱 최근에 헌터(2001)와 같은 다른 연구자들은 임산부를 돌볼 때 정서를 다루는 것을 '정서 작업(emotion work)'이라고 불렀다. 감정 노동 연구의 선구자인 혹실드(2003)도 '정서 작업'이라는 표현을 인정했다. 그러나 감정 노동은 직장 내에서 발생하고, 정서 작업은 가정 환경에서 일어난다고 생각했다.

'작업'과 '노동'의 차이를 감안하면, 이 용어는 돌봄자의 노력을 인식하고 인정하여 돌봄자와 돌봄 대상자 모두의 안녕감을 높이기 때문에 돌봄자는 이 두 가지 용어를 교환해 사용할 수 있다(Hochschild, 1983).

감정 노동이나 정서 작업에 대해 살펴보려면, 우선 정서(emotions)에 대한 심리학적 이해를 알아보고, 이러한 정서가 돌봄 전문가에게 미치는 영향을 어떻게 관리할지에 대해 생각하는 것이 중요하다. 이 책에서 알아본 다른 모든 개념과 마찬가지로, 각 심리학적 관점은 정서에 대해 자체의 이론을 가지고 있다.

학습 활동

9.1 비판적 사고

영화 스타트렉에서 안드로이드인 다타는 어떤 정서가 있다고 생각하는가?

정서에 관한 이론

진화론의 창시자로 인정받는 찰스 다윈(Charles Darwin, 1809~82)은 정서를 구체적으로 탐구한 최초의 연구자 중 한 명으로, 찰스 다윈의 연구 결과는 여러 문화가 혼재된 성격을 띠고 있어 정서 표현을 유전적인 것이라고 판단했다. 다윈과 함께 프로이트의 정신역동적 접근법 및 제임스와 랑게(James and Lange)의 생물심리학적 접근법에서는 정서를 본능에 따른 것이라고 이해한다. 반대로 행동주의적 접근법과 인지적 접근법에서는 학습 능력이 내재된 생물학적 능력이라고 인정하면서, 정서를 상황이나 경험에 대해 학습된 반응이라고 인식한다. 행동주의적 접근법과 인지적 접근법을 비롯한 사회 심리학적 이론에서는 정서의 상호작용 모델을 제시하는 것이다(Barker, 2011).

심리학자 사이에서 인간에 대한 심리학적 경험에 유전(nature)과 환경(nurture)이 미치는 영향에 대한 논쟁은 계속되고 있다. 생물 심리학자와 정신역동적 이론가들은 심리학적 현상을 '유전'으로 설명하는 경향이 있는 반면, 행동주의학자들과 인지적 심리학자들은 '환경'을 더욱 신뢰할 수 있는 이유로 받아들인다. 가장 최근의 이론가들은 정서를 상호작용하는 방법으로 이해하는 듯하다. 이들은 인간의 내적 구성요소와 그 사람이 살고 있는 환경이 정서적 경험과 표현에 영향을 준다고 생각한다.

정서는 주관적 경험, 생리적 변화, 이와 관련된 행동적 변화와 관련이 있고, 최초의 이론부터 가장 최근의 이론까지 정서에 대한 심리학적 이론이 각기 다른 이유는 강조하는 각 구성요소가 다르기 때문이다. 초기의 정서 이론가들은 정서가 무엇인지 설명하고 규정하는 데 초점을 맞췄다. 최초의 과학적 심리학자로 인정받는 빌헬름 분트(Wilhelm Wundt, 1832~1920)는 정서가 세 가지 극적인 경험(자기성찰을 통해)을 한다고 주장했다.

- 유쾌함-불쾌함
- 수용-거부
- 긴장-이완

로버트 플루치크(Robert Plutchik, 1927~2006)는 분트의 세 가지 극적인 경험을 8개의 기본 정서(4개로 짝을 지음)로 나누었고, 이 8개의 정서가 모여 복잡한 정서를 만든다고 했다.

우선 4개의 기본적인 양극성 정서는 다음과 같다.

- 기쁨-슬픔
- 수용-혐오
- 분노-두려움
- 기대-놀람

그리고 8개의 복잡한 정서는 다음과 같다.

- 기쁨과 기대 = 낙관주의
- 분노와 기대 = 공격성
- 분노와 혐오 = 경멸
- 혐오와 슬픔 = 회한
- 슬픔과 놀람 = 실망

- 놀람과 공포 = 경외감
- 공포와 수용 = 굴복

분트와 플루치크의 설명은 정서 탐구의 시작에는 유용하지만 정서의 발생과 유용성에 대해서는 이해하기 어렵다. 그래서 주요 이론을 간략하게 정리해 보았다.

다윈의 정서 진화론

다윈은 동식물 모두를 연구하여 진화론을 개발한 것으로 알려져 있다. 다윈의 모든 이론은 모든 생물은 각 환경에 '가장 적합하게' 적응하며, 발달하고, 존재한다는 기본적인 신념과 관련이 있다. 따라서 정서와 정서 표현은 생명체가 그 환경에 적응하여 그 종이 계속 존재하도록 돕는다. 다윈은 정서에 세 가지 특징이 있다고 보았다.

- 행동을 예측한다.
- 발전하면서 원래 의미가 상실될 수 있다.
- 반대의 행동은 반대의 정서를 나타낸다.

그림 9.1 미소 짓는 사람

그림 9.1을 보자. 대부분의 동물은 두려움이나 분노에 대응하여, 위협의 의미로 윗입술을 올려 이를 드러낸다. 반면, 인간은 친근함이나 따뜻함을 보이는 미소를 지을 때 입술이 올라간다. 이것은 기쁨과 기대의 감정이다. 이러한 차이는 다윈의 이론으로 이해할 수 있다. 다윈은 미소가 인간에게 적합하게 적응된 것이지만, 그 의미는 시간이 지나면서 바뀌었다고 주장한다.

제임스-랑게의 정서 이론

이들의 이론에서는 정서를 심리적 변화와 행동의 전조가 아닌 심리적 변화와 행동을 해석하는 것으로 설명한다. 19세기에 개발된 이 이론은 특히 생물학적 관점에서 상당한 비판을 받았다. 왜냐하면 이 이론을 정당화하려면 각 정서마다 심리적 변화가 달라야 했지만, 실제로 그렇지 않았기 때문이다.

캐논-바드의 정서 이론

캐논(Canon)과 바드(Bard)는 19세기 초반의 제임스-랑게 이론을 더욱 발전시켜 어떤 사실을 지각해 정서 반응이 일어나면 서로 별개인 심리적 변화와 정서적 인식이 모두 동시에 발생한다고 주장했다.

샤흐터의 정서 이론: 인지적 규정 이론

샤흐터(Schachter)는 20세기 중반에, 캐논-바드의 이론과 함께 제임스-랑게의 이론을 더욱 발전시켰다. 제임스-랑게와 마찬가지로, 우선 심리적 변화가 일어나지만 심리적 각성은 객관적으로 다르지 않고 동일하다고 주장한다. 차이점은 이러한 변화가 해당 맥락에서 해석되는 방법이라고 생각했다는 점이다. 심리적 변화는 '흥분'이나 '두려움'과 같은 정서적 용어로 해석하고 규정했다.

라자루스의 평가 이론

정서는 생리적 요소 및 심리적 요소 모두와 관련이 있다는 주장이 한동안 인정받았다. 리차드 라자루스(Richard Lazarus, 1922~2002)는 정서의 평가 이론을 개발했고, 정서가 경험과 관련이 있다는 정서의 '상관관계'도 설명했다.

- 분노: '나의 것'에 대한 적대적 반응
- 두려움: 즉각적인 물리적 위험에 대한 반응
- 슬픔: 상실에 대한 반응
- 혐오: 수용할 수 없는 어떤 것이나 사람에 대한 반응
- 기쁨: 긍정적 경험에 대한 반응

라자루스(1966)의 모델은 생리적 · 심리적 · 행동적 요소를 통합하여, 포크만(Folkman)과 함께 스트레스의 인지적 · 현상학적 상호작용 모델을 개발했다. 이 모델은 평가 모델로, 각성 유발요인, 1차 평가('긍정적인가 부정적인가?'), 2차 평가('이를 다룰 자원이 있는가?'), 행동을 유발하는 생리적 · 사회적 · 심리적 반응으로 구성된다(Folkman and Lazarus, 1991). 평가 이론들은 21세기까지 계속 발전했고, 현재는 이 영역을 탐구하는 많은 유형의 이론들이 있다. 이러한 이론은 구조 지향적(structural-oriented) 이론과 과정 지향적(process-oriented) 이론 등, 두 가지 범주에 속한다.

- 정서의 구조 평가 이론: 평가 내용/평가 대상에 초점을 맞춘다.
- 정서의 과정 평가 이론: 평가 기본 원칙/평가 방법에 초점을 맞춘다.

스트롱맨(Strongman, 1996)에 따르면, 정서에 대한 이해를 발전시키는 대부분의 이론에서 기본적인 연결 요인은 문화라고 한다. 그럼에도 불구하고 스트롱맨은 정서가 개인적이고 정신생리학적 경험이라는 점을 인식해야 한다고 주장한다. 정서에 대한 문화적 이론에서는 유전적 접근법과 환경적 접근법 모두를 공통적으로 취하고 있고, 철학적 · 역사적 · 인류학적 · 사회적 분야 모두에서도 문화적 정서 이론을 제시한다.

문화는 사회적으로 결정되고, 우리의 신념과 가치와 행동을 비롯한 정체성의 많은 측면을 형성한다. 문화는 인종, 민족, 종교, 성별, 성적 성향, 나이, 세대, 계층, 인생 경험(정서 포함)과 생활방식 등 많은 요인을 포괄한다(Thurgood, 2009: 630).

현상학적 철학자 및 실존주의 철학자들과 함께 사회적 또는 사회학적 이론가들은 정서가 정신생리학적 경험임에도 불구하고, '단순하게 축소(reducible)'될 수 없다고 주장한다. 즉, 개인적 생활이나 사회적 배경을 무시하고 검토해서는 안 되며, 사회적 과정도 고려해야 한다는 것이다. 사회학적 이론가들은 권력과 지위(Kemper, 1978), 사회적 응집성(Goffman, 1970), 사회적 통제(Scheff, 1983), 상징적 상호작용(Blumer, 1969), 문화(Hochschild, 1983)와 같은 사회적 과정에 대한 이해를 발전시켰다.

사회학자인 혹실드(1979: 551)는 감정 노동과 정서 작업 또는 정서적 관리 영역의 연구와 저술 작업을 진행하여 '영향력이 큰' 학자로 인정받고 있다. 혹실드는 정서를 '이미지, 생각, 기억과의 신체적인 협동, 개인이 알고 있는 협동'이라고 정의한다. 따라서 여기에서는 공감적 진료에서의 정서 작업을 탐구하기 위해 정서(emotion)가 행동 변화를 유발하는 '체현된 경험'에 대응한 생리적 변화 사이의 상호작용이라고 편리하게 정의한다.

정서 관리

혹실드(1983)는 심리학적 이론을 비롯한 많은 이론을 탐구하여 정서에 대한 자신만의 사회학적 이해를 발전시켰다. 그리고 심리학적 이론을 이용하여 정서를 관리하는 방법을 어떻게 더 잘 이해할 수 있는지에 관해서도 연구했다. 정서를 관리한다는 것은 이중적인 의미가 있다. 공감적 진료에서는 돌봄 대상자의 정서뿐 아니라 돌봄자 자신의 정서를 관리해야 한다(제8장의 존스 부인, 밥, 데이비드와 토모의 사례연구를 참조). 혹실드는 특히 고프먼(Goffman)의 연극적(dramaturgical) 접근법(사회심리학 이론) 및 신프로이트파(정신역동적 접근법)와 라자루스의 상호작용 모델의 영향을 어느 정도 받았다(Hochschild, 1979). 혹실드의 연구는 주로 '감정 노동'이나 '정서 관리' 및 이러한 노력의 상업화(commercialization)에 초점을 맞췄다. 혹실드는 정신역동적 이론과 상호작용 이론의 요소들을 수용하면서, 고프먼의 '역할 놀이' 이론을 더욱 현대적이고 포괄적으로 적용했다.

행동 심리학자인 고프먼(1959)은, 인간이 항상 자신의 '역할'을 하고, 이때 그 사람은 수행하는 역할로만 정의될 수 있다고 주장했다. 경우에 따라 사람들은 각기 다른 역할을 '맡거나' '수행하여' 사회적으로 다른 사람으로 정의될 수 있다. 고프먼은 '인상 관리의 예술

(art of impression management)'이라는 개념을 개발했다(Goffman, 1959). 혹실드는 이 개념을 감정 노동의 일부로써 정서 관리를 이해하는 데 사용했다.

혹실드는 고프먼의 이론에서 설명한 행동을 수용하지만 인간에 대한 고프먼의 관점은 인정하지 않는다. 혹실드는 인간에게는 뚜렷하게 구별되는 개인의 정서적 세계가 있다(고유하고 지속되는 자의식)고 설명한다. 반면 고프먼은 인간을 수행하는 역할로만 인정한다. 고프먼(1959)은 공공의 영역에서 인간의 행동을 '연극'의 규칙을 준수해 타인의 '인상'을 관리하는 것이라고 설명했다. 그리고 역할을 수행하는 규칙을 소개했다. 이러한 규칙은 혹실드가 도입해 발전시켰다. 고프먼이 제시한 이러한 규칙을 설명할 때, 혹실드는 이를 '표면 행위(surface acting)'라고 부르지만, 자신의 저서에서 '내면 행위(deep acting)'라는 설명을 덧붙였다. 공감적 진료를 할 때 수행하는 역할을 고려하면, 이는 중요한 문제이다. 헌터(2006)는 높은 수준의 정서 작업이나 '내면 행위'가 돌봄자에게 '번아웃(소진)'과 건강 악화를 야기할 수 있다고 강조했다.

학습 활동

9.2 비판적 사고

자신이 하루 종일 수행하는 각기 다른 모든 역할을 잠시 생각해 본다. 얼마나 많은 역할을 하고 있고, 얼마나 깊이 관여하고 있는가?
특히 한 가지 역할을 생각해 보자. 돌봄 역할이면 더 좋다. 돌봄자 역할을 할 때는 평소 자신의 모든 행동이나 생각을 배제하는가? 또는, 돌봄 관계에서 기본적으로 일관된 자신의 특징을 그대로 유지하는가?

고프먼은 혹실드의 문화적 정서 이론의 토대가 되었지만, 그 외에 프로이트, 다윈, 라자루스의 이론도 영향을 미쳤다. 다윈은 정서가 행동이나 행위를 유발하는 보편적인 표현이라고 생각했다. 반대로 프로이트는 정서의 의미에 관심을 두었고, 정서는 신호라고 주장했다. 프로이트가 생각하는 정서의 경험은 내적 상태를 신호로 보내는 것이었다. 예를 들면, 불안감을 느낀다면 위험이 곧 닥칠 것이라는 신호나 징후로 해석될 수 있다(Hochschild, 1983).

라자루스의 정서적 경험 모델은, 환경과 체내의 생리적 반응뿐 아니라, 학습된 대처 전략을 고려하는 상호작용(interactional) 모델이다(Lazarus, 1966). 고프먼, 프로이트, 라자루스, 혹실드 모두, 돌봄 전문가가 공감적 진료의 정서적 경험을 이해할 수 있는 주장을 제시한다. 고프먼의 방법을 정서적으로 지지적이거나 공감적인 진료를 제공하는 데 적용하면 돌봄 전문가는 공감이나 개인적인 정서적 경험 없이 자신의 역할을 수행하는 것으로 해석될 수 있다. 돌봄 전문가는 자신이 수행하는 역할에 대한 사회적 또는 학습된 규칙을 준수하는 것일 수 있다.

학습 활동

9.3 비판적 사고

돌봄 역할에 대해 자신이 받은 교육을 생각해 본다.

- 타인을 도울 때, 자신과 자신의 정서적 경험을 이용해 본 적이 있는가?
- 자신의 생각과 감정을 억눌러야 한다고 조언을 받은 적이 있는가?
- 돌봄 역할을 수행할 때, 어떻게 행동하고 느껴야 하는지 설명을 들은 적이 있는가?

공감적 진료와 같은 정서적 행동에 대한 프로이트나 정신역동적 관점에서는 이것을 '신호'라고 본다. 이러한 신호는 간호 전문가들에게 친절함과 차분함과 공감이 필요하다는 것을 나타내거나, 상대방의 이러한 욕구를 인식한다는 신호일 수 있다. 프로이트와 대부분의 다른 심리학자들은 모든 행동에 이유가 있고, 대부분 개인적 욕구를 충족하기 위한 것이라고 여긴다. 실제로 어느 누구도 진정으로 이타적인 사람은 없다고 주장한다.

혹실드(1983)가 정서와 감정 노동을 이해할 때 도입한 해석의 틀, 표면 행위, 내면 행위, 표현 규칙, 감정 규칙은 서구 사회의 모든 영역에서 감정 노동이나 정서 관리에 대한 이해를 발전시키는 데 영향을 주었다.

감정 노동/작업

혹실드(1979)는 문화적 행동과 마찬가지로, 정서적 행동은 고프먼이 제시한 어떤 규칙을 따른다고 주장한다. 혹실드는 감정 노동에서 이러한 규칙을 '표현' 규칙과 '감정' 규칙

사/례/연/구

릴리-1부

나는 영광스럽게도, 이슬람 국가에 초청되어 돌봄 전문가들을 교육하게 되었다. 오랜 비행이었지만 잠을 충분히 잤고, 타국의 문화적 차이에 충분히 대비했다고 생각했다. 남자 동료인 존과 해당 기관에 도착했을 때 나는 우리를 반기는 남자 관리자들에게 환하게 웃었고, 존은 악수를 했다. 나도 정중한 인사로 악수하기 위해 무의식적으로 손을 뻗었다. 자동적인 반응이었다. 한 관리자가 매우 조심스럽게 말없이 악수를 했고, 다른 관리자는 혼란스러워하는 것 같았다. 다행히 나는 문제가 있다는 것을 알아채고, 나의 행동이 사회적으로 용인되지 않는 것이냐고 물었다. 그들은 그 문화에서는 여성이 남성의 손을 접촉하는 것도, 자신들이 여성의 손을 접촉하는 것도 허용되지 않는다

고 매우 친절하게 설명해 주었다. 또한, 남성과 눈을 오래 마주치면 '옳지 않은' 메시지를 주는 것이라는 설명도 들었다.

그러나 이 국가에서 우리 기관 소속의 관리자들 중 한 명이 검토를 맡고 있었고, 강의실에서 우리를 만났을 때 그는 환하게 웃으면서 나에게 다가와 반갑다고 말하며 악수를 했다. 나중에 학생들과 대화해 보니 그들은 나의 상사가 나와 가까운 친척인 줄 알았다고 말했다.

으로 설명한다. 표현 규칙은 고프먼(1959)이 밝힌 사회 규칙과 유사하고, '피상적 행위(superficial acting)'로 분류했다. 이는 문화나 조직이 주어진 상황에서 인간에게 요구하는 명백한 행동을 위한 규칙이다(릴리–1부의 사례연구 참조).

릴리의 사례연구를 보면, 릴리의 행동에 대해 사회적 · 정치적 · 종교적 측면에 기반한 문화적인 기대가 명확했다. 이러한 명백한 규칙을 고프먼은 '사회 규칙'이라고 불렀고 혹실드는 '표현 규칙'이라고 불렀다.

감정 규칙은 두 가지 범주로 나뉜다. 즉, '피상적 행위'나 '내면 행위'와 관련이 있고, 인간이 어떻게 행동해야 하는지보다 어떻게 느껴야 하는지를 알려 준다. 피상적 행위를 통해 이루어지는 '감정 규칙'은 어떤 감정을 갖지만 내적으로는 느끼지 않는 것처럼 겉으로 행동하는 경우이다. 반대로, '내면 행위'는 내적 감정을 해당 맥락에서 기대되는 감정으로 적응시키는 경우이다. 혹실드(1983)는 더 많은 조직이 직원에게 명확하게 의사소통이 되는 표현 규칙과 함께 감정 규칙을 갖기를 기대하고 있다고 설명한다. 그리고 어떤 사람이

사/례/연/구 **릴리**-2부

릴리–2부

나는 즐겁게 학생들을 가르치고 있었고, 학생들도 돌봄에 대한 나의 설명을 이해하는 것 같았다. 나는 남성과의 접촉을 피해야 한다는 것을 알게 되어 내가 배운 의사소통 기술과 반대로 남성들과 눈을 오래 마주치는 것도 피하려고 노력했다. 눈을 마주치는 시간이 어느 정도가 긴 것이고 어느 정도가 짧은 것인지 확실하지는 않았지만, 규칙으로 삼아 따르려고 노력했다. 존은 일상적인 행동으로 자신의 따뜻함과 진정성을 표현할 수 있었지만, 나는 어떻게 나의 열정과 친절함과 인정을 보여 줄 수 있을지 의문이 들었다. 나의 공감을 표현할 수도 없었고, 그들도 내가 이해할 수 있게 그들의 공감을 표현할 수 없어 소외감을 느꼈다. 먼 나라의 다른 문화 속에 있었기 때문에 공감에 대한 욕구도 꽤 컸다. 몇 주가 지나자 누군가 나를 인정한다는 것과, 공감, 따뜻함, 진정성도 함께 표현할 때 가벼운 미소나 시선이나 고개 끄덕임이 다른 의미가 있다는 것을 점차 인식하기 시작했다.

내면 행위로 조직의 감정 규칙을 수행하면, 자아의식을 상실할 위험이 있다고 주장했다.

또한, 혹실드는 '내면 행위' 감정 규칙은 보통 명확하지 않고, 판단하기 어려울 수 있다고 설명했다. 보통 매우 복잡하고 문화적으로 민감한 암묵적 행동을 통해 인식해야 한다.

릴리-2부의 사례연구에서 릴리의 경험을 다시 살펴보면, 감정 규칙을 이해할 때 경험할 수 있는 것들을 알 수 있고, 감정 규칙에 따라 행동하는 타인이 우리에게 얼마나 중요한가를 알 수 있다. 제8장에서 논한 정서지능은 릴리와 같은 경우, 원하는 정서적 지지를 얻고 자신도 다른 사람을 정서적으로 지지하는 데 도움이 될 수 있을 것이다. 자기인식, 개인적 정서 관리, 공감, 관계 대처 모두 릴리의 감정 노동에서 중요하다.

혹실드(1983)는 감정 규칙, 특히 '내면 행위'와 감정 노동과 관련된 노력에 관심이 있었다. 혹실드의 연구 결과, 직원들에게 공감적 진료를 보여 주는 대가로 비용을 지불하는 고용주들은 어떤 외현적 행동(표현 규칙)과 피상적 정서 표현(표면 행위, 감정 규칙)을 기대할 뿐 아니라 직원들이 진심으로 행동하고 지시받은 정서를 느끼도록 기대했다.

이는 모든 돌봄 전문가에게 기대되는 치료적 관계의 발전에서 분명히 확인할 수 있다. 로저스(1951)와 이건(1977)의 상담 이론 모두, 내담자가 어떻게 행동하는가에 상관없이, 상담자가 내담자에게 비판단적인 긍정적 관심을 보일 것을 기대한다. 이러한 행동은 진정성 있게 일치되어야 한다. 따라서 상담자는 상담을 할 때, 내담자에게 긍정적 관심을 느껴야 한다(내면 감정 규칙). 로저스와 이건은 혹실드의 해석의 틀은 이용하지 않았지만, 이론적 입장은 이 해석의 틀을 이용하는 것으로 해석될 수 있다. 그러나 많은 저자가 혹실드의 이론을 돌봄 환경에 적용해 왔고, 특히 스미스(Smith, 1992, 2012)와 헌터(2001, 2004, 2005, 2006)가 가장 많이 적용했다.

돌봄 전문가들의 정서 작업

많은 학자가 혹실드의 기본적인 문화 노동(cultural work)을 근거로, 돌봄과 관련하여 연구하고 책을 저술했다. 이들 저자들은 '감정 노동'과 '정서 작업'과 '정서 관리'라는 용어의 정의를 명확하게 구별하지 못했다(Mann, 2004, 2005; Hunter and Deery, 2009). 그럼에도 불구하고, 감정 노동이 매우 중요하지만 제공자 입장에서는 업무 스트레스가 상당하다는 점에는 의견을 같이했다. 스미스는 감정 노동이 때로 돌봄자에게 큰 희생을 유발한다고 설명했다. 간호사들은 이러한 희생을 받아들이는 듯하고, 이러한 희생을 필요로 하는 사람들에게 '선물'로 제공하는 것으로 보인다(Bolton, 2000).

정서 작업의 '선물'

혹실드(2003)는 보통 선물이 상호적이지만, 때로 보상을 기대하지 않고 주기도 한다고 설명했다. 선물은 단지 정서를 관리하는 것 이상을 의미할 수 있다. 대부분의 돌봄자는 자신이 배려해야 하고, 다정해야 하고, 친절해야 한다고 생각한다(감정 규칙). 일부 돌봄자들은 '선물'이라고 규정할 수 있는 그 이상을 제공하고 있었지만(그림 9.2), 이를 돌봄 대상자와 그 가족에게 보답을 기대하지 않고 제공했다. 그래서 '선물'이라는 용어를 쓴다(Bolton, 2000).

그림 9.2 '선물'

정서 작업은 문화적으로 결정되고, 성별과 사회적 계급과 권력이 기대하는 바(표현 규칙과 감정 규칙 모두)에 영향을 미친다. 그리고 문화는 항상 이동한다. 우리 사회의 문화적 변화로, 21세기에는 여성과 남성 모두 두려움, 취약성, 위로 받고 싶은 욕구를 비롯한 자신의 정서를 통제하기를 기대한다. 일반적으로 정서 작업은 희생이 크지만, 호혜성, 감사, 인정을 통해 개선된다.

정서 작업이나 감정 노동은 돌봄자의 정서적 상태에 영향을 주는 것이라고 이해한다. 돌봄자가 돌봄 대상자들의 안녕감뿐 아니라 서로의 관계와 자신을 위해 직장 내에서 어떤 정서를 발전시키는지 이해해야 한다. 이를 통해 돌봄자의 근로 생활을 향상시키고, 자신과 돌봄 대상자의 욕구도 충족시킬 수 있을 것이다.

이러한 선물을 제공하면 불안감과 스트레스가 생기지만 업무 만족도가 높아질 가능성이 매우 크다(Bolton, 2000).

많은 저자가 공감적 진료는 중도적 유형의 사랑이라고 받아들인다(Campbell, 1984; Freshwater and Stickley, 2004).

돌봄은 돌봄 전문가에게 비용이 많이 들고 위험하지만 애정 어린 상호작용의 유형으로 볼 수 있다. 전문적이고 기술적인 돌봄과 선물 형태의 정서적인 공감적 진료를 이분화하면 돌봄자에게 정서적 압박을 줄 수 있다.

정서적 돌봄의 결과

정서에 대응하려는 욕구나 열망이 있는 경우 세 가지 유형의 정서적 결과가 초래된다.

- 행동과 느낌 사이의 정서적 조화
- 행동과 느낌 사이의 정서적 불화
- 행동과 느낌 사이의 정서적 일탈(Mann, 2004)

정서적 조화는, 감정 규칙과 개인적 경험이 조화를 이루는 것이다. 정서적 불화는 감정 규칙과 조직적 규칙이 개인에게 어떤 방식으로 행동하고 느끼라고 지시하지만 이는 그 개인이 원하는 방식의 행동이나 느낌이 아닌 경우이다. 정서적 일탈은 자신이 적절하다고 느끼는 방식으로 정서를 표현하지만 조직의 규칙이나 기대와 일치하지 않는 경우이다. 정서적 불화와 정서적 일탈 모두 돌봄 전문가를 괴로움할 수 있지만, 정서적 일탈은 돌봄 전문가는 물론 조직과 돌봄 대상자에게도 문제를 일으킬 수 있다(Barker, 2011).

돌봄자에 대한 기대가 너무 높으면 다양한 신체적 및 심리적 문제가 발생할 수 있다.

- 면역 및 내분비계 문제
- 심혈관계 문제
- 스트레스나 불안 장애
- 공감 피로
- 번아웃

감정 노동과 스트레스와 '번아웃' 사이에는 명확한 연관성이 확인되었다(Mann, 2004).

번아웃

'번아웃'은 정서적 소진, 이인화(depersonalization), 자기 효능감 저하를 경험하는 불행감의 상태로 정의할 수 있다. 돌봄 환경에서 번아웃이 생기면 몸이 아파 건강이 악화되고, 직원의 이직으로 경제적 비용이 소요될 수 있고, 돌봄의 질도 저하되며, 개인의 괴로움을 인식하지 못하고, 직무 만족도도 하락한다.

헌터(2006)와 샌들(Sandall, 1997)은 과도한 감정 노동과 정서 작업은 돌봄 전문가의 '번아웃'과 다른 유형의 건강 악화로 이어질 수 있다고 강조했다. 특히 호혜성, 감사, 인정이 없을 뿐 아니라, 정서적 불화나 정서적 일탈이 있는 경우에 그렇다.

번아웃을 경험하는 사람은 어떤 환경에서도 배려 있게 행동할 수 없게 되고, 더 나아질 수 있다는 이상적 기대나 희망이 사라지며, 에너지와 목적도 소실된다.

번아웃 증후군은 다차원적으로 정의할 수 있다.

- 정서적 소진: 더 노력하고자 하는 마음이 사라지고 없어지는 느낌
- 이인화: 환자와 동료와의 관계가 냉담해지고, 멀어지고, 냉소적이 되는 경우
- 개인적 및 전문가적 성취감 결여: 무능함과 요구에 대응할 수 없는 무능력함 또는 전능함으로 자신을 표현(Pereira et al., 2011: 314)

번아웃은 관련된 모든 사람의 안녕감을 위해 해결해야 한다. 또한 번아웃에 빠지기 쉬운 사람들은 이러한 번아웃 상태를 파악하고, 적응적 대처 전략을 이용하는 것이 중요하다. 이와 함께 관리자도 감정 노동, 특히 정서 작업의 강도가 심한 경우 직원이 적절한 지원을 받도록 해야 한다. 임상 감독(clinical supervision)(제10장)과 CBT와 같은 심리적 개입 훈련(제7장 참조)은 돌봄 종사자의 번아웃을 줄이는 데 효과가 높은 것으로 나타났다. 지지적 관계는 정서적 스트레스를 다스리는 데 도움이 될 수 있고, 지속적인 개인적 · 전문가적 발전이 번아웃을 줄일 수 있다(Stewart and Terry, 2014).

정신 건강에서 번아웃을 탐구하는 데 유용하고 대중적인 모델은 '스트레스 취약성 모델'이다.

스트레스 취약성 모델

'스트레스 취약성 모델(stress vulnerability model)'은 조현병을 설명하기 위해 1977년 쥬빈(Zubin)과 스프링(Spring)이 처음 개발했지만, 다른 유형의 스트레스를 설명하는 데도 유용할 수 있다. 이들은 인간이 스스로 느끼거나 세상과의 상호작용을 통해 경험하는 스트레스와 취약성에는 각각 두 가지 유형이 있다고 보았다(표 9.1).

표 9.1 스트레스 취약성

모델의 요소	내적 요소	외적 요소
스트레스	출근할 때 교통정체로 느끼는 일상적 스트레스	부모의 이혼과 같은 중대한 생애 이벤트
취약성	선천적: 유전적, 생리적	출산 전후 문제, 영양, 감염, 외상, 자극

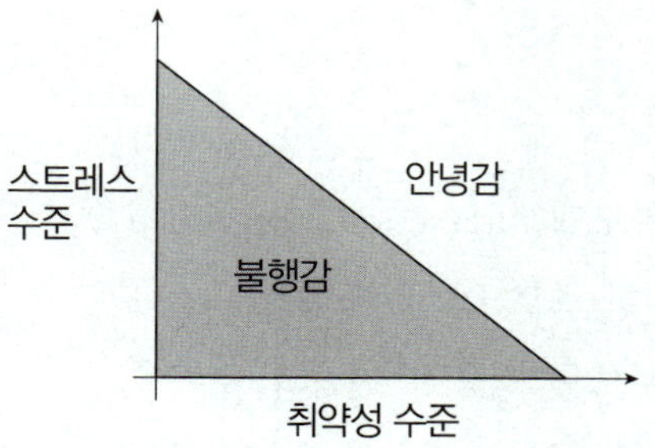

그림 9.3 스트레스 취약성 모델(Zubin and Spring, 1977)

이 모델에서 취약성이 높은 사람은 적은 스트레스에도 불행함을 느끼는 반면, 취약성이 낮은 사람은 힘들어하지 않고, 강한 스트레스를 다스릴 수 있다고 보았다(그림 9.3 참조). 취약성이 높은 사람은 효과적인 적응적 대처 전략을 발달시켜야 하지만 안녕감을 유지할 수도 있어야 한다. 각자의 책임과 함께 관리자는 지지적 환경을 조성하여 안녕감을 유지하도록 해야 한다. 개인과 관리자 모두에게 통제력을 주어 책임감을 갖도록 한다.

통제력이나 '통제 소재'는 인간이 건강을 추구하는 행동과 안녕감에 영향을 미치는 것으로 보았다.

로터(Rotter, 1966)는 자신의 삶을 통제할 수 있다고 생각하는 사람은 내적 통제위가 있는 반면, 자신의 삶을 거의 통제하지 못한다고 생각하는 사람은 외적 통제위가 있다고 주장했다. 내적 통제위는 동기부여로, 자신의 삶을 변화시켜 안녕감을 더욱 향상시키게 된다. 자신의 삶을 통제하지 못한다고 생각하는 사람의 경우, 어떤 일이 강력한 타인 때문에 발생하거나 우연히 발생한다고 생각하고, 스스로는 변화의 의지를 보이지 않는다. 개인적 통제력이 높다고 생각하는 사람은 큰 문제없이 스트레스를 다스린다. 그럼에도 불구하고 자신이 통제할 수 있는 높은 수준의 스트레스가 있지만 이를 통제하지 않으면 그 스트레스 요인을 해결하기 위해 계속 자신을 몰아붙여 번아웃이 생길 수 있다.

학습 활동 9.4 **비판적 사고**

방금 시험을 봤는데 성적이 좋지 않았다. 이 상황을 자신에게 어떻게 설명할 것이고, 이러한 합리화가 의미하는 바는 무엇인가?

- 충분히 복습하지 않았다. 더 오래 교재를 읽고 공부했어야 했다고 생각하는가?
- 강사가 충분히 설명하지 않아 나에게 어떤 것을 기대하는지 이해하지 못했다고 생각하는가?
- '그 질문은 내가 답할 수 없었던 거야.' 다음에는 더 나아질 것이라고 생각하는가?

스트레스 취약성 모델은 취약성의 높고 낮음을 떠나, 거의 통제할 수 없는 스트레스 요인을 다스려야 한다는 것을 인식하는 데 도움이 된다. 중요한 점은 취약성이 더 높은 사람은 더 확실한 대처 전략을 세운다는 것이다. 내적 통제위는 전략을 개발하도록 동기를 부여하지만 어떤 스트레스 요인을 견뎌야 하고, 어떤 스트레스 요인 해결을 위한 최선의 대처 전략을 수립할 수 있는지 인식하는 것이 중요하다.

대처 전략

포크만과 라자루스(1991)의 상호작용적 인지 현상학적 모델(interactional cognitive phenomenological model)은 감정 노동이나 정서 작업으로 인한 스트레스를 다스리는 효과적인 방법을 수립할 때 유용하다(Mann, 2004). 대처 전략은 보통 '적응적' 전략과 '부적응적' 전략으로 나뉜다. 부적응적 대처 전략은 어려운 상황을 유지하거나 더 불행감을 만드는 것이다. 몇 가지 공통적인 부적응적 대처 전략은 다음과 같다.

- 고립화
- 알코올과 같은 약물 남용

• 위로용 폭식
• 과속운전과 같은 위험 감수

적응적 대처 전략은 그 문제를 해결하는 것이 목적인 전략(문제 해결)과 스트레스 요인은 견디면서 안녕감을 지지해 주는 전략(정서 중심적 대처) 등의 두 가지 범주로 나뉜다.

문제 해결 전략은 다음과 같다.

• 인지적 재구성
• 타인의 지도를 구함
• 마음챙김
• 정서 중심적 대처 전략은 다음과 같다.
• 타임아웃
• 감정 분출, 예를 들면 재미있는 영화를 보거나 운동하기
• 합리화
• 유머–타인과 함께 웃기
• 이완
• 명상

감정 노동이나 정서 작업에서 '선물'을 제공하며 경험하는 스트레스는 호혜성, 감사, 인정을 통해 개선될 수 있다. 일반적으로 관리자나 동료로부터 이러한 보답을 받아야 한다고 생각하며, 돌봄자와 돌봄 대상자 사이의 호혜적 관계를 위한 역할을 인정해 주는 경우는 별로 없다.

호혜적 관계

돌봄자와 돌봄 대상자의 호혜적 관계(reciprocal relationship)는 동료와 관리자와의 호혜적 관계와 다르게 돌봄자가 돌봄 대상자에게 기대하는 바가 있다는 의미는 아니다. 관리자와 동료들과의 관계에서는 돌봄을 받은 만큼 지지를 해 주어야 한다는 기대감이 있다. 돌봄자와 돌봄 대상자 사이의 호혜적 관계는 상호 호혜성을 보이면서도 계속 '전문적' 또는 '윤리적'인 관계로 남을 수 있다.

어떤 돌봄자들은 돌봄을 '의무'나 '보상'으로 표현하지 않고, 무조건적인 돌봄을 제공할 수 있다고 보았다. 주요 돌봄 종사자들과 서로 지지하며 가장 높은 수준의 돌봄을 제공할 수 있고, 이를 매우 보람된 경험이라고 보았다(McGhee and Atkinson, 2010: 317).

어떤 돌봄 종사자들은 노인과 그 가족들이 감사를 표현하면 성취감을 느꼈다. 이를 통해 돌봄자로서 개인의 능력을 재확인하여 자존감도 높아지고, 노인들을 돌보며 얻는 중대한 혜택은 개인의 성장과 발전이라고 강조했다. 감정을 많이 소모하는, 친밀한 돌봄 작업의 특성 때문에, 돌봄 종사자들은 자신의 사정을 더욱 분명하게 알게 되고, 타인에 대한 관점을 형성하도록 돕는 듯하다(Walsh and Shutes, 2013: 405).

호혜성(reciprocity)은 이타적인 베풀기(altruistic giving)와 반대로, 이득을 기대하지 않고 어떤 것을 공유하고 주고받는 것으로 정의할 수 있다. 호혜적 관계와 상호작용은 이 장의 앞에서 설명했듯이, 선물의 공유를 감안할 때 정서 작업의 수행에 있어 중요한 것으로 보인다. 따라서 대부분의 관계와 상호작용은 어느 정도 호혜적인 것으로 판단할 수 있다.

제7장에서는 치료적 관계와 돌보고 싶은 사람과 관계를 맺어야 하는 필요성에 대해 살펴보았다. 타인과 관계를 맺고 이 관계를 확립시키려면 의례적인 언어를 사용하여 의사소통을 해야 하지만 자기 노출, 유머, 장난치기와 같은 방법을 사용해도 친근한 관계를 맺을 수 있다(Hunter, 2006).

헌터(2006)는 관계에서의 4가지 주요 상호작용 스타일을 제시했다. 즉, 균형 있는 교환, 역 교환, 거부된 교환, 지속될 수 없는 교환이다.

- 균형 있는 교환: 양측 모두에게 도움이 되는 호혜적 관계
- 역 교환: 돌봄 대상자가 통제권을 갖고, 돌봄자가 통제를 당하는 경우
- 거부된 교환: 돌봄자의 돌봄이 거부되는 경우
- 지속될 수 없는 교환: 돌봄자가 제공할 수 있는 것보다 기대가 높은 경우

균형 있는 교환이나 호혜적 관계만이 보람된 경험을 주었다. 다른 모든 교환은 감정 노동을 초래했다. 이것은 간단한 모델이고 치료적 상호작용은 더 복잡하지만 이 복잡한 사회적 과정을 더 자세히 탐구하는 방법이 될 수 있다.

대처 전략과 호혜적 관계는 돌봄자에게 도움이 될 수 있다. 그리고 돌봄 전문가가 번아웃되지 않고 계속 돌봄 서비스를 제공할 수 있는 방법에 대해 최근 집중해서 연구하는 또 다른 영역은 '회복력'이다.

회복력

회복력(resilience)이라는 단어의 어원은 라틴어 동사 resilire이고, '다시 뛰어오르다' 또는 '다시 튀어 오르다'라는 의미이다. 심리학에서는 이 용어가 부정적인 정서적 경험에서 회

복하여, 스트레스가 많은 경험의 요건에 유연하게 적응할 수 있는 능력을 의미한다(Hu et al., 2015). 회복력은 내적 또는 외적 스트레스 요인에 대응하여 개인의 안녕감을 유지하는 방식으로, 유연하게 적응성을 보이는 능력이라 할 수 있다.

회복력은 성격 특성의 범주이자 과정이다. 다음은 회복력에 대한 설명이다.

성격 특성

스트레스가 있을 때, 안녕감 유지와 관련된 성격 특성은 다음과 같다.

- 긍정적 태도
- 낙관주의와 유머 감각
- 적극적 대처
- 인지적 유연성
- 윤리 기준

안녕감은 운동을 하고, 사회적 지지를 받고, 좋은 역할 모델을 하는 사람들에게서 나타났다(Robertson and Cooper, 2013). 그리고 회복력에는 4가지 핵심 요소가 있다.

- 적응력
- 자신감
- 사회적 지지
- 목적의식

안녕감을 유지하는 데 사용되는 성격 특성은 회복력을 보여 주는 기본 요소와 매우 유사하다. 회복력과 연관된 개인적 성격 특성은 정서지능에 대해 논한 제8장의 이론과 같은 방식으로 해석되었고, 안녕감을 위한 방식과도 긴밀히 연관되어 있다. 회복력은 다음의 특성이 있다.

- 우수한 자존심
- 우수한 계획수립 능력
- 유순한 기질
- 정신적 유연성

회복력을 보이는 사람은 이러한 개인적 특성과 함께 가족을 비롯해 적극적인 지지 네트워크를 갖고 있다. 핵심적 성격 유형이나 특성들은 '자아 회복력(ego resilience)'이라고 부른다. 이러한 자아 회복력을 보이는 사람들은 낙관적이고 호기심이 많으며, 문제를 개념화하는 정신적 능력을 지닌다.

과정

앞서 살펴보았듯이, 회복력은 개인이 지니는 특성뿐 아니라 과정으로 개념화하기도 한다. 회복력의 과정은 그림 9.4에서 도해로 풀어 보았다. 이 그림을 보면, 성격과 사회적 지지를 포함하여 개인이 사용할 수 있는 자원, 개인의 나이, 생애에서의 위치와 같이 회복력에 영향을 주는 요인을 알 수 있다. 회복력은 역경이나 혼란을 이겨 내는 추진력으로, 사회적 및 심리적 결과를 낳는다(Davydov et al., 2010).

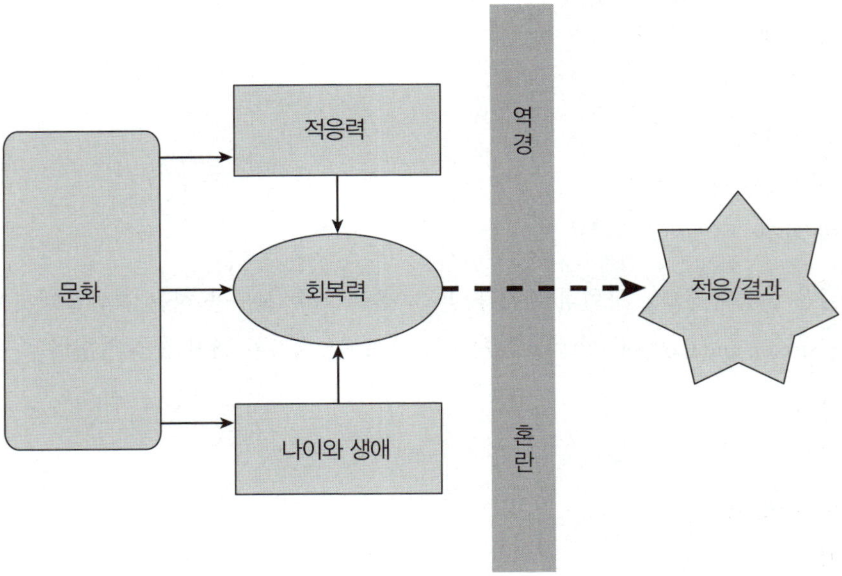

그림 9.4 회복력의 과정 모델

성격의 구조나 개념적 과정으로서의 회복력은 오늘날 현상을 탐구하는 데 유용하다. 정서지능은 성격과 능력을 통합한 모델이지만, 회복력에 대한 초기 이론에서 이 두 가지 요소는 통합되지 않아 이원적 이론이나 혼합형 이론으로 제시되었다. 회복력의 중요성을 인지하는 건강 심리학자들은 인간에 대한 생물심리학적 모델의 기본 원칙과 관련된 모델을 적용하여 회복력이 하나의 성격 특성이 아니라 복잡한 현상이라는 것을 수용하는 데 도움을 주었다.

사/례/연/구 **시애라**

나는 지역 가족지원센터 소속의 사회복지사로, 모자보건을 지원하는 역할을 하고 있다. 내가 지원하는 여성은 남자친구이자 아이의 아빠가 폭언을 일삼는 상황이어서 모자 모두 위험한 상황에 놓여 있었다. 엄마와 아이를 육아 수업에 초대했지만 이를 거절했고, 한 번도 받지 않은 소아과 진료를 예약해 주었다.

아이는 자신감이 부족했고, 어린이집에서 기대하는 발달 과정을 따르지 못하고 있었다. 그래서 집으로 찾아가 긍정적 육아를 위해 엄마에게 체계적인 놀이 방법을 알려주기로 했다. 어린 엄마는 센터가 도움을 주어 매우 감사하게 느끼는 것 같았다.

방문 첫 날, 나는 엄마와 아이와 함께 앉았다(아빠는 없었다). 그리고 아이가 어린이집에 가지 않으면 무엇을 하는지 이야기했고, 아이가 가장 좋아하는 장남감도 물어보았다. 엄마는 처음에 긴장했지만 내가 아이와 장난감을 갖고 소통하면서 점차 긴장을 풀기 시작했고, '까꿍놀이'와 같이 함께 노는 놀이 몇 가지를 보여 줄 수 있었다. 나는 잘하고 있다고 느꼈고, 내가 다시 방문하는 것보다 엄마와 아이가 센터로 나와 상담회기에 참여할 것을 설득했다.

두 번째 방문했을 때, 엄마가 나를 보고 기뻐할 것이고 아이는 같이 놀 준비가 되어 있을 것이라고 기대했지만 엄마와 아이 모두 긴장한 듯 보였고, 분위기도 조금 불편했다. 나는 긍정적이고 활기찬 사람이고, 아이들과 쉽게 친해지는 편이며, 사람들에게 따뜻하게 대해 성인들과도 쉽게 친해지는 편이다. 그러나 여기에 누군가 있다는 것을 알아챘다. 그리고 아이에게 '아빠 집에 계시니?' 하고 물었다. 그러자 엄마는 눈에 띄게 움츠렸다. 나는 그녀에게 지금 상담 받기가 적절하지 않은지 물었다. 엄마가 중얼거리자 갑자기 남자친구가 모퉁이를 돌아 나오더니 자신들의 생활을 방해해 모두 스트레스를 받고 있다며 나에게 욕설을 퍼부었다. 엄마는 사과했고, 아이는 엄마에게 매달렸다. 나는 엄마에게 도와줄 것이 없는지 물었고, 엄마는 '아니요, 지금 그냥 가 주시는 게 좋을 것 같아요.'라고 말해 집을 나왔다.

가족지원센터로 돌아와 팀에게 이 일을 보고했고, 사회복지사는 사례 발표를 준비하겠다고 말했다. 그리고 나에게 무슨 일이 있었는지 진술서를 작성하도록 하여 아이의 파일을 검토했다. 센터 직원들은 애정이 깊었다. 나에게 따뜻한 차를 내주었고, 함께 앉아 어떤 기분이었는지 이야기를 들어주었다. 조금 눈물이 났지만, 모두 나에게 친절하게 대해 주었다.

사례 발표는 절차에 맞춰 마련되었고, 어린이집 대표, 소아과 의사, 사회복지사, 그리고 나와 함께 아이의 부모 모두 초대되었다. 부모 모두 말끔하게 차려 입고 참석했다. 사례 발표에서 나는 방문 후 작성한 진술서를 공개했다. 마음을 다잡고 진술을 했고, 질문에 답변도 했다.

회복력의 생물심리사회적 모델

회복력의 생물심리사회적 모델(biopsychosocial model)에는, 다른 심리학적 건강 모델에 포함된 주요 요소가 포함되어 있다. 즉, 개인내적 · 대인관계적 · 사회적 수준에서 폐해 감소, 보호 요인, 증진 요인 등이 그 주요 요소이다. 건강 심리학을 뒷받침하는 생물심리사회적 모델은, 회복력을 이해하고 탐구하는 데 도움이 될 수 있다(표 9.2 참조).

사례연구에서 시애라는 개인적으로도 겁이 났지만, 그 엄마와 아이에게 우려를 줄 수 있다는 생각에도 겁이 난 듯하다. 시애라는 정서 작업이 포함된 감정 노동이 필요한 정서지능을 발휘해야 했다. 개인적으로 두려웠음에도 불구하고 시애라는 침착함을 유지했고, 엄마와 아이를 도와줄 수 있는지 확인했다. 사례 발표도 자신의 정서를 관리해야 했던 이벤트였다.

시애라는 긍정적 성격과 함께 회복력을 발휘할 수 있는 성격 특성을 지녔고, 이러한 회복력으로 자신의 역량을 이용하여 역경을 다스리는 과정을 거쳤다. 표 9.2에 제시한 생물심리사회적 모델을 이용하여 시애라의 회복력을 살펴볼 수 있다(표 9.3 참조).

표 9.2 회복력 이해를 위한 생물심리사회적 기반

수준	폐해 감소	보호 요인	증진 요인
개인내적	그 사람의 어떤 요소가 폐해 위험을 낮추는가? 예 성격 특성	그 사람의 어떤 요소가 보호를 하는가? 예 정서적 대처 전략	그 사람의 어떤 요소가 자신의 안녕감을 증진시키는가? 예 문제해결 대처 전략
대인관계적	사람들 사이의 어떤 요소가 폐해 위험을 낮추는가? 예 정서적 지지	사람들 사이의 어떤 요소가 보호를 하는가? 예 사회적 지지	사람들 사이의 어떤 요소가 자신의 안녕감을 증진시키는가? 예 롤 모델링
사회적	조직 내 어떤 요소가 폐해 위험을 낮추는가? 예 정책과 법률	조직 내 어떤 요소가 보호를 하는가? 예 사회적 지지를 가능하게 하는 구조	조직 내 어떤 요소가 그들의 안녕감을 증진시키는가? 예 개인적 발전 검토

표 9.3 표 9.2에 시애라의 사례연구 적용

수준	폐해 감소	보호 요인	증진 요인
개인내적	그 사람의 어떤 요소가 폐해 위험을 낮추는가? 예 시애라의 따뜻함, 긍정적 성격 특성	그 사람의 어떤 요소가 보호를 하는가? 예 시애라의 지지, 수용과 감사하는 마음	그 사람의 어떤 요소가 자신의 안녕감을 증진시키는가? 예 가족지원센터의 동료들에게, 무슨 일이 일어났는지 이야기를 나눔
대인관계적	사람들 사이의 어떤 요소가 폐해 위험을 낮추는가? 예 동료들이 시애라의 입장에 공감하고 걱정해줌	사람들 사이의 어떤 요소가 보호를 하는가? 예 시애라를 안전한 곳으로 안내하여 감정을 표현하게 함	사람들 사이의 어떤 요소가 자신의 안녕감을 증진시키는가? 예 시애라에게 해야 할 일과 그 지원가족을 위한 절차를 안내함
사회적	조직 내 어떤 요소가 폐해 위험을 낮추는가? 예 시애라가 근무하는 가족지원센터는, 직원을 '돌볼 의무'와 관련된 정책과 모자 보호를 위한 법률을 갖추고 있음	조직 내 어떤 요소가 보호를 하는가? 예 고용주는 법률을 다루도록 하는 절차를 갖추고 있고, 시애라는 공식적인 감독을 받으며, 그 사건에 대해 이야기할 기회가 있음. 그 엄마와 아이의 경우, 사례 발표를 통해 필요한 지원을 받을 수 있음	조직 내 어떤 요소가 그들의 안녕감을 증진시키는가? 예 시애라는 직원으로서 연례 평가를 받고, 개인 발전 계획이 있음. 사례 발표를 통해, 그 가족에게 필요한 부분을 해결하는 계획을 수립할 것임

회복력은 그것이 성격 특성이든 과정이든 생물심리사회적 모체로 간주되든 긍정적인 심리적 안녕감을 크게 향상시킨다(Davydov et al, 2010). 따라서 회복력이 어떻게 발달하고 향상되어 안녕감을 높이고, 번아웃을 줄일 수 있는지 살펴보아야 한다.

회복력 발달시키기

회복력은 역경 속에서 안녕감을 유지하고 회복하는 것으로, 경험과 근본적인 심리적 요소(psychological make-up)에서 시작되고, 고정된 특성이 아니며 발달시킬 수 있다(Robertson and Cooper, 2013). 긴장완화, 파국적 사고와 역기능적 신념 다스리기, 인지적 문제해결, 사회적 지지 네트워크 개발, 대처 전략 향상과 같은 스트레스 관리 기법과, 인지적 평가를 가르치는 CBT 교육 워크숍을 통해 발달시킬 수 있다는 연구 결과도 있다(Stewart and Terry, 2014). 정서지능의 발달을 향상시키는 임상 감독을 받는 것도 돌봄자가 정서적 스트레스를 다스리는 데 도움을 줄 수 있다(Stewart and Terry, 2014). 회복력을 높이는 데 가장 효과가 있다고 여겨지는 방법은 성찰적 학습을 발전시키고, 돌봄 대상자에 대한 지식, 기술, 태도를 향상시키는 것이다(Stewart and Terry, 2014). 킨먼과 그랜트(Kinman and Grant, 2011)는 대인관계적 정서 역량과 개인내적 정서 역량을 향상시키는 교육을 통해 회복력을 높여 돌봄자와 돌봄 대상자 모두의 향후 안녕감을 보호할 수 있을 것이라고 설명했다.

요약

혹실드는 자신의 저서에서 오늘날의 문화에서는 사람들이 본인 스스로를 돌보고, 자신의 감정도 다스리기를 기대한다고 밝혔다. 이는 최소한 일부 서구 사회에서는 진실일 수 있지만, 사회 안에는 감정 분출을 독려하는 집단도 있다. 어떤 관점을 취하든, 사람들은 대체적으로 감정을 경험하고, 이러한 감정은 최소한 어느 정도 다스려야 한다. 사회는 고객 서비스, 보건의료 또는 사회복지와 같은 서비스 산업에서 근무하는 사람들에게 자신의 감정뿐 아니라 타인의 감정도 다스릴 수 있기를 기대한다.

이 장에서는 감정 노동과 정서 작업이 무엇인지 살펴보았다. 감정 노동은 직장에서 감정을 다스리는 것이고, 정서 작업은 가정 환경에서 정서를 관리하는 것이다. 보건의료 종사자는 이러한 두 영역 모두에서 근무한다.

돌봄자들의 감정을 다스린 결과는, 번아웃과 관련된 연구를 통해 살펴보았다. 번아웃을 줄이고 개선하는 방법은, 스트레스 취약성 모델, 대처 전략, 호혜적 관계, 회복력을 이용하여 이해했다.

추가연구

영국심리학회(British Psychological Society) 웹사이트에서는 회복력과 회복력을 발달시키는 방법에 대해 설명하고 있다. 그리고 이 사이트를 전반적으로 살펴보면 심리학의 정의를 알 수 있고, 심리학자들의 관점, 관계, 외상, 기타 주제에 대해 확인할 수 있다. 다음 링크를 통해 회복력 관련 문헌을 찾아볼 수 있고, 이 페이지에 소개된 웹사이트의 다른 섹션도 살펴볼 수 있다. www.apa.org/helpcenter/road-resilience.aspx 참조

정답

학습 활동 9.1 비판적 사고

영화 스타트렉에서 안드로이드인 다타는 어떤 정서가 있다고 생각하는가?

- 다타는 감정을 경험하지 않아, 어떤 느낌인지 설명하는 것이 충분하지 않을 것이다. 다타는 느끼지 않는다. 감정은 행동적 측면, 심리적 측면, 동기부여 측면에서 설명할 수 있다.

학습 활동 9.2 비판적 사고

자신이 하루 종일 수행하는 각기 다른 모든 역할을 잠시 생각해 본다. 얼마나 많은 역할을 하고 있고, 얼마나 깊이 관여하고 있는가?

- 특히 한 가지 역할을 생각해 보자. 돌봄 역할이면 더 좋다. 돌봄자 역할을 할 때는 평소 자신의 모든 행동이나 생각을 배제하는가? 또는, 돌봄 관계에서 기본적으로 일관된 자신의 특징을 그대로 유지하는가?
- 나는 맡은 역할이 많다. 몇 가지만 얘기하자면, 엄마이자 심리학자이고, 강사이자 아내이며, 치매환자 서포터이자 외부 조사관이고, 저자이자 클라리넷 연주자이며, 청소부이자 농부이다.
- 많은 사람이 자신에 대한 일관된 근본적 경험(마음, 정신 영혼)을 하고, 이러한 모든 경험은 받아들이게 되며, 무시할 수 없다고 말한다. 대부분의 성격 이론에서 이를 명확히 제시한다(제6장 참조). 어떤 이들은 돌봄 전문가들이 완전히 객관적 입장에서 자신의 개인적 생각과 느낌을 배제하고 타인을 돌볼 때, 그들의 생각과 느낌을 경험할 수 있다고 제시하기도 한다. 이는 돌봄 전문가로서 우리 자신에게 계속 물어봐야 하는 질문인 듯하다.

학습 활동 9.3 비판적 사고

돌봄 역할에 대해 자신이 받은 교육을 생각해 본다.

타인을 도울 때, 자신과 자신의 정서적 경험을 이용해 본 적이 있는가?

- 내가 가르친 대부분의 학생은 자신의 정서적 경험을 이용해 치료적 관계를 이해하고, 때로는 스스로를 다스리도록 배운다. 모든 사람이 고유하고, 전문가적 경계가 필요하다고 말을 하면 처음에는 이를 불편하게 느끼는 경향이 있다. 이것 또한, 우리가 스스로에게 계속 질문해야 하는 문제이다. 그리고 우리가 개인적 경험을 공유할 때에는 그 윤리성을 고려해야 한다.

자신의 생각과 감정을 제쳐 두어야 한다고 조언을 받은 적이 있는가?

- 여러분이 간호 실습생이라면 직업에 상관없이 때로 이러한 태도를 기대한다. 이러한 태도는 대체로 유용하지만 감정 노동을 관리하고 다스리려면 자신의 생각과 느낌을 해결할 시간도 필요하다.

돌봄 역할을 수행할 때, 어떻게 행동하고 느껴야 하는지 설명을 들은 적이 있는가?

- 여러분이 간호 실습생이라면 직업에 상관없이 어떤 상황에서 어떻게 행동하고 어떻게 행동하면 안 되는지에 대해 배울 것이다. 때로, 교사와 강사는 학생들에 대해 어떤 감정을 가져야 하는지도 가르치지만, 이러한 규칙은 보통 암묵적인 것으로, 학생들이 인지하기 어렵다. 여러분에게 명시적 또는 암묵적 감정 규칙이 주어지면 이를 수행할 때 노력(감정 노동)이 필요하며, 지혜롭게 대체 전략을 세우고 회복력을 발휘하여 번아웃의 위험을 줄여야 한다는 것을 명심해야 한다.

학습 활동 9.4 비판적 사고

방금 시험을 봤는데, 성적이 좋지 않았다. 이 상황을 자신에게 어떻게 설명할 것이고, 이러한 합리화가 의미하는 바는 무엇인가?

충분히 복습하지 않았다. 더 오래 교재를 읽고 공부했어야 했다고 생각하는가?

- 이는 내적 통제 소재를 나타낸다. 맞다면 더 노력을 할 것이고, 성공할 수 있다. 틀리다면, 희망을 잃고 우울함에 빠질 수 있다.

강사가 충분히 설명하지 않아 나에게 어떤 것을 기대하는지 이해하지 못했다고 생각하는가?

- 이는 강력한 타인이라는 외적 통제위가 있다는 것을 나타낸다. 단기적으로는 보호를 받겠지만, 맞다면 상황을 해결해야 한다. 그러나 맞든 그렇지 않든, 여전히 시험에 통과하기 위해 더 이해하고자 한다.

'그 질문은 내가 답할 수 없었던 거야.' 다음에는 더 나아질 것이라고 생각하는가?

- 단기적으로 보호를 받을 수는 있다. 맞다면, 다음에는 다른 질문을 받고 통과할 수 있다. 틀리다면, 다시 시험에 낙제할 위험이 있다.

References

- Barker, S. (2011) Midwives' Emotional Care of Women becoming Mothers. Newcastle Upon Tyne: Cambridge Scholars Publishing.
- Blumer, H. (1969) Symbolic Interactionism: Perspective and Method. Upper Saddle River, NJ: Prentice Hall.
- Bolton, S.C. (2000) 'Who cares? Offering emotion work as a "gift" in the nursing labour process', Journal of Advanced Nursing, 32 (3): 580–6.
- Campbell, A.V. (1984) Moderated Love: A Theology of Professional Care. London: SPCK.
- Davydov, D.M., Stewart, R., Ritchie, K. and Chaudieu, I. (2010) 'Resilience and mental health', Clinical Psy-

chology Review, 30: 479 – 95.

- Egan, G. (1977) The Skilled Helper. Monterey, CA: Brooks/Cole.
- Folkman, S. and Lazarus, R.S. (1991) 'The concept of coping', in A. Monat and R.S. Lazarus (eds),
- Stress and Coping: An Anthology, 3rd edn. New York: Columbia University Press, pp. 207 – 27.
- Freshwater, D. and Stickley, T. (2004) 'The heart of the art: Emotional intelligence in nurse education', Nursing Inquiry, 11 (2): 91 – 8.
- Goffman, E. (1959) The Presentation of Self in Everyday Life. London: Penguin Books.
- Goffman, E. (1970) Strategic Interaction. Oxford: Blackwell.
- Hochschild, A.R. (1979) 'Emotion work, feeling rules and social structure', American Journal of Sociology, 85 (3): 551 – 75.
- Hochschild, A.R. (1983/2003) The Managed Heart: Commercialisation of Human Feelings. London: University of California Press.
- Hochschild, A.R. (2003) The Commercialisation of Intimate Life: Notes from Home and Work. London: University of California Press.
- Hu, T., Zhang, D. and Wang, J. (2015) 'A meta–analysis of the trait resilience and mental health', Personality and Individual Differences, 76: 18 – 27.
- Hunter, B. (2001) 'Emotion work in midwifery: A review of current knowledge', Journal of Advanced Nursing, 34 (4): 436 – 44.
- Hunter, B. (2004) 'Conflicting ideologies as a source of emotion work in midwifery', Midwifery, 20 (3): 261 – 72.
- Hunter, B. (2005) 'Emotion work and boundary maintenance in hospital–based midwifery', Midwifery, 21 (3): 253 – 66.
- Hunter, B. (2006) 'The importance of reciprocity in relationships between community–based midwives and mothers', Midwifery, 22 (4): 308 – 22.
- Hunter, B. and Deery, R. (2009) Emotions in Midwifery and Reproduction. Basingstoke: Palgrave Macmillan.
- John, V. and Parsons, E. (2006) 'Shadow work in midwifery: Unseen and unrecognised emotional labour', British Journal of Midwifery, 14 (5): 266 – 71.
- Kemper, T. (1978) A Social Interactional Theory of Emotions. New York: Wiley.
- Kinman, G. and Grant, L. (2011) 'Exploring stress resilience in trainee social workers: The role of emotional and social competencies', British Journal of Social Work, 41 (2): 261 – 75.
- Lazarus, R.S. (1966) Psychological Stress and the Coping Process. New York: McGraw–Hill.
- Mann, S. (2004) '"People–work": Emotion management, stress and coping', British Journal of Guidance and Counselling, 32 (2): 205 – 21.
- Mann, S. (2005) 'Emotional labour and stress within mental health nursing', Journal of Psychiatric and Mental Health Nursing, 12 (2): 154 – 62.
- McGhee, G. and Atkinson, J. (2010) 'The carer/key worker relationship cycle: A theory of the reciprocal process', Journal of Psychiatric and Mental Health Nursing, 17: 312 – 18.
- Pereira, S.M., Fonseca, A.M. and Carvalho, A.S. (2011) 'Burnout in palliative care: A systematic review', Nursing Ethics, 18 (3): 317 – 26.
- Robertson, I. and Cooper, C.L. (2013) 'Resilience', Stress and Health, 29: 175 – 6.
- Rogers, C.R. (1951) Client–Centred Therapy. London: Constable.

- Rotter, J. (1966) 'Generalised expectancies for internal versus external control of reinforcement', Psychological Monographs, 30 (1): 1 – 26.
- Sandall, J. (1997) 'Midwives' burnout and continuity of care', British Journal of Midwifery, 5 (2): 106 – 11.
- Scheff, T.J. (1983) 'Toward integration in the social psychology of emotions', Annual Review of Sociology, 9: 333 – 54.
- Smith, P. (1992) The Emotional Labour of Nursing: Its Impact on Interpersonal Relation, Management and the Educational Environment in Nursing. Basingstoke: Macmillan.
- Smith, P. (2012) The Emotional Labour of Nursing Revisited: Can Nurses Still Care? Basingstoke: Palgrave Macmillan.
- Stewart, W. and Terry, L. (2014) 'Reducing burnout in nurses and care workers in secure settings', Nursing Standard, 28 (3 – 4): 37 – 45.
- Strongman, K.T. (1996) The Psychology of Emotions, 4th edn. Theories of Emotion in Perspective. Chichester: John Wiley & Sons.
- Thurgood, M. (2009) 'Engaging clients in their care and treatment', in I. Norman and I. Ryrie (eds), The Art and Science of Mental Health Nursing: A Textbook of Principles and Practice, 2nd edn. Maidenhead: Open University Press, McGraw–Hill Education, pp. 621 – 37. Walsh, K. and Shutes, I. (2013) 'Care relationships, quality of care and migrant workers caring for older people,' Ageing and Society, 33 (3): 393 – 420.
- Zubin, J. and Spring, B. (1977) 'Vulnerability: A new view of schizophrenia', Journal of Abnormal Psychology, 86: 103 – 26.

10
CHAPTER

공감적 진료 문화 유지하기

체현된 관계적 앎
공감적인 문화적 성장
서로의 욕구 선호
우리는 함께 성숙하고
함께 선물을 공유하고
그 선물은 애정 어린 관계적 돌봄이다.

학습 목표

이 장의 학습 목표는 다음과 같다.

- 공감적 진료 문화의 핵심 구성요소가 무엇인지 알아본다.
- 공감적 진료를 위해 돌봄자에게 필요한 역할에 대해 알아본다.
- 공감적 진료를 유지하기 위해 필요한 기술에 대해 알아본다.

학습 활동 10.1 **비판적 사고**

공감적 진료 문화를 유지하는 데 필요한 것이 무엇인지 잠시 생각해 본다.

들어가면서

이 책의 각 장에서는 공감적 진료를 뒷받침할 주제 영역을 살펴보았다. 공감적 진료를 하려면 그 사람과 그 사람의 사회적 또는 구조적 세계까지 심리적으로 이해해야 한다고 생각한다. 제1장에서는 심리학이 무엇이고, 심리학의 주된 이론적 범주는 무엇인지, 기본적인 측면을 살펴보았다. 제2장에서는 철학적 토대와 함께 이론적 범주를 사용하여, 전 생애에 걸친 인간의 발달을 알아보았다. 제3장에서는 고통의 특성을 살펴보았고, 고통을 공감적 진료가 필요한 근거로 볼 수 있다는 것을 알게 되었다. 제4장에서는 공감적 진료가 무엇이고, 왜 필요한지에 대해 논했다.

제5장에서는 인간 중심의 접근법과 그 철학적 기원, 그리고 이 영역에서 다루어야 할 현재의 문제점을 알아보면서 공감적 진료의 현상을 자세히 살펴보았다. 제6장에서는 개인적인 공감적 진료에 대해 그리고 심리학적 이론이 우리 자신과 타인을 이해하는 데 어떤 도움을 줄 수 있는지에 대해 알아보았다. 제7장에서는 이러한 공감적 진료를 제공하는 데 이용할 수 있는 도구를 분석했고, 제8장에서는 돌봄자에게 필요한 기술을 뒷받침할 심리학적 이론을 설명했다. 제9장에서는 공감적 진료가 어떤 영향을 줄 수 있고, 어떻게 안녕감을 유지할 수 있는지 살펴보았다.

10장에서는 이전 장의 내용을 바탕으로, 공감적 진료를 이해하고 제공하는 데 중요한 철학, 심리학적 이론, 이미 주목받은 연구들을 다룬다. 이 책에서는 지금까지 이러한 공감적 진료를 제공하는 것의 의미와 욕구를 이해시키는 데 초점을 맞췄지만, 이 장에서는 이러한 문화를 어떻게 유지할 수 있는지 알아볼 것이다. 우선, 제4장의 공감적 진료의 근거를 바탕으로 공감적 진료 문화의 주요 구성요소를 살펴볼 것이다.

공감적 진료 문화의 주요 구성요소

바우한과 스미스(2013)의 공감적 진료에 관한 연구와 모델은 제4장을 포함해 다른 여러 장에서 논했다. 이들은 공감적 진료 문화에는 다음과 같은 주요 구성요소가 있다고 주장했다.

- 효과적인 리더십과 관리

- 긍정적 롤 모델링
- 효과적이고 체계적인 멘토십, 프리셉터십, 감독
- 돌봄 욕구 충족
- 법적, 윤리적, 전문가적 지침
- 모든 이해관계자들과의 파트너십

길버트(2009)는 공감의 문화를 어떻게 유지하는지에 대해서는 설명하지 않았다. 그러나 '개인, 집단, 조직에게 유용하다.'라고 언급하며, 공감과 공감적 돌봄 치료법에 대해 설명하여 공감적 진료를 어떻게 발전시키고 유지하는지 제시하였다. 길버트는 본인을 향한 공감이든 조직 내에서의 공감이든 '따뜻함'을 공감의 근본 원칙으로 보았다. 따라서 공감을 증진시키는 것이 조직의 목표가 되어야 한다고 주장했다.

제4장과 제7장에서 길버트의 이론과 모델을 개략적으로 설명하였고, 공감 이론의 본질은 내부 생물학적 변화, 외부 환경적 변화, 이와 관련된 심리적 변화의 상호작용 중 하나이다. 길버트는 인간이 자신의 반응 관리와 자기위로를 통해 자기자비(공감)를 경험할 수 있을 때 타인에게도 공감을 보일 수 있다고 주장했다. 따라서 공감의 문화를 유지하려면 조직 차원에서 자기자비(공감)를 이용하여 따뜻함을 고취시켜야 한다고 보았다.

비판단적 긍정적 관심: 전문가적으로 서로를 존중으로 대하지만 모든 조직들은 행동적 경계선이 필요한 만큼 전문가적 경계선을 넘지 않는 것일 수 있다.

- 감정이입: 타인의 관점을 이해하는 것
- 괴로움에 대한 내성: 고통스러운 상황에 천천히 들어가는 것과 같이 이러한 기술을 발전시킬 수 있는 능력
- 안녕감에 대한 돌봄: 자신을 돌볼 수 있는 기회를 갖는 것과 조직이 자신을 돌봐 줄 것이라는 믿음
- 민감성: 자신과 타인이 현재 상태를 인식하는 것
- 공감: 타인이 느끼는 것을 느끼고, 배려를 보이는 것

돌봄은 역동적인 것으로, 사람들 관계에서뿐 아니라 조직 내에서 지속적인 관계의 한 부분으로 유지된다. 토드레스 등의 기본 틀은 제4장과 제5장에서 자세하게 논하고 있고, 비인간적 행위부터 인간적 행동까지 8가지 측면을 제시한다(표 10.1).

요약

길버트 및 토드레스와 그의 동료들은 인간이 어떻게 상호작용해야 하고, 조직은 직원이 안녕감을 갖도록 어떻게 관리해야 하는지 설명한다. 그리고 바우한과 스미스는 직원과 관

리자들이 특히 돌봄 시 공감 문화를 유지하기 위해 살펴볼 수 있는 구조를 제시한다. 따라서 이 장에서는 이 구조에 대해 설명할 것이다.

표 10.1 인간적 기본 틀

인간적	비인간적
내적 인성	객관화
대리인	수동성
고유성	균질화
유대감	고립
센스 메이킹(내적 인지과정)	의미 상실

관리자 관리

• 관리자: 조직 내에서 직원과 직원들의 업무를 조정하는 책임과 권한을 지닌 사람
• 관리: 직원과 직원의 업무를 조정하는 과정. 사람들과 일을 통제하는 과정

들어가면서

문화가 관리 스타일을 나타내는지 또는 관리 스타일이 문화를 나타내는지 알기는 어렵다. 조화를 이룬다면 분명 효과적일 것이다. 또한 관리 스타일은 그 조직이 무엇을 요구하는지에 따라 달라진다. 번창하는 대형 조직들의 관리 문화는 달성하고자 하는 목표가 반영되어 있다. 예를 들면, 구글은 관리에 이중세대 팀 접근법(bi-generational team approach)을 적용하여 빠르게 변화하는 시장에서 창의력과 기회를 증진시킨다. USB는 '통일된 비전과 파트너십 작업(united vision and partnership working)'을 구현했고, IBM은 고객들과 협업하는 '효과적인 관리자(effective manager) 접근법'을 통해 더 이상 고객을 단지 손님으로 여기지 않는다.

영국 국민건강보험(NHS)과 같은 다른 대형 조직들도 정치적 변화뿐 아니라 문화적 변화로 인해 관리 스타일을 근본적으로 변화시켜야 했다. 우선, 그 스타일을 행정적 과정 그 이상의 의미를 갖도록 바꾸었다. 관리자들은 자원을 조정하여 그 직업을 지원하고, 간호사, 의사, 의료 관련 직업은 각각 개별적인 전문가 기구에서 관리한다. NHS에서 현재 관리자의 역할은 더욱 복잡해졌다. 고위 관리자들도 정치적 및 대중적 기대치에 맞게 업무를 수행하지 못하면 자주 교체된다. NHS는 IBM의 전략과 비슷한 전략을 개발해야 했다. 킹스 펀드(King's Fund)는 이를 '분산형 관리(distributed management)'라고 불렀다(King's Fund, 2011).

관리 스타일의 초기 이론에서는 '권위 있는, 자유방임주의적인, 권위적인' 스타일이 있다고 표현했다. 이는 더 복잡한 모델을 살펴보기 전에 알아 두면 유용하다. 이 세 가지 접근법은 육아 스타일을 설명할 때에도 사용된다.

사/례/연/구 **마틴**-1부

마틴은 야간 근무 교대를 위해 방금 병동에 도착했다. 유니폼으로 갈아입고, 업무 인계를 위해 병동 사무실로 가는 중이었다. 복도를 따라 걷다가 왼쪽을 보니 한 여성 노인 환자가 물을 마시려고 손을 뻗다가 침대에서 떨어져 머리를 부딪쳤고, 바닥에 떨어지면서 머리를 다쳤다.

사/례/연/구 **마틴**-2부

마틴은 야간 근무 교대를 위해 방금 병동에 도착했다. 유니폼으로 갈아입고, 업무 인계를 위해 병동 사무실로 가는 중이었다. 복도를 따라 걷다가 왼쪽을 보니 한 여성 노인 환자가 물을 마시려고 손을 뻗었다. 마틴은 환자가 손을 뻗어 물을 마시는 것이 얼마나 어려운지 그 생각을 떨쳐 버릴 수 없어 다른 형태의 사이드 캐비닛을 마련해 주는 것이 훨씬 더 쉽겠다고 생각했다.

권위 있는 스타일

이런 스타일의 관리자는 팀이 임무를 달성할 수 있도록 안내하고 지지한다. 이러한 스타일은 팀의 창의력은 낮아질 수 있지만, 임무는 달성할 것이다. 골먼(1995)은 권위 있는 관리자를 비전과 그 비전을 달성할 수 있는 방법을 분명하게 설명할 수 있는 그 업무 분야의 전문가라고 설명한다. 그리고 이러한 관리자는 정서지능이 가장 우수해 생산성도 높고 가장 만족스러운 팀을 이룰 수 있다. 마틴-1부의 사례연구를 보면 이러한 관리 스타일은 마틴이 팀에서 갈등을 유발하지 않고, 그 여성 노인에게 최선의 돌봄 환경을 만들어 주며, 최선의 결과도 얻을 수 있다.

자유방임주의적 스타일

관리자나 부모가 뒤로 물러나 앉아 팀이나 자녀가 생각을 하거나 어떤 활동을 시도해 보도록 기다려 주는 경우이다. 이러한 스타일은 제안을 하거나 요구하지 않는다. 이러한 스타일이 생산적으로 이용되면 그 팀은 창의적으로 생각하고, 아이디어와 업무 방법을 도출해 낼 수 있는 기회가 있다. 그 집단이나 업무상 요구 때문에 이런 스타일이 적절하지 않은 경우에는 그 팀이 지지를 받지 못한다고 느끼게 되고, 임무를 달성하지 못하게 된다. 이러한 스타일이 효과적인 상황도 있지만, 마틴의 사례연구에서는 목적에 맞지 않을 것이다.

권위적인 스타일

이런 스타일은 '독재적'이라고도 불릴 수 있다. 한 사람(관리자)이 상황을 책임지고, 모든 사람에게 할 일을 지시하는 경우이다. 응급 상황이거나, 명확한 임무가 필요하고 동시에 업무를 수행해 응급 상황이나 위기를 가능한 한 빨리 해결해야 하는 경우에는 유용하다. 마틴-1부의 사례연구를 보면, 노인 여성이 가능한 한 최고의 돌봄을 받도록 하여 부상을 평가하고 빠르게 처리하도록 하는 것이 최선의 방법일 것이다.

이 세 가지 스타일은 관리 스타일을 분석하는 6개 방법으로 발전했다. 표 10.2에서 두 가지 예시를 볼 수 있다.

표 10.2 관리 스타일을 분석하는 두 가지 방법

예시 1	예시 2
독재적: 한 사람이 지시한다.	지시적: 관리자가 모두에게 어떻게 행동해야 하는지 말하고, 명확한 지침을 준다.
설득적: 관리자가 직원에게 관리자의 의도에 맞게 행동하도록 독려한다.	권위 있는: 관리자가 전문가로서 안내하고 지지해 준다.
협의적: 관리자가 다른 사람들이 무엇을 원하는지 알아내고, 최종 결정은 본인이 한다.	친화적: 관리자가 타인과의 관계를 토대로, 동기를 부여하고 격려한다.
민주적: 관리자가 모두 무엇을 원하는지 알아내고, 가장 인기 있는 선택으로 결정한다.	참여적: 관리자가 결정사항에 영향을 받는 모든 사람이 의사 결정에 참여하도록 한다.
혼돈적: 의사 결정에 관리자의 명확한 전략이 없다.	코칭: 관리자가 각 개인을 지지하고, 격려하고, 신뢰하고, 이들이 목표를 달성할 것이라고 믿지만, 소소한 것까지 챙기는 것으로 여겨질 수 있다.
자유방임주의적: 관리자가 뒤로 물러나, 다른 사람들이 결정을 하도록 한다.	선도적: 관리자가 직원들이 자신의 속도로 업무를 수행하도록 독려한다. 거의 지침을 주지 않고, 무슨 일을 하고 있는지 어떤 결과를 얻게 되는지 스스로 알아내기를 기대한다.

두 가지 예시 모두 관리 스타일을 탐구하는 데 유용하지만 몇 가지 범주로 압축되는 모든 개념과 마찬가지로 제한적인 면이 있다. 이러한 스타일은 관리자 개인이 취하는 것으로 생각되지만, 관리자는 상황에 따라, 문제 해결을 위해 주어진 시간에 따라 다른 스타일을 취할 수도 있다.

학습 활동

10.2 비판적 사고

마틴의 사례연구 상황을 생각해 본다. 어떤 스타일의 관리가 가장 효과적이었을까? (아래에서 더 많은 관리 스타일을 알아본다.)

골먼(1995)의 정서지능 이론은 제8장에서 살펴보았다. 골먼은 6가지 정서적 리더십 스타일도 제시했다. 이 6가지 스타일을 관리자가 사용할 수 있고, 타인의 정서뿐 아니라 자신의 정서를 다스릴 수 있는 능력을 갖춘 효과적인 관리자는 상황에 따라 다른 스타일의 리더십을 발휘할 것이라고 주장했다. 그 6가지 스타일은 다음과 같다.

- 예지력: 이러한 관리자는 사람들이 공통의 목적을 달성하도록 이끌고자 하여 목적은 파악하지만 각 개인이 그 목적을 이루는 방법은 파악하지 않는다.
- 코칭: 이러한 관리자는 각 개인을 지지하고 격려하고 신뢰하고 이들이 목표를 달성할 것이라고 믿지만, 소소한 것까지 챙기는 것으로 여겨질 수 있다.
- 선도적: 이러한 관리자는 직원들이 자신의 속도로 업무를 수행하도록 독려한다. 거의 지침을 주지 않고, 무슨 일을 하고 있는지 어떤 결과를 얻게 되는지 스스로 알아내기를 기대한다.
- 친화적: 이러한 관리자는 타인과의 관계를 토대로 동기를 부여하고 격려한다.
- 민주적: 이러한 관리자는 모두 무엇을 원하는지 알아내고, 가장 인기 있는 선택으로 결정한다.
- 위엄 있는: 명확한 지침을 주고 지지하고 독려하지만 복종을 기대하지 않는다.

골먼은 이러한 6가지 리더십 스타일이 직원에게 정서적 영향을 주지만, 다른 유형의 관리자나 리더와 비슷한 점이 있다고 생각했다.

지금까지 개별적 상황에서 각각의 관리 스타일을 살펴보았는데, 공감 문화를 조성하고 유지하려면 조직의 반응도 필요하다. 효과적인 조직에는 다음과 같은 고위 관리자가 있다.

- 새로운 아이디어를 받아들이는 사람
- 직원들에게 깊은 관심을 가지는 사람
- 직원들의 발전을 우선으로 생각하는 사람
- 사람들을 이끌고 관리하는 역량이 우수한 사람
- 전략을 선택하고 실행하는 역량이 우수한 사람(Roe, 2011: 7)

현대의 글로벌 세계에서 잘 운영되는 것으로 알려진 두 대형 조직으로는 제너럴 일렉트릭(GE)과 영국 육군이 있다. GE의 문화에는 인력을 관리하기 위한 주요한 기본 학습 원칙이 있다. GE의 목표는 조직 내 인재를 파악하고, 멘토링이나 교육과 같은 여러 계발 프로그램을 통해 스스로 역량을 발휘하도록 준비시키는 것이다. 이러한 방법은 주로 코칭 스타일을 이용하는 듯하다.

영국 육군은 존 어데어(John Adair)의 행동 중심 시스템을 이용한다. 여기에는 다음의 세 가지가 상호 연결되어 있다.

- 임무 달성
- 팀이나 그룹 관리
- 개인 관리

관리자의 역할은 임무를 달성하고, 팀을 관리하고, 팀 내 개인을 관리하는 것이다. 앞서 요약한 관리 스타일을 고려하면, 이러한 관리자들은 권위 있거나 선도적이거나 코칭 스타일로 보인다. 제8장에서는 팀 구성과 효과에 대해 알아보았고, 이 장에서는 이러한 이론과 모델의 연구가 공감적 진료 문화를 어떻게 유지시키는지에 대해 초점을 맞추고 있다. 현대의 모든 관리 이론은 외부와 단절된 상태에서 관리를 할 수 없고, 조직의 문화가 중요하다고 설명한다.

영국 육군은 어데어의 모델을 이용하여 관리자의 5개 중요 요소를 도출했고, 이 역할을 리더라고도 규정했다. 이 5대 원칙은 관리자가 영국 육군들에게 동기를 부여하는 데 필요하다.

- 자신의 역량에 대한 자신감
- 서비스와 성공 문화
- 동료애
- 리더에 대한 완전한 신뢰
- 용기

이러한 요소는 아래의 5개 원칙을 이용하여 완벽하지는 않지만, 돌봄 환경에서 적용할 수 있다.

- 자신의 돌봄 역량에 대한 자신감
- 높은 수준의 돌봄 문화
- 동료, 가족, 내담자와의 동료애
- 돌봄 대상자에 대한 완전한 신뢰
- 상대가 최대한 잘 되도록 돕는 용기

학습 활동

10.3 비판적 사고

돌봄을 행하거나 받은 경험을 생각해 보았을 때, 어떤 경우에 돌봄자가 공감적 진료를 제공하는 능력이 저하된다고 생각하는가?

돌봄 전문가의 공감적 진료에 방해가 되는 것이 무엇인지 탐구한 저서는 많다. 대부분 간호사는 시간 부족, 교육, 자원 등을 이유로 꼽았다. NHS는 목표를 달성하지 못하는 이유가 다른 조직들과 비슷하다는 것을 알아냈다. NHS의 경우에는 공감적 진료가 포함되었다. 효과적인 조직이 되지 못하는 이유는 다음과 같다.

- 리더십에 대한 역할과 책임의 명료성 부족
- 분명하지 않은 조직의 목표
- 효과적인 의사결정에 대한 조직의 데이터 부족
- 모든 수준에서 리더십 개발과 인재 파악 필요
- 일관된 성과 관리 부족
- 개인과 조직의 성공을 잘 조정해야 할 필요
- 인적자원을 특정 조직의 요구에 맞게 집중
- 지나친 사내 경쟁의식으로 파트너십 작업 제한
- 비난하는 문화와 사소한 일까지 관리하기 – 권한부여와 신뢰를 높일 필요
- 많은 사람이 참여하는 더욱 적극적인 의사소통 필요
- 주인의식, 책임감, 가치 준수, 유연성, 파트너십 작업 필요
- 조직 전반을 이해하기

요약

지난 수십 년 동안 관리자와 리더에 대해 기대하는 바는 명확하게 구분되었다. 보건의료 분야에서 '관리자의 역할'은 지금의 '행정'과 비슷하다. 현재 관리에 대한 대부분의 이론, 연구, 모델에서 관리자는 리더십과 중복되어 그 역할의 경계가 모호하다. 본 섹션에서는 효과적인 관리 및 비효과적인 관리와 함께 관리에 대한 초기 이론을 살펴보았다. 다음 섹션에서는 리더십을 알아보자.

리더십

들어가면서

리더는 이끄는 사람이다. '이끈다.'라는 것은 명사나 동사로 사용될 수 있지만 여기에서

는 동사로 사용하고 있다. 즉, '움직이게 하여, 어떤 곳으로 가거나 행동을 하게 하는 경로 역할을 한다.'라는 의미이다. 따라서 직원 그룹이나 조직을 조정할 책임을 맡은 사람으로 정의하는 관리자와는 분명 다른 역할을 하는 것으로 보인다. '리더십은 권위가 없는 책임인 반면, 관리는 책임이 있는 권위'라고 설명했다.

심리학에는 8대 주요 리더십 이론이 있다.

- 위인 이론: 리더는 타고난다는 선천성 이론
- 특성 이론: 리더는 타고난 어떤 성격 유형이 있다는, 정서지능과 회복력
- 조건 이론: 특별한 스타일이 없고, 몇 가지 유형의 스타일이 어떤 상황에서 작용
- 상황 이론: 리더가 상황에 가장 적합한 스타일을 선택한다.
- 행동 이론: 행동주의에서 리더가 되는 방법과, 상황이나 환경에 어떻게 대응하는지 배움
- 참여 이론: 이러한 리더들은 그룹 조정자 역할을 맡고, 그룹이 전진하도록 함
- 관리 이론: 관리 스타일의 리더십, 특히 업무적 스타일
- 관계 이론: 관계 스타일의 리더십은 변혁적 스타일

현재 많은 스타일의 리더십이 있다. 일부는 존 어데어의 행동 중심 시스템과 같은 관리 방법과 중복된다. 관리자는 통제하는 사람이고, 리더는 동기를 부여하고 촉진시키는 사람이다. 리더십과 관리 사이의 관계뿐 아니라 차이를 보여 주는 심리학적 스타일에는, 업무적(transactional) 스타일의 리더십과 변혁적(transformational) 스타일의 리더십 두 가지가 있다.

업무적 스타일

이 리더십 이론은 처음에 사회학자 막스 베버(Max Weber)가 주장했고, 1980년대에 버나드 바스(Bernard M. Bass, 1985)가 자세히 탐구했다. '관리직 리더십'이라고도 알려진 '업무적 리더십'은 리더십 관리 이론의 한 부분이다. 여기에는 각기 다른 이론적 토대의 다양한 유형의 리더가 있지만, 그중 하나로 관리직(managerial) 리더십이라는 의미가 있다. 즉, 업무적 스타일의 리더십이다. 이런 유형의 리더는 구체적인 업무에 초점을 맞추고, 보상과 처벌을 동기부여 요소로 사용한다(표 10.3)

표 10.3 바스(1985)가 주장한 업무적 스타일과 변혁적 스타일의 리더십 비교

업무적	변혁적
지침이 명확하고 분명할 때 최선을 다한다. 보상과 처벌이 동기부여 요소이다.	진실성이 있다. 명확한 목적을 세운다.

업무적	변혁적
리더의 지시사항을 따르는 것이 일차 목표다. 사람들을 면밀하게 모니터해야 한다.	기대치가 높다. 타인을 독려한다. 지지하고 인정한다. 정서를 높인다. 자신의 이익 그 이상을 보게 한다. 불가능한 것에 도전하게 한다.

변혁적 스타일

'변혁적 리더십' 스타일은 관계적 리더십 이론에서 발전했다. 친화적, 선도적, 참여적 관리 스타일과 비슷하다. 바스(1985)는 변혁적 리더십의 개념을 도출해, 이러한 리더들은 인간의 도덕적 및 윤리적 가치에 호소하는 내적 동기부여 요소를 끌어낸다는 것을 알아냈다.

바스의 저서가 발표된 후 25년 이상 변혁적 리더십은 비즈니스와 돌봄 리더십에서 가장 중요한 주장이라고 여겨졌다. 리더십 스타일을 연구할 때 많은 학생이 변혁적 리더십을 향후 목표로 삼고 있다. 이 스타일은 관계적 방법이고, 가치에 기반한 방법이다. 이러한 리더는 업무적 스타일과 마찬가지로 행동주의에서 사용되는 외적 동기부여 요소에 따라 인간의 도덕적 및 윤리적 가치에 호소하는 내적 동기부여 요소를 끌어내려고 한다.

최근에는 돌봄 서비스에서 리더를 양성하여 우수한 돌봄 서비스를 발전시키고 유지하는데 초점을 맞추고 있다. 이러한 노력은 보건의료 분야뿐 아니라 사회복지 분야에서도 이루어지고 있다.

리더십 자질 기본 틀(보건부, 2012)

보건 의료서비스 기술의 기본 틀은 7개의 섹션으로 구성되고, 각 섹션에는 관련된 기술과 원칙이 있다. 리더십 자질 기본 틀은 다음과 같다.

개인적 자질 발휘

- 자기인식 – 리더들은 자신의 경험을 통해 배우면서, 자신의 가치, 원칙, 가정을 평가하고자 해야 한다.
- 다른 사람들의 요구사항과 우선순위를 고려하면서, 스스로 수행하는 개인적 역할을 효과적으로 관리한다.
- 공식적인 전문적 기술 개발 및 개인의 경험과 타인의 피드백을 조합하여, 계속 개인적 발전을 이룬다.
- 진실하게 행동한다. 열린 마음과 정직하고 윤리적인 태도로 행동한다. 중요한 것은

다른 사람들이 비윤리적 행동을 했을 때, 적절히 대처하려는 의지이다.

여기에서 설명한 개인적 자질과 함께, 기술 기본 틀에서는 리더가 다른 사람들과 잘 지내고, 서비스를 관리하고 향상시키며, 성장 방향을 결정하기를 기대한다. 고위 임원들은 서비스에 대한 비전을 제시하고, 조직 차원의 전략을 도출해야 한다는 기대가 있다.

요약

이 섹션에서는 리더십에 대해 살펴보았고, 최근에는 돌봄 서비스와 연관된 정서지능과 변혁적 리더십을 강조한다(NHS, 2008). 길버트(2005)는 협업적 또는 파트너십의 리더에게는 진실성, 정직성, 친밀성, 용기, 회복력이 필요하다고 주장한다. 그리고 이러한 리더들은 다른 사람들과 긴밀히 협력하며, 자아감이 강하고 성숙한 사람이라고 생각했다.

파트너십과 협업 작업

들어가면서

파트너십 작업(partnership working)은 다음의 단어와 상호 교환하여 사용된다.

- 공유
- 협력
- 협업
- 팀워크
- 공동 실행
- 학제간 파트너십 작업
- 다학제적 작업
- 참여

파트너십 작업은 일반적으로 인정하고 있지만, 글래이저 등(Glazer et al, 2008: 4)은 '협업과 파트너십은 두 가지 별개의 개념으로, 협업은 진정한 파트너십의 한 구성요소'라고 밝혔다. 그리고 '파트너십'은 공식적인 법적 정의를 갖고 있지만 협업은 그렇지 않다고 했다. 사전에 '협업'은 지적인 노력으로써 비공식적으로 여겨지는 반면, 파트너십은 법적 영향력을 지닌다. 즉, 법에서는 두 사람 이상 간의 계약상 약속으로 정의한다.

가드너(2005)는 협업을 '과정(일련의 이벤트)'이자 결과(각기 다른 관점의 종합) 모두로 인정하고, 협업을 달성할 수 있는 방법을 제시한다. 그리고 효과적으로 협업하려면 개인은 다음의 능력이 필요하다고 주장한다.

- 자신을 알아야 한다. – 자기인식

- 가치를 배우고 다양성을 관리한다.
- 건설적인 갈등 해결 기술을 연마한다.
- 자신의 권력을 이용하여 윈-윈하는 상황을 만들어 낸다.
- 대인관계 및 과정 기술을 연마한다.
- 협업이 여정이라는 것을 인식한다.
- 모든 다학제적 포럼의 위력을 파악한다.
- 협업은 동시에 이루어질 수 있다는 것을 인식한다.
- 협업 관계에서 자율성과 통일의 균형을 맞춘다.
- 모든 결정에 협업이 필요한 것은 아니라는 점을 유념한다.

돌봄 서비스에서의 파트너십 작업과 협업

협업적 파트너십은 지적인 노력을 통해 돌봄 서비스를 이용하는 사람이 안녕감을 느끼도록 해야 하고, 파트너십을 통해 협력해야 한다.

보건의료의 치료기술이 빠르게 변화하면서 지역사회와 보건의료에서의 파트너십은 점점 더 중요해지고 있다. 성공적인 협업적 파트너십을 위해 '네트워킹, 리더십, 비전' 등의 세 가지 중요한 요소가 있다(Boswell and Cannon, 2005).

협업적 파트너십을 이루려는 다양한 방법 중 가장 잘 알려진 방법은 '다학제적 팀(Multidisciplinary team, MDT)'을 이루는 것이다. 다음은 다학제적 팀 방법이 사용된 조셉의 사례연구를 읽어 보자.

사/례/연/구

조셉

조셉은 정신건강 상의 문제로 정신과 진료와 약물중독 치료를 받게 되어, 약물중독 치료사인 나를 알게 되었다.

조셉은 안전이 우려되어 위기대응팀을 통해 근무시간 외에 중증 정신병동에 입원하게 되었다. 조셉은 직접 자살을 시도했고 가족에게 기이한 생각을 말해 경찰을 부르게 되었다. 조셉은 가족에게 극도로 적대적이었는데, 그의 성격과는 완전히 다른 모습이었다. 또한 집 안을 부수기도 하여가족들은 이러한 행동을 이해하지 못했다. 사건이 벌어졌을 때, 경찰은 정신건강법(Mental Health Act, 1983/2007) 섹션 136에 따라 조셉에게 본인과 부모가 위험에 처할 수 있는 정신질환이 있는 것으로 간주했지만 조셉은 입원을 거부했다. 이 섹션은 72시간만 유효하여 그 이후에는 섹션 2가 적용되고 추가 검사를 받아야 했다.

중증 정신병동에서 열린 다학제적 팀(MDT) 회의를 통해 조셉에게 어떤 조치가 필요한지 논의되었다. 약물중독 치료의 일환으로 내가 초대되었다. 병동에 도착해 병동 관리자와 인사한 후 회의실로 안내를 받았다. 그곳에는 이미 여러 명이 있었다. 우리는 자리에 앉았고, 회의를 진행하는 정신과 상담자가 본인과 환자, 환자의 어머니, 간호사, 작업 치료사, 수련의, 병동 직원을 차례로 소개했다. 음료수가 제공되었고 분위기는 편안했다. 정신과 상담자가 회의를 주재하며 조셉에게 기분이 어떠냐고 물었다. 조셉은 주저하며 집보다 더 안전한 느낌이라고 답했지만 상당히 조심스러워 보였고 그곳의 누구와도 눈을 잘 맞추지 못했다. 정신과 상담자는 정신건강법 섹션 2에 따라 여기에 모였고, 원하면 거부할 수 있는 권리가 있다는 것을 이해했는지 조셉에게 물었다. 조셉은 알고 있고, 거부할 의사가 없다고 말했다.

그 자리에 모인 사람들은 모두 조셉과 그 팀에게 자신의 평가 피드백을 제시했다. 모두 긍정적인 피드백인 것 같았다. 피드백은 간단명료했고, 조셉은 고개를 끄덕이고 치료 계획에 동의하며 그들의 이야기를 이해하는 듯했다. 조셉의 어머니는 눈물을 글썽이면서 자신은 지금의 아들을 알아보지 못하겠다며, 이 모습은 자신의 아들이 아니라고 말했다. 그리고 아들에게 무슨 일이 일어난 것인지 모르겠다며 흐느껴 울었다. 간호사가 어머니에게 잠시 나가 물 한잔 마시며 진정하자고 제안했고 함께 회의실을 나갔다. 그리고 논의가 계속되었다. 조셉은 어머니에게 분명 미안해했지만 어머니가 자신을 불안하게 만들기도 했다고 말했다. 조셉은 어머니가 이해하지 못할 것 같아 자신의 기분을 이야기할 수 없었다고 말했다.

10분 후에 어머니가 진정하고 돌아왔고, 어머니에게 치료 계획을 요약하여 설명했다. 조셉은 병원에 입원해 치료할 것이며, 약물치료부터 시작하고, 매일 상태를 확인하게 될 것이라고 말했다.

전반적으로 회의는 잘 진행되었다. 모든 참석자가 조셉을 명확하게 이해했고, 평가를 마친 후 포괄적인 공동 치료법을 제시했다. 임상적 용어를 사용할 수도 있었지만 그렇게 하지 않았고, 품위 있고 공감적인 방법을 사용하여 어머니를 정서적으로 지지해 주었다.

요약

파트너십과 협업적 작업은 우수한 돌봄 서비스를 위해 중요한 것으로 인정되고 있어 현대의 돌봄 서비스에서는 이러한 파트너십과 협업적 작업을 기대한다.

법적, 윤리적, 전문가적 지침

들어가면서

바우한과 스미스가 밝힌 대로 모든 공감적 진료 문화는 법적·윤리적·전문가적 법률과 지침을 준수해야 한다.

전문가적 지침

각 보건의료 또는 사회복지 전문가는 자신의 행동수칙이나 영국에 등록된 전문기관이 제공하는 유사한 지침을 알고 있어야 한다.

간호조산위원회(NMC)

- 간호사

- 방문 간호사
- 조산사

종합의료협의회(GMC)

- 의사

검안학과(College of Optometrists)

- 검안사

보건의료종사자협의회(HPC)에는 다음의 직종이 등록되어 있고, 모두 지침을 제공하는 개별적 전문기관이 있다.

- 작업 치료사
- 심리학자
- 물리치료사
- 사회복지사
- 응급의료인력/응급전문간호사
- 발치료사
- 영양사
- 보청기전문가
- 방사선촬영기사
- 언어치료사

윤리적 지침

역할에 따라 차이가 있겠지만, 모든 돌봄 직업에는 이를 뒷받침하는 윤리적 및 법적 원칙이 있다.

- 충실도: 의료진을 계속 신뢰
- 자율성: 개인의 자기통치 권리를 존중
- 선행: 개인의 안녕감을 증진시키려는 의지
- 무해성: 타인을 해하지 않으려는 의지
- 정의: 모든 사람들에게 공정한 돌봄 서비스를 제공
- 자기존중: 자신에 대해 알아 가고, 자신을 스스로 돌봄

법적 지침

모든 법은 이 땅의 다른 사람과 동일하게 돌봄자에게 적용되지만, 어떤 법은 다음과 같이 돌봄 서비스에 더 중요하다고 명시한다.

- 「정보보호법과 같이 기밀성에 관한 법률」(영국 정부, 1998)
- 「정신능력법과 같이 동의에 관한 법률」(영국 정부, 2009)
- 「의약품법과 같이 의약품 관리와 보관」(영국 정부, 1968)
- 「정신건강법」(영국 정부, 1983/2007)
- 「보건의료사회복지법」(2012), 「돌봄법」(2013)

공감 문화를 제공하고 유지하려면 법률뿐 아니라 명확하게 명시된 윤리적 원칙에 따라 사람들을 돌봐야 한다. 공감적 진료에는 정서와 자신의 총체적 사용(use of self)이 수반되며, 돌봄자는 법을 준수하고 제공할 수 있는 서비스에 대해 오해하지 않게 해야 하며, 그 경계선을 잊지 않는 것이 중요하다.

요약

모든 의료진은 자신이 속한 전문기관으로부터 돌봄 서비스를 어떻게 제공해야 하는지, 명확한 지침을 받고 있다. 돌봄 서비스는 의회의 「정신건강법」, 「돌봄법」, 「정보보호법」과 같은 법률을 통해서도 관리되고 있다.

지금까지 관리와 리더십, 파트너십과 협업의 필요성, 윤리적 및 법률적 테두리 안에서 협력해야 하는 요건에 대해 살펴보았다. 이제부터는 공감적 진료 문화를 유지하기 위한 개인의 태도와 행동을 주로 알아볼 것이다.

멘토십, 프리셉터십, 롤 모델링, 감독

'멘토'는 숙련된 자문가로 설명하고, '멘티'는 멘토의 지침을 받는 사람으로 설명한다. '롤 모델'은 존경받거나 높이 평가받아 행동을 모방하게 되는 사람인 반면, 프리셉터(preceptor)는 '가르치다(teach)'라는 의미의 라틴어에서 유래하여 가르치거나 감독하는 사람이라고 설명한다. 감독자(supervisor)는 협업적 전문가 관계를 수행하는 사람으로 설명한다. 이 관계는 촉진적이고, 평가적인 요소를 모두 갖고 있으며, 전문가적 역량을 향상시키고, 돌봄의 질을 모니터하여 일반 대중을 보호하는 것이 목적이다(APA, 2014). 이러한 모든 용어는 돌봄 서비스에서 사용한다.

이 장에서 다룬 다른 중요한 개념과 마찬가지로 문헌이나 연구에서 멘토링, 프리셉터십, 롤 모델링, 감독이란 개념을 명확하게 구분하지는 않는다. 그럼에도 불구하고 가장 낮은 레벨에 있는 롤 모델링과 이러한 용어들 사이에는 전문가적 또는 가르침의 관점에서 위계적 구별이 있는 것으로 여겨진다. 롤 모델링은 모범적 의료 서비스를 행하는 능숙한 의료진이 제공할 수 있다. 멘토는 능숙한 돌봄 기술뿐 아니라 지침도 제공할 수 있는 능력을 갖춘 사람으로 간주된다. 이 개념이 더욱 발전한 것이 능숙한 돌봄과 지침을 바탕으로 교육이나 감독도 수행하는 프리셉터 역할이다. 마지막으로 감독 역할이 있다.

감독자는 돌봄 서비스에서 대중을 보호해야 할 책임이 있어 감독자로서의 역량이 필요하다. 감독 역량을 개발하려면 적절한 지식과 기술과 태도가 필요하다(APA, 2014).

감독

들어가면서

감독(supervision)은 직원의 업무 방식에 상당한 영향을 미친다. 직원들의 자신감, 동기부여, 역량에 영향을 미치고, 동료들과 원활하게 협력하는 방법에도 영향을 미친다. 또한, 직원들이 자신의 직업과 고용주에 대해 갖게 되는 감정에도 영향을 미친다. 이 모두는 우리의 서비스를 이용하는 사람들에게 그리고 우리가 제공하는 돌봄의 질에 직접 영향을 미친다(SCIE, 2012: 2).

영국에는 스타일과 방법에 약간 차이가 있는 감독자가 서로 다른 역할을 수행하는 두 가지 유형의 감독이 있다고 본다. 관리 감독(management supervision)과 임상 감독(clinical supervision) 사이의 근본적인 차이는 화제의 초점이다. 관리 감독자는 개인을 지도하고 지지하여 조직의 성과를 달성하고자 하는 반면, 임상 감독자는 개인의 전문가적 발전을 위해 개인을 지도하고 지지하고자 한다는 점이다. 이는 상충되는 것 같지만 돌봄 제공에 있어서는 같은 것을 추구한다. 돌봄 서비스와 전문적 돌봄자는 모두 최고 수준의 돌봄 서비스와 안녕감을 주고자 한다.

관리 감독

감독자는 감독 대상자보다 보통 고위직이므로 더 많은 권력을 지니고 있어, 관리 감독의권력 관계는 평등하지 않다. 감독의 방향이나 주안점은 해당 조직의 전략과 관리자의 우선과제와 캠페인 등에 따라 결정된다. 모든 개발 요구는 조직의 우선과제와 예산에 맞아야 한다. 관리 감독 관계는 성과 관리로 설명할 수 있다. 일반적으로 감독 대상은 자신의 관리자가 누구인지, 자신의 역할에 어떤 기술을 사용하는지, 이 관계가 얼마나 오래 지속될지에 대해 선택할 권한이 없다. 관리 감독에는 때로 징계절차가 포함된다. 다음 '관리 감독' 사례를 읽어 보자.

이 관리 감독 사례연구를 보면, 감독 대상자는 감독자와 그 감독자의 감독 스타일에 선택권이 없고 힘의 균형도 분명히 불평등한 것으로 보인다. 이 감독에서는 성과와 서비스

사/례/연/구 **관리 감독**

관리 감독으로 팀의 생산성에 영향을 주는 정보를 제공받게 될 것이라는 기대감이 있다. 내가 익숙한 관리 감독은 성과 지표(진료의뢰 건수/퇴원/돌봄 이전에 대한 분기별 보고서), 위험/잠재적 위험(임상적, 관리적, 재정적), 인적자원 문제, 협업 작업 문제/네트워킹, 향후 발전사항을 명시하고 검토하는 목록을 사용해 확인하는 것이다.

관리 감독은 월별로 수행된다. 그러나 위험 영역이 있는 경우 구두나 서면으로 적절하게 합의한 방식과 정기적인 업데이트를 사용하여 더욱 철저히 관리하게 된다. 정보를 전달하고 파악한 모든 영역에 피드백이 필요한 경우 자세하게 논의하고 살펴보기를 기대한다. 논의한 내용은 서비스 개발 계획 및 보건국의 중요한 목적과 연결되어 있다.

나의 관리자는 업무를 시기 적절하게 완료할 수 있도록 목표달성 날짜를 기재한 모든 내용을 명확하게 계획으로 제시한다. 자세하게 검토해야 할 영역이 있거나 발전시켜야 할 부분이 있는지 결론을 내려 필요한 경우 서비스 평가를 실시할 수 있기를 바랐다.

나의 관리자의 관리 스타일은 상당히 통제적이고 독재적이어서 필요한 모든 정보가 준비되지 않으면 관리 감독을 실시할 가치가 없었다. 그리고 계속 지켜지기를 바란 표준이 있었고, 이러한 표준이 사전 논의 없이 이탈되거나 포함되는 것을 좋아하지 않았다.

한 번은 관리 감독 전에 너무 바빠 분기별 보고서를 검토할 수 없어서 나는 모든 퇴원 내용을 검토할 수 없었다. 때문에, 왜 이 분기에 퇴원 수가 거의 변하지 않았는지 이유를 답변할 수 없어 분위기가 퉁명스러웠고, 나는 좌절감을 느꼈다. 나는 임상적 판단을 간략하게 설명하고자 했지만 이를 숫자와 명확하게 연관시킬 수 없었다. 그래서 불안했고 미심쩍었고, 오히려 직접적으로 비난하는 방식 때문에 나 자신을 확신하지 못했다.

결과를 다루었다. 이 사례연구는 감독 대상자에게 부정적 경험을 주는 것 같지만, 보통 이러한 감독자의 스타일은 계속 최고의 돌봄 서비스를 제공하도록 서비스 성과와 요건에 대해 간결한 피드백을 주는 것이다.

임상 감독

임상 감독은 모든 보건의료 및 사회복지 종사자들에게 권장되는 것으로, 임상 환경의 지식과 기술 발전을 돕기 위해 고용주가 수행해야 한다. 임상 감독의 목적은 우수한 돌봄 서비스를 제공하고, 돌봄 대상자의 안전을 높일 뿐 아니라 돌봄 전문가를 보호하고 발전시키는 것이다.

임상 감독은 보통 공식적인 절차로 수행되고 정기적으로 실시되어야 하며, 시간을 내야 한다. 감독 대상자는 이를 통해 자신을 성찰하고 집중된 지원을 받아 우수한 돌봄 서비스를 유지하고 발전시키게 된다. 성찰은 한 사람 이상의 숙련된 동료가 성찰하도록 돕거나, 개인이 스스로 성찰하는 방법이 있다. 그러나 임상 감독에서 감독자는 촉진(facilitation)의 전문지식을 갖추고 있어야 하고, 감독 대상자의 의제로 세션이 진행되어야 한다. 돌봄자는 계속 임상 감독을 받아야 한다(Bond and Holland, 2010: 15).

임상 감독은 일대일 세션, 그룹 세션 또는 동료-그룹 세션을 통해 감독을 진행할 수 있다. 와스켓(Waskett, 2009)은 간호사나 작업 치료사와 같은 의료 관련 종사자를 위한 임상 감독 모델을 개발했다. 이 모델은 구조(structure), 기술(skill), 지원(support), 지속가능성(sustainability)으로 구성되어 4S라고 부른다.

1단계: 구조. 임상 감독을 돌봄 서비스 안에 포함시키려면 명확한 구조가 필요하다. 즉, 조직의 합의된 정책과 함께 임상 감독을 포함시키고, 보호 시간을 제공할 고위 관리자가 있어야 한다. 정책의 경계를 한 직종으로 할지 교차 직종으로 할지 등 전문적인 문제와 함께, 기간과 자원과 문서화와 같은 실행계획에 대한 결정사항을 정책에 포함시켜야 한다. 또한, 기밀성과 같은 윤리적 경계도 수립해야 한다.

2단계: 기술. 구조가 수립되면 조직은 감독 대상자뿐 아니라 감독자가 임상 감독을 수행하는 데 필요한 기술을 갖추도록 해야 한다. 즉, 촉진 기술, 성찰 기술, 문제 관리와 문제해결에 초점을 맞춘 간단한 의사소통과 같은 상담 기술이 필요할 수 있다.

3단계: 지원. 와스켓(2009)은 임상 감독자를 위한 지속적인 지원을 제공하는 것이 중요하다고 강조했다. 이는 정기적인 그룹 회의를 통해 모범적 돌봄 관행을 공유하고, 딜레마를 논의하여 가능하게 할 수 있다. 또한, 하향식 교육을 제공할 수도 있다. 감독자는 자신만의 신뢰받는 감독을 수행해야 한다.

4단계: 지속가능성. 모든 계획은 지속가능성을 염두에 두어야 한다. 우선 감독자는 자신의 기술을 실천하고 개발할 것이다. 그리고 감독 대상자는 이러한 감독자의 기술을 관찰하고, 모방하고, 스스로 감독자가 되기 위해 발전할 것이다. 조직은 기술을 계속 보충하고, 지속적인 감사/평가를 지원하기 위해 자원을 제공해야 할 것이다.

와스켓(2009)의 모델은 이 모델이 세션에서 사용되는지에 상관없이, 문제해결에 초점을 맞춘 간단한 의사소통이든 CBT이든 시스템 접근법이든 더욱 인간적인 접근법이든 임상 감독을 발전시키는 구조와 과정을 제공할 수 있다.

보건의료 서비스의 임상 감독에서 사용한 공통 모델은 다음과 같다.

- 규범적: 전문적이고 조직적인 표준의 중요성과 역량과 책임감의 필요성을 강조
- 회복적: 내담자의 괴로움, 고통, 분열로 영향을 받는 돌봄자를 지원하는 방법과 이러한 것이 돌봄자에게 영향을 미쳤다는 것을 인식하고 대처하는 데 시간이 필요
- 형성적: 성찰을 통해 감독 대상자의 기술, 이해, 능력을 개발(Bond and Holland, 2010)

효과적인 감독자와 비효과적인 감독자의 특징은 표 10.4와 같다. 피언의 사례연구를 이용하여 감독자가 사용하는 기술을 파악할 수 있다.

표 10.4 효과적 및 비효과적 감독 스타일 비교

효과적 감독자	비효과적 감독자
공감	엄격한
지지적	공감 능력 부족
유연함	비지지적
이론 실천	우회적이고 아량이 부족한
공동으로 문제해결	폐쇄적인
해설적	차이를 존중하지 않음
정중한	칭찬과 격려 부족
지식을 갖춘	비판적; 평가, 약점, 결점을 강조

사/례/연/구

피언

피언은 20년의 경력을 지닌 정신과 간호사이다. 우리는 임상 감독을 위해 4~6주마다 만난다. 우리는 매년 계약을 체결하고, 각 감독 회의에서 다음 세션의 날짜와 시간을 합의해 기록한다. 세션 시간은 1시간 반이지만 임상적 문제에 따라 협상하여 조정할 수 있다. 피언은 담당 건의 목록(돌봄 계획 검토 일자, 위험 평가 정보, 아동보호 문제, 안전 문제, 현재 약물치료와 같은 내담자 정보가 포함)을 가져온다. 세션을 시작하면서, 피언은 내담자와 관련된 모든 임상적 우려사항에 대해 이야기했다. 자신이 그 내담자에 대해 어떻게 생각하는지, 예를 들어 돌봄 시 난처한 기분이나 걱정과 같은 이야기였다. 우리는 이러한 우려사항을 검토하며 대안을 찾아보았고, 그 배경과 내담자에 대해 알아보고 피언이 만족할 만한 실행계획을 도출한다. 즉, 다른 서비스로 의뢰하거나 우리 팀 정신과의사의 검토를 받는 등의 조치이다.

세션 중에는 피언이 담당한 내담자에 대해 자세히 살펴보며, 피언이 돌봄 계획을 이행하는 데 필요한 돌봄 서비스를 능숙하게 제공하고 있다는 자신감을 가질 수 있도록 했다. 그리고 치료 옵션과 필요한 경우 약물치료를 고려해 보고, 돌봄 업무와 제대로 수행되지 않은 돌봄 서비스가 있는지 검토했다.

세션 말미에는 피언 자신이 얼마나 발전했는지 성찰해 보는 시간을 가짐으로써 피언이 어떤 것이든 그 해에 개인적으로 발전하고자 계획한 것을 지키도록 한다. 예를 들면, 올해 CBT 교육을 이수하는 것이 있을 수 있다.

가장 최근에는 임상 감독 중에, 피언이 아동보호에 대한 우려 때문에 내담자를 사회복지 서비스로 의뢰했던 경험을 이야기했다. 피언은 최근 1차 평가 후 코어그룹 미팅에 참석했을 때 사회복지사가 무례했고, 상당히 부정적이고, 그 가족을 대할 때 잘못된 판단을 하고 있다고 느꼈다. 회의 후 그 가족은 피언에게 잠시 이야기를 하자고 하더니 회의 중에 많이 불편했다고 말했다. 그리고 피언이 사회복지 서비스로 진료과를 이전한 후 발생한 이런 상황에 화가 나고 불만이 많았다고 말했다. 그 가족은 사회복지사가 자신들을 배려하지 않았고, 무례하게 느껴져 불만을 제기하고 싶었지만, 너무 무서웠다고 말했다. 피언은 무거운 마음으로 그 집을 떠났고, 그 사회복지사에게 화가 났다. 왜 회의 시간에 아무 말도 안 했던 것인가.

우리는 이 문제를 자세하게 논의했고, 그 상황을 다른 시각에서 바라보았다. 피언은 다른 진료과로 이전하기 전에 그 가족에게 말했고, 동의를 얻었기 때문에(비록 잠재적 위험 때문에 동의 없이 진료과 이전을 의뢰할 수 있었다.), 답답하고 속상했고, 어느 정도 신뢰를 쌓는 시간을 가졌는데, 이제는 그 가족과의 관계가 어려워졌다고 느꼈다.

우리는 임상 감독을 통해 피언의 감정을 알아보았고, 편안하게 느낄 계획을 도출했다. 감독 후 피언은 그 계획을 실천했고, 사회복지사 동료와 좋은 관계를 맺을 수 있었으며, 그 가족은 계속 피언을 신뢰할 수 있었다. 임상 감독은 명확하고 건설적으로 옵션을 살펴보면서 피언이 안전한 환경에서 자신의 감정을 표현할 수 있는 시간이자 공간이었다.

학습 활동

10.4 비판적 사고

피언의 사례연구를 읽는다. 감독자는 어떤 속성을 이용하고 있다고 생각하는가?

피언의 사례연구를 보면 규범적(normative), 회복적(restorative), 형성적(formative) 모델을 사용해 임상 감독을 구조화했고, 감독자는 자신의 촉진 능력을 이용하여 피언이 이 과정을 수행하도록 했다. 와스켓의 임상 감독 발전 및 유지 모델의 4단계도 달성할 수 있었다.

요약

이 장에서는 멘토십, 롤모델링, 프리셉터십, 감독에 대해 간략하게 설명했고, 그 정의를 명확하게 구별하는 것은 쉽지 않다는 것도 알게 되었다. 모든 돌봄 전문가들은 자신의 지식과 기술을 정기적으로 사정하고 발전시키고 평가하여, 우수한 돌봄 서비스를 계속 제공하도록 권장한다. 임상 감독을 동료의 입장에서 수행할 수 있어 권력에 따른 불평등한 관계가 없다는 점을 감안하면, 임상 감독은 전문 돌봄자들에게 가장 바람직한 과정일 수 있다.

피언의 사례연구에서는 성찰적 돌봄 활동을 수행했고, 이는 임상 감독의 기본 원칙으로 보인다. 따라서 다음 섹션에서 성찰에 대해 자세히 살펴볼 것이다.

성찰

들어가면서

성찰(reflection)은 우리가 어떻게 생각하는가에 대해 논한 듀이의 저서(1910)에서 발전한 것으로 여겨진다. 듀이는 사고의 5단계를 제시했다.

- 아이디어나 해결책을 떠올린다.
- 감각 느낌과 체현된 경험을 구체적으로 설명할 수 있는 경험으로 바꾼다.
- 사고나 아이디어의 과정을 거쳐 가장 적합한 것이 무엇인지 확인한다.
- 그 아이디어를 머릿속에서 자세히 설명한다.
- 그 아이디어를 테스트한다.

스콘(Schon, 1983)은 이를 더 발전시켜 '행위 후 성찰(reflection on action)'과 '행위 중 성찰(reflection in action)'을 탐구했다.

성찰은 행위에서 배움을 얻을지, 즉 경험을 통해 교훈을 얻을지 선택하는 것이다. 성찰은 이론을 실전과 연결시키고 임상적 기술을 발전시켜 전문적인 돌봄자가 되도록 돕는 중요한 도구로 인식되고 있다. 이러한 성찰로 변화가 생기고 모범적 진료를 할 수 있다.

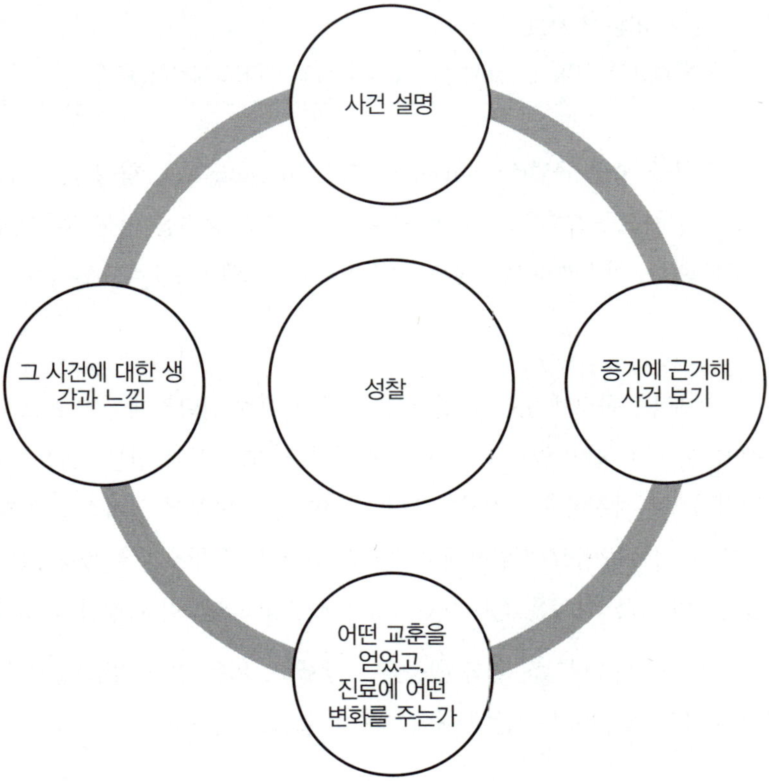

그림 10.1 성찰 사이클

우리는 성찰을 통해 다음을 이룰 수 있다.

- 학습이 필요한 부분과 최고의 학습 방법을 파악
- 개인적 진료관행을 개발
- 전문적 진료관행을 개발
- 역량을 입증
- 일상적 진료관행에서 탈피
- 이론을 바탕으로 진료관행을 실행

성찰에는 다양한 모델이 있지만(그림 10.1), 각 단계가 모두 순환하고 다음의 세 가지 요소로 구성된다.

① 경험
② 성찰 과정
③ 성찰을 바탕으로 한 행동

돌봄 영역에서 사용한 공통 모델은 바우드 등(Boud et al., 1985)이 주장한 경험으로 회귀하고 경험을 살펴보거나 연결하고 경험을 평가하는 것으로 구성된 학습의 삼각 표현(triangular representation of learning)으로부터 발전된 '무엇을(what)' 모델이다. 이 '무엇을' 모델을 사용하는 방법은 표 10.5에 간략하게 설명되어 있다.

이러한 기본 3단계는 깁스(Gibbs, 1988)와 존스(Johns, 2000)의 모델과 같은 단계를 추가시켜, 더욱 심층적으로 학습하도록 개발되었다.

표 10.5 하와트슨 존스(Howatson-Jones, 2013)에서 발전

성찰적 과정 단계	성찰하는 사람이 경험에 대해 스스로에게 할 수 있는 질문
무엇을(what) 성찰하는 사람이 경험으로 회귀하는 경우이다. 이 경험을 자세히 설명한다.	• 무엇을 보았는가? • 무엇을 했는가? • 나는 어떤 반응을 했는가? • 다른 사람들은 어떻게 행동했는가? • 이 상황의 핵심적 측면은 무엇이라고 판단했는가? • 그 상황의 좋은 점과 나쁜 점은 무엇인가? • 결과는 어떠했는가? • 나는 무엇을 하려고 했는가?
그래서(so what) 이 단계에서 이 사람은 경험을 살펴보거나 연결시켜, 가능한 증거를 토대로 이해하려 한다.	• 이 사건은 나에게 무엇을 말하고 있고, 무엇을 가르쳐 주고, 무엇을 의미하며, 나와 타인의 관계와 나의 태도에 어떤 의미가 있는가? • 내가 행동할 때 내 마음속에서는 어떤 생각을 했는가? • 나의 행동의 근거는 무엇인가? • 다른 어떤 지식을 이 상황에 적용했는가? • 어떻게 하는 것이 나았을까? • 이 상황을 통해 무엇을 새롭게 이해했는가?

성찰적 과정 단계	성찰하는 사람이 경험에 대해 스스로에게 할 수 있는 질문
이제 무엇을(now what) 이 사람이 이전 단계에 근거하여 자신의 행동을 평가하고, 이를 토대로 향후 진료관행의 실행계획을 도출하는 성찰 단계이다. 평가와 실행계획 도출 단계이다.	• 나의 지식을 향상시키려면 무엇을 해야 하는가? • 어떻게 해야 상황을 호전시키고, 돌봄을 향상시키고, 상황을 해결하는가?
	• 나와 나의 동료들과 돌봄 대상자들에게 어떤 영향이 있는가?
	• 이 상황을 어떻게 처리할 것인가?
	• 다음에 비슷한 상황이 발생하면 다르게 행동할 수 있는가?
	• 비슷한 상황에 다시 대처하려면 어떤 정보가 필요한가?

깁스의 성찰 모델(1988)

깁스의 모델은 듀이, 숀, 바우드가 제시한 아이디어를 발전시킨 7단계 모델이다. 이 모델은 다음의 단계로 구성되지만, 다른 모델들과 마찬가지로 순환적이다. 이 과정이 한번 완료되면, 돌봄자는 이를 처음부터 다시 시작한다.

깁스의 성찰 단계

- 설명: 무엇을 보았고, 행동했고, 어떤 일이 일어났는가
- 느낌: 느낀 감정을 설명
- 평가: 잘했는가? 잘못된 점은 무엇인가?
- 분석: 정보가 있었다면 이 상황을 어떻게 이해할 수 있는가
- 결론: 이 과정을 통해 무엇을 배웠는가
- 실행계획: 이러한 성찰을 통해 미래의 진료관행을 어떻게 바꿀 것인가?

존스(2000)는 이전 저자들과 다른 철학자와 이론가들의 저서를 연구하여 '행위 중'과 '행위 후' 성찰 모두를 개념화하는 방법을 도출했다. 존스는 숀처럼 돌봄자가 임상 감독과 같이 자신이 수행하고 있는 관행을 성찰할 수 있다고 느꼈을 뿐 아니라 돌봄자가 돌봄을 행하는 '도중'에 성찰할 수도 있다고 생각했다. 존스의 저서에서는 돌봄 전문가가 자신의 관행을 성찰하는 방법을 제시했고, 이 과정에 카퍼(Carper, 1978)의 (심미적, 인격적, 윤리적, 경험적) 앎의 방법을 이용한다. 존스(2000: 47)는 이를 위한 기본 틀을 제공한다. 즉, 안(자신의 내면)을 바라보고 밖(외적 요인)을 살펴보는 것이다.

안(자신의 내면)을 바라보기

- 자신에게 집중할 공간을 찾는다.
- 생각과 감정에 주목한다.
- 중요하게 느끼는 것을 적는다.

밖(외적 요인) 살펴보기

- 상황 설명을 적는다.
- 어떤 문제가 중요한가?
- 그 상황을 알거나 이해하는 방법
- 심미적
- 인격적
- 윤리적
- 경험적
- 체현된 요인(자신의 내면)
- 내재된 요인(세계로부터)
- 반성(일시적 앎)

요약

성찰은 임상 감독에서 중요한 요소이고, 우수한 돌봄 서비스를 발전시키는 수단으로 강조되어 왔다. 위에서 설명한 과정을 통해 제시된 증거를 이용하고 상황을 파악하여 자신의 진료관행을 발전시키는 방법을 쉽게 알 수 있다. 초기의 성찰 형태에서는 듀이와 숀과 같이 순전히 논리적이고 이성적인 방법을 이용했지만, 바우드와 깁스가 개발한 성찰을 통한 학습 방법에는 정서적 요소가 포함되어 있다. 존스의 저서에서는 인간 중심의 돌봄과 관련한 철학적 심리학을 이용하여 이를 더욱 발전시켰다. 이 장의 마지막 섹션에서는 이러한 개념과 모델을 통해 앞으로 공감적 돌봄 문화를 어떻게 유지할 것인지 살펴볼 것이다.

체현된 관계적 이해

이 장의 초반에 이러한 이야기를 했다.

- 체현된 관계적 앎
- 공감적인 문화적 성장
- 서로의 욕구 선호
- 우리는 함께 성숙하고
- 함께 선물을 공유하고
- 그 선물은 애정 어린 관계적 돌봄이다.

따라서 체현된 관계적 앎(embodied relational knowing)을 발전시키면 공감적 돌봄을 향상시킬 수 있다. 이는 개인적 성장과 타인과의 관계 발전을 통해 개발되고 유지된다. 제8장에서는 정서지능을 경험적 앎과 이해를 통해 생성된 명칭으로 사용했지만, 초기의 개념과 저서에 기반을 둔 존스와 다른 연구자들은 현대의 철학적 심리학에서 지식을 습득하거나 이해하는 다른 방법이 있다고 본다.

카퍼(1978)는 앎의 방법에는 네 가지(심미적, 윤리적, 인격적, 경험적)가 있다고 주장했다. 존스는 여기에 일시적 앎의 방법인 반성(reflexivity)을 포함시켰다. 토드레스는 모든 인생 경험이 일시적인 것이고, 체현된다고 설명한다. 체현된 앎은 겐들린(Gendlin)이 '감각 느낌(felt sense)'이라 부르는 것을 통해 알게 되고 이해되는 것이다. 이 감각 느낌은 감각으로 알고 있지만, 어떤 특정한 감각을 통해 의식이 형성되지는 않는다.

지금까지 살펴본 앎이나 이해의 방법을 모두 종합해 보면 심미적, 윤리적, 인격적, 경험적, 반성적, 그리고 체현된 앎 모두 개인과 관련이 있다는 것을 알 수 있다. 또한, 공감적 돌봄이라는 선물을 함께 나누려면, 문화적 또는 관계적 앎이나 이해가 필요하다. 체현된 관계적 앎은 타인과의 상호작용을 통해 개인적으로 이해하는 것으로, 우리 사회에서는 과소평가되어 왔다. 심미적, 윤리적, 인격적 앎을 제외하고, 경험적 앎을 가치 있고 의미 있게 여겨왔다(Galvin and Borbasi, 2012). 토드레스(2008)는 머리와 손과 가슴을 위한 지식을 포괄할 수 있는 지식, 즉 '체현된 관계적 이해'의 특징을 개발했다(그림 10.2).

그림 10.2 머리, 손, 가슴

체현된 관계적 이해란 전체적으로 상황과 관련된 지식, 즉 타인과의 관계에서 개인의 삶이 다채롭게 움직이는 흐름에 관심을 갖고, 매우 구체적인 상황에 관심을 가지며, 환자들이 "어떤 것을 겪는다."는 것이 어떤 의미인지, 내면에 관심을 두는 형태의 지식 습득 방법을 말한다(Galvin and Todres, 2011: 523).

이러한 유형의 앎은 공감을 통해 이해하고(Williams and Stickley, 2010; Galvin and Todres, 2011; Galvin and Borbasi, 2012), 직관으로 파악하여 향상시킬 수 있다. 우리가 인간 중심의 철학을 바탕으로 공감적 돌봄 문화를 발전시키려면 리더와 관리자, 연구자와 교육자들은 체현된 관계적 앎을 이해하고 적용해야 한다. 모든 돌봄 전문가가 자신의 머리와 손과 가슴을 이용하여 사람들이 필요로 하는 돌봄 서비스를 제공해야 한다.

요약

여기서는 사람들이 자신과 타인에 대해 알고 이해할 수 있는 다양한 방법을 가치 있게 생각하고 적용하여, 인간 중심의 체현된 관계적 앎이 어떻게 공감적 돌봄 문화를 뒷받침하는지 살펴보았다.

요약

이 장에서는 심리학적 지식 기반을 토대로 공감적 돌봄 문화를 만들고 유지하기 위해, 이 책 전체에서 다룬 내용을 종합해 보았다. 우선 공감적 돌봄 문화가 무엇이고, 어떻게 공감적 돌봄의 효과를 보여 줄 수 있는지 살펴보았다. 그리고 리더십, 관리, 감독과 같이 공감을 유지하기 위한 개인 행동의 증거를 살펴보았다. 마지막으로, 더욱 광범위한 관점으로 돌아가, 체현된 관계적 앎을 통해 공감을 경험할 수 있는 방법을 알아보았다.

추가연구

우수돌봄서비스개발연구소(Social Care Institute for Excellence, SCIE) 웹사이트에 영상부터 체크리스트까지, 돌봄의 모든 영역에 대한 다양한 학습 자료가 게시되어 있다. 그리고 관련된 법률을 명확하게 소개하고, 문제들을 사회적 및 개인적 관점에서 설명한다. www.scie.org.uk/ 참조

정답

학습 활동 10.1 비판적 사고

공감적 진료 문화를 유지하는 데 필요한 것이 무엇인지 잠시 생각해 본다.

- 바우한과 스미스(2013: 175)는 다음과 같이 제시한다.
- 효과적인 리더십과 관리
- 긍정적인 롤 모델링
- 효과적이고 체계적인 멘토십, 프리셉터십, 감독
- 돌봄의 요건을 충족
- 법적, 윤리적, 전문적 지침
- 모든 이해관계자와의 파트너십

학습 활동 10.2 비판적 사고

마틴의 사례연구 상황을 생각해 본다. 어떤 스타일의 관리가 가장 효과적이었을까? (아래에서 더 많은 관리 스타일을 알아본다.)

- 1번 상황에서는 그 여성의 보건의료적 요구를 신속하게 평가하고, 즉시 응급치료를 제공하는 것이 중요하므로, 권위 있거나 권위적이거나 자율적이거나 명령적인 모든 스타일이 신속하고 매끄럽게 대응하도록 할 것이다.
- 2번 상황에서는 해결해야 하지만 신속하게 대응할 필요는 없었다. 따라서 덜 적극적인 접근법이 그 상황을 관리하고 팀과 좋은 관계를 유지하는 데 더 나을 것이다. 그래서 권위 있거나 민주적이거나 친화적이거나 참여적이거나 코칭 또는 예지력 있는 스타일을 이용할 수 있다.

학습 활동 10.3 비판적 사고

돌봄을 행하거나 받은 경험을 생각해 보았을 때, 어떤 경우에 돌봄자가 공감적 진료를 제공하는 능력이 저하된다고 생각하는가?

• 나는 공감적 진료를 하는 데 시간이 가장 큰 걸림돌이라는 말을 자주 듣는다. 그러나 돌봄을 받아 본 경험을 돌아보면, 나를 돌봐 준 사람들도 매우 바빴기 때문에 시간 부족이 문제인 것 같지는 않다. 이 장에서는 공감적인 돌봄 서비스를 제공하는 데 장애가 되는 요인 몇 가지를 제시한다. 이에 동의하지 않으면, 어떤 다른 장애요소가 있는지 아는 돌봄자에게 물어볼 수 있다.

학습 활동 10.4 비판적 사고

피언의 사례연구를 읽는다. 감독자는 어떤 속성을 이용하고 있다고 생각하는가?

- 효과적인 감독
  - 공감–감독자가 피언이 어떤 경험을 하고 있는지 이해하는 듯하다.
  - 지지적–감독자가 문제해결을 지원한다.
  - 유연함–감독자가 회의의 구조는 유지하면서 피언의 문제를 다룬다.
  - 이론 실천–피언에게 자신의 대응에 대한 증거를 고려해 보도록 독려한다.
  - 공동으로 문제 해결–피언과 감독자는 실행계획을 세운다.
  - 해석적–감독자가, 피언이 자신의 걱정을 통해 일부 상황을 해석하는 등 공감을 보여 주도록 안내한다.
  - 정중한–피언과 감독자 모두 서로를 존중한다.
- 비효과적 감독
  - 엄격한–이 과정을 적용하는 데 다소 엄격하다.
  - 칭찬과 격려 부족–이에 대한 명백한 설명이 없다.

References

- American Psychological Association (APA) (2014) Guidelines for Clinical Supervision in Health Service Psychology. Available at: http://apa.org/about/policy/guidelines-supervision.pdf (accessed November 2015).
- Bass, B.M. (1985) Leadership and Performance beyond Expectations. New York: Free Press.
- Baughan, J. and Smith, A. (2013) Compassion, Caring and Communication: Skills for Nursing Practice, 2nd edn. London: Routledge.
- Bond, M. and Holland, S. (2010) Skills of Clinical Supervision for Nurses: A Practical Guide for Supervisees, Clinical Supervisors and Managers. Maidenhead: Open University Press.
- Boswell, C. and Cannon, S. (2005) 'New horizons for collaborative partnerships', OJIN: Online Journal of Issues in Nursing, 10 (1): Manuscript 2.
- Boud, D., Keogh, R. and Walker, D. (eds) (1985) Reflection: Turning Experience into Learning. London: Kogan.
- Carper, B.A. (1978) 'Fundamental patterns of knowing in nursing', Advances in Nursing Science, 1 (1): 13–24.
- Department of Health (DH) (2012) National Skills Academy. Available at: www.nsasocialcare.co.uk/about-us/leadership-qualities-framework (accessed November 2015).
- Dewey, J. (1910) How We Think. Boston, MA: D.C. Heath & Co. Republished in 1991 by: Amherst, NY: Prometheus Books. Text and page numbers according to the 1991 republication of the 1910 edn.
- Galvin, K. and Borbasi, S. (2012) 'Guest editorial: Evidence-based approaches and practices in phenomenology: Evidence and pedagogy', Indo-Pacific Journal of Phenomenology, 12 (2): 1–4.
- Galvin, K. and Todres, L. (2011) 'Research based empathic knowledge for nursing: A translational strategy for disseminating phenomenological research findings to provide evidence for caring practice', International

Journal of Nursing Studies, 48: 522–30.

- Gardner, D. (2005) 'Ten lessons in collaboration', OJIN: Online Journal of Issues in Nursing, 10 (1): Manuscript 1.
- Gibbs, G. (1988) Learning by Doing: A Guide to Teaching and Learning Methods. Oxford: Further Education Unit, Oxford Polytechnic.
- Gilbert, P. (2005) Leadership: Being Effective and Remaining Human. Lyme Regis: Russell House Publishing.
- Gilbert, P. (2009) 'Introducing compassion–focused therapy', Advances in Psychiatric Treatment, 15: 199–208.
- Glazer, G., Alexandre, C. and Reid Ponte, P. (2008) 'Legislative: "Partnership or collaboration": Words matter', OJIN: Online Journal of Issues in Nursing, 13 (2).
- Goleman, D. (1995) Emotional Intelligence. New York: Basic Books.
- Howatson–Jones, L. (2013) Reflective Practice in Nursing, 2nd edn. London: Learning Matters.
- Johns, C. (2000) Becoming a Reflective Practitioner: A Reflective and Holistic Approach to Clinical Nursing, Practice Development and Clinical Supervision. Oxford: Blackwell.
- The King's Fund (2011) The Future of Leadership and Management in the NHS. Available at: www.kingsfund.org.uk/publications/future–leadership–and–management–nhs (accessed November 2015).
- NHS (2008) NHS Leadership Qualities Framework. Available at: www.nhsleadershipqualities. nhs.uk (accessed November 2015).
- NHS (2014) NHS Five Year Forward View. Available at: www.england.nhs.uk/ourwork/future nhs/nhs–five–year–forward–view–web–version/5yfv–exec–sum/ (accessed November 2015).
- Northern Ireland HSCB (2011) Transforming your Care. https://www.dhsspsni.gov.uk/topics/ health–policy/transforming–your–care (accessed December 2015).
- Patient's Rights (Scotland) Act (2011) www.gov.scot/Topics/Health/Policy/Patients–Rights(accessed December 2015)
- Rew, L. and Barrow, E.M. (2007) 'State of the science: Intuition in nursing: A generation of studying the phenomenon', Advances in Nursing Science, 30 (1): E15–25.
- Roe, C. (2011) Developing Effective Leadership in the NHS to Maximise the Quality of Patient Care: The Need for Urgent Action. Available at: www.kingsfund.org.uk/sites/files/kf/developingeffective–leadership–in–nhs–maximise–the–quality–patient–care–chris–roebuck–kings–fundmay–2011.pdf (accessed November 2015).
- Schön, D. (1983) The Reflective Practitioner: How Professionals Think in Action. London: Temple Smith.
- Smith, A. (2009) 'Exploring the legitimacy of intuition as a form of nursing knowledge', Nursing Standard, 23 (40): 35–40.
- Social Care Institute of Excellence (SCIE) (2012) Workforce, Care Skills Based Supervision. Available at: www.scie.org.uk/workforce/careskillsbase/files/skillschecks/23_supervisingstaff.pdf (accessed November 2015).
- Todres, L. (2008) 'Being with that: The relevance of embodied understanding for practice',Qualitative Health Research, 18 (11): 1566–73.
- Todres, L., Galvin, K.T. and Holloway, I. (2009) 'The humanization of healthcare: A value framework for qualitative research', International Journal of Qualitative Studies on Health and Wellbeing,4: 66–77.
- Traynor, M., Boland, M. and Buus, N. (2010) 'Autonomy, evidence and intuition: Nurses and decision–making',

Journal of Advanced Nursing, 66 (7): 1584–91.

- UK Government (1968) Medicines Act. Available at: www.legislation.gov.uk/ukpga/1968/67/contents (accessed November 2015).
- UK Government (1983/2007) Mental Health Act for England and Wales. Available at: www.legislation.gov.uk/ukpga/2007/12/contents (accessed November 2015).
- UK Government (1998) Data Protection Act. Available at: www.legislation.gov.uk/ukpga/1998/29/contents (accessed November 2015).
- UK Government (2009) Reference Guide on Consent to Assessment and Treatment. Available at: www.gov.uk/government/uploads/system/uploads/attachment_data/file/138296/dh_103653_ _1_.pdf (accessed November 2015).
- Waskett, C. (2009) 'Supervision and coaching', Nursing Times, 105 (17): 24–6. Available at: www.supervisionandcoaching.com/pdf/page2/CS Advice Nursing Midwifery Council (UK)(2006).pdf(accessed November 2015).
- Welsh Assembly Government (2011) Together for Health: A Five Year Vision. Available at: http://gov.wales/docs/dhss/publications/111101togetheren.pdf (accessed November 2015).
- Williams, J. and Stickley, T. (2010) 'Empathy and nurse education', Nurse Education Today, 30:752–55.

ㄱ

ㄴ

ㅇ

A

B

F

G

H

I

Q

R

S

T

U

V

W

1

역자 소개

- **조 하 나**(백석문화대학교)
- **권 태 균**(경북보건대학교)
- **김 윤 영**(구미대학교)
- **김 효 정**(안동과학대학교)
- **박 서 아**(경북보건대학교)